신스틸러에게 묻다

신스틸러에게 묻다

1판 1쇄 2019년 6월 28일
　　2쇄 2020년 9월 25일

지 은 이 김시균
발 행 인 주정관
발 행 처 북스토리㈜
주　　소 서울특별시 마포구 양화로 7길 6-16 201호
대표전화 02-332-5281
팩시밀리 02-332-5283
출판등록 1999년 8월 18일 (제22-1610호)
홈페이지 www.ebookstory.co.kr
이 메 일 bookstory@naver.com

ISBN 979-11-5564-185-9　03680

이 도서의 국립중앙도서관 출판시도서목록(CIP)은
서지정보유통지원시스템 홈페이지(http://www.seoji.nl.go.kr)와
국가자료공동목록시스템(http://www.nl.go.kr/kolisnet)에서 이용하실 수 있습니다.
(CIP제어번호 : CIP2019022538)

신스틸러에게 묻다

25인 배우가 전하는 다른 삶, 다른 철학

김시균 지음

북스토리

단언컨대 입발림용 치사가 아니다. 이쯤 되면 25편의 '인생극장'이요 '인생수업'이라 할 만하다. 그것도 극적인, 너무나도 극적인. "2016년 10월부터 2017년 11월까지 1년여간 격주 단위로 누비고 다닌 발품의 소산으로" "평균 세 시간가량 진행한 심층 인터뷰들로 구성"해 "이 땅에 처음 공개되는 조연배우 인터뷰집" 『신스틸러에게 묻다』.

저자가 '들어가며' 말미에서 다시 한 번 불렀듯, 지금 이 순간 나도 그 이름들을 한 명 한 명 불러보고 싶다. 정인겸, 손종학, 김종수, 강진아, 이성욱, 박수영, 허성태, 김영선, 남연우, 이주영, 남명렬, 이봉련, 진선규, 정상훈, 조복래, 조수향, 문지윤, 배유람, 김동영, 안미나, 정규수, 고규필, 배정화, 서현우, 김홍파……

영화 공부 38년차, 평론 26년차의 영화 전문가이건만, 이들 25인 중 개인적 친분이 있는 배우들은 2명에 지나지 않는다. 2012년 제17회 부산국제영화제 때, 한국 영화 담당 프로그래머로 초청했던 〈콘돌은 날아간다〉(감독 전수일, 갈라 프레젠테이션)의 배정화와, 〈가시꽃〉(감독 이돈구, 뉴 커런츠)의 남연우다. 〈완득이〉의 완득 부 박수영은, 2011년 부산영화제 오픈 시네마를 통해 인사를 나눈 바 있으나, 친분을 운운할 정도는 아니다. 고백컨대 이름과 얼굴을 연결시킬 수 있는 이들 수도 절반도 채 되질 않았다. 얼굴은커녕 아예 그 이름조차 기억할 수 없는 이들도 적잖았다.

저자의 요청 이전에 추천사를 자처한 연유는 무엇보다 그래서였다. 명색이 영화 평론가로서 일말의 부끄러움을 만회해보겠다는, 일종의 위선적 자격지심이랄까. 상기 25인이 조연 아닌 주연들이라면, 없는 시간 쪼개가며 추천사를 쓰겠다고 나서진 않았을 것이다. 표사라면 몰라도.

평론가로서 자의식 외에도, 저자와의 각별한 친분과 저자의 글을 향한 남다른 신뢰도 이 추천사 쓰기에 한몫했음은 물론이다. 기자와 평론가라는, 불가지근의 관계를 넘어 저자와 나는 몇 년 전부터 아주 특별한 우정을 지속시켜오고 있다. 삼십 대 초와 오십 대 말이라는 28년의 간극 따윈 아랑곳없다는 듯, 수평적일 대로 수평적인 우정을. 요 몇 개월 새는, 일주일에 평균 한번쯤은 만날 만큼 지근관계를 유지 중이다.

그의 글 솜씨는 또 어떤가. 가끔씩 지면에서 저자의 원고를 읽으며, 그 수준급 기량에 감탄해왔던 게 사실이다. 특히 『2018 '작가'가 선정한 오늘의 영화』에서 그가 쓴 홍상수 감독의 〈그 후〉("〈그 후〉, 시간의 로드 무비")를 읽으며 맛봤던 감흥은 아직도 내 뇌리에 강렬하게 머물러 있다. 그의 홍상수 독해는 평론가인 나를 창피하게 할 만큼 압도적이었다. 빈말 아니라, 난 지금도 그보다 더 인상적으로 〈그 후〉를 읽어낼 자신이 없다.

위와 같은 연유들로, 자의 반 타의 반 인터뷰들을 읽어나갔다. 읽기 전까지만 해도, 큰 기대를 품진 않았었다. 적게는 (원고지 기준) 40여 매에서 많게는 100매가 넘는 만만치 않은 분량이긴 하나, 주연 아닌 조연들, 그것도 25명이나 되는 적잖은 배우들에게서 뭐 그리 대단한 얘깃거리가 나오겠나, 싶었던 게 솔직한 심정이었다. 그 심정은 전적으로 오판이요 오해였다. 맨 먼저 읽은 박수영 편부터 내 허를 찔렀다. 내 예견을 완전히 박살냈다. 나를 사로잡았다.

"평소에 어떤 마음가짐으로 연기하세요?"라고 물으니, 답인즉 "그냥 저는 이 세상에 있는 배우 중 한 명일뿐이에요. 현실에 있는 한 사람 배우요. 연기 방식이 배우마다 제각각이잖아요. 어떤 배우는 정말 연기력이 뛰어나고 에너지와 카리스마가 철철 넘치죠. 저는 그냥 평범하게, 카리스마 같은 거 없이 연기하는 배우 같아요"란다. 주연 배우나, 좀 더 비중 있는 배역에 대한 욕심 같은 걸 물으니, "전혀요. 지금 상황만으로도 굉장히 감사한걸요. 운 좋게 이 정도까지 온 것만으로도요. 어떤 작품이든 불러주시기만 하면 저는 좋아요. 시나리오만 괜찮다면 전부 오케이예요"란다.

언뜻 겸손을 넘어 지나치게 소박한 감이 없지 않다. 좀 더 야심적이면 좋겠다, 싶은 아쉬움도 없지 않다. 허나 시선을 살짝만 틀면, 사정은 달라진다. 박수영 그는, 조연배우란 어떤 존재인가를 100% 파악하고 있는 것. "세상에 참 많은 사람이 있잖아요. 어느 집에 가면 집주인도 있고 손님도 있고, 밖에 나가면 동네 사람들도 있을 테고. 그냥 그런 사람 아니겠어요. 우리 주변에 흔히 있는 일상적 인물들, 현실 속 인물들 말예요. 저에게 조연배우란 그런 게 아닐까 해요."

　박수영의 발언 중 한 낱말이 특히 더 눈길을 잡아끌었다. 다름 아닌 "감사"였다. 성경에 "범사에 감사하라"고 하거늘, 현실은 그 반대이기 십상이다. 도대체 감사할 줄 모르고, 불평불만을 입에 달고 사는 게 우리네 자화상이다. 그가 크리스천인지 여부는 모른다. 하지만 그는 성경의 그 으뜸 명제를 실천하며 살아왔고, 살고 있다. 온몸과 마음으로. 실은 박수영 그만이 아니다. 25인 가운데 단 한 명도 예외가 없다. 어느 모로는 결코 감사하기 불가능한 열악할 대로 열악한 상황들을 겪었고, 더러는 절박하기 짝이 없는 처지에 처해 있거늘, 감사를 잊지 않으며, 그들이 몸담고 있는 부조리한 사회나 주변 환경·여건을 탓하는 법이 없다. 어떻게 이런 성숙한 사유·태도가 가능한 것일까. 생존전략인 것일까. 체념의 결과인 것일까. 견뎌내는 삶이 선사한 지혜인 것일까. 이러니 정독을 하지 않을 도리 있겠는가.

　정말이지 단 한 자도 놓치지 않으려고 무던히 애썼다. 더 이상은 불가능하리만치, 꼼꼼히 읽었다. 몇날며칠 동안, 마치 입시공부하듯, 중요 대목은 복사해가며. 그 몇날며칠은 내게 배움·반성·깨달음의 과정 그 자체였다. 인터뷰어와 인터뷰이들은 사려 깊은 질문과 답변들을 통해, 연기와 영화, 나아가 우리네 삶을 에워싼 나의 무지를, 무관심을, 오만을…… 각성시켜줬다. 그룹 퀸의 노래처럼 "쇼는 계속돼야" 하며, 압바스 키아로스타미의 영화가 지시하듯 "삶은 계속돼야 한다"는 성찰·통찰도 안겨줬다.

　어떤 편(정인겸)에서는 의로운 공분마저도 일게 했다. 당시 초등학교 1년 시절, 단지 예쁜 창밖 풍경을 보고 있다는 이유로 칠판지우개를 던지고, 그 행위만으로는 성에 차지 않는지 씹지도 않았던 껌을 뱉으라며 뺨을 때렸다던 사십 대 선생을 상상하며, 분노를 느끼지 않기란 불가능했다. 그 사건 이후, 이십 대 중반 '코뿔소 사건'으로 해방되기까지 십 수 년 동안 세상을 향해 말문을 열지 않았다니, 어찌 분노하지 않을 수 있겠는가. 정인겸 그는 한데, 그 분노마저도 승화시킨 게 아닌가. 고등학교 2년 적, 별다른 잘못도 없이 셀 수 없이 무차별적 구타를 당한 게 억울해, 40년이 지난 지금도 그 담임 선생을 '용서'하지 않고 있는 이 몸과는 달리. 그 얼마나 아름다운 반전인가. 내가 언제고 그 선생을 용서하고, 그때 그 맞음을 '구타의 추억'으로 여기는 날이 온다면, 그건 "나를 키운 건 8할이 고독이었다"는 정인겸의 가르침 덕분일 공산이 크다.

박수영과 정인겸 두 배우를 특칭해 상술했으나, 사실 그들의 삶이 유난히 더 드라마틱하거나 인상적인 것은 아니다. 연기만으론 생계유지가 힘들어, "주 4회는 아르바이트를 하고, 두 번은 '쿠킹 클래스' 일을" 하면서 "10여 년째 아르바이트와 배우 일을 겸하고 있"다는, "〈소공녀〉 출연도 주변 배려가 없었다면 불가능했다"는 감사를 잊지 않는 강진아를 비롯해, "영화는 나에게 자유였다"는 김영선, "제 연기의 원천은 '내적 결핍' 같아요"라는 조수향, "상실의 아픔을 딛고 저어가는 삶"을 영위하고 있는 안미나, "독서는 구원의 한 양식이었다"는 남명렬, "저 멀리 우주에 있는 좋은 배우로 나아갈게요"라는 진선규, "낮출수록 높아진다는" 지혜를 아는 "밑바닥 광대" 정규수 등도 크게 다르지 않다.

끝내고 싶지 않아도 마무리 지어야 할 이 시점, 문득 이 인터뷰집이 배움과 감동, 통찰 외에도, 문학 평론가 신형철이 역설한 '인식으로서 위로'를 선사한 것이 아닐까, 싶은 안도감이 찾아든다. 생존이 관건이 었던, 보잘것없었던 내 삶을 '함께' '나눌' '동지들'이 적잖다는 현실에 서, 절망의 와중에도 희망을 잃어서는 안 된다는 현실에서, 그 어떤 상황에서도 결코 포기하지 않으면 언제 어떤 식으로든 살아나갈 기회가 온다는 현실에서 연유하는 위안이랄까. 상기 25인이 그 증거들 아닌가. 위 25인에 들지 않은 수많은 조연들, 단역들, 무명배우들까지 포함해 말이다. 그들은 또한 한결같이 일종의 철학자들이 아닐까, 싶기도 하다. 여느 직업 철학자들에게 결여돼 있는 실천까지 겸비한 진짜 철학자들.

이 글은 분명 추천사다. 하지만 동시에 이 글은 추천사를 넘어, 이 인터뷰집의 주인공들에게 바치는 헌사이기도 하다. 이래저래 『신스틸러에게 묻다』는 '내 인생의 책' 중 하나로, 내 여생을 함께 살아갈 것 같다. 헤르만 헤세의 『나르치스와 골드문트』, 갈리나 I. 세레브랴코바의 『프로메테우스』, 이숲(본명 박수영)의 『스무 살엔 몰랐던 내한민국』 등과 더불어……

전찬일(영화평론가 · 한국문화콘텐츠비평협회 회장)

하나의 삶은 하나의 소우주를 이룬다. 그 안엔 이름 모를 별들이 무수하여서, 저마다의 밝기로 이 세계를 비추고 있다. 하지만 그 밝기의 강도는 제각각이어서, 관측자의 시선에 가닿는 것은 일부일 뿐이다. 배우라는 직업도 그렇다. 가만히 있어도 눈부신 배우들이 있는 반면에, 희미한 미광 같은 배우들 또한 있다. 우리는 이것을 주연과 조연의 차이라 부른다. 겉보기엔 모음 하나('ㅜ'와 'ㅗ') 차이 같은데, 이 간극은 꽤나 아득한 것이다.

신문사 영화기자 일을 하면서 이 간극을 생각해볼 때가 많았다. 왜 주연은 번번이 주목을 받지만, 조연은 그렇지를 못하는가. 세상의 후광은 왜 후자가 아닌 전자에게로만 쏠리고 있는가.

현실적인 한계가 없지 않을 것이다. 지난 한 해 개봉한 한국 영화만 무려 600여 편이 넘는다. 스타 배우들로 구성된 대중 영화는 매해 쉴 틈 없이 쏟아지고 있고, 제작 · 배급 · 홍보사 등은 저마다 손익 분기점을 넘기려 사활을 건다. 개봉 전 언론 시사회를 전후해 대대적 마케팅 경쟁이 벌어지는 이유다. 단기에 대중의 관심을 끌려면 스타들을 내세우는 일이 불가피하므로, 숱한 매체 인터뷰들 또한 주연 배우 위주로 이루어진다. 그것도 간담회와 다를 바 없는 다대일 인터뷰로. 자연히 조연은 소외될 수밖에 없다.

고백하자면, 필자 역시 문제의식만 있었지 수년간 이 관성에 이끌려왔던 것 같다. 매체 수의 과잉, 엇비슷한 문답들의 연쇄, 50여 분이라는 턱 없이 제한된 시간. 인터뷰이와의 교감은 이뤄질 리 없었다. 교감이 없으니 속 깊은 문답 또한 오갈 리가 없었다. 자연히 쌓여가는 것은 회의였고, 줄어가는 건 흥미였다. '이건 인터뷰가 아니'라는 낙담.

본격적으로 관심의 더듬이를 조연들에게로 벼린 건 어느 지인과의 술자리 덕분이었다. 때는 2016년 가을 어느 늦은 밤. 이런 저런 불만을 맥락 없이 토로하던 차, 한국 영화 애호가인 그에게서 이 같은 조언을 듣는다.

"임마, 요새 배우 인터뷰는 왜 죄다 거기서 거기냐. 멘트들도 전부 똑같잖아. 하나같이 신작 영화 홍보하는 말들뿐이야. 그럴 바에야 차라리 조연들을 만나보는 것은 어떻겠냐. 속 깊은 얘기는 외려 이분들이 잘 해주실지도 몰라."

그렇게 출발한 것이다. 얼굴은 낯이 익지만 막상 이름은 떠오르지 않는 배우, 주연들의 후광에 가려져 있지만 각자의 자리에서 묵묵히 정진 중인 배우들을 일일이 수소문했다. 그 결과가 이 책에 실린 스물다섯 가지 이야기다.

각각의 이야기는 평균 세 시간가량 진행한 심층 인터뷰들로 구성됐다. 2016년 10월부터 2017년 11월까지 1년여간 격주 단위로 누비고 다닌 발품의 소산으로, 이 땅에 처음 공개되는 조연배우 인터뷰집이다.

책 속의 25명은 대개 '얼굴은 낯이 익은데, 누구인지는 잘 모르겠는' 배우들이다. 독자는 이들 생의 안과 밖을 세세히 들여다봄으로써, 배우라는 길이 과연 어떠한 것인지를 깨달을 수 있을 것이다. 나아가 배우 너머 한 사람 인간으로서 적잖은 공감과 위안 또한 안겨줄 수 있으리라 기대한다.

야심한 밤, 이 글을 쓰는 지금. 몇몇 배우들을 다시금 떠올려본다. "나는 인터뷰할 만한 사람이 되지 못한다"며 생애 첫 인터뷰를 매우 쑥스러워하던 정규수 배우, "하수구 막일을 뛰었어도 배우 길은 절대 포기할 수 없었다"며 웃던 정인겸 배우, "지금이 아니면 평생 후회할 것 같아" 엘리트 회사원의 삶을 포기했다는 허성태 배우, "소속사가 거듭 엎어지면서 모든 걸 내려놓고 가출했었다"던 안미나 배우, 영화 〈1987〉 촬영 후 부산에 있는 고(故) 박종철 열사 부친의 병실을 찾아가 손수 발톱을 깎아드렸다는 김종수 배우……

돌이켜보자면, 이들 하나하나의 생은 그 자체로 커다란 배움의 터전이었다. 안일했던 삶을 꾸짖는 가르침이었고, 게으른 정신을 내리치는 죽비였다.

그리하여 다시 한 번 불러본다. 정인겸, 손종학, 김종수, 강진아, 이성욱, 박수영, 허성태, 김영선, 남연우, 이주영, 남명렬, 이봉련, 진선규, 정상훈, 조복래, 조수향, 문지윤, 배유람, 김동영, 안미나, 정규수,

고규필, 배정화, 서현우, 김홍파 배우를.

개개의 빛은 주연보단 희미할지 모르나, 모인다면 또 다를 것이다. 이 스물다섯 개의 별들이 모이고 모이면 찬란한 은하수가 될 것이기에.

CONTENTS

PART 1

꿈은 가난할 수 없다

★

정인겸, 손종학, 김종수, 강진아, 이성욱, 박수영

photo. 한주형 기자

정인겸

나를 키운 건
팔 할이
고독이었다

해명하기 힘든 아우라, 귀기(鬼氣)의 배우

정인겸을 만난 것은 그가 〈귀수〉(2019·감독 리긴) 촬영을 끝마친 다음 날이었다. 범죄 액션물 〈귀수〉는 바둑으로 제 삶의 모든 것을 상실한 귀수(권상우)가 목숨 걸고 복수에 나선다는 이야기. 극 중 황 사범이라는 조연 캐릭터로 분한 정인겸은 전날 찍은 클로즈업 신이 꽤나 흡족스러웠던 듯했다. "담배 한 대 태우고 하자"며 어깨동무하더니 이처럼 말하는 것이다.

"연극배우랑 다르게 영화배우는 클로즈업을 견디느냐 못 견디느냐로 판가름이 나는 것 같아요. 연극 무대에서는 '퍼즈'(멈춤)가 배우의 권력이죠. 대사를 치다가 '이렇게 살…… 고 있어' 하며 4~5초간 멈추는 순간, 관객들은 꼼짝을 못 해요. 근데 말입니다. 그것보다 강한 게 스크린에서의 클로즈업이에요. '떼 신'(단체 신) 30초보다 클로즈업 3초가 더 강해. 그걸 알기에 배우들이 잘하겠다고 욕심을 부리곤 하는데, 그럼 '뻑사리'가 나. 나는 반대로 힘을 좀 빼고 했어요. 황 사범 캐릭터뿐 아니라 나 정인겸이라는 사람이 원채 기운이 세서 말예요. 다행히 원 큐에 끝냈어요. 촬영감독이 면전에서 엄지로 '따봉' 하며 '너무 좋습니다, 최고'라고 하대요. 그 순간 희열이 기가 막혔어요. 이루 말할 수 없는 쾌락이 느껴졌달까. 행복했습니다."

강렬한 눈매와 해명하기 힘든 아우라. 그는 무시무시한 기운을 머금은 사내였다. 167센티미터라는 물리적 체구는 문제 될 게 아니었다. 스스로는 "나이 쉰이 되니 많이 약해진 것"이라며 둘러대지만, 그는 거의 귀기(鬼氣)가 느껴질 만큼 상대를 압도했다. 타자를 마주할 때 생기기 마련인 모종의 경계 같은 건 쉽사리 허물어졌다. 먼저 허물고 들어온 것은 정인겸이었고, 그 앞에 마주 앉은 '나'는 거의 무방비로 이 강렬한 존재감을 감당해야 했다.

정인겸은 1968년 서울 옥수동 태생이다. 현재 성북동 옥탑방(그의 별칭은 '옥탑방 보헤미안'이라 한다)에서 혼자 사는 그는 "세상의 바닥을 실체적으로 경험한지라 무서운 게 거의 없다"고 스스럼없이 말한다. 이것은 해석을 요하지 않는 표현이다. 혹독한 가난이 일상이었기에 '노가다'(막일)란 노가다는 안 해본 것이 없었다. 삼일 밤낮을 굶어본 게 다반사였고, 잡역부도 꺼려하는 하수구, 그 악취 나는 오물 더미로도 마다하지 않고 들어갔다. 그의 나이 마흔 무렵의 일이다.

십 대엔 구타가 일상이었다. 시대는 엄혹한 전두환 군부 정권기였고, 교권은 폭력의 다른 말이었다. 날 때부터 인상이 매서웠던 그는 교사들로부터 찍혀 잇단 체벌과 구타에 시달리곤 했다. 유소년기부터 이십 대 초중반까지 그가 심한 말더듬이었던 건 이와 무관하지 않다. 세상의 폭력은 소년의 입을 저 스스로 다물게 했고, 그는 점점 더 내면의 세계로 빠져들었다. 그것이 세상에 저항하는 그만의 싸움 방식이었다.

나이 마흔일곱에 출연한 최동훈 감독의 〈암살〉(2015)은 처음으로 그를 대중에게 알게 한 작품이다. 생애 처음 조연 역에 발탁돼 대작 출연 기회를 잡았고, 이때 선보인 일본 경찰 사사키는 정인겸 특유의 아우라로 대중의 뇌리 깊숙이 각인된다. 그리고 3년이 지난 지금, 그는 여느 때보다 왕성히 영화 출연 작업에 매진 중이다.

2018년 가을엔 두 편의 대작에 조연 출연했다. 200억 원대 〈안시성〉(당 태종 이세민의 책사 역)과 100억 원대 〈협상〉(주인공 민태구의 인질 역)에서다. 드라마에서의 활약도 점점 더 두드러지고 있으니, 〈미스터 션샤인〉의 하야시 공사가 한 예다. 야마다(최강제)를 일본도로 베고선 "진실보다 쓸모 있는 미친 자가 필요하다"며 츠다(이정현)에게 최후의 기회를 주는 그는 사사키(〈암살〉) 이상으로 냉혹한 기운을 자아낸다.

과연, 풍파 많은 삶으로 점철된 정인겸 생애의 구체(具體)는 어떤 질감과 무늬들로 새겨져 있을까. 우선은 〈안시성〉 애기로 출발해야겠다.

〈안시성〉의 책사, 〈협상〉의 인질

★이번 〈안시성〉은 배우님께 또 한 번의 각별한 영화일 것 같습니다. 안시성을 함락하러 온 당태종 이세민군에서 이세민(박성웅)의 책사로 조연 출연하셨죠.

요 며칠 전 압구정동에서 술자리를 가졌어요. 이런 말이 튀어나오더라고요. "(박)성웅씨 우리가 영화 찍을 때 뭘 봤는지 드디어 이해했어"라고.

★무얼 이해했다는 말씀이신지?

파란 벽만 놓고 했으니까요. 고구려군 촬영 때 우린 고구려군을 한 번도 못 봤어요. 파란 벽을 놓고 찍었지. 그 벽을 앞에 놓고 내가 "성이 무너집니다" 이러니 둘이 웃고 그랬어요. 그간 우리가 촬영장에서 무얼 보고 연기한 건지 영화를 보고 나서야 확인할 수 있었다는 거예요.

★촬영은 주로 어디서 하셨습니까.

지난겨울 강원도 고성에서였어요. 거기 인근서 군 복무를 했었죠. 근데 말예요, 고성이 바람이 정말 세차게 불어요. 해발 1,700미터에서 바닷가로 내려오는 높새바람이 장난이 아닌 겁니다. 화면에 바람은 하나도 안 보이는데 실제론 천막이 막 찢어지고 그랬어요. 날은 추우니 입김이 막 나오는데 그걸 지우느라 비용이 꽤 들었다고 해요. 그리고 말입니다, 이 영화 엑스트라가 200~300명이에요. 하루에 1억 원씩 들어가는 대작인데, 말 타고 있으면 꾸르륵 하고 신호가 와요, 장

쪽에. 그렇다고 겨울에 해도 짧은데 화장실을 다녀오면 촬영이 중단되니 300~500만 원가량 날리는 겁니다. 그래서 상당수 아침에 지사제 먹고 찍었어요. 저 멀리 변이 산처럼 쌓여 있었지.

★출연 제안은 어떤 경로로 받으셨고요?

　　재작년에 찍은 〈살인자의 기억법〉(2017) 때 함께한 구태진 PD가 연결해줬습니다. 당나라 언어를 한 세 달 정도 모여 훈련했어요. 일본어보다 쉽지 않더군요. (어조가) 출렁출렁하니까. 촬영하면서 후배들에게 미안한 게 있었어요. 저는 (박)성웅 씨 옆에 붙어 있으니 20회차 찍은 것 중 한 신을 빼고 잘린 게 없어요. 근데 영화에 당나라 장군 다섯 명이 나오지요? 이분들은 편집 과정에서 많이 잘렸어요. 초반에 장수들이 양만춘(조인성)이 어떻습니다, 연개소문(유오성)이 어떻습니다, 라고 하는 신이 있죠. 사실 제 대사였습니다. 혼자만 하기 미안해서 제작 전에 후배들에게 나눠주는 걸 건의 드렸던 거예요. 김광식 감독님이 "아, 그러십시오"라고 승낙하셨고요. 그 신이라도 없었으면 이 후배들 얼굴도 안 나왔을 겁니다.

"본인 연기에 대해 자평해달라"고 하니, 그는 고개를 내저었다. "기능적인 역할일 뿐"이라는 것이었다. 그러면서 그는 "안시성의 주인공은 '무술팀'"이라며 무명 배우들을 추어올렸다. "나 같은 배우는 분위기만 잡았을 뿐입니다. 실상 그 사람들이 다 했어요. 돈도 많이 못 받는데 말 타고 싸움하고 낙마하고, 날아다니면서. 고생 참 많이 하셨지요."

★무술팀이라고 하시면.

　　멤버가 있어요. 무명 배우 중 승마 잘하는 분들로 섭외된 겁니다. 30여 명 돼요. 얼굴 한 번 제대로 안 나오지만 어떤 신에선 당나라군 복장을 하고, 어떤 신에선 고구려군 복장을 하고, 어떤 신에선 기마병 옷을 입고 그 고생을 다 하신 거죠. 이분들과 술을 좀 먹었는데 일당이 얼마 안 됩디다. 게다가 9월부터 이듬해 1월까지 찍은 건데, 9~10월에 말들이 말을 여간 안 들었어요. 전국 마방(馬房)에서 기운 센 놈들만 모아놓았는데, 이 녀석들이 서열싸움을 했던 겁니다. 서로 뒷발질해가면서. 저도 (박)성웅씨도 말을 좀 탈 줄 아는데, 여러 번 떨어졌어요. 전 왼팔 인대를 다쳐서 세 달간 힘 좀 들었고.

★일종의 '기마 리스크'군요.

　　'로쉬'라는 말이 있었어요. 암놈인데 와, 성질이 대단히 안 좋았어요. 계속 옆에 말과 싸우고 말이죠. 무술팀도 제일 꺼려하던 말이었습니다. 저도 동료 배우들과 만나면 그 녀석 욕부터 하고 그랬죠. 배우들이 승마를 경북 문경새재에서 배웠어요. 아침 여섯 시에 말 다루는 기사님 뵈러 가면 제일 먼저 물어본 게 "'로쉬' 어디 있습니까, '로쉬'만 안 타면 되는데"였죠.

★이번에 〈협상〉에서도 조연 출연하셨어요. 인질범 민태구(현빈)에게 극 초반 태국에서 납치되는 남자죠. 〈안시성〉과 촬영 기간이 겹치진 않았을까 싶은데요.

　　태국에서 납치되는 신을 찍은 게 지난해 겨울이었어요. 강원도에서 영하 15도 날씨에 찍다가 밤 비행기 타고 태국 가서 이틀간 찍고 돌아왔어요. 태국이 영상 40도 정도 되는 날씨였어요. 온도차가 무려 50도예요. 사우나에 갔다 온 느낌이었지요. 8월에 스튜디오 촬영을 하고 12월에 추가 촬영을 태국에서 했어요. 기억하기론 보름가량 태국에 있었죠. 12월 초 서울 기온이 영하 10도 아래로 열흘간 계속됐는데, 제가 사는 성북동 옥탑방에서 수도가 다 터져 있더군요. 수리비만 70만 원을 들였답니다.

옥탑방 보헤미안, 오천 원이면 가능했던 삶

그는 6년째 서울 성북동 옥탑방에서 홀로 산다. 결혼은 여태껏 하지 않았다. 6개월마다 주인 할머니께 월세를 선불로 준다고 했다. "들어올 땐 25만 원이었는데 지금은 40만 원씩 현금으로 드려요. 올려달라는 말씀 한 번 없으셨던 분이지만, 그래도 그게 맞는 것 같아서." 현재 그가 사는 옥탑방은 동서남북으로 북한산과 북악산 등이 훤히 보이는 곳에 자리해 있다. 그는 이 거처에 꽤 자부심을 갖고 있었다. "성북동 3대 옥상입니다. 절경이죠. 360도로 전부 산이 있어요."

★소문대로 '옥탑방 보헤미안'이시군요.

처음엔 시설이 엉망이었어요. 평수는 14평이니 혼자 지내기 딱이지만요. 제가 일일이 다 수리하고 여태껏 살고 있는데, 성북동을 두고 이런 얘기가 있어요. "기 센 놈은 성공하는데, 기 엉성한 사람은 탈탈 털려서 나온다." 주인 할머니 말씀으로도 "6개월 이상은 못 버티고

다 나갔다"고 하십디다. 근데 전 6년째 지내고 있는 거죠.

★새벽녘에 일어나 바깥 경치를 감상하는 모습이 그려지는데요.

　　맞아요, 아침 다섯 시면 일어나야 해요. 내 의지라기보단 벵갈 고양이 한 마리를 키우거든요. 그 시간이면 밥을 줘야 하죠. 그런 다음 밖에서 담배 태우며 아침을 시작하는 겁니다.

★고독과 외로움이 불가피할 것 같습니다.

　　이 얘기를 하고 싶네요. 한창 젊었을 때입니다. 지금보다 훨씬 호르몬에 휘둘릴 시기였죠. 31~33세 때입니다. 극단 '연우무대'에서 연극인으로 얼굴 조금 알리고, 돈 벌려고 '예술의전당'(이하 예당)에서 연극 하던 때였어요. 예당 한가람미술관 우측에 자료실이 있죠. 거기 2층에 미니 도서관이 있는데, 예술자료원이라는 곳입니다. 거기가 끝 장나게 좋아요. 아마도 회화와 사진 쪽에서는 가장 방대한 자료를 보유 중일 겁니다. 한창 굶주리고 살던 그 시기, 틈만 나면 거길 갔어요. 아침 일찍 가서 빵 먹으며 화집 보는 데 빠져 지냈지요. 서양 문화에 대해 여기서 다 공부한 거 같아요. 왜 이렇게 그렸을까, 이 사람은 어디서 어떤 영향을 받은 걸까 하며 수 년간 거진 다 읽었어요.

★도서관에서 화집을 보는 고독한 예술가라.

　　거기만 간 건 아닙니다. 예당이 지겨워지면 가장 가까운 데를 갔죠. 정독도서관요. 거기도 책이 좀 많습니까. 난 여기서 누구보다 풍요로운 생활을 누렸어요. 어찌 보면 지금 생각해도 무척 행복했던 기간입니다.

이 대목에 이르러 조금 의아해졌다. 그의 나이 삼십 대 초반이면 때는 1990년대 후반. 1997년 IMF 직후이므로 대한민국이 거의 풍비박산이 난 시기 아닌가. 기업들이 줄도산하고 실직자가 끊이지 않던 이 엄혹한 시기에 풍요로웠다라. 더욱이 돈과는 거리가 먼 가난한 연극인이 말이다. 아니나 다를까, 그는 "하루에 5,000원이면 충분했다"며 웃음 지었다.

★5,000원이요?

예, 5,000원. 이거면 충분했습니다. 돈 없을 때 정독도서관에서 하루를 나면 5,000원으로 충분했어요. 당시 담배 2,000원, 라면 한 그릇 먹으면 1,000원, 왔다 갔다 차비 2,000원, 그럼 딱 5,000원인 겁니다. 연극인이니 고정된 일터가 있는 것도 아니고 남는 건 시간이지 않았겠습니까. 제 삼십 대는 하루 5,000원이면 충분했습니다.

★작품이 없을 때면 매일같이 도서관을 간 건가요.

그렇죠. 저는 배우가 가난하다고 빌빌 떨지 말라고 말하고 싶습니다. 남들보다 시간이 많잖아요. 그런 숱한 시간들을 저는 이런 식으로 보냈어요. 이제는 작품이 늘어서 자주 못 가지만 말입니다. 지금 생각해도 제겐 정독도서관에서의 일상이 행복했습니다. 당시 기억이 지금도 새록새록합니다.

★이를 테면.

　　1997년 IMF 직후이니 실직자들이 좀 많았겠습니까. 1998~2000년엔 멀쩡하게 넥타이 메고 오는 분들이 다수였어요. 출근한다고 마누라한테 뻥 치고 전부 이리로 오는 거지. 넥타이맨들 상당수가 이른 아침부터 공인중개사, 공무원 시험을 준비하고 있더군요. 도서관 건물이 세 개죠. 두 번째 맨 우측에 담배 피우는 공간이 유일하게 있어요. 거기에 있으면 "2번 문제 어땠어?" "정답 뭐지" 하며 떠드는 사십 대 공시생들, 공인중개사 준비생들을 매일같이 봤어요. 그러다 오후가 되면 땡땡이 친 중고교생들 미팅 장소가 되고요. 거기가 경기고 옛날 자리 잖습니까. 중고교생들 담배 피우며 노는 모습이 지금도 아른거립니다. 그리고 말예요, 여기에 오시는 노인 분들은 전부 깊게 학문하는 할아버지들입니다. 하루 종일 책을 보시며 말년을 수양하시는 겁니다.

★정독도서관이 하나의 작은 사회였군요.

　　재밌는 건 말이죠. 그 누구도 서로한테 터치를 안 한다는 겁니다. 나같이 못 나가는 배우도 있고, 모두가 평등한 공간인 거지. '예당'에선 업종이 비슷해요. 사진작가, 발레리노, 연극배우, 영화배우 위주니 서로 누구지 누구지 하며 눈치 보는 게 있어요. 정독도서관은 그 점에선 상당히 자유로웠던 거죠. 서로가 서로한테 이질적이니까.

연극 일이 없을 땐 주에 한 번 노가다를 뛰었다고 했다. 그걸로 10~20만 원 벌면 도서관을 오가며 버티는 식이다. 부양가족이 없으니 내 한 몸 챙기면 그만이었으나, 외로움만큼은 어쩔 도리가 없었다. "언젠가부터 혼잣말이 늘더라"고 했다. "매일 라면만 먹을 순 없으니 가끔 꽁치 캔 하나 사고, 소주 한두 병에, 담배 한 갑을 사 옥탑방에 갔어요. 그걸로 김치찌개 끓여서 먹고 지내는 거죠. 다 좋은데 텔레비전에다 말을 걸게 돼요. '저 새끼들 왜 저래, 알았어. 간다잖아!' 약간 병적으로 보일 텐데, 혼자 오래 살면 그리 되더라고요." 그러다 건강이 악화돼 난생 처음 친구에게 도움을 구했다고 한다.

★어떤 친구들을 말씀하시는 건가요.

내가 중대 철학과를 나왔어요. 거기 아마추어 연극반 출신입니다. 고선웅 연출이 내 동기인데 지금도 가끔 보는 친구죠. 조광화 연출은 선배고. 그리고 지금은 약국 하고 있는 박종대라는 친구가 있어요. 내 나이 마흔다섯에 생전 처음 이 종대라는 친구한테 SOS를 쳤어요. 사나흘을 거의 굶다시피 하며 지냈던 시기입니다. 전화를 걸었죠. "오랜만이다, 종대야……. 한 50만 원만 보태줄 수 없냐." 걔가 그러더군요. "계좌번호 불러줘, 이놈아. 내가 많이는 못 도와줘도 정말 필요할 땐 언제든지 얘기 좀 해줘. 나 그 정도는 번다. 네 힘들게 사는 거 내 마음에 영 안 좋다." 그 후로 2년간 노가다를 안 했는데, 이 모두 그 친구 덕입니다.

구타와 말더듬의 유년기

★대학 얘기 하신 김에 시간을 저 과거로 거슬러 올라가 보죠. 지금의 배우님에

이르시기까지를 짚어보려면 저 멀리 유년 시절 모습부터 복기해봐야 하지 않을까 싶습니다. 1968년 옥수동 출신 서울 토박이시죠.

(그가 "잠시 기다리라"며 휴대폰으로 찍은 사진을 찾아 보여줬다. 흑백으로 된 일가족 단체사진이었다. 딱 봐도 한가운데 예리한 눈매를 지닌 작은 소년이 눈에 띄었다. 정인겸 본인이었다.) 옥수동 300번지에서 태어났습니다. 어릴 땐 집이 좀 살았나 봐요. 아버지가 핸드백 공장을 했어요. 3층집에서 살았는데, 그때뿐이었지. 1975년도 석유파동이 일어나고 집안이 망한 겁니다. 10만 원짜리 전셋집을 전전했고 서울 이곳저곳으로 다섯 번을 전학을 갔어요. 그러다 보니 국민학교 때부터 수학 과목은 포기해야 했어요. 학원을 다닐 형편은 안 되었지. 자의가 아닌 상황에 의해 그리된 겁니다. 전 지금도 산수를 못해요.

★집안은 엄한 편이셨습니까.

아버지가 속된 말로 한량이랄까요. 사업을 하셨지만 꿈이 너무 크셔서 늘 실패하셨습니다. 한 템포 반 템포 정도 빨라야 성공할 텐데, 우리 아버지는 두 템포가 빨랐죠. 앞서가시다 망하신 케이스가 아닐까 합니다. 그러다 보니 실질적인 생계는 어머니가 해결하셨어요. 고생 참 많으셨지.

★배우님은 양친 중 어느 분을 더 닮으셨는지요.

반반. 난 아버지랑 관계가 썩 안 좋았어요. 요즘 말로 맨스플레인(대체로 남자가 여자에게 의기양양하게 설명하는 것)이라 하죠. 아버지가 꼭 그러셨어요. 이따금 그런 아버지 성향이 제 안에서 나오면 아, 내가 어쩔 도리 없이 아버지 피를 이어받은 놈이구나 싶을 때가 있어요. 손님들한테 옷이든 가방이든 좋아하면 퍼주는 실속 없는 면도 닮은 것 같고요. 좋게 말하면 아버진 호방하신 사람이고 나쁘게 말하면 실속 없는 사람인 거지. 그러면서도 난 혼자 있을 때 편안해지고 혼자 오래 살다 보니 요리를 잘하는데, 그럴 땐 천상 엄마 닮은 아들이구나 싶기도 해요. 요리를 정말 잘해요, 제가. 김치도 손수 담가 먹고요. 요샌 조금 바빠진 터라 시장서 사 먹으려고 하지만요. 이제 여든 세 다 되신 어머니는 매사 침착하시고 무진장 소심하시고 타인에 대한 배려심이 대단한 분인데, 그런 건 또 어머니 닮았어요. 얼굴 틀은 아버지를 닮았는데, 오밀조밀한 거랑 작은 체구는 어머니를 닮았죠.

국민학교 시절, 그는 손바닥 껍질이 자주 벗겨졌다고 한다. 영양실조 때문이었다. 지금도 그의 노모가 안쓰러워하는 것이 하나 있다면, 한창 자랄 그 시절 제대로 끼니 한번 챙겨주지 못한 것이다. "지금도 체구가 작은 게 마음에 걸리시나 봐요. 내가 형만 둘인데, 우리 어머니는 늘 이렇게 말씀하시곤 했죠. '우리 막내 우유라도 잘 먹였어야 하는 건데.'"

★그럼 어떻게 대답하셨나요.

　　　　엄마, 괜찮아. 내가 키가 더 컸으면, 173~4센티미터만 됐어도 경쟁력 없어. 사람들은 생긴 대로 먹고사는 거야.

그의 유년 시절을 괴롭힌 건 가난만이 아니다. 때는 전두환 군부정권 시대. 눈빛이 강렬한 데다 인상이 좋지 않던 그는 교사들의 체벌 1순

위였다. 별다른 잘못이 없어도 불려 나가는 일이 다반사였다. 불려 나
가면 뺨을 맞거나 매질이 이어졌다. 그는 "학우들에게 맞아본 적은 없
다"면서 "때리는 쪽은 늘 교사들이었다"고 했다. "제가 한쪽 눈이 안
좋아 자주 찡그렸어요. 게다가 눈빛이 세다 보니 쳐다만 봐도 반항하
는 줄로 아는 겁니다. 한번은 경주에 수학여행 가서 선생 6명에게 구
타당한 적도 있어요(그는 교정 불가 약시다. 군면제 사유가 되는 약시임에
도 그대로 군입대를 했다고 한다)."

★그 모든 폭력과 부당함을 어떻게 감내하신 겁니까. 굉장한 트라우마가 되었을
수 있는데.

　　　자퇴했어야 맞지, 검정고시 보고요. 그런데 집안이 망한지라
어머니한텐 그 얘기를 차마 못 하겠더라고요. 정말로 저의 십 대는 '구
타의 역사'였어요. 전학을 자주 다녔다고 했죠. 학기 초마다 일부러 눈
을 착하게 뜨려고 해봤어요. 근데 또 착하게 뜨면 "왜 그러냐, 새꺄"
하며 또 구타하는 겁니다. 아무튼 앞서 말한 경주 구타 사건 이후 2년
여간 그분들한테 인사를 안 했어요. 유령 취급했지. 아무도 뭐라 안 하
더군요. 후에 잘못이 없음이 밝혀졌음에도 불구하고요.

하수구 들어가 일하고 번 돈으로 옥탑방에서 소주 한 잔 마시면 이런 생각이 듭니다.
"하, 인생 이런 거구나, 재밌네."

코뿔소와의 만남, 그리고 해방

★조심스런 질문이지만 어린 시절부터 심한 말더듬이셨다고 들었어요. 여하한 상
 처들과 무관하지 않을 것 같은데요.

　　국민학교 1학년 때였습니다. 창가 쪽에 앉아 수업을 듣던 중
바깥을 보고 있었어요. 바깥 풍경이 참 예뻤거든요. 그때 여선생이 칠
판지우개를 제 쪽으로 던집디다. 사십 대 정도 되는 분이셨는데, 나오
래요. 나갔더니 껌을 뱉으란 겁니다. 저는 껌을 씹고 있지 않았어요.
그런데도 뱉으라며 뺨을 때리셨던 거죠. 그러더니 갑자기 제 입안으로
손을 집어넣으면서 없는 껌을 꺼내시려는 겁니다. 그 순간 오바이트를
했어요. 그 토사물이 묻은 손으로 선생은 또다시 제 뺨을 때리셨지요.
저는 전혀 껌을 씹지 않았는데, 저는 전혀 잘못이 없는데 그날 어머니
가 교무실에서 고개 숙여 '죄송합니다, 죄송합니다' 하며 머리를 조아
리시는 모습을 봐야 했어요. 이해할 수 없는 어마어마한 분노가 끓어
올랐습니다. 그날 이후 말을 하지 않기로 작정했어요. 자발적으로 말
을 하지 않고부터 정말로 말이 나오지 않게 되더군요.

★내면의 창문을 그때 스스로 닫아버리신 거군요. 모든 일상에서 말을 안 하셨던
 겁니까?

　　아니요, 우리 가족들, 믿고 신뢰하는 친한 친구랑 조용히 있을
땐 어렵게나마 대화가 돼요. 하지만 바깥에만 나가면 말을 더듬게 되
는 거죠. 초성이 안 나와요, '더, 더, 더' 하며(숨이 막혀하며 말 더듬는 광
경을 그는 직접 재연해 보였다). 선생이 무얼 시키거나 공공적인 장소에

있을 땐 늘 그랬습니다.

★지금 이렇게 유창하게 말씀을 잘 하시는데, 영화계에서도 화술의 달인으로 불리는 배우님이신데, 이런 아픈 과거사가 있을 줄은 전혀 짐작도 못 했습니다. 극복은 어떻게 하신 겁니까.

　이십 대 중반 무렵이었지. 코뿔소 덕분이었어요.

★코뿔소요?

　네, 코뿔소 덕분에 해방됐습니다.

농담이 아니다. 강원도 고성에서 군복무를 마치고 제대한 직후, 그는 서울대공원 동물원에서 3개월가량 아르바이트 일을 얻는다. 아프리카관 코뿔소 담당이었다. 매일같이 코뿔소 배변을 치우고 물을 갈아주는 관리직군. 당시 그가 관리한 코뿔소는 흰꼬뿔소로, 희귀종이었다. 그는 "낯선 공간에 적응 못 하고 기운 없어 하던 녀석이 3월 말 즈음 난동을 부린 적이 있다"고 했다. "퇴근 준비하다 선배가 고래고래 소리를 지르며 저를 찾더군요. 녀석이 광분해 장갑차처럼 뛰고 있다고요."

★그게 어떤 영향을 주었다는 거죠?

　들어보세요. 새 세상에 적응 못 하고 서너 걸음 하루에 걸을까 말까 하던 녀석이 온 공간을 휘저으며 미쳐 날뛰더라 이겁니다. 제가 그 광경을 보는데 처음 느껴보는 에너지에 휩싸였어요. 공중으로 솟아오를 것처럼 온몸이 가벼워졌어요. 그렇게 조용히 하늘로 올라가는 것 같았죠. 다 우스워 보이고, 그간의 내 상처들, 고민들도 우스워 보이고, 지난 25년 세월이 우스워 보이고. 그러다 십 분 넘게 웃음이 나오는 거예요. 내 안에 자리해 있던 어떤 거대한 벽 같은 게 그 순간 허물어졌어요. 해방의 순간이었죠. 말더듬도 그 순간 그쳤어요. 내적 변화가 생기니 호흡이 통제가 되기 시작했고, 서두르지 않게 됐지요. 내가 원할 때 내가 원하는 호흡을 할 수 있게 됐고요.

★영화로 치면 뭐랄까, 참 시네마틱한 순간인데요. 나이는 스물다섯, 팔팔한 청년기에 광분하는 코뿔소에서 자기 자신을 보고 그간 자신을 옭아매던 거대한 사슬을 끊고 나오는 순간. 그 공간이 동물원이었다는 것도 참 흥미롭고요.

이런 기억도 선명합니다. 개장 초기라서 동물원이 엉망일 때였어요. 1992년도였는데 서울대공원 뒤편 산책로가 참 좋았어요. 그 시절 연애할 때면 몇 번 여자 친구를 데리고 갔어요. 돈 한 푼 없는 가난뱅이도 그땐 연애를 할 수 있었지요. 상대가 참 훌륭한 사람들이었어요. 내 가난을 다 이해해주는 여자들이었으니. 혹시 가랑비 내릴 때 동물원 가봤어요? 동물원은 가랑비 내릴 때 평일에 가면 좋습니다.

★가랑비 내리는 평일이어야만 하는 이유가 있나요?

평일은 인적이 뜸한 데다 가랑비가 내리면 동물들이 무척 좋아하거든요. 실내에 머물지 않고 그 보슬보슬 내리는 비를 즐기려고 전부 나와요.

정인겸을 마주할 땐 준비해온 질문지가 실상 불필요했다. 인터뷰를 주도한 건 대체로 그였고, 인터뷰어는 그런 그의 입가로 발화하는 말들의 풍경을 그 자체로 음미하면 그만이었다. 그 풍경의 면면을 세세히 들여다보다 이따금 들곤 하는 물음들을 그때그때 던지면 되는 것이었다. 그는 청자를 사로잡게 하는 불가해한 매력이 존재의 심연 아래 잠복해 있는 듯했다. 전에는 느껴보지 못한 거대한 인력. 첫 대면에 느낀 위압감은 사라진 지 오래였다.

★중앙대 진학 당시 철학과를 택한 이유가 있습니까.

아까 수학을 못했다고 했죠. (학력고사) 8점이었어요. (답안지) 'ㄱㄴㄷㄹㅁ' 중 'ㄴ'만 찍었는데 그리 된 거였죠. 재수하려 했는데 군휴가 나온 둘째형이 그러더군요. "우리가 재수할 형편이냐 이놈아, 네 성격상 재수는 가당치도 않다." 담배 빡빡 피우던 반항아처럼 보이던 저였으니 형은 걱정스러웠던 겁니다. 아무 곳에나 지원하라길래 살펴보니 한양대, 중앙대 철학과 정도는 갈 수 있는 성적이었어요. 한양대는 집에 가까운 데다 남자들이 많으니, 처음 가보는 흑석동 중앙대를 가자. 그리로 출근을 하자고 한 거죠.

★어릴 때부터 생각이 깊은 조숙한 학생이 아니셨을까 해요. 말더듬이에 세상과 얼마간 단절된 청소년기를 보내셨지만, 그 기간 내적으로 담금질하며 버티진 않으셨을까 싶고요. 듣기로, 고교 시절 백일장에서 줄곧 상을 받으셨다고요? 연극에의 관심은 언제부터 싹튼 건가요?

아버지가 허세가 좀 있어서 국민학교 5학년 때 민음사 한국문학 100선을 사주셨어요. 집에서 혼자 있으면 읽을 게 그것뿐이었죠.

그걸 반복해서 계속 봤어요. 『꺼삐딴 리』부터 우리 문학은 그때 다 읽은 것 같아요. 그러다 보니 국어, 사회 과목은 당연히 잘했지요. 재밌었어요. 집에 티브이도 없으니 다른 데 관심 쏠릴 것도 없었고, 새롭게 단어 익히는 맛도 일찍이 느꼈고. 그러다 세상 돌아가는 모양이 막연히 궁금해 철학과에 들어갔는데, 공부는 안 하고 그때부터 연극을 한 거예요.

★연극반 입문 계기라면요?

1학년 때였나. 1987년 6월 항쟁이 끝나고 운동권 형들이랑 연극반 극장에 놀러 갔어요. 거기서 생면부지인 연극반 선배가 무대 보수 일을 시키더라고요. 그러다 "야, 라면 먹고 해" 그러길래 라면 먹다가 자연스레 통성명을 하게 됐고, 본의 아니게 연극반에 들어가게 됐죠. 근데 군대 다녀오기 전까진 스태프만 했어요. 거기서 숙식 일을 다 하며 주로 조명 일을 거들었고요. 말더듬은 여전했지만 거기 사람들 만나며 점차로 소통 가능한 쪽으로 내 자신이 변해가기 시작했어요. 그러다 〈보이첵〉을 연출할 수 있었고 〈로미오와 줄리엣〉 로미오로 무대에도 섰고요. 밤이면 최형인 선생의 『백세 개의 모노로그』를 달달 외우며 연습했어요. 그러면서 점차로 연극이 좋아졌는데, 말더듬이에서 근본적으로 벗어난 건 아까 말한 전역 이후 '코뿔소' 덕입니다.

★앞서 오른쪽 눈이 심한 약시라고도 하셨는데 면제 없이 군복무를 하셨네요.

제가 1989년 7월 군번입니다. 1991년 12월에 재대했어요. 말한 김에 이 얘기를 해줘야겠어요. 제대하고 안경 맞추러 갔어요. 오른쪽 눈이 심한 약시였으니까. 안경점에서 안과부터 가보라고 하더라고요. 근데 의사가 이런 말을 하는 거야. "축하합니다. 신의 아들이시네요." 아이고, 난 이미 28개월 병장 만기 전역을 했는데, 그런 나를 곧 군대 갈 놈으로 보고 면제될 거라고 축하해준 겁니다. 분하더라고요. 구타가 일상이던 당시 군대를 안 갈 수도 있었으니까. 진단 받고 갔으면 그 고생은 안 했을 테니까. 그땐 하도 병역 빼려는 인간들이 많았어요. 200만 원 주면 방위, 400만 원 주면 면제, 이런 말이 나돌 때였지요. 병무청서 자세히 조사 안 하던 시절이에요. 남자 인구가 워낙 많았으니까요. 학력고사를 60~80만 명이 봤어요. 군대 가기엔 너무 많은 거죠. 제 세대 남자들, 덩치 크고 건강해도 좀 살았던 사람들은 대부분 방위로 빠지거나 면제였어요. 그럼 누가 입대하느냐. 전부 저처럼 못사는 애들이죠. 제가 병역 할 때 중대원 150명 중 대학 다니는 애들은 6명이었어요. 그런 친구들이 내 나이 돼서 나라 걱정하니 뭐니 그러면 속이 '니글니글'해집니다.

★연극 한다는 것에 대해 집안 반응은 어땠습니까.

우리 아버지가 고리타분하지 않아요. '네 하고 싶은 거 하라'는 주의였죠. 하지만 제가 마흔 가까이 되니 힘들어 하시죠. '이제라도 뭘 해라'고 하시는데 고통스럽더라고요. 설날, 추석 명절 때마다 제가 눈에 밟히시니 꼭 한 소리를 하시고. 그럴 때마다 저를 지켜준 분이 어머니세요. 어머니는 늘 아버지에게 순종적이셨는데, 정말 한번은 처음으로 아버지에게 큰 소리를 지르셨어요. 막내한테 뭐라 하지 말라고, 하고 싶은 거 하게 내버려두라고. 아버지가 그렇게 깜짝 놀라시는 걸 처음 봤습니다. 엄마한테 나중에 "그때 왜 그러셨어요, 아버지한테" 하고 슬쩍 여쭈었죠. 그러니 이런 이야기를 풀어놓으십디다.

★어떤 이야기를요?

하도 답답해서 동생(이모)이랑 왕십리에 용하다는 점집을 갔대요. 가자마자 점 봐주시는 분이 "아이구, 막내아들 때문에……"라며 혀를 끌끌 차시더라는 겁니다. 신뢰가 생기죠. 저에 대해 얘기도 안 꺼냈는데 "막내아들이 답답해 죽겠지? 나이 처먹었는데 돈도 못 벌고 어떡하냐"며 말을 쭉 이어가더랍니다. "하나만 기억해. 걔는 스트레스 주면 죽어. 걔는 다른 덴 건강한데 정신적으로 영향을 주면 아주 위험해지는 친구야. 스트레스만 안 주면 알아서 자기 길 찾아갈 거야. 그리고 꽤 유명해질 거야. 책에도 남을 사람이야. 근데 아니면 죽는다고." 이 얘기를 듣고 생전 처음 어머니가 아버지께 큰 소리를 지른 겁니다.

혜화동의 외톨이 연극인

그의 이십 대로 다시금 시계 태엽을 돌려야 할 것 같다. 때는 스물여섯 살인 1994년. 4학년 1학기를 나던 정인겸은 생애 첫 대학로 무대에 선다. 극단 연우무대에 입단하고부터다. 십여 년을 시달린 말더듬 현상도 해결됐기에 본격적인 연극인으로서 삶이 시작된다. 하지만 이내 새로운 시련 하나가 추가됐다. 박상현 연출의 〈난 새에게 커피를 주었다〉 등에 출연하던 차, 심한 교통사고를 당한 것이다. 그는 "건널목을 건너

다 신호를 무시한 버스에 그대로 치였다"며 "생명엔 지장이 없었으나 발등 뼈만 일곱 군데가 부러졌다"고 회고했다. "4개월 병실에 누워 만 있었지요. 버스기사 노모가 눈물로 선처를 호소하시기에 그냥 넘어갔고요. 뭐랄까……, 속상하죠. 긴 기간 무대에 오를 수가 없었으니까." 그러다 퇴원 후 다시 기국서 연출의 〈관객 모독〉, 김광림 연출의 〈날 보러 와요〉 등에 출연하며 재기에 성공한다. 입단 6년 뒤엔 연우무대를 나왔고, 지금껏 70여 편을 작업했다. 하지만 나이 마흔다섯에 이르기까지 그가 모은 돈은 200만 원이 전부였다.

★젊은 시절 주변에서 보는 정인겸은 어떤 사람이었습니까.

연극계에 '이상한 놈'으로 소문이 자자했죠. 혜화동 로터리에서 플라타너스 나무를 쓰다듬으며 혼잣말 많이 했어요. "어이구, 매연 많이 맞았겠구나" 하며. 이유가 있어요. 이십 대 후반, 서른 살 초반에 보면 서로 무대에 서려고 발악하고 수싸움하며 관계를 맺고 하는 게 뻔히 보여요. 선배는 잘하는 후배 누르려고 하고. 그 정체된 상태가 싫더군요. 그래서 언제부터인가 연습 전에 30분 동안 바깥에 플라타너스 나무를 쓰다듬거나 기대 앉아서 혼자 읊조렸죠. 힘이 나더라고요. 휘둘리지도 않게 되고. 연극계는 없는 곳이잖아요. 알려지지 않은 곳이고요. 그런 데일수록 타인에게서 뽑아낸 에너지로 살아요. 저는 그게 그 시절부터 보였어요. 그 에너지를 빼앗기지 않으려 저항 많이 했어요. 또래들 사이에선 외톨이일 수밖에 없었죠.

★배우님의 삼사십 대에 있어서 가장 혹독히도 힘들었던, 소위 바닥을 친 순간이 있다면 그건 언제였습니까.

나이 마흔 막 넘겼을 무렵입니다. 아주 밑바닥을 쳤죠. 제가 밑바닥 친다고 한 것은 정말 사나흘 먹을 것이 없다는 거예요. 방바닥, 장롱 밑 박박 긁어서 동전이라도 구하면 라면 사러 가서 겨우 끼니를 해결해야 했죠. 그게 6개월 이상 지속된 겁니다. 그때 제가 하수구를 많이 들어갔어요. 중구 필동 진양상가 쪽에서 하수구 작업은 제가 거진 했어요. 저같이 체구가 작은 애들을 써요. 근데 쪽팔리지만 여기가 일당이 셉니다. 어지간한 잡역부도 안 하려고 하니까. 뭔가 막혀 있는 것들을 똥물 속에서 꺼내야 하는데 누가 하고 싶겠어요. 들어가기 전에 소주 들이붓고 마스크 쓰고 했어요. 다른 노가다가 8만 원이었다면 이 일은 2배 정도 받았던 것 같아요. 그걸로 담배, 라면, 김치, 쌀, 소주를 사서 버티는 거죠.

★결혼을 원해도 하기 힘든 여건이었겠네요.

연극판이 돈이 없죠. 재밌는 얘기가 있어요. 이 동네가 이혼율이 굉장히 적어요. 왜인 줄 아세요? 이혼하려면 나눠 먹을 아파트(재산)라도 있어야 할 텐데, 서로 한 푼도 없는 경우가 다반사여서예요. 가를 게 없는 거지.

★듣고 보면 정말 세상의 밑바닥을 실체적으로 경험하신 것 같습니다. 그런데 또 그 주어진 현실에 절망하지 않고 달관하며 사신 것 같고……. 그게 또 경이적이고…….

하수구 들어가 일하고 번 돈으로 옥탑방에서 소주 한 잔 마시면 이런 생각이 듭니다. "하, 인생 이런 거구나, 재밌네." 성북구 정릉 살 때 얘기예요. 사십 대 초반 때였지요. 거기서 4년 살았는데 궁핍하기도 했고, 워낙 산골짜기였어요. 거기서 늘 그렇게 혼자 사는데 창문만 열면 새가 보였어요. 정릉에 딱따구리랑 박새 많은 거 알아요? 얘네들 위해 호박씨를 사 와서 창가에 뿌려놔요. 아침에 문 열면 다 먹고 없죠. 연립주택 3층 옥탑방이었는데요. 상황적으로 도저히 여자를 만나기 힘든데 성욕은 들끓고, 젊음은 무심히 흘러가고, 그때 이 작은 새들이 제 벗이었던 겁니다. 그러다 3년 전부터 돈을 좀 벌기 시작하면서 사람 구실을 하고 있고요.

2015년은 그에게 인생 2막을 알린 중대한 분기점이다. 최동훈 감독에게 발탁돼 〈암살〉(2015)의 사사키 역으로 출연한 것이다. 연극배우 출신이 〈도둑들〉(2012)을 찍은 천만 감독 눈에 띄어 조연 역에 발탁되는 건 드문 일이다. 그렇게 1,270만 명을 모은 〈암살〉은 정인겸이라는 얼굴을 온 대중 기억 속에 자리 잡게 한 일대 계기가 된다. 그가 영화배우로서 새 삶을 출발할 수 있었던 것도 이때부터였다.

★〈암살〉 이후 연극에서 영화 매체로 본격 이행하신 셈인데.

연극에서는 이제 아버지 역할을 할 나이가 되었는데 보시다시피 전 아버지 느낌이 아니잖아요. 이상하잖아요. 제가 영화 매체로 옮긴 건 어떻게든 먹고살려고였어요. 그러다 최 감독이 미팅하자고 연락을 줬어요. 오디션도 아니고요. 최 감독 사무실에서 한 시간가량 담배 빡빡 피우며 얘기했죠. 이런 얘기가 오갔답니다. "힘드셨죠, 선배님?"(최동훈) "아뇨, 제가 택한 일인데 어쩌겠습니까. 노가다도 제가 택해 한 거 아닙니까."(정인겸) "선배님, 제가 생각하기에는요, 선배님 마흔 후반에 오시길 참 잘했습니다."(최동훈) "왜요?"(정인겸) "보세요, 서른다섯 즈음에 영화 시작한 선배님 친구들, 지금 남아 계신 분 누가 있습니까. 몇 명 없지 않습니까. 조폭, 형사처럼 에너지 빡빡, 인상 빡빡 쓰다가 빨리 소비되지 않습니까."(최동훈) 맞는 말이었어요. 이 영화 산업 시스템이라는 게 그런 에너지 쓰는 역할을 많이 필요로 해요. 시켜주니 넙죽 하지만 대부분 소비됩니다. 그러다 에너지 쓰는 인물로만 고정돼요. 더 깊이 연기할 수 있는 사람들마저도요. 우리는 그걸 "이미지가 빨린다"라고 표현합니다. 최 감독이 그러더군요. "선배님은 47세 정도에 '턴'하셨지요. 이미 캐릭터도 갖고 오셨지요. 그 캐릭터가 너무 독특하시고요. 남하고 비교가 안 되는 꼭 필요한 캐릭터를 이미 만들어오셨어요. 선배님이 단역이 아닌 조연부터 하셔야 하는 이유입니다. 정말 잘하신 겁니다." 그때 느꼈지요. '아, 일찍 하는 게 능사가 아니로구나.'

★ 그렇게 이제 막 오십 대가 되셨어요. 〈암살〉 이후 출연작도 꾸준히 늘고 계시고요. 〈살인자의 기억법〉 김병수 부친, 〈범죄도시〉 법의학자, 〈골든 슬럼버〉 백발, 〈7년의 밤〉 박수무당, 그리고 〈안시성〉과 〈협상〉 등에 이르기까지. 안방극장에서도 〈미세스 캅 2〉에 이어 〈추리의 여왕〉 〈미스터 션샤인〉에서 조연 하야시 역 등으로 주목받으셨죠. 이젠 선배보다 후배가 더 많으실 시기이신데요, 반추하건대 이 모든 게 어떻게 다가오시는지요.

　　자존심 같은 건 필요 없어요. '이 판서 진짜 살아남아야 한다.

내가 살 곳은 여기뿐이다'라는 절박감으로 임해요. 절박하니 겸손해 질 수밖에요. 저는 영화 촬영 현장에서 새벽에 제 촬영분이 끝나도 두세 시간을 현장을 지켜요. 그게 예의라고 여겨서예요. 그리고 전 모니터룸에 아예 안 가요. 조연출이 혹여나 한번 부르면 갈 뿐이에요. 감독이 보통 저보다 연배가 어린데 제가 한 마디라도 얹으면 얼마나 불편하겠습니까. 연극은 보통 세 달 전부터 같이 연습하며 작품을 '세운다'고 해요. 어떤 모양으로 최종적으로 세워질진 예측이 안 되니 서로 함께 토의하고 계속 리허설하고 수정하면서 작품 하나를 세워나가요. 그런데 영화는 다르지요. 한 여배우가 이런 말을 TV에서 하더군요. 딱 맞는 말이에요. "드라마나 영화 쪽에서 감독과 연출가는 드론을 저 하늘 위로 띄워서 결과물을 멀리서 지켜보는 거다." 이미 90% 이상은 명확한 그림을 그려놓고 간다는 거죠. 한 사람 배우로서 저는 거기에 맞게 소화해주기만 하면 되는 겁니다.

정인겸, 영화계의 조르바

★지난 과거를 반추할 때 배우님은 어떤 사람이 되어 있는 것 같습니까.

일단 호르몬이 떨어지니 실수를 안 합니다. 바보 같은 짓과 현명한 짓이 구분이 되는 겁니다. 남자가 그 전까진 자기가 자기 주인이 아니에요. 호르몬이 주인이지. 사회관계에선 늘 경쟁심에 휘둘리죠. 바보 같은 짓이라고 봐요. 저는 그 시절 혼자 노가다하며 지내다 어느새 나이가 들어버렸는데, 2~3년 전부턴 본능이 잘 제어가 되는 것 같아요. 덜 무례해지고, 부러 노력 없이도 후배들에게 편안한 선배로 다가가는 것 같고. 저 자신이 통제가 되니 전체가 명쾌하게 보이고, 가식이 아닌 본질을 보게 되고, 객관적으로 조망을 하게 되고요. 평정심이 유지된달까요.

★그게 연기에도 모종의 영향을 주지 않을까 짐작하게 되는데요.

2~3년 전부터 발음을 흐리고 있어요. 영화 매체에 적응하려고요. 연극은 발음을 또박또박 모든 음절을 정확하게 해요. 딕션이 중요하니까. 영화에선 그게 아주 안 좋아요. 흘려야 해요. 그래서 부러 노력하는 거죠. 그리고 감정적인 연기를 제가 별로 안 좋아하는데요. 감정은 드러내는 것이 아니라 새어나오는 것이라 봅니다. 그걸 관객이 알아챌 정도로만 새어나오게 하는 거. 요즘 젊은 관객은 '클리셰의 감별사'예요. 뻔한 감정 연기로는 안 되는 겁니다. 점점 더 이성적으로 연기하게 돼요. 이성을 컨트롤함으로써 독특함이 나오고 클리셰에 안 빠지는 거거든요. 감정은 맹목적이고 폭발적인 힘이 있지만 그만큼 단순한 겁니다. 저는 이제 자제하고 들키지 않으면서 이 미묘하게 새어나오는 것에 집중하고 있습니다.

"연기를 그만두고 싶었던 적 없었냐"는 물음에 그는 "전혀"라고 잘라 말했다. 할 줄 아는 게 달리 없었다는 것이다. 바꿔 말하면 연기야말로 그의 생애 전부라는 뜻일 것이다. 그는 한 편 한 편 작품들에 출연하며 자기 삶이 고양되는 것을 느낄 때 묘한 쾌감을 느낀다고 했다. 아마도 그 쾌감의 너비와 폭은 앞으로 더 늘어나지 않을는지. 생의 바닥을 딛고 선 이 작은 거인이 펼쳐 보일 생애는 그만큼 더 진실할 것이기에. 그 진실함만큼이나 사람 냄새 나는 그의 소탈함을 대중은 기꺼이 반길 것이다. 그는 영화계의 보헤미안이자, 조르바이지 않은가.

손종학

카르페디엠,
지금 이 순간에
충실한 삶

〈미생〉 마 부장으로 1대 '마블리' 되다

손종학. 비슷한 연배이면 모를까, '2030세대'(20·30대)에게 그의 이름은 조금 낯설다. 얼굴은 본 것 같긴 한데, '누구였지' 하고 생각하다 보면 쉽게 이름이 떠오르질 않는다. 조연들이 늘상 겪곤 하는 이 '의문의 1패'는 중견 배우 손종학에게도 비켜갈 수 없는 것이었으니……

그래도 대기만성이라 했다. 착실하게 사는 이에게 영광의 빛줄기는 어느 순간 쏟아지는 법. 손종학에겐 5년 전 이맘때가 그랬다. 그러니까 때는 2014년 10월 7일. 당시 첫 방영을 시작한 tvN 드라마 〈미생〉에 조연 출연했다. 무턱대고 극단 일을 시작한 지 27년째에 접어든 시기. 우연찮게 나온 이 17부작 시리즈는 손종학이라는 존재를 남녀노소 대중에게 각인시킨 일대 계기가 된다. 희대의 '꼰대' '마초' 상사 마복렬 부장으로 분하면서였다.

손종학 이름 석 자는 몰라도 '마 부장'을 모르는 이는 드물다. 기실 배우란 이름보다 배역으로 기억되는 것일까. 이 악독한 마초 상사는 〈미생〉에서 없어서는 안 될 감초 캐릭터였다. 그 흔한 로맨스 코드 하나 없이 이 시대 직장인들 애환을 절절히 녹인 〈미생〉에서 그의 존재는 특히 유별났다. 요컨대 오상식 과장(이성민)과 저 멀리 대척점에 선 기피 1순위 상사였던 것. 문유석 판사가 쓴 유명 칼럼 '전국의 부장님들께 감히 드리는 글'의 첫 번째 수신자는 바로 이 마 부장이어야 했을지도 모를 일이다.

혹여나 뒷목 잡게 될지 모를 일이나, 극 중 마 부장의 '암 유발' 명대사(?) 일부만 복기해보자.

"아니, 대체 애를 몇이나 낳는 거야? 애 둘이라고 하지 않았어? (중략) 애 나온 지 얼마나 됐다고 또 임신이야!"

"여기서 그 얘기가 왜 나와? 그리고 성희롱? 그게 왜 성희롱이야. 파인 옷 입고 온 그 여자가 잘못이지. 그래서 내가 뭐 만지기를 했어, 들여다보기를 했어. '숙일 때마다 그렇게 가릴 거면 뭐 하러 그런 옷 입고 왔니. 그냥 다 보이게 둬.' 이 말이 성희롱이야, 어? 성희롱이야? 반어법이잖아."

"커피 좀 타 오라는 것도 성추행이래요. 시집 못 가는 거 걱정해주는 것도 성추행이래요. 이 놈의 기 센 여자들 등살에 살 수가 없어!"

★당시 안영이(강소라)를 그리 괴롭히셨는데, 주변에서 뭐라고들 안 하던가요?

에이 뭐, 욕할 줄 알았는데 그건 아니더라고요. 의외로 더 친근하게 대해주시던걸요. 식당에 가면 '마 부장, 술 한 잔 받으소!' 하며 탁 때리고 가고, 허허.

★굉장히 현실적인 악독 상사였어요. 보는 사람마다 뇌리 깊숙이 각인이 됐죠. 근데, 직장 생활은 해본 적 없으시다면서요.

회사 생활 경험만 없을 뿐이죠. 극단 자체가 어지간한 직장보다 군기가 세요. 위계가 있고 엄격하고. 과거엔 '빠따(야구방망이)'로 맞고, 기합 받고 이런 건 흔한 광경이었어요. 직장 안 다녀봤어도 주변에 회사원들이 좀 많겠어요. 얘기 들어보면 알지. 저도 밥벌이하는 직장인이나 마찬가지예요(웃음).

★캐스팅은 어떻게 되신 건지요?

보자……. 김원석 감독 만난 날이 베트남 합작 드라마 찍는다고 하노이로 출국하기 전날이었어요. 부랴부랴 짐 싸고 있었는데, 제작사 대표가 전화하더군요. 가기 전에 미팅 좀 하고 싶다고. 그래서 짐 싸다 말고 밤 열한 시에 경기도 일산으로 갔어요. 거기서 김 감독을 처음 만났죠. 이런저런 얘길 나누다가 감독이 그러대요. 영화 〈일대일〉(2014)에서 연기한 변오구에서 '마 부장'을 보았다고. 근데 나중에 캐스팅 후 들은 말이지만, 제작진에서 그날 미팅하고 조금 고민했대요. 예상보다

순하게 생겼다면서, 허허.

★마 부장이 어떤 인물 같던가요?

　　그의 말과 행위는 당연히 잘못된 거지만 그가 순전한 악역이
라고는 생각하지 않았어요. 그런 기질은 겉으로 드러나지만 않을 뿐
모든 인간에게 있으리라 봤거든요. 마 부장이 그렇게 권위의식에 똘
똘 뭉쳐서 사는 건 그게 다 자기 나름의 처절한 생존 방식이었을지도
모른다고 여겼어요. 한편으로 얼마나 치열한가, 그리고 가여운가 싶
기도 하고.

★실제 선생님 모습과 오버랩되는 부분이 있는지.

　　허허, 그건 제가 얘기한다고 믿으실 것 같진 않고. 아니라고 해
도 또 안 믿을 것 같고. 마 부장이 최 전무 라인이잖아요. 어찌 보면 조
직에 굴종하는 인물인 거죠. 전 어렸을 때부터 저항감이 유독 강했어
요. 학교와 학연에 매이는 삶을 절대로 못 견디는 기질이었죠. 자유로
운 걸 좋아해요. '독고다이'처럼 지낸 세월들인데, 젊은 시절 후배들이
제 눈에 막 레이저가 뿜어져 나온다고 그랬어요.

★〈미생〉 덕분에 한동안 '마블리'(마 부장+러블리)로 불리셨어요. 그러다 요즘은 마
동석 배우가 '마블리'(마동석+러블리)로 불리고 있는데.

　　괜찮아요, 요즘엔 '손블리(손종학+러블리)'로 불러주시거든요
(웃음).

자유로운 영혼, 권위에 반항하다

손종학은 1967년 서울 태생이다. 날 때부터 자유로운 영혼이었던 걸까. 학창시절 그는 틀 안에 갇힌 삶이 끔찍이도 싫었다. 온종일 책상에 앉아 있는 일이란 도무지 참을 수가 없었다. 초·중학교 때엔 선생들의 매질이 끊이질 않았다. 권위에 조금이라도 저항할라치면 체벌이 기다렸다. "폭력에 굴하지 않고 곤조 있는 학생"이던 그가 학교에 거부감이 든 건 당연했다. 결국 서울 중대부중 2학년 무렵, 그는 학업을 작파한다.

★아예 그만두신 건가요?

　　아, 그건 아니고. 공부를 안 한 거죠, 허허. 영 재미가 없으니까. 근데 이거 뭔가 나 자신이 다 발가벗겨지는 것 같은데……. 고등학교 졸업까지 하고 대학은 동양공전(동양미래대학교) 건축학과에 갔어요. 당시 건설 경기가 좋았던 시절이라 먹고살 수 있겠다 싶어 들어간 겁니다. 현실적인 이유였어요. 부모님께서 좋아하시기도 했고. 그런데 역시나 금세 시들해지더라고.

★그러다 연극과 인연이 닿은 거군요. 결정적인 계기가 있으시다면.

　　보자, 결정적인 계기라면……. 제가 대학교 1학년일 때네요. 그러니까 스무 살 때. 〈사막의 꽃이 되리라〉라는 2인극을 홀로 보러 간 적이 있어요. 전 혼자서 많이 보러 다녔는데, 특히 이 〈사막의 꽃이 되리라〉는 수없이 봤죠. 뭐랄까, 보면 볼수록 '뜨거워진다'랄까요. 하,

점점 더 교실에 앉아 있는 그 답답함을 도무지 못 견디겠더군요. 이거 하라 저거 하라 하면 기질적으로 굉장히 싫어하니까.

★그러다 이듬해 민예극단에 들어가신 거군요.

맞아요. 스물한 살, 그러니까 대학교 2학년 때였으니 1987년 봄이었네요. 그해 어느 신문 지면에 민예극단 워크숍 단원 뽑는다는 작은 기사를 봤어요. 30~40명 정도 뽑는다더군요. 이걸 보고 '맨 땅에 헤딩' 한번 해보자 한 거죠. 연극 해본 적 없고 전공은 더더욱 아니었지만, 마치 무엇에 씐 것처럼. 마당극을 주로 하는 극단이었는데 〈서울말뚝〉이라는 공연을 올린대요. 여기서 마당극, 창극은 기본적으로 다 배웠어요. 판소리, 한국무용 같은 연기 외적인 부분도 같이요.

★학교생활보다 즐거우셨겠어요.

그럼요. 뭔가 새로 만들어가고 몰랐던 걸 알아가는 재미가 상당했어요. 연기할 때 캐릭터들마다 입장을 고려해야 하잖아요. 그러면서 이들 각각의 삶을 생각해보고 그러는 게 참 흥미롭더군요. 작품 외적으로도 즐거웠고요. 동료들이랑 땀 흘리고 울고 웃고 그랬던 시간들, 지금 생각해봐도 참 행복했습니다. 일 끝나고 사석에 돌아왔을 땐 술 한잔 마시며 이런저런 이야기 나누고……. 그런 '사람 냄새'에 중독돼버린 거죠.

'새는 알을 깨고 나온다. 알은 세계이다. 태어나려는 자는 한 세계를 파괴해야만 한다.' 헤르만 헤세의 『데미안』에 나오는 구절이다. 손종학

에이 뭐, 생겨먹은 게 그런 건데요, 허허. 아무래도 〈박쥐〉 때는 영화를 처음 해보는
거다 보니 너무 '생짜'였고……. 말씀하신 것(이미지 고착화)에 대한 걱정은 없어요.
나는 그게 다가 아니라고 생각하니까. 기존의 인식을 깰 만한 배역이 나오면 언제든
도전할 테니까. '마 부장'처럼 재미있는 캐릭터를 또 만날 수 있을 거고요.

에게는 스물한 살이 바로 그런 시기였다. '학업'이라는 답답한 '알'을 깨고 나와 '연극'이라는 새 세계로 진입했다. 하지만 새로운 세계로 나아간다고 삶이 더 순탄해지리란 법은 없었다. 부모와의 갈등이 시작됐다. 장손인 아들이 안정적 직업을 갖길 바란 양친은 저 하고 싶은 일에 뛰어든 아들을 반길 리 만무했다. 특히나 아버지와의 갈등이 불가피했다.

★반대 많이 하셨다면서요.

반대하시다마다요. 걱정되니까요. 제가 이래 봬도 장손입니다. 건축학과 잘 다니다 갑자기 연극 한다고 하니 심경이 어떠셨겠어요. 그리 자식한테 관여하고 터치하는 분들은 아니었지만……. 어머니는 근심 어린 표정으로 옆에서 지켜보시기만 하셨는데, 아버지께선 직접적으로 무어라 하실 적이 많았습니다.

★기억나는 일화가 있나요?

허, 이걸 말해도 될지……. 저희 아버지가 2002년에 돌아가셨어요. 6개월간 병실 생활을 하시다 그렇게 가버리신 거죠. 돌아가시기 직전에 아버지가 저한테 이런 말씀을 하셨어요. '너 연기 이제 그만해라.' 할 만큼 했으니 이제 다른 일 좀 찾아보라는 거였죠.

★일종의 유언이셨던 거네요.

오죽하면 그러셨겠습니까. 아버지한텐 그래도 고분고분 말 잘 듣는 아들이 아니었으니……. 아버지 걱정은 늘 그런 것이었습니다.

'배우는 근사하게 잘생긴 사람들이나 하는 거다.' 당신 시선에 저는 근사하게 잘생긴 녀석은 아니었던 거죠(웃음).

★아버지께 섭섭함은 없으셨는지요.

　　음, 아버지가 그리 반대하셨지만 한편으로는 '응원하고 계시는구나'라고 느낀 적이 있었어요. 아버지가 형제 분들이 많으신데요, 모이면 '종학이 쟤는 왜 기 센 역할만 맡냐'는 얘기가 항상 나왔어요. 왜 자꾸 안 좋은 배역만 맡냐는 거죠. 어느 연극에서 '망치'라는 악역을 연기할 때였는데 작은아버지가 그리 말씀하시니 아버지가 제 편을 들어주시는 겁니다. 이걸 언제인가 우연히 문 밖에서 엿들은 거예요. '야, 배우가 지한테 역할 들어오면 그걸 하면 되는 거지 뭘 그런 걸 가리고 하냐. 오는 대로 하면 되는 거다.' 그 말씀 몰래 듣는데 마음 한구석이 짠했어요. 굉장히 죄송스러웠고요.

★이후 생활은 어떠셨어요?

　　그야말로 내일을 기약할 수 없는 삶이었죠. 안정된 생활이 아니니까. 고정적인 월급이 보장돼 있는 분들은 미래를 계획할 수가 있잖아요. 저 같은 경우에는 계획 자체를 세울 수가 없는 거지요. 그러다 보니 잡념을 오히려 덜어내게 되더군요. 앞날에 대한 복잡한 생각들이 도리어 해가 되니까. 내일 생각, 잡생각 없이 24시간 지금 하고 있는 것에 충실하자는 식으로 여태껏 살아온 겁니다. 남들 보기엔 한심하게 여겨질 수 있겠죠. 그렇게 사는 만큼 주변 사람들, 특히나 가족과 동생들이 힘들 테니까.

★무명 생활이 모종의 견딤의 시간이셨겠어요.

그래도 그리 힘들었다고 여기진 않았습니다. 저는 집에서 극단을 오갈 수 있었으니까. 집에서 얻어먹고 다녀서 배고픔은 몰랐으니까. 지방에서 혈혈단신 올라와 자취하며 살던 동료들에 비하면 새발의 피인 거죠. 이 친구들 얘기 들으면 그저 놀랍고 경이로울 뿐이에요. 저는 부모님이 채소가게 등 구멍가게를 많이 하셨거든요. 어릴 땐 제가 새벽에 가락시장에 가서 물건을 떼어오면 부모님이 가게에 진열하셨어요. 물건 떼어주고 바로 연극 하러 가는 식이었어요. 다만, 돈을 벌지는 못하니 사람 구실 못 하고 산 건 있어요. 경조사, 부조 이런 거 있으면 낼 돈이 없잖아요. 몸으로 때우는 것도 한두 번이고요. 연극 일에 계속 몰입하면서 주변을 두루두루 챙기고 관심 가져주지 못한 건 지금도 부끄러워요.

아버지 제사상에 올려드린 상패

쥐구멍에도 볕 들 날은 있다. 손종학에게는 2003년이 그랬다. 아버지가 돌아가신 지 일 년여 후, 대학로에서 올린 연극 〈늙은 부부 이야기〉가 공전의 히트를 친다. 당시 그의 나이 서른일곱. 선배 연극인 김담희와 함께한 〈늙은 부부 이야기〉는 그 시절 황혼 로맨스물로 널리 각광받았다. 홀로 사는 60대 남녀가 만나 사별하기까지를 다룬 이야기로, 극 중 손종학은 주인공 박동만을 열연했다. "그해 '연극인 대상'을 안겨준 작품이죠. 난생 처음 연극만 해서도 먹고살 수 있게 됐어요."

★아버지께서 돌아가시기 전 이 소식을 들으셨다면 정말 좋아하셨겠어요.

당시 받은 상패를 아버지 제사상에 그대로 올려드렸어요. 만감이 교차하더군요. 이걸 직접 보셨으면 뭐라 하셨을지……. 〈늙은 부부 이야기〉는 이후 이순재 선생님 등 여러 대선배들이 주인공으로 연기하시기도 했어요. 하지만 이 작품에 처음 출연한 건 바로 접니다. 오리지널인 거죠(웃음). 육십 대 남녀가 같이 살다 여자가 먼저 죽으면서 동만 혼자 남겨지는 이야기예요. 웃음과 눈물이 오가는 좋은 작품이죠.

★서른일곱에 육십 대 노인을 연기한다는 게 쉽진 않았을 듯해요.

그게 부담스러워 몇 번을 고사했어요. 내가 아무리 나이 들어 보여도 소극장에서 분장만으로 커버하는 데에는 한계가 있겠다 싶었던 거죠. 그 연배에 가까운 선배도 계시고. 그러다 결국 적임자로 제가 낙점됐어요. 고생 많이 했죠. 완성된 작품이었던 게 아니라 봄 여름 가을 겨울 구성만 갖고 대본을 얼기설기 짜 맞춘 거였거든요. 그걸로 하자니 흐름이 잘 안 생기잖습니까. 창작극이 원래 즉흥적이긴 한데, 그 정도가 심하거니와…….

★그렇게 연극인 생활을 이어가다 점점 드라마, 영화, 뮤지컬 등으로 활동 반경을 넓혀오고 계세요.

이후로도 연극은 계속 했죠. 지금까지…… 어림잡아 70여 편 올렸어요. 두 아들 커가고 자연히 돈이 더 들대요. 연극 외에도 섭외만 들어오면 뭐든 해야 되겠고……. 영화와 드라마는 다른 세계였어요.

카메라가 익숙하지 않은 거지. 카메라 화면에서 벗어나면 안 되니까.

★자녀 얘기가 나와서 말인데, 집에서는 어떤 아버지이십니까?

허허, 방임형이에요. 바깥에 풀어놓는 거죠. 지들 인생이잖아요. 내가 대신 살아줄 수 없는 건데. 이번에 큰아이가 수능을 봤어요. 파일럿 하고 싶다고 항공대 가겠다네요. 알아서 잘하겠죠(웃음).

★박찬욱 감독의 〈박쥐〉(2009)에 출연한 이래로 조연 활동을 꾸준히 하고 계세요. 대부분 기가 센 캐릭터 위주이시죠. '사' 자 들어가는 직업이 많달까요. 〈내부자들〉(2015) 대외협력실장, 〈검사외전〉(2016) 김 판사. 〈비밀은 없다〉(2016) 시의원, 〈판도라〉(2016) 대한수력원자력 사장. 〈브이아이피〉(2017) 부장검사, 〈대장 김창수〉(2017) 이회응, 〈반드시 잡는다〉(2017)의 최 형사 등……. 혹시나 이미지가 고착되는 것에 대한 걱정은 안 하세요?

에이 뭐, 생겨먹은 게 그런 건데요, 허허. 아무래도 〈박쥐〉 때는 영화를 처음 해보는 거다 보니 너무 '생짜'였고……. 말씀하신 것(이미지 고착)에 대한 걱정은 없어요. 나는 그게 다가 아니라고 생각하니까. 기존의 인식을 깰 만한 배역이 나오면 언제든 도전할 테니까. '마부장'처럼 재미있는 캐릭터를 또 만날 수 있을 거고요.

인터뷰가 끝난 건 점심시간 무렵. 그는 자주 가는 곰탕집이 있다며 천천히 몸을 일으켰다. 같이 가자는 것이었다. 그렇게 충무아트센터 건너편에 있는 곰탕집 빈 좌석에 가 앉아 국밥 한 그릇씩을 나란히 시켰다. 뜨거운 국물을 후루룩 떠넘기던 와중에 넌지시 물었다.

"지금 이 길을 후회해본 적 없으신가요?" 그가 허허 웃으며 답했다. "늘 후회하죠. 그러다 또 털고 일어나는 거지." 땀 흘린 만큼의 보람은 있기에 그래도 그는 행복하다고 했다. 이 정도면 "열심히 살았다, 재밌게 살았다, 잘 버텨왔다"면서. 그러더니 덧붙이는 것이다. "후배 진선규가 청룡영화상 조연상을 받았죠. 이런 멋진 말을 날리더라고. '먼 우주에 있는 멋진 배우를 향해 나아가겠다.' 나 역시 한 발 한 발 내딛으면서 더 멋진 배우를 향해 나아갈 겁니다(웃음)."

김종수

즐겁다는 것,
그거면
된다는 것

〈1987〉의 박종철 부친, 첫 테이크로 끝낸 숭고의 신

2017년 2월 21일 경기도 연천군에 자리한 임진강 유역. 배우 김종수는 살얼음을 헤치며 저벅저벅 물속으로 걸어가고 있었다. 영화 〈1987〉(2018)의 박정기가 죽은 아들 박종철의 뼛가루를 흘려보내려는 바로 그 장면을 찍기 위해서였다. 최저기온 영하 10도. 주위엔 팽팽한 긴장감이 감돌았다. 촬영진, 제작진, 연출진 모두 말없이 김종수만 지켜보고 있었다. 예정에 없던 눈발까지 흩날리며 임진강 살얼음 위엔 금세 흰 눈이 소복이 뒤덮였다. 앞서 날린 회색빛 가루들의 일부가 그 위로 내려앉아 눈발과 뒤엉킨 채였다. 그는 비틀대며 그곳으로 다가갔다. 시뻘겋게 충혈된 눈으로 무릎까지 차오르는 강물을 헤치면서. 그렇게, 질퍽해진 가루를 양손으로 움켜쥐며 그는 통곡했다. "철아…….와 못 가고 있노. 내 새끼 와 못 가노! 철아, 잘 가그래이. 철아, 아부지는 아무 할 말이 없데이……."

슬픔이 물성(物性)을 지녔다면 바로 이 같은 장면을 두고 하는 말은 아닐는지. 실제로 그가 연기한 저 짧은 순간은 〈1987〉의 가장 가슴 아픈 장면으로 손꼽힌다. 그리고 경이로운 것은, 이것이 그의 첫 촬영분이자 영화 전체를 통틀어서도 첫 테이크였다는 사실이다.

★몇 번을 봐도 가슴 저미는 장면입니다.

후배들이 영화 보고 연락을 많이 주더군요. '많이 울었어요, 형 때문에……'라며. 사실 제가 한 건 별로 없어요. 감독님이 만듦새나 톤 조절을 워낙 훌륭하게 해놓으셨으니까요.

★당시 현장은 어땠습니까.

그날은 실제로 누군가가 도와주신 것 같아요. 저에겐 첫 촬영이었고, 현장의 모두가 잔뜩 긴장한 상태였지요. 어제 가만히 생각해보니, 마치 어마어마하게 큰 세트장에 들어온 느낌이었던 것 같아요. 추위도 추위였지만 눈이 올 거라 아무도 예상을 못 했어요. 애초엔 뼛가루가 얼음에 뭉쳐 있으면 그걸 움켜쥐고 흩뿌리는 신이었어요. 강풍기를 틀어놓고서요. 그랬는데 리허설 직후에 갑자기 눈발이 날리더군요. 금방 그칠 눈이 아니었어요. 금세 바닥이 하얗게 되니 감독님이 잠시 고민하시다 저를 부르더군요. '눈은 떨어지는데 뼛가루가 강풍기에 날린다는 건 말이 안 되는 상황입니다. 그렇게 하긴 어렵겠어요. 강물에 흘리시는 건 어떻겠습니까?' 대안이 없었어요. 저도 경황이 없었을 뿐더러 모든 스태프가 그 추위에 바들바들 떨고 있었으니까. 그래서 '해보겠습니다'라고 했죠.

★첫 테이크가 영화에 쓰였던 걸로 압니다.

장준환 감독님께서 감정적 증폭을 그리 원하진 않으셨던 것 같아요. 제 얼굴을 클로즈업하고, 숏을 여러 개로 나누고 싶진 않으셨던 거죠. 그래서 처음에 윤상삼 기자(이희준)의 시선에서 멀리서 들어가도록 찍어주신 거예요. 대신 감독님은 박종철 아버님이 한 말이 그대로 들리기를 바라셨어요. '철아, 잘 가그래이. 철아, 아버지는 아무 할 말이 없데이.' 이 대사가 장면에 잘 붙었으면 좋겠다면서요. 그래서 몇 번을 다시 찍었는데, 생각보다 잘 안 되더군요. 저도 모르게 감정을 꾸미게 되고요. (감독님이) 첫 테이크 감정이 가장 좋았다고 하셨던 건 아마도 그래서일 거예요.

★박정기 선생님 역은 어떻게 맡게 되신 건가요.

조감독을 비롯해 몇몇 분들이 〈아수라〉(2016)에서도 함께했어요. 그분들이 저를 추천해준 거죠(김종수는 〈아수라〉에서 박성배 시장의 심복 은충호 기획실장을 연기했다). 박종철 열사 아버지 역으로요.

★부담은 없으셨어요?

부담스럽다마다요. 그분의 감정을 어떻게 내가 표현해낼 수 있을까 싶더군요. 그래서 감독님한테 '다른 배역 주면 안 되겠냐'고 부탁드렸죠. 그 나이대에 안유 보안계장이 있어요. 캐스팅 정해지지 않았으면 안 계장이 좀 더 편할 것 같다고 말씀드리니, 그러시더군요. '저도 열어놓고 생각할 테니, 선배님도 열어놓고 생각해주시면 좋겠어요.' 그 순간 느꼈죠. 아, 딴 거 안 주시겠구나(웃음).

★사전 준비는 어떻게 하셨나요?

대본 리딩 전에 스케줄부터 나왔어요. 해당 장면은 크랭크인 전에 찍은 거예요. 일주일을 끙끙 앓았어요. 어떻게 이걸 해야 하지. 머릿속으로 계산이 안 되더군요. 그저 멍한 거예요. 그래서 그날 '누군가 도와주시겠지' 하는 심정으로 임했어요. 연극인들 말마따나 '그래도 막은 오른다'고 하잖아요(웃음). 〈1987〉이 워낙 우리 근현대사의 중대한 사건을 다룬 영화이고, 제가 박종철 열사 세대이기도 하고, 적진에 돌을 던지거나 투쟁하진 않았지만 그런 저 또한 부채의식을 지닌 세대이기에 잘하고 싶다는 욕심만큼은 컸어요.

★이상하리만치 경건한 느낌이 들더군요.

실제로 현장이 그랬어요. 저를 포함해 촬영하는 분들이 다 같이 그 추운 물 속에 발을 담그고 앉아 있었어요. 춥다고 찡그릴 만도 한데, 어느 누구 하나 미동 없이 초집중을 하는 겁니다. 여기 있는 분들이 어떤 마음가짐으로 임하는지를 알겠더군요. 자연히 '아, 이거 진지하게 잘해야겠다'는 마음이 설 수밖에요. 박종철 열사 아버지 박정기 선생님과 관련한 옛 기사를 사전에 많이 찾아봤어요. 정보당국의 외압, 강압, 회유 같은 작업이 빈번했다고 하더군요. 당신으로서는 누구한테도 속 시원하게 본인 감정을 털어놓고 풀어놓을 시간이 없으셨을 것 같았어요. 그래서 '잘 가그래이' 그 말이 자연스럽게 터져 나오신 건 아닐까 생각했지요. 당시 임진강 촬영장이라는 공간이 주는 공기 자체가 남달랐어요. 어떤 면에선 그 '공기'가 다 해준 것 같기도 해요.

김종수는 그해 3월 부산에 내려갔다. 박종철 열사의 부친을 직접 뵙기 위함이었다. 촬영 이후 간 이유를 묻자 그는 "실제로 뵈면 도무지 연기를 못 할 것 같더라"고 했다. 하지만 박정기 씨를 만나는 건 쉽지 않았다. "허리를 다쳐 요양병원에 계시더군요. '컨디션이 좋지 않아 뵙기 어렵겠다'고 병원에서 알려왔어요." 첫 인사를 드릴 기회는 9개월 뒤에 찾아왔다. 부산에 계신 어머니가 응급실에 계시다는 연락을 크리스마스 당일 가족에게서 전해들었다(5일 뒤 그의 모친은 별세한다). 이튿날 그는 곧장 부산으로 내려갔다. 밤새워 어머니를 간병했고, 〈1987〉 개봉일인 27일, 어머니 상태는 한결 호전된다. "20~30분이면 박 선생님이 계신 병원에 다녀올 수 있겠더군요. 어머니께서도 마침 편안히 주무시고 계셨고요. 동생에게 자리를 맡기곤 한 시간 반 정도만 뵙고 와야겠다 싶었어요."

★그렇게 결국 만나셨군요.

　　　아버님은 제가 누구인지 모르셨어요. 간호사들도 대개 친인척이나 지인들만 오는지라, '누구시냐'고 묻더군요. 그래서 여차저차 해서 왔다고 정황부터 말씀드렸어요. 그러곤 '선생님 어떠시냐'고 물어봤죠. 한 간호사가 손가락으로 '세모' 표시를 하대요. 완전히 안 좋으신 것도 아닌데 여전히 아프시다는 뜻이었죠. 아버님이 치매 끼가 있으셔서 혹여나 못 알아보실까, 본인들도 가슴이 아프대요. 어쨌든 그렇게 첫인사 드리러 병실로 들어갔어요.

★어떤 인사말을 건네셨나요.

'아버님, 제가 〈1987〉이라는 영화에서 아버님을 연기한 배우입니다. 오늘이 개봉일인데 어머님 뵐 일이 있어 부산에 온 김에 아버님께 인사드리는 게 도리일 것 같아 이렇게 찾아왔습니다.' 그날 아버님 컨디션이 좋으셨고, 정신도 대화가 가능하실 만큼 맑으셨어요. 참 감동적이었던 것은, 제 어머님이 어서 낫길 바란다며 두 손 모아 기도를, 기도를 해주시더라는 겁니다.

★그러곤 무슨 대화가 오고갔나요.

그리 많은 얘기를 나누지는 못했어요. 27일 그날 박종철 열사의 동문들이 부산 롯데시네마에서 단체관람을 하기로 하셨나 봐요. 박종철 어머니 연기하신 분이 제 실제 형수님인데 저녁에 시간 되면 저더러 저녁 일곱 시에 오라고 하더라며 그런 소식들을 전해드렸죠. 그리고 극 중 박종철 열사 사진을 배우 여진구 씨 사진으로 썼는데, 실제 아드님하고 참 많이 닮았더라고 말씀드렸어요. 아버님이 정말 그렇다며 밝게 웃으셨지요. 예전에 민주화 과정을 다큐멘터리로 찍는다고 진주에서 한 배우가 자길 보러 온 적이 있다고도 하셨어요. 그 배우도 아들을 꼭 **빼닮았더라며**……. 그러면서 그분이 식사하시는 모습을 가만히 앉아 바라보았고, 문득 해드릴 건 없어 발톱 모난 데 좀 깎아드려야겠다 싶었어요. 그래서 '아버님, 발톱이나 좀 깎으십시다' 했죠. 어르

68

신들 발톱이 보통 기름기 하나 없고 그렇잖아요. 막 부서질 것 같더라고요. 아무튼 그리 말씀드리니 아버님이 웃으시는 겁니다. '잘못하면 피 철철 난다'면서요. 그러더니 한쪽 발을 쓱 내미셨지요. 그날은 오히려 제가 더 감사한 마음이었어요. 어떤 위로를 드릴 입장은 아니었기에 '아버님, 참 고맙습니다' 인사드리고 병실에서 나왔어요.

숫기 없던 작은 소년, 알랭과 만나다

김종수는 1964년 부산 태생이다. 학창 시절, 새처럼 조그마한 그는 숫기 없이 조용한 소년이었다. 유난히 열등감이 많았다고 했다. 발표한답시고 손 한번 들어본 적이 없었다. 그렇다고 공부를 썩 잘한 것도 아니다. "몸집도 작고 공부도 고만고만……. 자신감 가질 만한 게 없었어요. 동기들 얘기 들어봐도 그냥 말 없는 녀석이었다고 해요(웃음)." 그런 그가 무대를 처음 마주한 건 고교 2학년 무렵. 부산 시민회관에서 열린 〈지저스 크라이스트 슈퍼스타〉 무대를 그때 봤다. "뇌리에 강렬한 무언가가 내리꽂혔다"고 했다. 그러나 그뿐이었고, 울산대에서 택한 그의 전공은 화학이었다.

★화학과라……. 다소 뜻밖인데요.

　　뜻밖이긴요. 그 시절엔 뭘로 먹고사는지가 급선무잖아요. 대입 상담할 때 고교 담임이 그러셨어요. 무조건 먹고사는 길로 가라고요. 저 때만 해도 울산대가 종합대가 아닌 공과대였어요. 울산에 현대 석

유화학단지가 있으니 먹고살 수는 있을 거라 그러셨어요. 그래서 '네'하고 갔던 거죠. 근데 막상 가보니 수학이 참 안 맞는 게……. 사실 어떻게 졸업했는지도 모르겠어요, 허허.

★그때부터 자취를 했겠네요.

그렇죠, 대학 간다고 처음 집을 떠난 거니까. 그때 한번은 시내를 걷다가 지하도에 극단 단원 모집 포스터를 봤어요. 일전에 〈지저스 크라이스트 슈퍼스타〉를 보며 느낀 감흥이 그때 막 되살아나더군요. 그래서 거기 적힌 전화번호로 연락을 했어요.

★오라고 하던가요?

네, 동네 도시락 공장 창고로요. 가보니 젊은 분이 있었어요. 제가 재수했으니 스물한 살 때였으니까, 그 형이 네 살 위인가 그랬죠. 부산대 사회학과 극회 출신인데, 직접 울산에서 극단을 만들고 첫 작품 올린다고 하더군요. 그 극단이 '고래'예요. 연극 제목은 〈에쿠우스〉였고요. 당시가 1985년이었으니까 제 데뷔작이지요. 근데 바로 주인공을 해달라니 참…….

★처음 본 친구에게 주인공을요?

그때 제 몸무게가 51킬로그램이었어요. 작고 깡마른 어린 친구가 필요하다고 했어요. 배역이 17세에 약간 종교적 압박을 느끼고 성적인 분위기가 묻어나야 한대요. 되게 예민한 '알랭'(그의 인스타그램 아이디는 이 이름과 데뷔년도를 딴 alrun85다)이라는 캐릭터였어요.

★오디션은 없었나요?

그동안 뭘 해봤냐길래 '고교 때 웅변 한 번 해봤어요. 그것뿐이에요'라고 했죠. 그 형이랑 뒷동산 가서 소리 몇 번 지르고 오고 그랬어요. 그러다 며칠 지나니 대본을 툭 던져주시던데요(웃음)? 생각보다 분량이 많더라고요. 저는 완전 처음인데 말이죠. 형도 내심 걱정이 많아 보였어요. 그래서 저한테 '구라'를 많이 쳤죠.

★'구라'라고 하시면?

대본을 통째로 탈탈 외우라는 거예요. '서울 가면 전무송, 이호재 같은 쟁쟁한 배우들이 계신데, A4 용지 한 장은 한 호흡에 다 외운다. 배우는 그래야 한다'면서요.

★그래서 정말 외우셨어요?

어쩌겠어요. 엄청나게 연습했죠. 형이 시킨 대로. 그 형한테 참 고마웠던 게 여러 디렉션을 줬지만 '이렇게 해라, 저렇게 해라'라는 식이기보다 '이 신이 참 자연스럽다, 다시 한 번 해봐'라는 식이었던 걸로 기억해요. 다시 하면 '너 앞서 한 거랑 지금 한 거랑 어떤 것 같다. 근데 뒤에는 좀 이상하다. 꾸민 것 같다'며 바로바로 피드백을 주셨죠. 그때 중요한 걸 배웠어요. 뭔가 복제하려 하고 몸이 먼저 반응하려 들면 이상해지는구나, 꾸미려고만 하면 안 되는구나.

★부모님은 이 길을 지지해주셨나요?

고교 때 아버지한테 연극 해보고 싶다고 말씀드려본 적이 있어요. 그때 '야구 빠따' 들고 대로하셨죠. 그래서 십 년 넘게 울산서 부모님 몰래 했어요. 제 연극을 보러 오신 적이 단 한 번도 없으세요. 아버지가 제 영화 극장에서 본 게 〈1987〉이 처음일 정도니까요. 아마 어머니는 당시에도 알고 계시긴 했을 거예요. 아들 자취방에 이따금 오가셨으니까요. 대학생 때 제가 흰 양말 신고 다녔을 거 아니에요. 극단 갔다가 집에 오면 양말 바닥이 새카맣게 변해 있어요. 한번은 같이 오신 지인 아주머니가 '아들래미 양말이 어찌 그리 시커멓노' 하세요. 그럼 어머니가 '연극 한다고 지랄한다 안 카나' 그러시는 거죠. 그러다 한번은 경남연극제를 거제에서 한 적이 있는데 제가 최우수연기상을 타서 신문에 작게 실린 적이 있어요. 그땐 두 분 다 좋아하셨던 걸로 기억해요.

이창동 감독 〈밀양〉으로 영화 데뷔하다

그렇게 이십여 년 넘게 울산에서 연극인으로 살았다. 그간 올린 작품만 70여 편. 하지만 지방 연극계가 그렇듯 환경은 열악했다. 초기엔 마땅한 공연장이 없었다. 인근 예식장을 빌린 적이 한두 번이 아니다. 예식장 계단에 합판을 깔고 조명을 설치해 임시 무대를 만들었다. 어설펐으나 그래도 '열정' 하나로 버텨낸 나날들이다.

그는 "이십여 년 동안 출연료로 번 돈이 다 해도 200만 원"이라고 했다. "지방인지라 공연 한 번 올려도 길어야 3~5일이에요. 그래도 한두 달 연습은 해야죠. 밥벌이가 불가능해요. 피땀 흘려 하는 일인 데도요. 이게 과연 프로페셔널한 일인가 회의가 밀려든 적도 많았죠. 그래도 어쩌겠어요. 내가 좋아하는 일인데."

생계는 부업으로 해결했다. 2001년부터 십여 년 울산 KBS에서 방송 일을 뛰었다. 지방 성우로서 비디오자키를 했고, 문화코너 리포터를 거쳐 MC로 고정수입도 얻는다. 그러다 2007년, 이창동 감독의 〈밀양〉에 캐스팅되면서 영화계에 첫 발을 디딘다. 연극 인생 삼십 년 만이었다.

★〈밀양〉은 어떻게 찍게 된 거예요?

　　　지금 배우협회가 서울에 있잖아요. 울산지부가 처음 생기고 나서 그해 공지가 하나 떴어요. 이창동 감독님이 연극협회를 수소문하고, 연출부들이 울산에서 돌아다니고 있는데 배우를 구한다고요. 서울까지 오라고 했으면 아마 안 갔을 거예요. 마침 울산 후배가 하는 무용원에서 오디션을 본다고 하대요. 기준이 있었어요. 사투리 돼야 하고, 잘생기면 안 되고. 기준이 딱 맞잖아요. '가보자 가보자' 한 거죠. 크레디트에 제 이름 한 줄만 올라가도 '이야! 참 좋겠다!' 싶었죠(웃음).

★오디션은 몇 명이나 봤어요?

　　　열댓 명 정도요. 1차는 일단 통과했어요. 2차는 부산 수영만 세트장에서 봤죠. 거기 간 사람이 저 포함 네 명이에요. 그중 한 명이 이윤희 선생이고요. 제가 먼저 하고 후배가 보러 갔어요. 그 후배가 연극배우 오만석(52·74년생 배우 오만석과 동명이인)이에요. 그런데 히야, 만

어린 시절 열등감이 늘 있었어요. 그런데 영화를 보면 다른 거예요. 무언가 다른 세계에 있는 느낌인 거죠. 거기서 오는 쾌감이 있고요. 다만 이런 생각은 해요. 이것이 도피처여서는 안 된다. 그래서 후배들한테 말해줘요. 배우는 사회성이 있어야 한다, 현실에 발붙이고 있을 줄 알아야 한다. 그래야 시각이 생기고, 내가 생긴다고요.

석이가 잘했어요. 감독님께서 그러더군요. '다들 멀리서 오셨는데 기다렸다가 저녁 먹고 가는 거 어떻냐'고요. 마다할 이유가 없죠. 제가 그랬어요. '야, 만석아 감독님이 너 가까이서 보고 싶어서 그러나 보다. 넌 됐고 우린 안 됐나 보다.'

★2차 땐 어떤 연기를 선보였나요?

〈밀양〉에서 택시기사가 하는 대사가 있어요. 다리 밑에 택시 세워놓고 잡스러운 말을 늘어놓죠. 감독님이 그걸 하는 절 보더니 '좋은데, 좀 길다'고 하시대요. 그래서 다시 했어요. 끝나니 제가 볼 땐 달라진 건 없는 것 같은데 그러시더라고요. 앞보다 1분이 줄었다고요. 영화에서 1분은 대단히 긴 시간이거든요. 그리고 상황을 하나 제시해주셨어요. '당신이 어느 식당에서 음식을 먹는데 당신 부인이 아는 지인과 바람이 났다. 그런데 그걸 그 사람은 몰라. 근데 통화를 해야 돼. 기분이 어떨 거 같아요?' 죽여버리고 싶을 테죠라는 친구도 있었겠죠. 전 그냥 슬플 것 같다고 대답했어요.

★그날 저녁이 감독에게 어필해볼 수 있는 좋은 기회였겠네요.

말도 안 되는 실수를 했어요. 배용균 감독님의 〈달마가 동쪽으로 간 까닭은〉(1989)이 이 감독님 영화인 줄로 착각한 거예요. 감독님 면전에 대고 그 영화 잘 봤다고 한 겁니다. 이 감독님이 특유의 진지한 표정으로 말씀하시더군요. '제가 그렇게 훌륭한 영화를 만들진 않았고요.' 그때 아이고, 내가 쐐기를 박는구나. 아주 망할라고 작정을 했구나, 망했구나 싶었어요 (웃음).

★거의 자폭 수준인데요.

그런데 신기한 게요, 한참 뒤에 연출부에서 연락이 오더라고 요. 대전에 일이 있어서 기차 타고 있었는데 전화가 왔어요. 배역이 바 뀐 게 있는데 더 크고 좋은 배역이라고, 그걸로 되셨다고요. 그게 〈밀 양〉의 부동산 신 사장이에요. 크레디트에 제 이름이 열 번째인가 나오 더라고요. 아, 얼마나 좋던지…….

그가 영화에 출연한 건 정확히 극단 데뷔 22년 만이다. 이렇게만 보면 그와 영화와의 인연이 다소 멀어 보이기까지 한다. 그러나 이건 모르 기에 하는 소리다. "사투리가 심해 영화배우는 생각도 안 해봤다"지만, 소싯적부터 그는 대단한 영화광이었다. 때는 1980년대 초. 대학생이던 그는 온종일 비디오 보는 낙으로 살았다. 자취방엔 TV가 없었으므로, 친구 셋과 비디오방에서 기기들을 대여했다. 한 명은 TV를, 한 명은 비 디오데크를, 그리고 한 명은 비디오 십여 개를 싸들고 자취방으로 가 는 식이었다. 그는 "지금은 보기 힘든, 지나고 나니 명작인 영화들을 그때 다 봤다"고 했다. "〈바늘구멍〉(1981) 같은 좋은 영화는 이상한 에 로물처럼 포장돼 들어오더라고요. 생각해보면 이게 다 명작들이었는 데 말이죠(웃음)."

★두 번째 영화가 〈풍산개〉(2011)셨지요? 북한 고위 간부 역으로 출연하셨고요.

아, 〈풍산개〉는 세 번째예요. 김기덕 감독 연출부 출신인 문시현 감독 장편이 그 앞에 하나 있어요. 고시원 이야기예요. 〈홈 스위트 홈〉이라고. 저희가 지방에 있으니 영화계 동정을 잘 몰라요. 저녁때면 필름메이커스를 열심히 뒤졌어요. 시놉시스 훑고 해볼 만한 작품 있으면 프로필 보내고 그러는 거죠. 문 감독 시놉시스가 재밌길래 프로필을 냈더니 연락이 왔어요. 고시원 총무 배역을 주시대요. 〈풍산개〉는 이정인 촬영감독, 문시현 감독 두 분이 제게 추천해준 작품이에요. 저는 외가 쪽 고향이 이북인데요. 어릴 때 이북 말을 많이 들으며 자랐어요. '종간나 새끼' 이러는 거 하도 듣고 자라서 북한말에 별 거부감이 없죠. 그래서 북한말 선생님 없이 곧바로 열심히 찍었어요.

★이후 〈범죄와의 전쟁: 나쁜 놈들의 전성시대〉(2011), 〈소수의견〉(2013), 드라마 〈미생〉(2014), 〈아수라〉(2016), 〈보안관〉(2016), 〈7호실〉(2017) 등 어지간한 작품엔 다 출연하고 계세요. 매해 십여 편가량 촬영 중이시고요.

들어오는 건 사실 거의 다 해요. 근데 편수는 많지만 출연회차는 적죠. 10회차면 얼굴이라도 익히는데, 3회차에서 그쳐야 하면 이제 좀 친해졌다 하면 집에 가야 해요. 나중에 시사회 가면 제가 사람들 기억을 잘 못하더라고요. 얼굴은 아는데, 어느 영화에서 같이 했는지 모를 때도 있고 해서 미안할 때가 많아요. 첫 영화인 〈밀양〉 땐 스태프들 이름까지 다 기억했어요. 당시 분들이랑은 지금도 친하고요. 근데 이제는 한 작품에 50명씩만 같이 일해도, 일 년에 열 편 하면 500명…….어찌 다 기억해, 이걸(웃음).

즐겁다는 것, 그거면 된다는 것

그도 이제 지천명을 훌쩍 넘겼다. 6년 전 울산 생활을 청산한 그는 지금 서울 성북구에서 홀로 산다. 상경한 뒤로 영화와 드라마 촬영에만 매진하고 있다. 그는 "사투리만 못 고쳤지 서울 적응은 완료했다"며 웃음 지었다.

그런 그에게도 과연 포기에의 유혹은 없었을까. 답변은 간결했다. "없었어요, 즐거웠으니까." 진심이었다. 소년처럼 맑은 그의 두 눈동자가 그리 말해주고 있었다. 이제 인터뷰는 슬슬 막바지로 접어들었다.

★지금까지의 연기 인생을 한 문장으로 정리해주신다면.

　　　말했잖아요. 즐거웠다고요. 그거면 됐죠. 앞으로도 그럴 거고요.

★배우 김종수에게 영화란 무엇일지요?

　　　무지무지 매력적인 거죠. 어릴 때 영화에 대한 판타지가 있었어요. 〈소림사 18 동인〉(1977), 〈취권〉(1978)도 보고, 이소룡 〈맹룡과 강〉(1972)도 보고 그랬는데, 필름이 극장에 도착을 안 하면 간혹 딴 걸 틀어줄 때가 있었죠. 상영 시간은 다가오는데 돈은 낸 상태고, 동네에 극장은 하나뿐이고, 그냥 나가진 못하겠고……. 나중에 어머니가 귀찮고 끌고 가고 그랬어요. 말이 옆길로 좀 샜는데요. 전 어린 시절 열등감이 늘 있었어요. 그런데 영화를 보면 다른 거예요. 무언가 다른 세계에 있는 느낌인 거죠. 거기서 오는 쾌감이 있고요. 다만 이런 생각은 해요. 이것이 도피처여서는 안 된다. 그래서 후배들한테 말해줘요. 배우는 사회성이 있어야 한다, 현실에 발붙이고 있을 줄 알아야 한다, 그래야 시각이 생기고, 내가 생긴다고요.

★새롭게 도전해보고 싶은 캐릭터가 있으세요?

〈플로리스〉(1999)라는 영화가 있어요. 로버트 드니로와 필립 세이모어 호프만이 나와요. 극 중 이들은 늙은 게이예요. 보통의 영화와 선이 완전히 다르죠. 꼭 그런 걸 하겠다는 것은 아니고, 비슷한 느낌의 작품을 해보면 신선하고 공부도 되고 재밌을 것 같아요.

'진정한 배우'를 만난다는 게 바로 이런 느낌일까. 바라봄 그 자체로 '멋'이 느껴진다는 것. 배우 김종수가 바로 그랬다. 긴긴 세월 '연기'라는 수행을 거듭해온 자만이 내뿜을 수 있는 무언가가 그에겐 있었다. 우리가 〈1987〉에서 목도한 그의 첫 테이크 장면에 그토록 감화되었던 건 어쩌면 당연한 결과였을지도 모른다. 그는 말했다. "야생화는 야생화대로, 꽃다발은 꽃다발대로 멋이 있겠지요. 저 또한 나름의 멋과 매력을 지닌 배우로 오래 기억되고 싶어요(웃음)."

photo 강진아 제공

강진아

'진짜'에
가까운 배우로
나아간다는 것

〈소공녀〉의 링거녀

전고운 감독의 〈소공녀〉를 반복해 보면서 이 영화는 근래 한국 영화계의 값진 성취가 아닐까, 라는 생각을 했다. 돈이 세상만사의 기준이 되고, 사랑과 품위마저 돈으로 살 수 있다고 믿는(믿도록 강요받는) 이 서글픈 시대에 〈소공녀〉가 건넨 메시지는 각별했다.

〈소공녀〉는 위로와 공감의 층위에서 머무르지 않는다. 섣부른 감상주의로 그치지도 않는다. 거기에서 물러나 몇 걸음 더 나아간다. 그렇게 착지한 세계에는 하루 한 잔 위스키와 담배만 있으면, 사랑하는 연인만 있으면 삶은 그럭저럭 살 만하다 믿는 미소(이솜)라는 이름의 여자가 있다. 미소는 돈 없이도 제 자존과 품위를 지켜낼 줄 아는, 그런 삶을 기어이 체현해내고 마는 여자다. 여자가 남자의 소모품이기 일쑤인 한국 영화계로서는 매우 귀한 캐릭터랄까.

영화는 방세와 담뱃값 인상으로 집을 나온 그의 일상을 천천히 좇는 로드무비 형식으로 그려진다. 이리저리 서울 도심을 떠돌던 그는 학창 시절 밴드 멤버이던 친구들 집을 차례대로 찾아가 노크한다. 그날 하루 잘 곳이 필요해서다. 전 감독 페르소나이자 그 자신 밝히길 "내 로망이 투영된 여자"라는 그가 그리하여, 처음 만나게 되는 이는 대기업 사원이 된 최문영(강진아).

자욱한 흰머리에 다소간 초현실적 기운마저 풍기는 미소는 문영에서 출발해 국희(정현정), 대용(이성욱), 록이(최덕문), 정미(김재화) 순으로 친구들과 재회한다. 그러곤 잠시간 그들 삶의 빈자리를 따뜻한 무언가로 메운다. 가장 가진 것 없어 보이는 존재가 타인의 결여를 메워주는 아이러니. 어쩌면 〈소공녀〉의 감흥이란 이로 인해 배가되는 것인지도 모른다.

〈소공녀〉 얘기가 길었는데, 실은 미소가 재회한 두 사람을 말하고 싶어서였다. 대기업 사원 문영과 이혼을 앞둔 회사원 대용이 그들이다. 이들이야말로 〈소공녀〉라는 이야기에 유머와 활력을 불어넣는 주역들이어서다. 그러므로, 우선은 문영을 연기한 강진아 얘기로 시작해보자.

1986년생인 강진아는 대중에게 아직은 낯선 얼굴이다. 상업영화 필모그래피로는 조·단역 수준에 머물 뿐이며, 〈소공녀〉를 빼면 대중에게 제대로 모습을 보인 적이 없다. 하지만 독립영화계에 국한할 경우 무시할 수 없는 경력의 소유자이기도 하다. 건국대 영화과 1기 출신이자, 전고운 감독과 단짝인 그는 십여 년째 200여 편에 이르는 단편들을 찍어왔다.

〈소공녀〉에서 그의 분량은 많진 않으나 인상만큼은 오래 머문다. 당 떨어지면 안 된다며, 틈틈이 포도당 주사를 맞아야 한다며, 링거를 꺼낼 땐 그 엉뚱함에 절로 미소가 번진다. 네가 그리웠던 친구의 고백을 듣는 순간엔 커다란 눈망울 속에 복잡다단한 심경이 그대로 읽힌다.

제19회 전주국제영화제에서 그는 인생 여로의 중요한 문턱 하나를 넘었다. 한국경쟁부문에 진출한 장편 〈한강에게〉(감독 박근영)에서 시 쓰는 주인공 '진아'로 분했기 때문이다. 극 중 진아는 어딘가 아픈 기색이 역력한데, 그 아픈 기색의 전모가 상실로 인한 것임은 현재와 그의 회억 아래 서서히 드러난다.

진아는 연인 길우(강길우)를 너무나 사랑했지만 그 사랑은 영속할 수 없었다. 연인은 사고를 당했고 식물인간이 되어 일어서질 못한다. 영화는 롱테이크 화면으로 진아와 그의 지인들 일상을 고요히 응시한다. 그 고요한 응시 끝에 탄생하는 건 무너진 진아의 마음 밭에 피는 '기도'라는 시(강진아가 직접 썼다)다.

"민들레가 그려진 흙 잔 위에도, 목소리가 보였으면 하는 구름 위에도,/ 목소리가 들어왔다 나가는 고소한 바람 속에도,/ 노란 리본에도, 쥐고 있는 노란 샤프에도, 노란 화분에도/ 닿고 싶어 부르는 이름들이 있습니다.// 여기에 계셨군요./ 만나요 우리// 눈을 뜨고/ 눈을 감고// 만나러 갈 준비를 합니다."(시 '기도' 일부 소절)

그랬다. 시간이 흐를수록, 강진아라는 배우가, 강진아라는 영화가 점점 더 궁금해졌다. 보여준 것보다 보여줄 게 많은 이 미지(未知)의 배우가 품은 심연을 조금 더 가까이서 엿보고 싶었다.

아르바이트와 연기 사이

★〈소공녀〉 최문영이 초·후반에 잠시 나오는 조연 캐릭터임에도 이성욱 배우님과 함께 잔상이 오래가더군요. 그 이유를 한동안 고민했어요. 그 묘한 여운에 대해서요. 극 초반 휴게소 시퀀스에서 부산하게 링거를 설치하며 대화를 주고받을 때 다소 얄밉고 엉뚱한 모습부터 미소를 바라보는 짧은 순간의 깊은 눈빛. 그리고 극 후반 미소를 제외한 밴드 멤버들이 모였을 때 청첩장을 나눠주면서 툭, 던지는 대사까지죠. 국희가 돌연 "그때 그 회사원?"이라고 하니, 그 찰나적 순간에 정색하며 "아, 걔 아니야"라고 받아치죠. 저도 모르게 웃음이 터지더라고요. 뭐랄까, 연기라는 느낌이 잘 들지 않는 연기 같았어요. 아, 강진아라는 배우에겐 뭔가가 있구나 싶었고요.

　　그리 말씀해주시니 쑥스러운데, 제가 사실 제 연기를 잘 못 봐요. 조금은 나아지긴 했지만 요즘도 쉽진 않아요. 보고 나면 '아, 그때 좀 더 잘했어야 했는데' 하는 아쉬움부터 들거든요. 그래도 이번엔 '그래, 됐어' 이 정도의 느낌은 있었어요. (제 모습에) 거짓된 느낌이 적어 보였달까요. 문영이가 지금 저의 현실이랑 비슷한 부분이 있더라고요. 제가 사실 평일에는 아르바이트를 해요. 하루하루가 너무나 바빠요. 그 와중에 대본을 외우려다 보니 쉽지 않았어요. 그러다 일에 치여 사는 문영의 바쁜 모습과 제 모습이 어느 순간 오버랩됐고, 오랜만에 만난 친구를 문영이가 예의 차려 다소 어색하게 대하는 지점이, 저 역시 사회적으로 거리가 다소간 멀거나 멀어진 사람을 대하는 부분과 닮았다는 느낌이 들었어요. 물론 고운이(전고운 감독)가 도와준 부분도 있었고요. 고운이는 문영이를 얄미운 캐릭터로 보는 편이었어요. 현장에서 이런 식으로 디렉션을 줘요. '아, 너 지금 문영인데, 어, 문영이 지금 좋은데, 얄미운데.' 한번은 '진짜 (옛 친구가) 오면 재워줄 수 있겠어' 라고 물어보기도 했어요. 그럼 가만히 생각해보는 거죠. 제가 지금 부모님이랑 살고 있으니 안 될 것 같고, 그러니 나도 문영이처럼 거절했을 것 같은 거죠. 아, 내가 문영이랑 가까운 게 많구나 하고 느끼면서 연기하니 제가 보기에도 좀 자연스러워진 게 아닐까 해요.

세상의 스포트라이트가 집중되는 스타가 아니고서야 전업 배우의 길을 걷기란 쉽지 않다. '돈'과 거리가 먼 '예술적' 행로에 방점이 찍힌 생이라면 더욱이. 이는 시인이 시만 쓰며 밥벌이를 하기 어려운 현실과도 맞닿는다. 배우 강진아의 일상이 그렇다. 십여 년째 아르바이트와 배우 일을 겸하고 있는 그다. 연기만 가지곤 생계유지가 힘든 것이다. 주 4회는 아르바이트를 하고, 두 번은 '쿠킹 클래스' 일을 한다고 했다. 일과 시간은 오전 열 시부터 오후 다섯 시까지. 〈소공녀〉 출연도 주변 배려가 없었다면 불가능했다.

★그간 연기 외적 일로 생계를 해결하셨군요.

학자금을 아직 갚고 있어요. 이제 거의 다 갚았지만요. 줄곧 촬영과 아르바이트를 병행해왔어요. 〈소공녀〉도 사장님과 동료 선생님들의 배려가 없었으면 못 했을 거예요. 촬영이 있을 때마다 조심스레 부탁을 드리거든요. '저, 사장님 제가 촬영을 하게 되었는데요……' 하면서요. 번번이 사장님, 선생님들한테 짐을 지워드리는 것일 텐데, 그래서 더더욱 감사해요. 촬영 얘기할 때마다 웃으시며 배려해주시니까요. 이번에 〈소공녀〉 촬영 기간이랑 겹쳤을 때도 여러모로 바쁘고 그래서 한참 예민했거든요. 그럼에도 선뜻 스케줄 조율을 해주셨어요. 그래서 선생님들 중에 (안)재홍(강진아의 영화과 2기 후배다)이 좋아한다는 분들이 많으셔서 사인도 받아드렸어요. 재홍이가 예쁘게도 '진아 누나 잘 부탁해요'라고 적어주었더라고요(웃음).

★주변에 〈소공녀〉 보신 분들이 계세요?

얼마 전에 사장님이 문자를 보내주셨어요. (휴대폰 메시지를 보여주며) '진아쌤, 영화 너무 좋다 짱!'이라고요(웃음). 제가 가르치는 아이들이 36개월 된 정말 어린 아이들부터 초등학생까지 다양해요. 아이들과 관련한 일을 십 년가량 연기와 병행했죠. 학부모님들께서 다들 제가 배우인 걸 모르셔요. 그러다 얼마 전 한 어머님께서 '혹시 배우세요'라고 하시는 거 있죠. 제가 나온 작품 봤다면서. 그렇게나마 알아봐 주시는 분이 있다는 게 참 신기하고 기쁘고 그래요.

86

★'쿠킹 클래스'에선 어떤 걸 만들어요?

　　굉장히 여러 가지예요. 요리부터 베이킹까지 다 하는데, 이번 주엔 '몽블랑 타르트'를 만들었죠(웃음).

★부모님과 같이 살고 있다고 했죠? 두 분께선 영화 보고 피드백을 주셨어요?

　　어머니께선 조금 냉정하신 편인데 이번 영화 보시고 많이 공감하셨나 봐요. '재미있다. 또 보고 싶다'고 해주셨어요. 어머니가 제 출연작을 처음 보시는 거였어요. 왜냐하면 그간 독립영화에서 맡은 배역들이 성폭행을 당하거나, 저마다 아픈 배경을 가진 여성들이거든요. 그게 마음이 쓰이셨을 거예요. 아버지는 이러시더라고요. '진아야, 거기 〈소공녀〉에 문영이가 너냐?' 제가 '네, 나예요' 하니까 '어, 그래' 하시대요(웃음).

★다시 〈소공녀〉로 가면요. 회사에서 잠시 쉬는 시간이면 문영은 스스로 링거 주사를 놓으면서까지 건강관리를 해요. 저 한 장면을 위해 굉장히 연습했을 것 같았어요. 그만큼 동작이 자연스러웠고요. 근데 그 공간이 실제 휴게실인가요? 해당 신은 어떻게 연습했는지도 궁금하고요.

　　실제 동사무소 여자 휴게실이에요. 원래 그 작은 굴 같은 공간에 이불도 있고 그랬어요. 그런 걸 다 치우고 한 거죠. 연기 준비는 실제 간호사, 간호조무사 경력이 있는 지인 분들을 동원했어요. 감독님 친구 중에 간호조무사 자격증이 있는 친구가 있는데, 그분한테 많이 배웠죠. 제 지인 중에도 현업 간호사가 있어서 '이렇게 하면 맞는 거야?' '이건 이렇게 써? 저렇게 써?' 하면서 연습했고요. 그리고 또 관련

지금처럼 연기를 할 수 있는 현장이 있다는 사실만으로 기쁘고 고맙고, 막 힘이 솟아요. 지금 제가 연기 외에 다른 일로 생계를 해결하고 있잖아요. 꾸준히 연기를 해나가기 위해서라도 둘 사이 균형이 지금처럼 잘, 건강히 잘 유지되길 바라요. 그리고, 단역으로 잠깐 나오더라도 되도록 제 목소리를 한 마디라도 더 할 수 있었으면 해요.

소품들을 미리 공수해서 직접 시연하는 걸 관찰했고, 그걸 동영상으로 찍어 대사를 붙여서는 시간 날 때마다 연습했어요. 불편한 상황에서도 해보고, 편하게 방에서도 해보며 최대한 익숙해지려고 했죠.

★링거를 올려놓고 주사기를 미소한테 주는 것도 재밌더군요.

현장에서 즉흥적으로 추가된 거였어요. 어느 정도는 문영이가 하고 친구 미소한테 약간의 도움을 구하면 미소 캐릭터도 살고 재밌겠다 싶었거든요.

★극 중 문영의 역할이 참 중요해요. 미소가 로드 무비처럼 도심을 떠돌며 친구들을 한 명 한 명 만나러 가는데, 그중 처음으로 만나는 게 문영이잖아요. 다음 캐릭터들에게 바통을 잘 넘겨야 한다는 부담이 컸겠어요.

감독님(그는 친구인 전 감독을 편하게 이름으로 부르다가 감독님이라고 부르기를 번갈아 했다)이 의도한 것 중 하나가 제가 유명한 사람이 아니므로 관객이 문영이 나오는 시간을 못 버틸 수도 있다, 그렇다면 연기로 보여주어야 한다는 것이었어요. 그래서 일에 치여 사는 바쁜 문영이가 가방에서 각종 링거 소품들을 정신없이 꺼내고, 그런 부산한 상황을 조성해주면 아무래도 관심을 유도할 수 있지 않을까 싶었죠.

★근데 이건 다른 예기인데요. 극 중에선 그리 못 느꼈는데 목소리가 성우 같으시네요.

아, 제가 중·고교 때 방송반을 오래 했어요. 그 당시 꿈이 라디오 DJ였거든요(웃음).

라디오 DJ 꿈꾸던 소녀, 배우를 지망하다

이쯤에서 조금 더 플래시백. 강진아는 서울에서 나고 충남 천안에서 컸다. 어린 시절 '굉장히 내성적인 소녀'였다고 한다. "하루는 어머니가 선생님한테 이런 말을 하셨다며 웃으시대요. '처음부터 끝까지 말 안 하는 친구가 있는데 그가 바로 너래.'(웃음)" 하지만 그 나이대 성격은 곧잘 바뀌는 법이다. 그 계기가 강진아에겐 방송부 활동이었다. 목소리가 맑고 청량해 중·고교 시절 내내 라디오 DJ를 했다. 이때 다진 경험은 훗날 그가 애니메이션 더빙(〈발광하는 현대사〉(2014)를 시작으로, 〈카이: 겨울 호수의 전설〉(2016), 〈졸업반〉(2016) 등 애니메이션에 목소리 주연을 했다) 일을 하는 데 크나큰 도움이 된다.

★그럼, 연기에 대한 관심은 언제부터 싹텄나요?

　　같이 방송하던 친구가 한번은 뮤지컬 공연을 보러 가자고 해서 같이 구경을 간 적이 있어요. 근데 그때 무슨 객기였는지, '나도 해볼 수 있겠다'는 생각이 불현듯 들었어요. 그렇게 마음 한구석 그날 받은 인상이 오래 간직돼 있었던 것 같아요. 그러다 한번은 송재호 선생님이 한 드라마에서 연기하시는 걸 보고 굉장히 감동받은 적이 있어요. '우와, 저렇게 연세 있으신 분이 저렇게 뭔가 탐구하는 듯이 깊게 연기하는 게 진짜 멋지다, 나도 저렇게 누군가에게 감동을 주고 싶다'라는 욕구가 일었달까요. 멋있게 표현하면 그런데, 한편으로는 저 스스로 어떤 틀을 깨고 싶었어요. 무언가 답답한 틀 안에만 자라서 저 스스로 건강하지 않다고 느낀 부분이 있었거든요. 타인들에게 주목받고 싶다,

관심 받고 싶다, 사랑받고 싶다, 그런 바람과 함께 어딘가로 제 에너지를 분출해보고 싶은, 그런 욕구가 있었던 거죠.

★그때부터 연기학원에 다닌 건가요? 혹시 부모님 반대는 없으셨고요?

많은 분들이 그렇겠지만, 가정 형편이 안 좋았어요. 그래도 부모님은 뭘 하든 다 맡겨놓고 보는 주의신지라, 일단 해보라고 하셨죠. 문제는 입시비용이었어요. 고2부터 고3 때까지 다녔으니까 1년 6개월 정도 기간인데, 한 달에 40만 원에서 많게는 60~70만 원까지 들어요. 부담스럽죠. 그런데 재밌는 건, 학원에서 배운 건 별로 없었다는 거예요. 내가 연기한 게 연기가 아니라는 걸 뒤늦게 감지했달까요. 제가 방송부 일을 해서 목소리 녹음에 익숙했는데, 대학에 가보니 대사를 또박또박 예쁘게 한다고 그게 연기가 아니었던 거죠.

★그러고 보면 건국대 영화과 개척자 중 한 명이시죠. 1기시니까요. 당시가 궁금하네요. 아무래도 축산학과로 유명한 건국대에 처음 영화과가 신설됐을 때 풍경은 어떠했을까 하고요. 건국대 출신 배우, 연출자 분들이 현재 다방면에서 왕성히 활동 중이시기도 하고.

솔직히 '아, 속았다' 이런 느낌이었어요(웃음). 아니, 1학년 때 연기 수업이 없는 거예요. 커리큘럼도 허술해 보였고요. 그래서 저희끼리 의기투합해 열심히 작품 찍고 다녔어요. 그 시절 지질하게 트레이닝복 입고 건국대 일감호수 주위로 함께 걷고 뛰고 그랬어요. 2기로 들어온 (배)유람이, (안)재홍이, 이런 친구들이랑도 같이요. 저희 나름대로 커리큘럼을 만든다는 게 나무 붙잡고 소리 지르고 호수 주변에서 뛰고 그런 것들이었어요. 그러다 연극을 해보겠다며 첫 작품을 올렸고요. 1기가 처음 올린 건 〈불 좀 꺼주세요〉였고, 재홍이랑 처음 연극 한 건 〈서툰 사람들〉이라는 작품이었어요.

소울 메이트, 전고운 감독과의 연(緣)

★〈소공녀〉 전고운 감독과도 그때부터 친해진 거군요. 같은 1기시니까.

　　　맞아요, 입학하고 대학교 전체 MT를 갔어요. 그때 고운 언니를 처음 봤어요. 새하얀 패딩을 입고 있었는데, 제 시선에서 그게 너무 예뻤어요. 근데 언니가 무리에 끼지 않는 성격 같았어요. 저는 연기과라서 왁자지껄한 분위기였는데, 그 무리에 끼지 않는 한 명이 눈에 밟히더라고요. 먼저 다가가서 말을 건넸고, 처음 그렇게 대화를 주고받았어요. 고운 언니는 감독이기 이전에 저한테 너무나 소중한 친구예요. 살면서 기쁘고 슬프고 즐겁고 힘든 일 모두 나눌 수 있는 친구. 같이 얘기를 나누면 마치 소화제 같달까요. 얹힌 게 모두 소화되는 느낌이요. 한번은 단편을 찍다가 싸운 적이 있어요. 그렇게 마음이 서로 토라지기라도 하면 꼭 언니가 옥상에 불러선 서로 꼭 포옹하며 화해했어요 (웃음).

★단편 작업을 여러 편 같이 하셨지요?

　　　네, 한번은 언니의 첫 연출작을 보고 화장실에서 '언니, 영화 참 마음에 들어'라고 말해준 기억이 나요. 그러고부터 작업을 같이 했죠.

첫 작품은 1학년 과제용으로 직접 찍은 단편이었다. 연기에 대한 그 시절 고민을 녹여낸 이 설익은 습작엔 전고운 감독이 카메오로 출연한다. 강진아의 기억에 따르면 당시 전 감독 대사는 "진아야, 바나나 우유 먹을래." 이후 학우들과 의기투합해 알음알음 단편 작업을 이어 갔는데, 보통 3~4일에 한 편 꼴이었다. 그러다 2학년부턴 필름메이커스를 경유해 활동 반경을 차츰 외부로 넓힌다. 그렇게 찍은 게 지금껏 200여 편. 개중 전 감독과 찍은 단편 중 두 편을 꼽자면 〈내게 사랑은 너무 써〉(2008) 〈배드신〉(2012)이 있다. 사회적 약자로서 여성이 겪는 일상적 공포와 폭력을 응시하는 영화다. 전자에서 강진아는 옆방 아저 씨에게 강간당하는 여중생을, 후자에선 올누드 베드신을 강요받는 무명 여배우의 설움을 연기했다. 이십 대 여성으로서 당시 배역에 대한 부담감은 없었을까.

"없다고 하면 거짓말이겠죠. 다만, 찍기 전 저와 찍은 후 제가 조금은 달라진 것 같다는 좋은 느낌은 분명히 있어요. 당시 이십 대 중후반이 었는데, 배우가 노출을 하는 것에 대해 어떠한 고민을 하게 될 것이고, 그런 일이 내게 있을 때 나는 어떤 선택을 할 것인가에 대해 많은 생각 과 고민을 해볼 수가 있었어요."

★두 작품 외에 아끼는 단편이 있다면요?

　　　　서영화 선배님과 함께한 〈나의 기념일〉(2016)이라는 작품이요. 갑작스레 캐스팅된 거였는데, 서 선배님이 엄마로, 제가 딸로 나와요. 과거 친족 성폭행을 당한 여자의 이야기이고, 그 집안의 이야기인데 요, 오래간만에 엄마가 아프다는 연락을 받고선 엄마 집에 찾아가 일어나는 하루 여정을 그려요. 되게 무겁고 힘든 주제여서 현장에서 많이 힘들었죠. 정말 처음이었어요. 발을 어떻게 떼야 할지, 숨은 어디서 내쉬어야 할지 가늠이 안 되는 경험을 처음으로 했고, 특히나 서 선배님과 작업하면서 '아, 연기를 오늘부터 다시 알아가는 것 같다'는 느낌을 받았어요. 그분은 자연스러움 그 자체이고, 진짜인 것 같은데, 저는 아직 가짜 같았거든요. 그게 참 힘들었는데, 지금 생각하면 정말 귀한 경험이었던 것 같아요. 애써 무얼 하려고 하지 말아야겠다고 스스로에게 말해주는 부분이 그때 이후로 생겼거든요. 어떤 게 진짜에 가까울 것인가라는 점에 대해 늘 고민하게 되었고요.

★서영화 선배님과 작업한 게 향후 가 닿아야 할 좌표 중 하나가 된 셈이었겠네요.

　　　저는 그래요. 제 연기를 보는 분들이 어, 어디선가 내 일상에서 본 것 같다는 느낌을 받으실 수 있기를 바라요. 그러니까 앞서 말씀 드린 것처럼, '진짜'에 가까운 사람이 되고 싶어요. 각각의 감독님이 원하는 인물상에 맞추어 '진짜'를 보여줄 수 있는 사람, 뭔가 이런 연기만 할래 하고 고집부리는 게 아니라 기본적으로 '진짜'를 갖춘 배우요.

연기가 연기 같지 않아 보인다는 것. 사실 쉽지 않은 일이다. 보는 이의 시선에서 최대한 자연(自然)에 가까워야 하기 때문이다. 저것은 연기다, 라는 생각이 제3자 입장에서 간파되는 순간 그 연기는 실패한 것에 다름없는 것이다. 그렇기에 되도록 과장과 가식을 걸러내어 적정치의 연기 톤을 유지해야 한다. 비록 허구의 인물을 연기하는 것일지언정 그것이 스크린이라는 절단면 앞에 앉은 관객들에겐 잠시간 허구가 아니라는 착시, 말하자면 실재(實在)처럼 보여야 한다. 그러므로 자신의 일상 현실을 복기하며, 배역과 자신의 부분적인 동일시를 지향한다는 강진아의 저 말은 적어도 그가 '진짜'를 지향하고 있는 성숙한 배우임을 증거한다.

위페르 같은 배우처럼

★이제 조금 다른 얘기를 해볼게요. 상업영화 출연은 그간 비중 있는 역할은 없었던 걸로 기억해요.

그렇죠. 단역으로 처음 시작한 상업영화가 〈굿모닝 프레지던트〉(2009)였어요. 차지욱(장동건) 대통령한테 사적인 부분을 질문하는 여학생이었죠. 이후에 〈더 테러 라이브〉(2013)에서도 단역이었어요. 하정우 선배님이 연기하신 윤영화가 라디오 진행을 할 때 차대은(이경영) 주위에서 이리저리 분주히 움직이는 무리 중 한 명이었어요. 열흘간 촬영했는데, 대사는 거의 없었죠(웃음).

★이후 권오광 감독의 〈돌연변이〉(2015)에서 간호사, 이요섭 감독의 〈범죄의 여왕〉(2016)에서 송 순경으로 조·단역 출연을 했죠. 아쉬움도 없지 않았겠어요. 독립영화 작업은 왕성한데 대중과 만날 수 있는 상업영화 출연 기회는 드물었으니까요. 조심스러운 질문이지만, 혹여 연기를 포기하고 싶다는 마음을 품은 적은 없었나요?

'이 길이 내 길이 아닐지 몰라'라고 할 때는 제 연기가 썩 만족스럽지 않다고 여겨질 때인 것 같아요. 촬영 전에 저는 극도의 긴장과 불안에 시달리곤 하는데요, 그 즐기지 못하는 모습을 객관화해서 마주할 때가 참 힘들어요. 그러면서도 한편으로는 지금처럼 연기를 할 수 있는 현장이 있다는 사실만으로 기쁘고 고맙고, 막 힘이 솟아요. 지금 제가 연기 외에 다른 일로 생계를 해결하고 있잖아요. 꾸준히 연기를 해나가기 위해서라도 둘 사이 균형이 지금처럼 잘, 건강히 유지되길 바라요. 그리고, 단역으로 잠깐 나오더라도 되도록이면 제 목소리로 한마디라도 더 할 수 있었으면 해요.

★강진이라는 배우, 강진아라는 사람의 장점을 세 가지만 꼽자면요?

너무 어려운데요. 일단은 목소리랄까요? 조만간 팟캐스트를 해보려 해요. 누가 듣건 말건 구애 없어요. '아무거나 읽어드립니다'라는 제목으로 정했는데, 뭐냐 하면 시를 읽어준다거나, 지나가다 본 좋은 문구 같은 걸 한 문장이라도 제 목소리로 읽어드렸으면 해요. 그리고, 음, 제가 키가 커요. 171.5㎝인데, 쑥쑥 컸죠? 그래서 동작이 좀 시원시원하달까요. 그리고 무엇보다, 주어진 일에 열심히 임하는 마음가짐과 태도죠(웃음).

여담이지만, 강진아가 꼽는 최고의 배우는 이자벨 위페르다. 미카엘 하네케의 〈피아니스트〉(2001), 폴 버호벤의 〈엘르〉(2017) 등에 이르기까지 그의 영화는 빠짐없이 챙겨봐 왔다. "볼 때마다 '내 안의 욕구를 쿡쿡 찔러주는 힘'이 경이롭더라"고 했다.

"스물다섯일 무렵 부산에서 위페르의 사진전이 열렸어요. 그때 혼자 찾아가 (위페르와) 악수도 하고 사인도 받았죠. 어찌나 가슴이 두근거리던지. 그 사인은 지금도 가보처럼 보관하고 있어요(웃음)."

위페르에 대한 사랑과 존경은 그의 지향점이 어디인지를 일부 가늠케 해준다. 천의 얼굴을 지닌, 사실주의적이며 절제된 연기의 정점, 삶의 진실을 캐내어 온몸으로 체현해내는 배우.

아마도 그럴 것이다. 강진아가 끝까지 배우라는 생을 껴안는다면, 인간과 세계에 대한 관심의 더듬이를 끝까지 벼린다면, 불가능한 일도 아닐 것이다.

이성욱

좋은 사람이
좋은 연기를
한다

〈소공녀〉의 별거남

영화 한 편에 마음이 사로잡히는 경우가 간혹 있다. 그것은 마치 사랑에 빠질 때의 감정과도 같아서, 헤어나오려는 몸부림이란 대체로 부질없는 짓이 되고 만다. 이미 당신의 내면 저 깊은 골짜기엔 그 대상이 스스로 뿌리를 내려버렸기 때문이다. 그래서 이 불가항력적인 사태에 직면한 당신에게는 단 하나의 선택지만 남게 된다. 당신의 심연으로 틈입한 그 대상을 있는 그대로 받아들일 것. 그렇게 마주하며, 전력을 다해 사랑할 것.

이것을 특정한 배우에게도 대입해볼 수 있을까. 가능할 것이다. 이유는 간단하다. 이따금 우리는 특정한 배우가 분한 인물에게서 자기 자신을 본다. 프레임 내부에서 운동하는 그의 몸짓과 표정들 속에서, 몇 마디 대사들 속에서 우리는 그를 마주한 스스로를, 곧 '나'를 본다. 그럴 때 배우는 투명한 거울이다. 우리 자신을 비추어 오롯이 반사해내는 거울.

그러므로 진실은 우리 모두 나르키소스의 후예들이라는 데 있다. '당신을 사랑하는 줄 알았는데, 그런 당신이 바로 나 자신이었다.' 그럼 이것은 비극인가. 그렇진 않다. 이런 기적이 가능해지기 때문이다. 한 편의 좋은 영화를 감상하며, 우리는 종종 자기 자신을 만난다. 그러면서 감화되고, 위로받는다. 혹자는 조금 더 나아가 그런 '나'를 조금 더 사랑할 용기 또한 얻는다. 그런 점에서 영화는 영혼의 치유제다.

〈소공녀〉(감독 전고운)가 내겐 그런 영화였다. 미소(이솜)가 세 번째로 찾아간 옛 밴드 멤버 대용(이성욱)이 적어도 내겐 그런 인물로서 다가왔다. 그는 일종의 거울이었다. 마음이 볼품없고 가난하여, 세상과의 대면을 거부하는 그에게서 비루하던 옛 모습이 잠시 포개어졌다. 그 포개어짐은 폐허가 된 내면의 재응시였고, 치유로서의 대면이었다. 하나의 작은 문을 경계로 동생(대용)과 누나(미소)가 주고받는 사소한 대화들 속에, 베란다에서 나눠 태운 담배 몇 개비 속에 깃든 기묘한 위무의 힘. 그리고 무엇보다, 저 장면이 품고 있는 유머와 활력을 사랑하지 않을 도리가 없었다.

그리하여 대용으로 분한 배우 이성욱을 만나 가장 먼저 던진 물음이란 이런 것이었다.

★대용은 〈소공녀〉에서 제가 참 좋아하는 캐릭터입니다. 결혼 8개월차인 그는 아내와 별거 중이고 이혼이라는 사태를 목전에 두고 있지요. 그런 그의 내면은 거의 황무지입니다. 쓰레기장을 방불케 하는 아파트 거실이 그의 내면을 있는 그대로 보여주고 있어요. 그런 그곳에 옛 밴드 멤버이자 누나인 미소(이솜)가 오래간만에 방문을 하죠. 대용은 정작 누나의 시선을 회피하고요. 혼자 방 안에 콕 틀어박혀 여느 때처럼 소주잔만 기울여요. 그러다 바보처럼 흐느끼기도 하는데, 이런 대사들이 참 재미있게 다가오죠. "아, 놓으라고, 나 여자 알레르기 있어!" 궁금했어요. 이토록 실감나게 연기하는 저 배우의 정체는 과연 뭘까. 우선 어떻게 만난 캐릭터인지부터 듣고 싶네요.

대용은 연기한 제가 봐도 참 편안했어요. 진심이 잘 담겨져서일까요. 모처럼 제 연기를 끝까지 볼 수 있겠더라고요(웃음). 〈소공녀〉에 캐스팅된 건 강진아 배우(문영 역) 덕분이었어요. 〈범죄의 여왕〉(2016) 출연도 강 배우가 미장센단편영화제에 출품된 제 작품을 보고선 광화문 시네마에 적극 추천해준 경우였고요. 〈소공녀〉는 대본에서부터 첫눈에 반한 영화예요. '아, 전고운 감독이 글을 진짜 잘 쓰는구나' 싶었죠. 그중에서도 대용이라는 인물이 제일 매력적이었는데, 마음이 많이 아픈 친구잖아요. 우울증에 대인기피증까지 있고요. 근데 대본에선 그게 슬프게 표현돼 있지 않았어요. 블랙코미디처럼 묘사되는데, '아, 이거다' 싶더라고요.

★그러고 보니 〈범죄의 여왕〉 속 배우님은 상당히 거친 마초 캐릭터였잖아요. 위압적이고 폭력적인 관리소 직원이요. 그러나 〈소공녀〉의 대용은 정반대예요. 극 중 대사처럼 겉은 남자인데 속은 여자 같달까요.

그간 해본 캐릭터랑은 전혀 달랐어요. 건달이나 경찰 같은 거친 배역들이 많았거든요. 그래서인지 좀 모자라 보이는 대용의 인간적인 모습이 참 좋았어요. 정말 잘 해낼 수 있다는 자신감과 잘하고 싶다는 욕구가 함께 있었고요. 그래서 일단은 감독님이랑, 이솜 배우(미소 역)를 여러 번 만났어요. 주어진 상황에 대해 의견을 주고받는데, 감독님이 요구하시길, 촬영장에선 진심으로 쓸쓸하고 우울한 상태로 나타나주길 바란다고 하셨어요. 그래서 실제로 그런 상태를 만들어 나갔죠. 제가 원래 성격은 활달해요. 그래서 부러 혼자 있는 시간을 많이 가졌어요. 우울해지려고 혼자 쓸쓸히 돌아다니고 외롭다는 생각을 끊임없이 하며 지냈어요. 강원도 춘천이든 어디든 무작정 혼자 가서 오래 걷기도 하고요.

★대용과 미소가 베란다에서 담배를 태우는 신이 있죠. 도란도란 앉아 있는 그 장면이 참 편안하고 좋았어요. 자연히 귀 기울이게 만드는 차분한 공감대가 있었고요. 신혼집을 위해 아파트를 샀지만 남겨진 건 20년치 대출금이라는 대용의 힘없는 고백은 이혼을 앞둔 삼십 대 하우스푸어 남자로서 진한 비애가 느껴졌고요. 촬영했던 아파트가 전 감독의 친오빠 댁이라고 들었는데, 당시 현장은 어땠나요.

　　　아파트에서 대용이 나오는 신이 두 개가 있죠. 방에 혼자 앉아 있는 신과 베란다에서 미소와 대화를 나누는 신이요. 사전에 우울함의 최대치를 만들어서 현장에 갖고 갔어요. 하지만 우울함을 만들어 갔다고 전부가 아니죠. 중요한 건 '진심'이니까요. 우울한 상태 너머 제가 진심이 되어야 그 감정이 그대로 전달되고 재미도 살아요. 그래서 제가 앞선 신에서 찍은 방에서 촬영 중이 아닐 때에도 계속 혼자 있었어요. 거기서 그냥 담배도 피우고, 이혼에 대한 생각도 해보고요. 그러다 혼자 침대 방으로 가서는 가만히 앉아도 보고, 웨딩 사진이 코팅된

베개 피를 물끄러미 바라도 보고요. 참 고마운 게, 이솜 배우를 포함한 모든 스태프가 바깥에서 그런 저를 조용히 기다려주셨다는 거였어요.

반항기 많던 배우 지망생

이성욱은 서울 수유리 태생이다. 초등학교 입학 뒤로 쭉 목동 일대에서 자랐다. 덩치가 크고 성격이 활달해 친구가 제법 많았다. 골목대장은 대개 그가 자임했다. 키가 반에서 다섯 손가락 안에 들어 농구를 해도 센터였고, 개그 욕심도 많아 매 학기 유머 담당이었다. 장래희망 또한 개그맨이었다는 그다. "담임이 초등학교 2학년 때 '꿈이 뭐냐'고 장래희망 조사를 하길래 고민 없이 '개그맨요'라고 답한 적이 있어요. 친구들이 저로 인해 깔깔거리는 게 참 좋더라고요."

배우에의 꿈을 키운 건 아버지 영향이 컸다. 홍콩 누아르물 팬인 아버지 따라 동네 극장 가는 일이 잦았다. 오우삼 감독의 〈영웅본색 1〉(1986) 〈첩혈쌍웅〉(1989)부터 이소룡과 성룡이 나오는 액션물이면 안 본 것이 없었다. 그 시절 원화평 감독의 〈예쓰마담〉(1989) 속 양자경은 소년의 짝사랑 1순위였고, 정지영 감독의 〈남부군〉(1990) 류 사회파 영화도 숨죽여 지켜봤다. "극장에 앉아 있으면 그렇게 편안하고 행복할 수가 없더라"며 그는 돌이켰다. "때로는 아버지 따라, 때로는 남몰래 봐왔던 그 숱한 영화들이 지금 저에겐 엄청난 자양분이 됐어요. 그 시절이 없었으면 아마 지금처럼 배우가 되지도 못했을걸요?"

★배우가 되겠다고 했을 때, 집안 반대는 없었어요?

꽹장히 심했어요. 딱 잘라서 이리 말씀하시는 거죠. 하지 마라, 배우 안 된다. 진짜 힘든 직업이다. 그래도 고집을 안 꺾으니 나중엔 이러시더라고요. 공부부터 열심히 해서 연세대 같은 명문대부터 가라. 그런 다음 극회 들어가서 생각해봐라. 아마 걱정되셨을 거예요. 제가 봐도 얼굴이 컴플렉스였으니까. 아, 내 얼굴이 너무 못생겼다 싶을 때가 많았어요. 그러면서도 좌절하지 않고 스스로를 다독이려 했어요. '성욱아, 조연도 있고 다른 선배 배우들도 얼굴 안 되는 분들 많아, 너도 할 수 있어.'

★공부랑은 거리가 멀었을 듯싶어요.

아주 학을 뗐어요. 너무너무 싫어했으니까요. 기운이 넘쳐서 가만히 못 앉아 있었어요. 바깥에서 친구들과 어울려 노는 걸 제일 좋아했죠. 초등학교 때부터 공부하라는 소리를 귀에 못이 박히도록 들었는데, 절대로 순응하지 않았죠. 지금 생각하면 왜 그렇게 공부만 강요하셨냐고 반문하고 싶어요. 물론 잘하고 싶긴 하죠. 세상 대부분 부모들이 내 새끼들 공부 잘하길 바라니까. 그래서 한편으로 이해도 돼요. 하지만 저한텐 공부는 정말 아니었어요. 부모님을 늘 사랑하지만, 공부에 관해서라면 타협할 수 없었어요. 아무튼 그런 압박 때문에 꽹장히 힘들어하고 어린 나이에 가출도 여러 번 했어요. 제가 얼굴이 둥글둥글, 성격도 둥글둥글해 보이지만 고집이 꽹장히 셌던 거죠. 그러다 한번은 정신병 비슷한 게 찾아온 적도 있어요.

★어떤 문제가 있었던 거죠?

　　일종의 틱 증후군이었어요. 10~11세 즈음 찾아왔죠. 숨이 끝까지 안 쉬어질 만큼 스트레스가 쌓여 호흡곤란이 왔어요. 결국 병원에 갔는데 그때 기억이 생생해요. 아무것도 모르던 시절 아팠던 기억이니까. 당시 진료해주신 분이 그 유명한 이시영 박사님이세요. 연세대 세브란스병원에서 진료를 받았는데요. 이 박사님이 굉장히 따뜻하고 자상하셨어요. '그래서 우리 성욱이는 뭐가 하고 싶어요?'라고 물어보시더라고요. 그러면서 그러시는 거예요. '엄마가 공부하라 그래서 너무 힘들었어?' 그 한마디가 어찌나 감동적이던지. 박사님이 '뭐가 가장 하고 싶냐'고 다시 물으시더군요. 그래서 '친구들이 너무 보고 싶어요, 그 친구들이 우리 집에 왔으면 좋겠어요'라고 답했어요. 그리고 며칠 뒤 친구들이 저희 집에 우르르 몰려왔죠. 박사님이 '아들 공부 너무 시키지 말라고, 얘 억지로 시키면 탈 난다'고 조언하니 어머니도 그때 조금은 수긍하셨던 것 같아요.

★중·고교 시절엔 어떤 학생이었나요?

　　사실, 좀 비행청소년처럼 지냈어요. 담배를 일찍 배웠죠. 그렇지만 여자는 거의 안 만나보고 사귄 적도 없었고요. 우르르 몰려다니는 친구 열 명 정도가 있었어요. 두려울 게 없었죠. 영화처럼 열 명이 한 번에 거리를 우르르 걸어가던 장면도 새삼 떠올라요. 정말 피 끓던 청춘이었죠. 그래도 건전했어요. 불의를 못 참는지라 맞는 애들 있으면 도와줬죠. 자발적인 선도부 느낌이었달까요. 싸우기도 물론 참 많이 싸웠지만.

반항기 가득한 청춘기에도 배우 길에 대한 열망은 꺾이지 않았다. 학업에 대한 부모님 압박은 지속됐으나, 타협한 적은 없었다. 십 대의 마지막 겨울은 그렇게 다가왔다. 수능이 끝난 바로 다음 날, 그는 부모님 앞에 선언한다. "아버지, 어머니. 저 배우 꼭 할 겁니다. 제 젊음 여기에 불태우겠습니다." 자식 이기는 부모 없는 법이라, 결국 양친도 백기를 든다. "정 그렇다면 그리 해라." 그리고 이튿날, 생전 처음 연기학원을 끊는다. 한 달 반가량 수업을 듣고 실습 준비를 한 다음 곧장 정시에 지원했다. 순천향대 연극영화과였다. 벼락치기 준비였음에도, 결과는 한 번에 합격.

자유가 너희를 진리케 하리라

★순천향대 연극영화과 1기시죠? 제가 듣기로 건국대 영화과 1기 출신들은 당시 수업 커리큘럼이 거의 전무했다고 하더라고요. 그래서 본인들이 직접 커리큘럼을 짜고 부지런히 습작을 해야 했다고. 배우님도 마찬가지셨을 것 같은데요.

　　맞아요, 똑같았어요. 그런데 말이죠, 제가 보기엔 스스로 일궈나가는 게 가장 좋았던 것 같아요. 전 여태 시스템에 갇혀 지내지 않았어요. 항상 자유롭게 주관대로 밀어붙이면서 하고 싶은 걸 했어요. 아는 사람도 없고, 교수님도 안 계셨는데, 그래서 배움이 필요하면 마냥 기다리는 게 아니라 적극적으로 배움을 찾아다녔어요. 당시 1기가 40명이었어요. 그중 18~19명이 같이 대학로를 쏘다녔죠. 그때 배움을 주신 분이 바로 이현우 교수님이세요. 당시 영화학과 교수님이었는데,

대학로에서 연기를 종종 하셨어요. 그분에게 직접 찾아가 배움을 청했죠. 굉장히 젠틀하고 멋진 분이었어요. 어린놈들이 무턱대고 배우고 싶다고 찾아오니 이런저런 얘기를 해주시고 같이 술도 마셔주시고 피와 살이 되는 얘기를 그때 다 해주셨거든요.

★그렇게 자발적 배움을 구하며 차근차근 연기적 기반을 닦으신 거군요.

교수님 말씀의 핵심은 이런 거였어요. '일단 너희들끼리 해봐라.' 교수님 소개로 영문과 교수이면서 대학로에서 연출 일을 겸하는 분을 또 한 분 알게 됐어요. 그분이 저희를 위해 연출을 해주셨죠. '이렇게 저렇게 해라' 하시면 저희끼리 하나하나 만들어가는 식이었어요. 정작 학교에서 수업 들은 건 거의 없었죠. 밤새워 대학로에서 무대 만들고, 술 먹고 낮 시간엔 연습하고 회의하고 그랬으니까요. 그런 시행착오가 제겐 최고의 공부였어요.

★내 길은 내 스스로 개척한다는 거군요.

스승님한테도 많이 배웠지만 직접 공연 올린 게 가장 기억에 남고 무언가 '쌓인다'는 느낌을 주더라고요. 학교 다니며 정말 할 수 있는 공연은 다 해본 것 같아요. 조연출 경험도 해봤고요.

★첫 공연은 뭐였나요?

학창 시절 〈한밤의 북소리〉라는 연극이었어요. 베르톨트 브레히트의 희곡인데 고난도였죠. 신흥 재벌이고 악역인 무르크라는 인물을 맡았거든요. 그저 수없이 반복하면서 발전하려고 안간힘을 썼어요.

사회 나가 처음 올린 건은 〈럭키럭키 골든쇼〉라는 창작 뮤지컬이었는데요. 4학년 때 직접 친한 누나와 같이 극본을 써서 만들었어요. 저희가 쓴 거치고는 반응이 좋았어요. 부모님한테 처음이자 마지막 부탁이라며 빌린 몇 백만 원을 들였는데, 그 돈으로 대관하고 교내에서 무대 만들고 힘겹게 작업했던 기억이 새록새록해요. 그러다 건방지게도 대학로에 나가 올려보기도 했고요. 당시가 2003~2004년 즈음이었죠.

★경제난은 불가피했을 듯싶은데.

지금도 넉넉하진 않아요. 과거 공연 한창 올리고 그럴 때 누군가한테 '어이, 나 요즘 돈이 없다' 그러면 그게 진짜 말 그대로 수중에 한 푼도 없다는 의미였어요. 단돈 십 원도요. 그래서 그럼 안 되는 거지만 당시 몰래 지하철 뛰어넘고 다니는 게 다반사였어요. 되도록 가족한테 손 벌리고 싶지 않았거든요. 스물여덟아홉 무렵인가요, 아버지가 '네 돈 없나' 물으셨는데, 그게 또 자존심이 상하대요. 그래서 무어라 둘러대고 또 열심히 지하철 뛰어넘고 사는 거죠. 사실 공연하던 친구들이 거의 엇비슷한 형편이었어요. 서로 기대고 의지하며 없어도 즐겁게 살자고 다독였죠. 술이 고프면 선배들한테 조르고 그렇게 또 만나 밤 지새우고 즐겁게, 최대한 즐겁게 살려고 했어요. 돌아와 생각하면 참 그리운 시절이에요.

★자존심과 긍정적 마인드로 무장했었군요.

중요한 건 마음가짐이에요. 마음이 건강해야 이 일을 오래해요. 우울하고 힘들고 지칠 때가 물론 없지 않죠. 저도 사람이니까요.

다만 그게 돈 문제 때문은 아니었어요. 주어진 캐릭터를 소화해나갈 때 간혹 아프기도 해요. 산통과 비슷하죠. 겪어보지 않은 인물로 분해야 한다는 건 고통스러운 일이니까요. 하지만 달리 생각해보면 이것도 행복한 일을 할 때 수반되는 행복한 고통이에요.

★연기를 포기하고 싶다는 생각이 든 적은 없었나요?

부업으로 커피숍을 해볼까라는 고민을 해본 적 있어요. 그렇다고 배우라는 직업을 아예 접겠다는 생각은 절대로 해본 적 없어요. 포기에 대한 유혹 자체가 없었거든요. 지금 돈이 없어도 언젠가 벌겠지, 이런 낙관보다도 다만 이렇게 내가 좋아하는 일을 한다는 거, 그 자체로 행복한 일이 또 없겠구나, 하고 생각하는 거죠.

좋은 사람이 좋은 연기를 한다

그의 첫 번째 상업영화 출연작은 〈마이웨이〉(2011)였다. 군산 촬영 현장에서 머문 기간은 총 6개월. 전장의 무수한 군인 중 한 명인지라 본인이 아니고서 얼굴 확인도 쉽지 않았다. 대사 한 줄 없기에 처음엔 실망했지만, 그럼에도 돌아보면 귀한 시간들이다. "현장 돌아가는 모습을 처음 봤으니까요. 거기서 친구들도 많이 사귀었고요." 그러다 3년 후 〈타짜-신의 손〉(2014)에서 도박장 건달로 캐스팅된다. 물론 단역이었다. 이후 〈섬. 사라진 사람들〉(2015)의 염전 노예, 〈범죄의 여왕〉(2016) 날건달 관리인, 〈여고생〉(2016) 〈미씽: 사라진 여자〉(2016)의 공 형사와서 형사, 〈럭키〉(2016)의 남명진 비서 등을 두루 거친다. 대부분 날것 그대로의 거친 느낌 물씬한 조연들이다.

★〈범죄의 여왕〉 얘기를 해보죠. 광화문시네마(김태곤 감독과 전고운 감독이 공동 대표로 있는 영화제작사로, 권오광, 우문기, 이요섭 감독, 김지훈 프로듀서와 함께 6년 전 세웠다. 이들 중 다섯 명의 감독들은 한예종 대학원 동창이다) 첫 출연작이시죠. 이 영화 출연에 힘입어 〈소공녀〉 출연까지 이르셨어요.

광화문시네마 얘기가 나와서 말인데, 정말 앞으로 더 잘되길 바라요. 이들처럼 영화에 대한 애정이 각별하고 열정적이고 건강한 마음을 지닌 분들을 거의 못 봤거든요. 애초 〈범죄의 여왕〉에서 염두에 둔 인물은 403호 살인범 강호준이었어요. 그러다 관리소 양아치 직원 이태길로 바뀌었죠. 이요섭 감독님이 목소리 톤이나 캐릭터 특성이 이태길에 더 적합하다고 판단하셨던 것 같아요. 그리고 같이 연기했던 조복래라는 친구를 참 좋아해요. 이 친구가 굉장히 성품이 좋아요. 자기 촬영날이 아닐 때에도 현장에 아이스크림 바리바리 싸들고 와요. 그런 사소한 마음 씀씀이가 예쁘더라고요. 제가 복래(개태 역)나 박지영 선배(주인공 미경 역)에 비하면 알려진 배우가 아니고 제 시선에선 이들은 연예인이었어요. 그런데 두 분 다 뭐랄까, 제가 느끼는 불편함을 알아챘는지 먼저 다가와 긴장을 풀어주더군요. 복래 같은 경우는 제가 머리를 세게 때리는 장면이 있었는데 머뭇거리니까 이러는 거예요. '아, 형 그냥 세게 막 때려도 된다고.' 그런 허물없는 말투나 태도가 사람을 참 편하게 해줘요. 지금은 두 사람 다 누나 동생 하는 소중한 친구예요(웃음).

★배우님에게는 스크린을 빠르게 장악하는 기운 같은 게 있으신 것 같아요. 잠깐 나오실 때마다 눈길이 가거든요. 긴 기간 다진 연기 철학과 내공에 바탕해 있지 않고서야 불가능한 힘이라고 생각해요.

아, 그런 배우가 저는 언제나 너무 부러웠어요. 그런 배우에 근접해 있다고 봐주시니 상당히 감격스럽네요. 저는 어느 한 신도 정확히 단 한 순간도 빼지 않는, 관객의 눈을 다른 곳으로 돌릴 수 없게 만드는 배우가 되려고 노력해왔어요. 신의 길이를 떠나 엄청난 집중력을 끝까지 유지해야 한다고 봐요. 이를 위해선 부단한 노력이 수반되어야 할 테고요.

★배우님만의 연기에 임할 때 태도, 마음가짐이라면.

저 스스로 느끼기에 이해력이 느려요, 남들보다. 감각도 조금 떨어진다고 보기에 일단 대본을 굉장히 많이 읽어요. 그러면서 주어진 상황을 처음부터 끝까지 머릿속에 정확히 입력시키는 겁니다. 그 상황에 실제로 들어가 있는 상태가 되게끔요. 평소 걸으면서도, 버스를 타면서도, 지하철에 오르면서도 주어진 캐릭터에 대해서 온종일 생각해요. 그러다 떠오르는 무언가가 있으면 메모하고, 거듭해 읽고, 디테일한 감정을 불어넣어 대사를 쳐보고, 울어야 하는 대목에선 울어보고, 고민하고, 그런 다음 또 다시 읽죠. 그러다 보면 제가 그 사람이 어느 순간 되어 있어요.

★〈소공녀〉뿐 아니라 연초 김남주 배우(고혜란 역)가 주인공이던 JTBC 드라마 〈미스티〉에서 선보인 보도국 팀장 오대웅으로도 좋은 모습을 보여주셨어요. '츤데레' 신스틸러였달까요. 어딘지 부족하죠, 욱하길 잘하는, 번번이 지는 사람. 그

래서 더 인간적이죠. 서서히 대중이 배우님을 알아볼 시기가 온 것 같아요.

하하, 요즘엔 알아봐 주는 분들이 간혹 계세요. 아주머니, 아저씨, 어르신들이 먼저 인사해주시더라고요. 어떤 분은 '내가 남양주에 가게 하는데 한번 놀러 와요' 하며 가시더라고요. 다른 한 분은 '왜 이렇게 김남주를 괴롭히냐'며 웃으시고요. 하지만 그렇다고 제 삶이 달라지진 않아요. 약간의 알아봐 줌, 그 자체로선 되게 반가운 일일 테지만 한편으로 이런 생각을 해요. 나는 아직도 가야 할 길이 멀다.

지금 걷는 그 길을 후배들에게 권할 수 있는지 물었다. 그는 한동안 침묵했다. 꽃길보다 주린 일상의 반복일 수도 있음을 그 누구보다 잘 알기 때문이리라. "힘든 길이라는 것부터 분명히 직시해야 할 거예요. 그럼에도 진짜 하고 싶은 길이라는 판단이 든다면 뒤도 돌아보지 말아야죠. 우직하게 밀고 나가야죠. 힘들어도 행복한 직업인 건 틀림없으니까요."

행복한 직업이라는 것. 이 표현에 이르러 궁금해졌다. 행복만큼 모호한, 손에 잡히지 않는 신기루도 없지 않은가. 이어지는 그의 부연은 이러했다.

"슬픔이든 기쁨이든, 내면의 다양한 감정을 끄집어낼 수 있다는 것. 그 날것의 결들을 육체 바깥으로 분출해낸다는 것. 이것만큼 시원시원한 느낌은 없을 거"라고, 그것이 "배우로서 행복"이라고. 그러면서 덧붙이는 거였다. "언젠간 국민배우가 되겠습니다."

사실, 모를 일이다. 그날이 언제 올지는. 그러나 한 가지만큼은 분명히 알겠다. 그 순간까지 그는 추호도 포기하지 않으리란 사실을. 그렇게 마지막 질문에 이른 것이다. "어떤 배우로 나아가실 건가요." 답변은 간결했다. 그리고 깊었다. "솔직한 배우요. 그래야만 타인의 마음을 움직일 수 있거든요. 그리고 좋은 인간이요. 좋은 인간일 때라야 좋은 연기를 할 수 있으니까요."

그렇게 말하는 그 순간, 이성욱의 눈동자는 맑게 빛나는 듯했다. 구김 없는 내면을 지닌 한 남자의 진실함이, 바로 그 순간 반짝이고 있었다.

photo 어플스튜디오 제공

박수영

옆집 아저씨
같은 배우로
기억됐으면

어디서 본 듯한 소탈한 아저씨

한눈에 봐도 배우 같지 않았다. 영화로 보아왔던 예의 그 소탈한 분위기가 첫 만남부터 느껴졌다. 동네 마켓이나 골목길을 거닐 때면 가끔씩 마주치는 이웃집 아저씨 같았달까. 왜인지 먼저 다가가 "안녕하세요" 하고 밝게 인사하고 싶은 사람, 그러면서 "잘 지내시죠?" 하고 한 번쯤 안부도 물어야 할 것 같은 그런 사람. 박수영이 꼭 그랬다.

이래봬도 30년차 베테랑이다. 하지만 애석하게도, 대중이 기억하는 그의 이미지는 그리 많진 않다.

이한 감독의 〈완득이〉(2011)에서 완득이(유아인) 아빠 완득 부로 그나마 유명세를 탔다. 허진호 감독의 〈덕혜옹주〉(2016)에서는 영친왕으로 분해 존재감을 조금 알렸고, 블랙코미디물 〈7호실〉(2017)에선 DVD방 관리인을 연기했다. 인질극 〈협상〉(2018)서는 국정원 최 과장으로 반짝 출연했다. 안방극장으로는 SBS 드라마 〈내일이 오면〉(2011)에서 분한 서른셋 장남 이규남이 잔잔한 인기를 모았다.

★대부분 일상의 소시민을 많이 연기했어요.

그렇죠, 흔히 우리 주변에서 살아가고 있는 현실적이고 일상적인 인물들. 그런 사람들 위주로 맡아온 것 같아요. 〈덕혜옹주〉에서 난생 처음 왕을 연기해봤지만요(웃음).

★그래서 처음 봬도 친근한가 봐요.

하하, 그런가요. 그렇게 봐주시면 감사하죠.

★평소에 어떤 마음가짐으로 연기하세요?

크게 생각해보진 않았는데……. 그냥 저는 이 세상에 있는 배우 중 한 명일뿐이에요. 현실에 있는 한 사람 배우요. 연기 방식이 배우마다 제각각이잖아요. 어떤 배우는 정말 연기력이 뛰어나고 에너지와 카리스마가 철철 넘치죠. 저는 그냥 평범하게, 카리스마 같은 거 없이 연기하는 배우 같아요.

★그런 만큼 그리 주목 받진 못하시는데.

오히려 좋은걸요? 알아보시는 분이 그다지 많진 않으니 혼자서 여행 다니기가 편하죠. 간혹 알아보시기는 한데 그렇게 자주는 아

니고요. 가끔씩 식당에서 주인 아주머니가 저를 알아봐 주시면 서비스
는 많이 주시더라고요(웃음). 스포트라이트를 많이 받는 스타 배우 분
들이라면 저처럼 생활하긴 아무래도 어렵겠죠.

혹독했던 가난, 배 타며 일하다

박수영은 1970년 서울에서 태어났다. 고교 시절 가장인 아버지가 돌아
가시고 홀어머니 밑에서 컸다. 혹독한 가난은 모자에게 감당하기 힘든
멍에였다. 고교 졸업 후 대학을 가지 못했던 건 그래서다. 돈부터 벌어
야 했다. 부산에 있는 이모부에게서 연락을 받은 것은 그즈음. 선박 관
리 회사를 운영 중인 그가 조카를 불러들였다. "내려온나. 여서 기술
배우면 니 평생 먹고사는 데 걱정은 없을 끼다."

★그때 바로 내려가신 거예요?

네, 서울에서 바로요. 두 분은 진짜 제 평생의 은인이세요. 숙
식뿐 아니라 친아들처럼 뒷바라지를 계속 해주셨으니까요.

★서울 토박이가 부산에서 적응하자니 쉽진 않았겠어요.

아무렴요. 나이 열아홉, 스물에 배 타는 일이 어디 쉬웠겠어요.
배 타는 분들이 꽤 드세거든요(웃음). 부산이 연고지도 아니잖아요. 서
울에서 온 새파란 놈이 배에서 같이 부대끼며 지낸다고 상상해봐요.
정서적으로 피폐해지지. 무엇보다 외로웠어요. 친구가 절실했죠.

★극단 문을 두드리신 것도 그때부터였군요.

맞아요, 이모 댁에서 출퇴근하는 길 가운데 연극인들이 있는 거리가 보였어요. 거기에 조그만 극장이 하나 자리 잡고 있었죠. 지금은 광안리로 위치만 옮겼지만요. 아무래도 연극 하는 곳이니 제 또래가 있을 것 같았어요. 퇴근하면 같이 어울릴 친구들을 여기서 만들어 볼 수 있겠구나 싶었던 거죠.

연극과의 인연은 그렇게 닿았다. 이모 댁이 있는 초량과 이모부 회사가 있는 영도 사이를 매일같이 오가다 보면 작은 간판 하나가 눈에 띄었다. 가마골 소극장이었다. 하루도 거르지 않고 퇴근 후에 이곳을 찾았다. 극장에 들어서면 전신을 짓누르던 피로가 씻은 듯이 사라졌다. 무겁던 발걸음도 한결 가벼워졌다. 극단 1~2년 선배인 오달수도 그때 처음 만났다. 햇수로 치면 28년 지기. 처음에는 달수 형과 매일 술 먹는 재미로 지냈다고 한다.

★배 타는 일보다 훨씬 좋았나 봐요?

아마도 1989~1990년이었을 거예요. 창작극과 실험극이 활발히 올려지던 시기였죠. 희한하게도 극단 분위기만큼은 어색하지가 않았어요. 정말 재미있었어요. 학창 시절 워낙 수줍음이 많아 말 한 마디 제대로 못 꺼내며 지냈거든요. 조금만 쑥스러워도 얼굴이 불그스레해지니까. 지금도 동창들은 그래요. '네가 이런 일을 할 줄은 꿈에도 몰랐다'고. 제일 좋았던 것이 달수 형이랑 매일 술 먹는 거였어요. 극단 퇴근하면 기다려서 매일 소주, 막걸리 마시고 놀았지요. 여기저기 쏘

다녔어요. 영도다리 아래 포장마차에서도 마시고, 태종대에서도 마시고(웃음).

★그러다 연극에 올인하신 거고요?

배를 한 일 년 탔을 때였나요. 고민이 많아졌어요. 이 일을 계속 해야 하나……. 그러다 남자 배우 한 명이 위출혈로 공연을 못 하게 되는 일이 있었어요. 공연은 계속 해야 하고 남은 배우는 그 당시 저 하나뿐이고. 본의 아니게 남은 기간만 '땜빵'을 하게 된 거였는데, 이 일로 회사도 관두게 됐어요.

이모부의 격려, 연극에 투신하다

★이모부가 뭐라 안 하셨어요?

전혀요. 그때 극구 반대라도 하셨으면 아마 못 했을걸요? 제가 연기에 대해 대단한 사명감을 갖고 있었던 게 아니었으니까요. 자상하시면서도 엄하신 분이셔요. 허황된 꿈 말고 착실히 공부하라는 주의였어요. 그런데 연극 하겠다고 말씀드리니 반대하시지는 않는 거예요. '너 군대 안 갔으니 가기 전까지 하고 싶은 거 다 해봐' 하신 거예요. 깜짝 놀랐죠.

★그렇게 지지해주신 계기가 있다면요?

집에서 극장이 가깝잖아요. 이모와 이모부가 처음 제 공연을 보러 오신 적이 있어요. 〈오구〉라는 작품을 올리던 때였어요. 달수 형이 문상객 역할을 하고 저는 저승사자 막내 역할을 했죠. 그날 이모 부부께서 함께 보시더니 '넌 그냥 이거 해야겠다' 하시는 거예요. 그래서 맘 편히 연극할 수 있었죠.

★날 때부터 배우의 피가 흐르셨던 건 아니신지(웃음). 달수 선배와의 에피소드도 많았겠어요.

하하, 웃긴 기억 참 많죠. 당시엔 포스터 붙이는 걸 '풀팅'이라 그랬어요. 2인 1조로 벽에 붙이러 가는 거죠. 풀이랑 풀통, 풀빗, 포스터 나눠 들고요. 남포동에서 그때 데모가 한창이었어요. 어느 날 풀팅 하고 있는데 시위대랑 경찰이 왔다 갔다 하는 거예요. 저희는 일해야 하니까 벽에 포스터 붙이고 있었고요. 그런데 경찰들이 저희가 뭘 붙이고 있으니 대자보 작업하는 걸로 오해했나 봐요. 경찰 여섯 명이 무섭게 저 멀리서 다가왔어요. 불안해서 달수 형을 쓱 쳐다봤죠. 그때 형이 곁눈질하면서 속삭이듯 그러는 거예요. '보지 마라, 보지 마라.' 그러다 불안해져서 한 번 쓱 뒤를 봤어요. 근데 돌아서니 형이 없더군요. 풀통, 풀빗 다 던지고 먼저 내뺀 거였어요(웃음).

★하하, 먼저 내뺐다고요?

그렇죠, 결국엔 저도 냅다 도망쳤고요. 골목골목 누비다 공중전화로 극장에 전화했어요. 선배 누나가 받길래 '누나, 여기 포스터 붙이다 달수 형이랑 헤어졌는데 형 연락처 없어?' 하고 물었죠. 그러니까 이러는 거예요. '달수 벌써 들어왔다. 라면 먹는다, 근데 니 어디고?'

그때 얼마나 황당하던지(웃음). 나중에 형이 이러더라고요. '야이, 새끼야, 경찰이 오면 도망가야지.'

지친 육신, 분식집 차렸지만 다시 연기로

호시절이었다. 그렇다고 마냥 즐겁기만 했던 건 아니다. 강원도 홍천에서 군복무를 마치고 돌아왔건만 도무지 극단 일은 미래가 보이지 않았다. 생계 문제가 언제고 그의 목을 옥죄었다. 1995년, 그러니까 25세 무렵. 한 차례 커다란 회의가 밀려왔다. '이 일을 그만둬야 하나⋯⋯.' 당시는 극단이 서울로 저변을 한창 넓혀가고 있던 시기였다. 그래서 일단 서울과 부산을 오가며 연극 일을 한동안 이어갔다. 〈곡마단〉이라는 작품도 그즈음 올렸다. 하지만 시일이 흐를수록 일은 힘에 부쳤고, 심신은 불안과 걱정으로 휩싸였다. 그러다 일 년 후, 결국 연극을 그만둔다. 스물여덟 살이 되어 서울 신당동 중앙시장에 작은 분식집을 하나 차린다.

★분식집을 운영했다고요?

　　　어머니께서 연극으로는 돈 한 푼 못 버는데 먹고는 살아야 하지 않겠냐는 거였어요. 맞는 말씀이셨죠. 그런데 분식집이라는 것도 아무나 하는 게 아니데요. 주방에서 음식 해주시는 할머니 한 분만 계셨어요. 홀이라고 할 것도 없는 정말 조그만 구멍가게였죠. 배달, 서빙 일 전부 제가 도맡아 했는데, 이거 원, 도무지 안 되겠더라고요. 3월 1일에 개업해서 3월 31일에 문 닫았어요(웃음).

★어머니께서 걱정 많으셨겠어요.

희한한 게요, 어머니가 절에 다니셨어요. 그 절에 보살님이 한 분 계셨는데 시주를 하러 다니시다 저희 가게에 오신 적이 있어요. 어머니가 반가우셔서 식사를 대접해드렸죠. 그런데 그분이 이런 말씀을 하시는 거예요. '아드님이 뭐 하는 사람인지는 모르겠는데 저 사람 하고 싶은 대로 하는 게 좋을 것 같다.' 그 얘기를 가만히 들으시던 어머니가 그날 밤 '그만둘래?' 하고 물으시대요.

★그래서 다시 극단에 들어간 거군요.

그렇죠, 거기서 숙식을 다 해결했어요. 돈이 필요하니 이십 대 중반부터 서른 살 넘어서까지 두 탕 세 탕씩 아르바이트를 뛰었죠. 제일 오래한 게 주유소 일이었어요. 밤 열한 시부터 이튿날 아침 여덟 시까지 했어요. 자고 일어나면 연습하고 공연하고, 다시 주유소 가서 일하기를 반복했죠. 스물아홉에서 서른 살로 넘어가는 시점이 고비였어요. 주위 연극 선배들은 나이 쉰, 예순이 되어도 생계가 계속 어려운 걸 자주 봤어요. 나도 저렇게 되지 말란 법이 없었죠. 정말 두려웠어요. 노숙자가 될 것 같고, 앞날이 기약된 것도 없으니 극단적인 생각이 들고…….

★그러다 터닝포인트가 된 게 있었나요?

정말 힘들었지만……. 일단 재미있잖아요. 그걸 포기를 못 하겠어요. 관객들이 공연 재미있게 봐주면 그게 가장 큰 행복이에요. 성취감이 생기니 비관적인 생각도 물러나고. 그러다 2002년 일본에서 한일 합작 연극 교류가 있었어요. 그때 일본의 한 연출가가 한국에서 저를 캐스팅했어요. 일본 갔던 건 그때가 처음이에요. 두 달가량 연습하고 〈출격〉이라는 작품을 올렸죠. 제2차 세계대전을 빗대서 강 하나를 사이에 두고 윗동네 아랫동네 사람 사이에 벌어지는 이야기예요. 당시 경험이 커다란 전환점이 됐어요. 우물 안 개구리가 좀 더 넓은 세상을 보니 느끼는 바도 많고 자신감도 얻고. 그 뒤로 대학로에서 작품을 더 많이 하게 됐죠. 잡생각 안 하고 일에 전념하면서(웃음).

그렇게 십여 년 연극인으로 살았다. 무대에 올린 것만 어림잡아 40~50편. 기회만 생기면 영화 출연도 마다하지 않았다. 대부분 단역이었다. 〈박하사탕〉(2000)의 공장 직원, 〈싱글즈〉(2003)의 지하철 승객, 〈말죽거리 잔혹사〉(2004)의 정치경제 교사, 〈타짜〉(2006)의 고니 삼촌, 〈궁녀〉(2007)의 서고 관료, 〈영화는 영화다〉(2008)의 이 실장……. 그러다 2000년대 후반 들어 조연 자리가 주어졌고, 2011년 〈완득이〉에 캐스팅된다. 가난한 판자촌 동네에 사는 완득이 아버지 완득 부 역이었다. 쇠락한 장터로 나가 광대 공연을 벌이며 사는 그는 이 시대 가난한 소시민의 표상이었다.

★〈완득이〉 출연은 오디션을 본 건가요?

제작사 대표가 부산에서 같이 연극 하던 극단 후배였어요. 그 친구한테서 전화가 왔죠. 〈완득이〉라는 영화를 하는데 형님이 같이 하섰으면 좋겠다고요. 그런데 제가 일본에서 하는 공연이 당시에 있었어요. 욕심은 있지만 못 할 것 같다고 했죠. 그런데 시간이 지나서도 이 영화가 촬영이 안 되고 있다는 거였어요. 완득 부라는 아버지에 걸맞은 배우를 찾지 못했다는 거예요. 그러다 어느 날 그 친구가 일본에 있는 저한테 국제전화를 걸어오대요. 출연해달라고요. 절박해 보였어요. 다행히 극단 쪽에서도 배려해줬던지라 병행할 수가 있었지요.

★그 뒤로 경제 사정은 좀 나아졌어요?

그동안 주변에 진 빚을 다 갚았어요. 연극배우가 아시다시피 개런티가 적잖아요. 집세도 빌리고 주변에서 빌린 돈도 있고 하니 그게 좀 쌓인 게 있었어요. 그리 큰 금액은 아니었지만 완득 부 덕분에 다 청산한 거죠. 여기저기 고마운 분들한테 술도 많이 사드렸고요. 이 영화 끝나고 SBS 드라마 〈내일이 오면〉을 바로 찍었어요. 하석진 씨가 주인공인데, 임현식 선생님 장남 역으로 출연했어요. 아무래도 드라마가 더 파장이 크더군요. 주변에서 더 많이 알아봐 주시고. 그 뒤로 드라마도 한 열댓 편 찍은 것 같아요(웃음).

★〈덕혜옹주〉(2016) 얘기를 안 할 수가 없겠어요. 영친왕 캐릭터가 비록 주인공은 아니었지만 인상 깊은 조연이었어요. 일제강점기라는 당시 시대상이 잘 묻어난 캐릭터예요. 무력하고, 체념적이고 기운 없고 어디엔가 비애감이 서려 있고요. 극 중에 독립군들 도움으로 조국에 돌아갈 기회가 생기지만 이내 좌절하게 되는 야외 신이 있죠. 참 슬프고 가슴 아프더군요.

저도 가장 애착 가는 신이에요. 저와 허진호 감독님이 심적으로 가장 힘들어했던 대목이기도 하고요. 허 감독님이 2010년 즈음 연출하신 연극에 제가 한 번 출연한 적이 있었어요. 그때 감독님과 인연이 닿았죠. 개인적으로 열성 팬이었는데, 〈덕혜옹주〉를 어렵게 찍게 됐다고 말씀하시길래 저도 하고 싶다고 했어요. 막걸리 한잔하면서요 (웃음). 그때 허 감독님이 영친왕 사진이 저랑 닮은 것 같다며 씩 웃으시더군요.

★블랙코미디 영화 〈7호실〉에서는 비디오방 관리인을 연기하셨죠.

명필름이 제작한 작품이었어요. 심재명 명필름 대표님은 제가 참 존경하는 제작자세요. 그 전에 〈건축학 개론〉(2012) 〈카트〉(2014) 때에도 제게 시나리오를 보내주셔서 짧게 출연한 적이 있었어요. 이번에도 관리인 부분을 한번 읽어봐 달라고 하시더군요. 흔치 않은 블랙코미디물이라는 게 참 매력적이었어요(망해가는 서울의 DVD 사장 두식(신하균)과 학자금 빚에 허덕이는 아르바이트생 태정(도경수)이 주인공이다. DVD방을 매수하겠다는 사람이 나타났을 즈음 예기치 못한 사고로 누군가가 죽고, 시체를 '7호실'이란 곳에 숨기면서 벌어지는 해프닝을 그린다). 요즘 시대와 관련한 사회적 메시지도 잘 담긴 점도 매력적이었고요.

직업 배우로 자리를 잡자 살림살이는 한결 나아졌다. 지독했던 가난은 어느새 물러났고, 세상도 예전보다 그를 반긴다. 하지만 지금껏 해결되지 않은 것이 하나 있다. 외로움이다. 미혼이기에 예나 지금이나 그는 혼자 산다. 미아동 수유리에 있는 오래된 연립주택 하나 보유하고선 작은 아파트에서 월세를 주고 지낸다. 혼자인 삶이 익숙하지만 결혼에 대한 바람만큼은 아직 포기하진 않았다. 얼마 전에도 선을 한 번

봤다고 했다. 그리 말하는 그가 왜인지 쓸쓸해 보였다.

★잘 안 됐군요.

　　전라도 광주에 사는 분이셨어요. 학생들 가르치는 선생님이셨는데, 좋았죠. 서로가 괜찮은 것 같아 몇 번 밥 먹고 연락도 주고받았는데, 아, 이거 도통 만나기가 어려우니……. 거리가 멀잖아요. 처음엔 어떻게든 시간을 내서 내려가고 그랬는데 점점 어려워지더군요. 스케줄이라도 잡혀서 촬영장에 가야 하면 내려 가려다가도 다시 올라가야 하고.

★동종 업계에서 찾아보는 건 어떨까요?

　　그래야 할까요(웃음)?

★이제 거의 다 왔어요. 궁금한 게 하나 있는데, 긴 세월 연기하시면서 주연 배우가 되고 싶다는 욕심은 없으셨는지요? 주연이 아니더라도 좀 더 비중 있는 배역이었으면 좋겠다거나…….

　　전혀요. 지금 상황만으로도 굉장히 감사한걸요. 운 좋게 이 정도까지 온 것만으로도요. 어떤 작품이든 불러주시기만 하면 저는 좋아요. 시나리오만 괜찮다면 전부 오케이예요. 그리고 보니 문득 떠오르는데, 〈두 번의 결혼식과 한 번의 장례식〉(2012)이라는 작품도 참 좋았어요. 동성애자 이야기인데 인간에 대한 탐구도, 사회적인 메시지도 마음에 들었고요. 〈덕혜옹주〉〈카트〉 같은 작품도 그런 부분이 매력적이었던 것 같고…….

★이번엔 조금 어려운 질문인데요. 배우님에게 조연배우란 과연 어떤 의미인가요?

하하, 크게 생각해본 적은 없는데……. 음, 세상에 참 많은 사람이 있잖아요. 어느 집에 가면 집주인도 있고 손님도 있고, 밖에 나가면 동네 사람들도 있을 테고. 그냥 그런 사람 아니겠어요. 우리 주변에 흔히 있는 일상적 인물들, 현실 속 인물들 말예요. 저에게 조연배우란 그런 게 아닐까 해요(웃음).

마지막 질문은 이것이었다. "어떤 배우로 기억되고 싶으신가요." 소탈한 이미지답게 그의 답변은 꾸밈없었다. 그리고 겸손했다. 지나가다 누군가 '어, 그때 어디에 나온 누구 아니세요?'라고 물어봐 주는 정도면 만족한다. 그저 "지금처럼 늘, 평범하게, 편안한 사람으로 기억되면 좋겠다"면서.

부각되진 않아도 왜인지 친근해지는 배우, 검박한 생의 가치관과 사는 방식을 일치시키는 배우. 박수영은 내게 그런 사람이었다.

PART 2

배우로 살기로 했다

★

허성태, 김영선, 남연우, 이주영, 남명렬, 이봉련

허성태

고 연봉 직장
때려치우고
연기에 투신

결혼 6개월차 회사원, 오디션 도전하다

"인생은 B와 D사이의 C다." 장 폴 사르트르가 남긴 말이다. 우리네 삶이란 'Birth'(출생)와 동시에 'Death'(죽음)를 수반하며, 매 순간 'Choice'(선택)의 기로에 놓인다는 의미다. 여기 한 가지를 더 보태면 그 하나하나의 '선택'들이 모여 개별적 삶의 양태가 'Change'(변화)한다는 뜻이기도 하다. 혹자는 그 '변화'가 너무 커 이전의 삶과는 180도 달라지기도 하는데, 배우 허성태가 바로 그런 경우다.

부산 출신인 이 1977년생 배우는 이름만으로는 아직 대중에게 낯설다. 하지만 그가 연기한 캐릭터들을 복기하노라면 어느 순간 '아하' 하게 된다. 이를 테면 영화 〈밀정〉(감독 김지운)의 초중반부. 조선인 출신 일본 경찰 정출(송강호)에게 '쩍' 소리 나게 뺨 맞던 친일 정보원이 바로 그다. 비록 찰나의 순간이었지만 허성태의 얼굴을 세상에 알린 대표적 장면이다.

그의 존재감은 〈남한산성〉(감독 황동혁)에서 더욱 빛났다. 서늘한 눈빛과 함께 청나라군을 지휘하던 용골대. 조선 충신 최명길(이병헌)의 아우라에 밀리지 않던 이 장수 또한 허성태였다. 특유의 내리까는 중저음으로 이 같은 만주어를 선보였다. "구아라카쿠, 시자 하쿠 모지라, 자이지키루 하킬라, 우티칸즌미(오랜만이다, 얼굴이 많이 상했구나)."

어디 이뿐일까. 영화 〈범죄도시〉(감독 강윤성)의 초중반부. 장첸(윤계상)에게 이글대는 눈빛으로 맞서다 황천길로 가버리는 조선족 깡패 독사도 그다. 코믹 영화 〈부라더〉(감독 장유정)의 스님 형배, 범죄물 〈꾼〉(감독 장창원)에서 희대의 사기꾼 장두칠도 허성태였다. 그가 한때 고 연봉 엘리트 회사원이었음을 상기한다면, 앞선 사르트르의 문장만큼이나 적절한 표현도 없겠다는 생각이다.

그러니까 때는 2011년 어느 늦은 밤. 회식 후 귀가한 그는 아내와 도란도란 TV를 보고 있었다. 그러다 화면 하단으로 흘러가는 문구 하나가 문득 눈에 띄었다. 'SBS 기적의 오디션에 도전할 인재들을 찾습니다.' 신인 배우 발굴 취지의 오디션 프로그램이었다. 취기도 조금 남았겠다 허성태는 순간 도전 욕구가 인다. "여보, 나 저거 한번 해봐도 될까?" 아내는 의외로 쿨했다. "재밌겠네, 한번 해봐요."

그렇게 된 것이다. 이제 막 과장 진급을 앞두고 있던 결혼 6개월차 회사원 허성태는 난생 처음 배우 오디션에 뛰어들었다. 그때 나이 서른다섯이었다.

★충동적이었던 거네요?

　　　우연찮게 해본 거죠. 반 장난 삼아. 아니 근데, 거기 계신 심사위원 분들 전부 저더러 소질이 있다는 거예요. 어릴 때부터 배우에 대한 막연한 동경은 있었지만 재능이 있다고 해주시니……. 한 번도 시도해본 적 없었거든요. 그 격려 덕분에 '지금 이 순간이 아니면 평생 못 해볼 것 같다는, 후회할 것 같다'는 생각이 강하게 들었어요. 근데 이 정도로 인생이 바뀌게 될 줄은……(웃음).

★그래도 무의식중에 그런 꿈이 있었나 봐요.

　　　특별한 계기는 없었던 것 같은데……. 다만 중·고교 시절 힘들 때마다 영화가 정말 많은 위로가 됐어요. 그때 느낀 카타르시스나 숱한 감정들이 제 내면 깊은 곳에 자리했는지도 모르죠. '배우라는 직업이 이렇게 멋있구나'라는 생각은 아마 그때부터 하고 있었던 것 같아요.

〈올드보이〉 오대수로 입증한 가능성

딴에는 "반 장난 삼아" "충동적이었다" 해도, 그가 배우라는 꿈이 없었던 건 아니었던 듯싶다. 비록 의식하지는 못했을지라도 말이다. 2011

년 6월 24일 첫 방영한 〈기적의 오디션〉 1화를 보면 그런 생각이 든다. 멀쑥한 먹빛 정장 차림의, 회사원 티가 역력한 그는 심사위원단(배우 이범수, 김갑수, 이미숙, 이재용, 영화감독 곽경택 등) 앞에 선 채로 거의 울먹이듯 말한다.

"제가 왜 이렇게 해야 하냐면, 제 아내 때문입니다. 아내가 이런 얘기를 했습니다. 당신 이거 안 하면 내 남편 아니다. 이때까지 살아오면서 맨날 남 눈치 보고, 돈 뭐 현실 뭐 대출이자 그런 거 생각하지 마라. 나 직장 있다. 내 5년 만에 벌 거 당신 10년 만에 벌면 되지 않느냐. 그렇게 적극 밀어줘서 제가 생각을 고쳐먹었습니다."

카메라에 담긴 그의 얼굴은 잔뜩 상기된 채였다. 두 눈은 시뻘겋게 충혈돼 있었고, 목소리는 거의 울먹거릴 지경. 감정을 미처 추스를 새 없이 준비해온 연기를 꺼내야 했다. 당시 그가 선보인 건 〈올드보이〉(2003)의 그 유명한 후반부 신이었다. 참혹한 진실을 깨달은 21세기 오이디푸스 오대수(최민식)가 제 딸을 볼모로 협박하는 우진(유지태)에게 지난 과오를 속죄하며 애원한다. 귀기(鬼氣)가 느껴지는 최고난도 연기가 펼쳐졌다.

"제발, 제발 미도에게만은 이 사실을 알리지 마라……. 걔가 무슨 죄가 있냐……. 다 내가 잘못한 거잖아……. 그러니까 그러니까 우리 미도만은 그냥 놔둬 좀 에! 흐……, 만약에 니가 미도 귀에 내가 아버지라는 사실을 알게 하면…… 너 우진이 너 이 지구상 어디서도 니 시체를 발견할 수 없을 거야! 왜? 내가 잘근잘근 씹어 먹을 테니까……. (중략)…… 야……, 우진아, 내가 잘못했어, 내가 이 말 다 취소할게……. 우진아, 나 니가 나보고 니 똥 개가 되라면은 내가 똥개가 된다! 왈왈! 꼬리 살랑살랑……. 어때? 우진아, 우진아."

이 순간 그는 아예 오대수와 혼연일체가 된다. 연기 경력이 전무했다 는 사실이 잘 믿어지지 않는다. 앞선 참가자들에겐 부재하던 폭발적 기운이 세트장 전체를 장악했다. 심사위원마다 절찬을 쏟아냈다. "그 거 진짜로 민 거 아니죠?(마지막에 허성태는 가위 대신 때밀이로 제 혀를 자르는 시늉을 해 보였다) 아무튼 굉장히 잘 봤습니다."(곽경택) "기교가 섞이지 않은 연기 잘 봤습니다."(이미숙) 허성태를 가장 유심히 본 듯 한 배우 이재용은 이같이 말했다. "예민함 같은 게 단순한 개인기 차 원을 넘어선 것 같아요. 느낌, 열정 이런 것들이 너무 보기 좋습니다. ……(중략)…… 의지가 굳건하다면 끝까지 응원해드리고 싶은 마음입 니다."

★어떻게 연습한 건가요. 연기해본 적 없었다면서요.

　　　그냥, 영화에서 본 대로 따라 한 거죠. 그저 계속 반복, 또 반복 했어요. 이 주 동안 정말이지 미치도록요.

★연습도 연습이지만 잠재된 끼가 대단했어요. 당시 심사위원단 반응을 듣고 어 떤 기분이던가요?

　　　준비해온 걸 모두 마치고 나니 다들 신기하게 쳐다보고 계시더군요. 알고 보니 합격이었던 거예요. 멍한 상태이면서도 대단히 감격스러웠죠. 아, 내가 연기 재능이 있긴 한가 보다 하고 생각하게 된 첫 순간이었고요(웃음).

★이후 과정은 어떠했나요.

　　프로그램이 방영하던 6개월간 내내 합숙생활을 했어요. 이범수 선생님이 살신성인으로 열심히 가르쳐주셨고요. 프로그램이 끝나고 나서는 저를 2년간 거의 무료로 도와주신 분이 한 분 계세요. 지금도 오디션 있을 적이면 그분께 찾아가 함께 연습하고 차기작이 생길 때마다 같이 대본 보며 연습하고 있어요.

〈기적의 오디션〉은 총 17화였다. 허성태는 파이널 라운드를 남겨두고 16화에서 탈락하고 만다. 그의 마지막 소감은 이러했다. "매 스테이지마다 연기하고 나서 후회한 적은 단 한 번도 없었고, 오늘은 더더욱 없습니다. 저는 지금 행복합니다. ……(중략)…… 저보다 더 가능성 있는 젊은 친구들한테 기회가 주어지게 돼 너무너무 행복합니다!"

전자회사 판매왕에서 조선소 엘리트 사원까지

이쯤에서 시점을 더 과거로 돌려보자. 때는 2000년대 초반. 새 출발을 하기 전, 그는 과연 어떤 사람이었을까. 남부러울 게 없는 엘리트 회사원이었다. 부산대 노어노문학과를 나온 이 러시아어 능통자는 이십 대

지금도 자주 연락하고 있어요. 종종 만나기도 하고요. 다들 신기해해요. 그러면서 대단하다 그러는데, 사실 저는 이들이 얼마나 열심히, 그리고 투철하게 사는지 알기에 '정말 대단한 건 당신들'이라고 얘기해줘요. 다만 제가 이들에게 작은 기쁨과 대리만족을 주기는 하나 봐요. 감사한 일이죠. 그리고 정말이지, 이 모든 건 아내 덕분이에요. 아내의 지지와 격려가 없었다면 이 모두 불가능했을 삶이니까요.

중반, 국내 굴지의 전자회사 마케팅팀에 들어갔다. 첫 직장이었다. 신입사원임에도 불구하고 사업 수완이 유독 남달랐다. 러시아 주요 호텔들을 누비며 LCD TV를 대거 팔았고, 금세 '판매왕'이라는 별명을 얻는다. 이후엔 거제도에 있는 조선소로 이직해 기획조정실에서 일했다. "당시 연봉 6,000만 원이 넘었다"고 한다.

★배우라는 직업과는 대척점에 서 있었던 셈이네요.

언뜻 보기에는 그렇죠. 그런데 지금 드는 생각이지만, 이 연관 없어 뵈는 경험들이 연기하는 데 적잖은 도움이 돼준 것 같아요. 직장 윗분들이나 동료들과의 관계랄까요. 사회생활 하면서 나누는 이런저런 대화들부터 업무 과정에서 겪는 여하한 일들까지 모두 저만의 고유한 경험이잖아요. 돌이켜보면 이 모든 게 커다란 자양분이 됐어요. 러시아어를 전공한 것도 마찬가지죠. 외국어를 잘한다는 건 그 나라 정서와 문화적 특성을 깊이 체득하고 있을 때라야 가능한 거거든요. 연기도 비슷해요. 대사에 특정 정서를 얹어 감정을 전해야 하니까요. 아, 그러고 보니까 저, LCD 팔던 시절 『매일경제』에 기사 쓴 적이 몇 번 있어요.

★기사를요?

1998~1999년도인가 2000년도 초반 즈음일 거예요. 해외 마케팅 업무차 블라디보스토크를 자주 갔어요. 당시 『매일경제』와 저희 회사가 '청년무역인 해외리포트' 같은 걸 했거든요. 해외 각지에 파견 나간 청년 사원들이 현지에서 리포트를 써서 보내는 거였어요. 여섯 번 정도 썼는데 다섯 번이 지면에 실렸죠.

★돌아가면 한번 찾아봐야겠네요. 찾으면 보내드릴게요.

　　　아뇨, 이미 집에 다 보관하고 있어서. 당시 상도 받았어요. 리포트 제일 잘 쓴 사람 대상으로요. 본사에서 열린 수상식에도 참석했고요. 아버지가 그때 받은 상을 지금도 스크랩해서 간직 중이세요(웃음).

확인해보니 정말이었다. 허성태를 만나고 며칠 뒤 인터뷰 원고를 노트북에 정리하던 차, 블라디보스토크와 관련한 십여 년 전 기사들을 검색하다 이런 제목을 발견했다. '국산 중고 자동차 러 수출 전망 밝다'. 작성자 이름이 허성태 본인이었다. 원고지 3매 분량의 깔끔한 무역 리포트였는데, 그가 말한 기사 중 세 개가 2002~2003년도에 쓰인 것이었다(네이버 포털 사이트 검색란 등에서 '[나라밖 경제정보] 허성태'를 검색하면 확인 가능하다).

★전자회사 러시아 해외 영업팀에서 조선소 기획조정실까지 십여 년을 일하셨어요. 그러다 오디션을 계기로 배우라는 길에 뛰어들었죠. 이후 무명 시절은 어떻게 헤쳐나갔나요?

　　　기회가 있으면 뭐든지 다 하러 다녔어요. 단편영화이든 독립영화이든 참여만 할 수 있다면 어디든지 뛰어갔죠.

아내를 향한 미안함, 그리고 고마움

★부산에서 서울로 올라간 뒤로 아무래도 생계에 대한 어려움이 없지 않으셨어

요. 무명이다 보니 다른 일도 겸해야 했을 듯도 싶고요.

그럼요, 안 힘들 수가 없었죠. 아주 조금 남은 퇴직금으로 원룸 하나 구해서 살았어요. 장기적으로 다른 일을 하긴 어려워 단기 아르바이트로 이것저것 했어요. 장난감 포장 아르바이트도 했고요. 기억나는 게 요즘 IPTV에서 몇 번을 틀어달라고 하면 자동으로 연결해주는 기계가 있잖아요. 이게 출시되기 전에 테스트하는 일이 있었는데요. 이 일을 아르바이트로 자주 했어요. 연기에 도움이 되겠다 싶었거든요. 발성과 발음을 테스트해볼 수 있었으니까요. 그러다 보니 아내 혼자 외벌이를 해야 하는 상황이 왔어요. 그럼에도 아내는 '돈은 내가 벌면 되니까 당신 하려는 일에 최선을 다하라'며 끝까지 격려해주었고요. 한동안 아내 도움을 참 많이 받았어요. 지금도 그런 아내를 생각하면 너무나 고맙고 미안하고 그래요.

★그러다 천만 영화 〈광해, 왕이 된 남자〉(2012)에 초단역으로 출연하셨지요.

그렇죠, 화면에 나온 시간은 단 1초예요. 4박 5일간 기다리고 연기했는데 15만 원 정도 받았던 것 같아요. 이병헌 선생님(그는 선배 배우를 '선생님'이라고 높여 불렀다)께서 연기하신 광해군 처남을 취조하고 인두로 지지고 주리 틀던 단역이었죠(웃음).

★배우님 얼굴이 제대로 알려진 건 〈밀정〉의 친일 정보원 때부터였던 것 같아요. 아주 실감나게 뺨을 맞으신지라 온라인상으로 회자가 좀 되었죠. 어떻게 캐스팅된 캐릭터인가요?

오디션을 본 거죠. 1차를 통과하고 2차 때 김지운 감독님과 함께 연기를 해보는 오디션을 치렀어요. 1시간 30분 정도 디렉션을 받고 연기했죠. 그때 뭘 어떻게 했는지 도무지 기억이 안 나네요. 2~3주 후 붙었다는 연락이 왔을 땐 어찌나 기쁘던지……. 말씀하신 뺨 맞는 장면은 제가 설득해서 넣은 장면이었어요. 송강호 선생님께 2박 3일 동안 제 생각을 말씀드리고 계속 설득을 했지요. 그걸 선생님이 김지운 감독님께 건의 드렸고 다행히 저의 제안대로 찍게 됐고요. 총 여덟 대 정도를 맞았던 것 같아요. 두 대는 진짜 아팠는데 나머지는 안 아팠어요. 안 아프게 소리 잘 나게 때려주셨거든요(웃음).

★〈밀정〉이후에도 〈남한산성〉〈범죄도시〉〈부라더〉〈꾼〉등에 이르기까지 쉴 틈 없이 신작들에 출연 중이세요. 그만큼 배우님을 찾는 곳이 많아지고 있다는 것이겠죠. 그런데 언급한 영화들의 공통점이라면 전부 삭발 상태였다는 것인데…….

전부 비슷한 시기에 찍었거든요. 가장 처음 캐스팅된 작품이 황동혁 감독님의 〈남한산성〉이었는데요, 이때 삭발을 처음 해봤어요. 그래서 다른 작품은 한동안 못 하겠구나, 하며 아쉬워하던 차였는데, 의외로 전부 삭발 배우가 필요하더군요. 〈꾼〉에선 가발을 쓰면 된다고 해서 다행이다 싶었고요. 다시 생각해도 감사할 따름이죠.

★지금껏 맡은 배역 중 가장 기억에 남는 게 있나요?

다 애착이 가지만……. 가장 노력을 많이 하고 공을 많이 기울인 캐릭터가 〈남한산성〉의 용골대였어요. 익숙한 언어로 감정과 정서를 전하는 게 아니라 일평생 들어보지 못한 만주어를 내뱉어야 했으니까요. 처음 접한 언어를 다 외워야 하고 감정을 엮어 연기해내야 하니 좀 어려웠어요. 도전이었죠.

★배우님을 보면 주변에서 요새 뭐라고 하나요?

아내는 물론이고, 어머니가 특히나 좋아하세요. 아들 자랑할 게 많아졌잖아요. 친척들도 드라마 〈마녀의 법정〉이나 영화 〈남한산성〉 〈범죄도시〉 〈부라더〉 〈꾼〉에서까지 '내가 알고 지내던 성태가 아닌 것 같다'고들 하세요. 이런 반응을 해주시면 정말로 행복하죠. 이길을 잘 선택했구나, 내가 지금까진 잘해오고 있구나 싶어서요.

★과거 직장 동료들은요?

지금도 자주 연락하고 있어요. 종종 만나기도 하고요. 다들 신기해해요. 그러면서 대단하다 그러는데, 사실 저는 이들이 얼마나 열심히, 그리고 투철히 사는지 알기에 '정말 대단한 건 당신들'이라고 얘기해줘요. 다만 제가 이들에게 작은 기쁨과 대리만족을 주는 하나봐요. 감사한 일이죠. 그리고 정말이지, 이 모든 건 아내 덕분이에요. 아내의 지지와 격려가 없었다면 이 모두 불가능했을 삶이니까요.

허성태는 자기 출연작이 개봉을 하면 아침마다 극장으로 간다고 했다. 본인 연기를 모니터링하기 위해서다. 그러다 서너 번째 찾아갔을 땐 관객들 반응을 유심히 살핀단다. 관객이 놀라거나 호응해주는 모습이 관찰이 돼야 "아, 내 몫은 잘 전했구나" 싶어 안도한다는 것이다.

그는 "허성태가 참 다양한 연기 색을 지닌 배우구나, 하고 느끼실 수 있게 노력하겠다"고 했다. "앞으로도 끊임없이 입증해 보여야겠죠. 늦은 나이에 데뷔했고 이제 막 마흔을 넘겼지만 제 한 몸 부서져라 연기할 각오는 충분히 돼 있습니다(웃음)."

★마지막 질문이에요, 배우님만의 궁극적인 목표는 뭔가요?

　　　죽기 전에 꼭 해보고 싶은 연기가 있어요. 영화 〈해바라기〉와 〈아저씨〉 혹시 보셨나요? 사랑하는 가족처럼 소중한 존재를 누군가가 해했을 때 분출하는 폭발적인 감정 같은 게 있어요. 김래원, 원빈 선배님이 보여준 그 엄청난 연기를 저도 언젠가는 꼭 대중에게 선보여 드리고 싶어요.

이 모든 건 불가능한 일도 아니리라. 열정 가득한 그의 이글대는 눈빛이 그리 말해주고 있었으므로.

김영선

영화는
나에게
자유였다

누구의 엄마이자 아내로

삶에서 슬픔을 대하는 방식엔 크게 두 가지가 있을 것이다. 먼저 슬픔의 감정에 무방비로 스스로를 내맡기는 것. 예컨대 이런 것이다. 자신의 목울대로 차오르는 울음을 저항 없이 토해낸다. 눈자위로 고여든 슬픔이 하나의 덩이를 이루어 그 무게를 가누지 못하게 됐을 때, 그냥 아래로 흐르도록 내버려둔다. 그렇게 온몸으로 운다.

두 번째는 반대다. 안간힘으로 저항한다. 이루 헤아리기 힘든 감정의 파고가 휘몰아쳐도 그 사태를 완강히 견딘다. 그러면서 속으로 운다. 말하자면 흐르는 눈물과 참는 눈물의 차이, 밖(外)으로 울고 안(內)으로 우는 것의 차이. 안팎의 차이만 있을 뿐, 울고 있다는 사실엔 변함이 없다.

145

배우가 슬픔을 표현하는 방식도 그럴 것이다. 어떤 배우는 있는 힘껏 바깥으로 울부짖을 것이다. 자신의 한량없는 슬픔을 존재의 외곽으로 폭발시킬 것이다. 반대로 어떤 배우는 온몸으로 견디며 그 사태에 맹렬히 저항할 것이다. 그렇게 더없는 슬픔의 상태를 존재의 내부에서 터뜨릴 것이다. 속으로 울고 있다는 사실은 최대한 감춘 채.

그리고 여기, 김영선이 있다. 그는 슬픔의 덩이를 분출함에 있어 양자 모두를 가로지른다. 그는 밖으로도 울고, 속으로도 운다. 한마디로 온 존재로 운다. 그렇게 흐르는 그의 눈물방울엔 신파 너머 무언가가 분명히 있다.

> "괜찮아⋯⋯. 엄마가 미안해⋯⋯. 엄마가 미안해⋯⋯. 아들⋯⋯ 사랑해⋯⋯."

영화 〈천사의 숨소리〉(2012)에서 죽어가는 천식 환자 영란(김영선)은 연기 지망생 아들 재민(한지원)에게 쉰 소리로 말한다. 미안할 게 없음에도 거듭 미안하다 말한다. 정작 미안한 건 철없는 아들임에도 미안하다고, 또 미안하다고 말한다. 피골이 상접한 몰골로 새하얀 안면 가득 식은땀이 범벅인 채로, 그렇게 죽어서까지 미안해한다. 뭐가 그리 미안한 것인가. 더 오래 더 많이 사랑해주지 못한 미안함이다.

이런 지적이 나올 수 있다. 이 모두 과도한 모성의 신화에 기대고 있는 건 아니냐고. 흔하디흔한 예의 그 신파적 장면 중 하나가 아니겠느냐고. 그럴 수 있다. 하지만 그럼에도 저 장면에 이른 당신의 목이 별안간 메지 않기란 힘든 일이다. 생의 종착역에서까지 천사의 숨소리로 전하는 어머니의 저 간절한 사랑 고백은, 가슴을 후려치는 절절함이 분명히 있다.

김영선이 출연한 장면들이 대체로 그랬다. 영화와 드라마를 막론한 그의 연기의 대부분이 대체로 그러했다. 영화 〈추격자〉(2007)를 비롯해 〈범죄와의 전쟁: 나쁜 놈들 전성시대〉(2011), 〈미나문방구〉(2013), 〈만신〉(2013), 〈하프〉(2015), 〈염력〉(2017), 그리고 드라마 〈응답하라 1994〉(2013), 〈신의 퀴즈 4〉(2014) 등에서 선보여온 그의 모습은 자주 부족한 누군가의 어머니이거나 아내였다.

하나 더 주목할 것은, 이 모든 게 엇비슷한 자기복제가 아니라는 점이다. 그는 제자리에 머무르지 않았다. 천천히, 계속해서 나아갔다. 저만의 감정에 저만의 색과 온도를 버무려 변주하면서. 오늘의 눈물이 내일의 눈물과 다른 맛일 수 있음을, 오늘의 슬픔이 내일의 슬픔과 다른 슬픔일 수 있음을 보여주면서. 그렇게, 저만의 아름다운 공화국을 건설해왔다.

그는 어둑한 연못가를 비추는 반딧불이 같은 존재다. 은은한 미광(微光)으로서나마 자신의 온 존재를 이 땅에 불 밝혀오고 있기에.

사십 대 여배우로 산다는 것

과연, 어떠한 생애가 이 모든 걸 가능케 했을까. 인간 김영선의 과거가, 그의 생의 발자취가 하나의 단서가 되어주진 않을까. 궁금해졌다.

★한국에서 여배우로 산다는 것, 그것에 대해 가장 잘 알고 있는 배우 중 한 분이 아니실까라는 생각을 했어요. 시작부터 난감한 질문이지만, 실제로 어떻다고 보시나요.

아, 어렵네요(웃음). 꼭 여배우라서 그런 건 아니라고 봐요. 여배우든 남자배우든 저마다 어려운 부분이 있지 않겠어요? 더욱이 인지도가 없는 배우라면 성별을 떠나 각자의 어려운 면면들이 있을 테죠. 주변의 동료들이 투잡, 스리잡 뛰는 것을 굉장히 많이 보고 있기에……. 아, 이런 건 있을 수 있겠네요. 여배우가 할 수 있는 캐릭터가 많지 않아요. 극 중 비중도 여전히 남자배우 100명이 나오면 여자배우는 3명 정도밖에 나오지 못하는 실정인 것 같아요. 감독님들도 대부분 남자 분이시죠. 그래서 남자 이야기는 쉽게 푸는데, 여자 고유의 이야기는, 특히나 그 감성은 잘 표현되지 못하고 있지 않나 싶어요.

★많이 지적되고 있는 부분이에요. 제가 느끼기에도 주류 영화계에선 여성 감독, 여배우의 입지가 매우 좁다는 아쉬움을 자주 느껴요. 적어도 독립영화계에선 보이지 않는 곳곳에서 실력 있는 여성 감독, 여배우들이 왕성히 활동 중이시잖아요.

그렇죠, 그래서 제 바람은 여자 감독도 주류 영화계에서 더 넓게 자리를 잡을 수 있었으면 좋겠다는 거예요. 그래야 좋은 여배우들도 더 많이 발굴되지 않을까요. 또 시나리오 작가들 또한 여자 분들이 더 많아져야 우리가 보다 다양한 색깔의 이야기들을 접할 수 있을 거예요.

★그런 점에서 배우님이 서 계신 자리는 후배 배우들에게 귀감이 되지 않을까라는 생각을 해요. 비록 스타가 아니시고, 독립영화를 제외하곤 주연을 맡으시는 것도 아니지만, 그럼에도 이 나라 사십 대 중후반 여배우로서 왕성히 활동하고 계시니까요.

음, 그렇다고 저 역시 어려움이 없는 건 아니에요. 다 되었는 줄 알았는데 막판에 엎어지는 경우가 많거든요. 최근에 저한테도 그런 일이 있었어요. 몇 편이 잇달아 엎어진 거죠. 기분이 안 좋았죠. 촬영에 들어가기 전까지 그 인물에 집중하고자 살도 빼고 치열하게 관리를 했거든요. 속상해요. 잠깐이지만 그 인물에 사로잡혀 있거든요. 제가 취미나 특기가 딱히 없고 혼자 공상하는 걸 좋아해요. 배역이 주어지면 거의 온종일 그에 대해 공상해요. 그게 저만의 놀이예요. 이 인물은 이렇게 지내겠지, 말투는 이렇겠지, 사람은 저런 식으로 만나겠지. 그러다 작품이 엎어지면 너무나 허무해져요. 마치 모래성이 무너지는 느낌이랄까.

'모래성이 무너지는 느낌'이라는 표현을 속으로 되뇌며 마음이 다소 무거워졌다. 떠오르는 배우가 몇 사람 있었다. 작품 네 개가 연이어 엎어진 일을 스스럼없이 고백해준 안미나. 4년간 단칸방에 지내며 야간 편의점 아르바이트를 해왔다는 그의 일대기가 주마등처럼 뇌리를 스쳤다. 아르바이트와 쿠킹 클래스 일을 겸하며 전업 배우의 길을 지금도 꿈꾼다는 강진아의 얼굴 또한 잠시 포개어졌다. 아아, 한국에서 여배우로 산다는 건 이토록 힘겨운 일이다.

★배우님은 '국민 엄마'라는 수식어가 붙을 만큼 스크린에서나 브라운관에서나 어머니 연기를 다양한 빛깔로 보여주고 계세요. 부성애 코드가 대세인 요즘 영화판에서 모성 연기를 배우님처럼 오랜 기간 해오신 분은 드물지 않나 싶어요.

너무 감사한 수식어죠. 굉장한 영광이고요. 그리고 저의 삶 자체가 제가 표현하기에도 '편한 엄마' '편한 아내'이다 보니, 대중이 보시기에도 편안한 연기가 나오는 것 같아요. 다만, 저는 배우잖아요. 늘 모범적인 역할만 하다 보니 요즘은 남들이 하기 싫어하는 역할이랄까요. 광녀나 독특한 세계관을 지닌 여자, 이중 자아를 가진 그런 여자 같은 까다로운 캐릭터에 대해 요새 더 메리트를 느껴요. 그래서 그런 역할로 제안이 오면 보다 덜 고민하고 도전하게 돼요. 한편으로 제가 아니더라도 엄마 역할을 잘 해낼 친구가 누가 있을지 떠올려보곤 하죠. 그러다 저보다 낫겠다 싶은 친구가 있으면 주변에 추천해줘요.

★이를테면요?

독립영화계엔 주연으로 활동하는 여자 후배들이 참 많아요. 그래서 감독님들이 미처 알지 못한 여배우를 되도록 많이 추천해드리려 해요. 예컨대 광고 일을 했던 이세랑이라는 배우가 있어요. 제가 예전에 〈하프〉라는 영화를 찍을 때 트랜스젠더 엄마로 출연했는데요. 굉장히 거친 듯하면서도 섬세한 느낌의 영화였는데, 거기서 이세랑 배우가 잠시 출연해요. 극 중에 트랜스젠더가 범죄를 저질러 교도소로 가는데, 여자 교도소에 수감되기도 뭣하고, 남자 교도소에 수감되기도 뭣한 그런 딜레마가 펼쳐져요. 거기서 이세랑 배우가 여자 교도소에 수감된 매우 거친 죄수로 나와요. '어머, 너무 좋다'는 생각이 번뜩 들 정도로. 그래서 다른 작품에 추천해드리고는 혼자 행복해했던 기억이 지금도 나요. 부드럽고 예쁘장한 얼굴인데도 배역을 위해 살도 엄청 찌우고 거칠게 잘해냈거든요. 마치 〈몬스터〉(2003)에 나오는 샬리즈 시어런처럼.

★바깥에선 사람들이 배우님을 얼마나 알아봐요?

민망할 정도로 많이요(웃음). 다만, 반응이 대체로 이래요. '어디서 본 것 같은데.' 그래서 민망한 거예요. 차라리 어디서 봤다, 어디 나오지 않았냐 하시면 그렇다 하면 되는데, 그게 아니니 저를 제가 설명해드려요. '이거 보셨어요?' 하면 '아, 맞다 맞아' 하세요. 그런데 재밌는 건, 어머니 연기를 많이 하다 보니 화장했을 때보다 민낯일 때 더 알아보신다는 거예요.

슬픔도 다른 맛이 있다

★배우님의 연기를 복기하노라면 왜인지 굉장히 따뜻한 성정을 지닌 분이실 것 같다라는 느낌이 받아요. 특히나 배우님은 눈물 연기를 많이 해오셨는데, 사실 저는 개인적으로 눈물 연기를 좋아하진 않거든요. 그럼에도 이상하리만치 배우

님의 눈물은 보는 이를 전염시키는 무언가가 있어요. 저는 그 무언가가 진정성이 아닐까라는 짐작을 해요.

그렇게 봐주신다면, 제가 나름대로 진실된 삶을 살고 있구나, 그러려고 노력은 하고 있구나 싶어요. 앞으로 더 그런 삶을 살아야겠다는 포부도 생기고요. 저는 그래요. 저 김영선이라는 사람은 정이 참 많아요. 그런 게 인물에 투영되는 게 아닐까요? 그리고 눈물 연기는, 제가 가장 자신 있어 하는 거예요. 그동안 안약을 써본 적이 단 한 번도 없어요. 절대로 계산하지 않고 진짜를 표현하려고 해요. 눈물을 흘려서 표현하는 슬픔이든, 눈물을 보이지 않고 삭여 표현하는 슬픔이든, 가짜는 예민한 분들한테는 반드시 들통난다고 보거든요. 그런 두려움 때문에라도 제가 표현하는 슬픔이 최대한 날것 그대로이도록 하죠.

★그런 진정성 있는 눈물을 표현하는 데 모종의 계기가 돼준 일 같은 게 있을까요.

어릴 때 굉장히 슬픔에 잠긴 적이 있어요. 이러다가 기절하겠다 싶을 정도로 펑펑 운 적요. 집안이 불우해서 가족이 흩어져 지냈던 시절이 있어요. 그때 외가에서 자랐는데요. 외할아버지가 엄하셨어요. 매를 자주 드셨죠. 그럴 때면 유일한 저의 방패막이가 외할머니셨어요. 그런 분이 치매로 오랜 기간 고생하시다 돌아가셨을 때 그 차오르는 슬픔을 감당할 수가 없겠더라고요. 당시 죽음이라는 것을 처음으로 대면한 거였어요. 그 공포감과 떠난 외할머니의 그리운 손길, 그때 느낀 그 감정을 지금도 그대로 간직하고 있죠.

★그때그때 느낀 감정이 소중하신 거군요.

　　　　이게 좀 직업병인데요. 제가 살면서 매 순간 느끼는 감정을 최대한 잊지 않으려 노력해요. 마음의 서랍에 이 감정을 고스란히 저장해둬야겠다는 생각을 하죠. 그러면서 최대한 솔직한 상태로 끄집어내려 하고요. 특히나 슬픈 감정의 경우에는 저는 그 맛이 매번 다르다고 보기에 굉장히 신중히 표현하려 해요.

★슬픔도 맛이 다른 거군요.

　　　　혹시 눈물 먹어보셨어요?

★아뇨, 일부로 먹어본 적은 없죠.

　　　　저는 많이 먹어봤어요. 그때마다 맛이 달라요. 어쩔 땐 평소보다 더 짤 때가 있고요. 어쩔 땐 싱거울 때가 있어요. 슬픔도 맛이 다른 거죠. 우리 감정을 기쁨, 슬픔, 즐거움, 괴로움 등등이라고 할 때, 그 개개의 것들이 신기하게도 농도가 제각각이에요. 하나의 감정도 이처럼 세분화가 되거든요.

배우 꿈꾸던 소녀, 은행원 되다

그는 1971년 부산 해운대구 수영동에서 나고 자랐다. 가장인 아버지는 버스운전사를, 어머니는 작은 미용실을 운영했다. 유복하진 않았지만 어머니 영향으로 지적이고 교양적인 풍토에서 컸다. "늘 책과 음악과

photo_ 윤주헐 기자

"프레임 안에 들어가 있을 때 저는 자유가 돼요. 날개 달린 새처럼, 바닷속 물고기처럼. 영화는 그렇게 저를 해방시켜요. 적어도 카메라 앞에 설 때만큼은 세상의 그 어떤 규율과 규제에도, 타인의 시선에도 얽매이지 않게 돼요. 제가 영화를 사랑한다면 아마도 그래서일 거예요."

함께하셨어요. 학교 수업 끝나고 돌아오면 항상 전축에 비틀스 같은 올드 팝을 틀어놓으시고 독서 중이셨거든요. 주말이면 꼭 영화를 챙겨 보셨고요."

그렇게 초등학교 시절 어머니의 권유로 헤르만 헤세의 『데미안』 등을 읽었고, 〈길〉(1954)처럼 고전영화도 틈틈이 감상했다. 개중 〈길〉은 지금도 그의 인생 영화 중 하나로 꼽힌다. 이탈리아 거장 페데리코 펠리니의 네 번째 영화인 〈길〉은 나이든 광대(앤서니 퀸)와 어린 소녀 젤소미나(줄리에타 마시나)의 애달픈 사랑을 그린 걸작이다. 김영선은 〈길〉이야말로 "그 시절 나의 감수성의 토양"이라고 했다.

그렇다고 방 안에만 틀어박혀 지낸 수줍은 소녀는 아니었다. 사람들 앞에서 춤추고 노래하는 걸 좋아했다. 활달했기에 친구가 많았고, 주도적으로 방과 후에 연극 연습을 했다. "하루 한 시간만 할 수 있게 해달라며 선생님에게 조르고 또 조르는 일"이 다반사였다.

부산진여중에 들어가서는 연극에 아예 빠져 지냈다. 친구 따라 뮤지컬 〈신데렐라〉를 보고부터였다. 신데렐라가 입은 드레스가 너무 예뻐 "나도 꼭 한 번 입어보고 싶었다". 이에 청소년극단에 들어갔고, 직접 시나리오까지 쓰며 연출도 해봤다. 그저 자연스럽게 놀이하듯 즐겼다는 그다. "아기들이 인형으로 역할놀이 같은 걸 하잖아요. 공주 인형을 갖고 있으면 공주 연기를 하듯이요. 저도 그렇게 놀았어요."

하지만 그때까지였다. 본격적인 학업이 요구되는 고교 때부터 부모님 제지가 시작됐다. 그러다 1학년 무렵, 온 가족이 삶의 터전을 서울로 옮기면서 은평구 선일여고로 전학을 간다. 연극과의 이별이었다.

★듣고 보니 말 잘 듣는, 똑 부러지는 학생이셨나 봐요.

　　돌아보면 참 독특했어요. 공부 안 할 땐 반에서 성적이 바닥을 기었어요. 60명 중 45등 할 때도 있었죠. 그럴 땐 아예 교과서를 안 본 거예요. 그러다 시험 준비를 하면 성적이 곧잘 나와요. 전교 3등을 한 적도 있거든요. 아이큐가 130은 되었으니 머리가 나쁘진 않았죠.

★스스로 좋아서 해온 것들이 일거에 물거품이 되면서 섭섭함도 많았겠어요.

　　그 시절엔 잘 몰랐어요. 우리 집이 가난하다는 걸요. 어머니도 내색 안 하셨어요. '엄마, 나 드레스 입고 싶어' 이러면 사주진 못하더라도, 손수 만들어주시곤 했거든요. 하지만 '나 연기학원 다니고 싶어'라고 하면 극렬히 말리셨어요. '네가 하면 세상 누구나 한다'면서. 고집 부리진 않았어요. 자존감이 낮았거든요. 부모님 말에 그대로 설득됐어요. 저희 집안이 네 자매인데, 저는 차녀예요. 언니는 언니대로 집안의 기둥이 되어야 하니까 대학을 가야 했고, 저는 빨리 돈을 벌어야 했어요.

★부모님이 바라신 직업이 있었나 보죠?

　　은행원이요. 그 시절 여자들이 가장 선호하는 직장이 은행원이었어요. 그래서 선일여고를 졸업하고 남대문에 있는 제일은행에 들어갔어요. 거기서 3년간 은행원을 했어요. 근데 일이 저랑 안 맞더라고요. 그땐 전자시스템이 아니니 꼼꼼해야 하는데 그렇지도 못하고요. 남대문 지점인지라 시장 사람이 굉장히 많이 와요. 늘 창구 앞에 줄을 쫙 서는데 일일이 번호표를 주고 기다리시죠. 제가 손이 더뎌 자주 욕 먹었어요. 계산이 빠르지도 않거든요. 혹여나 액수 착오라도 있으면 밤새 퇴근을 못 했어요. 다시 맞추느라고요.

★3년 만에 그만둔 건 그래서인가요?

　　결혼을 1992년에 했어요. 저를 위해 다닌다기보다 부모님을 위해 다닌다는 생각이 컸는데, 그러다 첫사랑을 만난 거죠. 지금 제 남편이요. 첫눈에 반했어요. 혹, 그런 경험 있지 않나요? 한 사람만 선명하게 보이고 주변은 희끗한 거. 주변 사람은 수채화에 물 뿌려둔 것처럼 희뿌연데 그 사람만 빛이 반짝반짝 후광이 나는 거.

★운명의 남자였군요. 누가 먼저 다가왔어요?

　　저죠(웃음). 6개월간 많이 쫓아다녔죠. 당시 남편이 보험회사 직원이었어요. 그래서 매일 왔죠. 이 사람을 제 쪽에 줄 세우고 싶었어요. 그러려면 어떻게 해야 할까. 우직한 사람이라 늘 업무 보던 사람 창구에만 가더라고요. 제 옆에 있는 언니 쪽으로요. 그래서 한번은 언니가 화장실 간 사이 남편이 왔는데, 저를 쓱 보길래 이렇게 말했죠. '고객님, 좀 늦으실 거 같은데 저한테 맡겨놓고 가세요.' 그렇게 제게 맡긴 통장을 쉬는 시간 손수 정리해줬어요. 그러니 남편이 고맙다고, 밥 한번 사겠다고 하더라고요. 점잖은 사람이라 그냥 의례적으로 한

말일 텐데 저는 그걸 데이트 신청으로 알았어요.

★영화의 한 장면 같은데요?

　　　　　연애를 그간 못 해봤으니 뭘 알겠어요. 경험이 있었으면 '밀당'
이라는 걸 알았을 텐데 그런 걸 해본 적 없으니, 마냥 좋아 그 좋음을
있는 그대로 표현했던 것 같아요. 실수도 많이 했죠. 거짓말하면 다 들
통 나거든요. 그래도 좋은 것만 보여주고 싶으니 어쩔 수 없죠. 이 사
람이 좋다는 것만 얘기하고 싶고, 취미가 안 맞아도 같은 취미를 가진
듯 둘러대고 이야깃거리를 계속 만들어내려 했고요.

연기로 메운 내면의 공허

그렇게 결혼에 골인했다. 그때 나이 스물한 살. 이듬해인 1993년 아들
을 낳고 2년간 육아에만 전념했다. 소소한 행복이 이어졌다. 하지
만 시일이 흐를수록 공허 또한 없지 않았다. 오랜 기간 잊고 지낸 무
언가가 마음 귀퉁이로 자꾸만 신호를 보내왔다. 연기에 대한 갈망, 나
를 찾고 싶다는 열망이었다. '부모님 뜻대로 포기한 그 길을 다시 한
번 걸을 수는 없을까.' 더는 재능을 묵혀두고 싶진 않았다. 다행히 남
편은 아내를 응원해줬다. 그렇게 극단 '증언'에 들어갔고, 연극인으로
서 길을 밟아나간다. "다시 삶을 사는 느낌이었다"고 했다. "학창 시
절 취미로 했던 게 드디어 삶이 된 것 같았어요. 꼭꼭 감추어둔 저를
바깥으로 표현해내기 시작한 거죠." 그렇게 〈빈방 있습니까〉를 대학로

에 처음 올렸고, 이듬해엔 영화계에 데뷔한다. 강우석 감독의 〈한반도〉(2006)였다.

★〈한반도〉는 안성기, 문성근, 차인표, 강수연, 독고영재, 김상중 등 초호화 멀티 캐스팅 영화였어요. 첫 영화로 이만한 경험을 하기도 쉽지 않았을 텐데요.

이미지 단역이었어요. 대사 한 줄 없었죠. 오디션 없이 주변 소개를 받고 간 거였어요. 의욕에 불타 있었죠. 꿈꾸던 영화에 출연하게 된 거니까요. 게다가 강우석 감독님 작품이잖아요. 감사하게도 크랭크인을 처음 올리고 찍은 첫 신이 저의 출연분이었어요. 첫 신이다 보니 감독님 열정도 대단하셨죠.

★이미지 단역이었어도 굉장히 값진 경험을 하신 셈이네요. 극 초반이었나요. 명성황후(강수연)를 죽이러 온 일본 자객들에게 칼에 맞아 죽는 네 후궁 중 한가운데 인물이셨죠. 대사는 없지만 오버숄더숏으로 배우님 얼굴을 가까이서 쫙 비추죠. 면전에 일본도를 들이대는 자객을 노려보며 입을 파르르 떨면서.

매우 짧은 신인데도 감독님이 매우 세심하게 디렉팅해주셨어요. '지금 심정은 무섭고, 두려운데 강한 적대감 또한 있어야 합니다'라고요. 스치듯 지나가는 배역임에도 다섯 가지 이상 감정을 소화해달라고 제게 주문을 하시더군요. 이런 식으로요. 바로 앞에서 '자, 지금 잘 보세요. 상황이 이래요. 저기 적군이 와요, 칼을 들고 있어요, 무섭고 두려워요, 근데 민비가 어디 있는지 본인은 알아요, 그런데 알아도 모른 척해야 돼요'라고 하시는 거죠. 별별 요구가 많으셨는데, 전 그게 굉장히 좋고 흥분되더라고요. 네, 네 하면서 눈빛이 반짝반짝해지는 거예요. 정말 혼신을 다했어요. 바들바들 떨면서도 독기를 가득 품었죠. 그러다 '오케이'를 받았을 땐 기운이 쫙 빠져서 그만 쓰러졌어요. 그런데도 참, 너무나 행복한 거 있죠? 그때 이런 생각을 했어요. '아, 영화를 해야겠다.'

★영화로 이행하게 된 게 강 감독 덕분이군요.

소중한 은인이세요. 처음으로 스스로 배우라는 느낌을 갖게 해주셨거든요. 영화가 연극보다 좋았어요. 짧은 시간 모든 걸 다 토해내고 쓰러질 수 있다는 것. 그 강렬함을 알게 된 거죠. 아, 영화라는 매체에선 나를 다 보여줄 수 있겠다 싶었으니까. 연극은 달랐어요. 서로 간에 합이라는 게 있어 철저한 계산하에 진행해야 하거든요. 눈치와 배려도 더 필요하고요. 연극도 열정을 다했지만, 짧은 시간 한 컷 한 컷 안에 승부를 봐야 하는 영화가 저한텐 더 잘 맞겠다는 확신이 그때 섰어요. 주연이든, 조연이든, 단역이든 제가 프레임 안에 들어온 순간만큼은 제가 주인공이 될 수 있겠다는 생각이요.

★이후 굉장히 왕성히 작업하셨어요. 호평 받은 큰 영화에도 두루 나오셨고요. 〈추격자〉에선 영민(하정우)의 누나로, 〈범죄와의 전쟁〉에선 익현(최민식)의 아내로요. 〈내 연애의 기억〉(2013)에선 푼수 같은 정마담이셨죠. 최근엔 〈염력〉(2018)에서 루미(심은경)의 엄마로 극 초반에 나오셨고요. 이 모습들을 모두 합치면 배우님의 실제 모습이 되지 않을까라는 생각을 해요.

매년 서너 편씩 쉬지 않고 작업해왔어요. 돌이켜보면 참 그래요. 제가 연기한 어떤 배역이든 매 순간 제 모습이 아닌 게 없다고요. 악역을 하더라도 마찬가지예요. 영화가 참 좋은 게, 남들의 시선을 의식해서 제가 일상에 꼭꼭 감춰둔 허점들을 보여줄 수 있어요. 그게 저는 되게 재밌더라고요.

★ 필모그래피를 보면 상업영화 독립영화, 장편, 단편 가릴 것 없이 찍고 계세요. 소년의 비극을 그린 〈해에게서 소년에게〉는 2015년 전주국제영화제 배급지원상 등도 받았죠. 그해 세월호 추모 단편 〈편지〉에도 유가족 어머니로 나와 가슴 울리는 절절한 연기를 보여주셨고요. 〈폭력의 씨앗〉(2017)에서 윤 권사로 특별 출연도 하셨죠.

독립영화가 품고 있는 '다양성'의 가치를 좋아해요. 남들이 흔히 여기는 건 어떤 배우도 피하고 싶을 거예요. 그런 점에서 독립영화는 흔치 않은 캐릭터를 두루 만날 수 있죠. 〈해에게서 소년에게〉에서 연기한 민희(김가현) 어머니는 언뜻 선해 보이지만 이면이 있는 다소 위선적인 여자였어요. 좋은 경험이었죠. 이 영화가 전주영화제에 공개됐을 때 레드카펫을 한 번 꼭 밟고 싶긴 했는데, 촬영 일정으로 못 그런 게 내심 아쉽긴 해요. 〈편지〉는 그해 광화문에서 열린 세월호 추모제에서 상영됐어요. 너무 안타까운 일이잖아요. 배우로서 노란 리본을 다는 것 외에 제가 표할 수 있는 어떤 진심 어린 애도가 뭐가 있을까 싶을 때 마침 아는 조감독님이 시나리오를 보여주며 도와달라고 하셨어요. 마다할 이유가 없었죠.

영화는 자유라는 것

★ 이제 거의 다 왔네요. 혹시, 배우님의 길을 걸으려는 후배들, 연기 지망생들에게 조언을 해주실 수 있을지요?

음, 너무 학교 공부하듯 하진 말았으면 좋겠어요. 연기도 연기 이전에 각자의 삶이 있는 거예요. 그 삶의 결들을 저마다 풍성하게 하는 게 먼저겠죠. 그리고 '본능적인 감정을 놓치지 말라'고 말해주고 싶어요. 연기는 감정에 호흡을 더하고 그 위에 표현을 그 위에 약간의 기술을 얹는 게 순서거든요. 결국엔 그 감정을 각자가 어떻게 쌓아나가냐의 문제예요.

아마도 배우가 가장 기피하는 질문은 이런 것일 테다. '당신에게 영화란(연기란) 무엇인가' 같은. 이것은 꽤나 난감하고도 경솔한 질문일지 모른다. 연기를 업(業)으로 살아가는 이에게 그 살아감의 바탕을 묻는 것이기 때문이다. 하지만 그에겐 평소 생각해둔 대답이 왜인지 있을 것 같았다. 김영선은 '올 게 왔구나'라는 표정이었다. 그러더니 미소 짓는 것이다.

"저한테 영화는 자유예요. 카메라 앞에 설 때 저는 가장 자유로워져요."

영화는 자유라는 것. 오랜 기간 스스로의 삶을 깊이 성찰할 때라야 가능할 대답. 순간의 난처함을 면피하기 위한 것이 아니었다. 그가 말을 이었다.

"프레임 안에 들어가 있을 때 저는 자유가 돼요. 날개 달린 새처럼, 바다 속 물고기처럼. 영화는 그렇게 저를 해방시켜요. 적어도 카메라 앞에 설 때만큼은 세상의 그 어떤 규율과 규제에도, 타인의 시선에도 얽

매이지 않게 돼요. 제가 영화를 사랑한다면 아마도 그래서일 거예요."

이런 마음자세를 지닌 배우가 이 땅에 있다는 건, 참으로 복 받은 일일 것이다.

남연우

비보이 댄서에서
연기하는
감독으로

연기하고 싶어 카메라 들다

척 봐도 배우인데, "거리에서 알아보는 이가 없다"고 했다. 소속사도 없고, 차도 없어 매일 'BMW'(버스·메트로·워킹)를 이용한다는 그다. "에이, 설마요" 하며 의심의 눈초리를 띄우니 그가 억울한 표정이 되어 되받는다. "전혀 못 알아보시는데. 일 년에 한두 번 알아보면 대단한 거예요(웃음)."

그의 이름은 남연우. 영화계에 웬만큼 알려진 이 연기파를, 이제는 감독이기도 한 그를 대중이 못 알아본다라…… 하기야 찬찬히 뜯어보면 그럴 법도 하다. 주연 출연작 모두 비(非)주류 인디 영화였다. 제1회 들꽃영화상 남우주연상을 받은 〈가시꽃〉(감독 이돈구·2012)이 그랬고, 이후 출연작들도 대개 대중영화와는 거리가 멀었다.

짚어보자. 좀비영화 〈부산행〉(2016) 말미. 생존자 성경(정유미)과 수안(김수안)이 어두컴컴한 터널 속으로 힘없이 걸어가는 신이 있다. 저 멀리 터널 반대편에선 위장크림을 바른 군인 둘이 이들을 가만히 지켜보는 중이다. 그러던 차, 사병 하나가 무전기에 대고 말한다.

"터널 맞은편에서 두 명이 접근하고 있다. 아이와 성인 여성으로 추정."

거리상 감염자인지 아닌지 분간이 어려운 상황. 자칫하면 좀비로 오인돼 사살될지 모른다. 일촉즉발의 위기. 둘은 과연 무사히 구조될 것인가. 그런데 그 순간, 어린 수안의 노래가 터널 바깥으로 구슬피 울려 퍼진다. 캄캄한 터널 속이 소녀는 무서웠을 것이다. 그제야 군인은 외친다. "생존자 접근, 이동!"

이 군인이 남연우였다. 단역인 데다 위장크림 범벅인지라 알아보긴 실상 불가능했다. 〈나의 독재자〉(2014) 오디션 배우, 〈로봇, 소리〉(2015) 국정원 요원, 〈대호〉(2015) 철포회수대 소대장 등 그간 거쳐온 배역들 모두 마찬가지. 팔씨름 영화 〈챔피언〉(2018)에서도 대사 한 줄 없는 조연 역이었다.

그래서였을까. 언제부터인가 그는 직접 카메라를 들기 시작했다. 시나리오부터, 연출, 연기, 편집 일체를 거의 홀로 감당해냈다. "연기가 너무 하고 싶은데 기회가 좀처럼 안 오니까요. 제가 직접 찍으면 연기만큼은 원 없이 할 수 있겠다 싶었던 거죠."

그런 것이었다. 상업영화계 벽은 이상하리만치 높았다. 50여 개 프로필을 부지런히 돌려도 연락 오는 곳은 두세 군데 정도. 그것도 전부 조·단역 오디션이다. 나날이 연기에 대한 갈망은 깊어만 갔다. 그러다 결국 사비 털어 찍은 첫 단편이 〈그 밤의 술맛〉(2014)이었고, 3년 뒤엔 첫 장편 〈분장〉(2017)까지 선보인다. 그에게 연출은 곧 연기의 연장이었던 셈이다.

인디 영화계 스타였지만

★뭐랄까, 배우님은 독립영화계에 비해 상업영화계에선 주목을 덜 받고 계시는 것 같아요. 양쪽 사이에 단단한 벽이 놓여 있는 느낌이랄까. 연기적으로나 연출력에서나 이미 검증받은 분이심에도 불구하고요. 〈가시꽃〉 주인공이었던 성공이만 봐도 그렇습니다. 고교시절 여고생 장미(양조아)를 집단 성폭행한 가해자 중 하나가 훗날 그녀를 위해 핏빛 복수극을 벌이는 끔찍한 참회록이었죠. 어딘가 모자라는 듯한 성공이의 음울하고도 복잡다단한 표정, 어수룩한 몸짓과 말투, 걸음걸이가 꽤 인상 깊었어요. 이 영화로 들꽃영화제 남우주연상을 받고 일약 주목받는 배우로 떠오르나 싶었는데, 아니나 다를까. 여전히 프로필 돌리며 조·단역 출연을 하고 계시다고요.

아, 옛 생각이 나는데요. 2012년 부산국제영화제에 〈가시꽃〉이 출품됐어요. 뉴커런츠 부문이었죠. 그때 내걸려 있던 포스터를 봤던 게 지금도 기억에 선명하네요. 재미있게도 제가 나온 두 영화 포스터가 나란히 내걸려 있더라고요. 방은진 감독님의 〈용의자 X〉와 이돈구 감독님의 〈가시꽃〉이었어요. 〈용의자 X〉에선 대사 한 줄 없는 이미지 단역 형사였어요. 그런데 〈가시꽃〉에선 제가 극을 이끄는 주인공이잖아요. 상업영화 현장에선 조·단역을 전전하는데, 독립영화 쪽에선 제 얼굴이 내걸린 포스터가 크게 붙는 거죠. 아이러니했어요. '아, 내가 마주한 게 이 벽인가. 이게 참 큰 벽이구나, 다른 게임이네' 싶었어요.

★그 벽이라는 것이 지금 영화계의 해묵은 현실이 아닐까 해요. 상업과 비상업 간 경계가 흐려지고 있다는 말이 나오긴 해도, 실상 그 경계는 여전히 강고하니까요. 그해 부산국제영화제는 어떠셨어요.

　　제 인생 처음으로 '관객과의 대화'라는 자리를 가지게 됐어요. 좌석 한쪽에서 청남방에 재킷에 바지를 입고 숨죽여 제 영화를 봤어요. 그러다 끝나고 모더레이터 분이 굉장히 흥분된 목소리로 저를 소개해주시더라고요. '부국제 주인공입니다, 올해 부국제의 발견!' 이러시면서(웃음). 당황했죠. 저를 영화 상영 전날 인근 술집에서 보셨나 봐요. 그래서 더 반가우셨을지도요. 근데 관객 분들이 절 보시더니 '어' 하면서 살짝 의아해하는 분위기가 잠시 일었어요. 〈가시꽃〉에서 성공이가 굉장히 어수룩하고 모자란 학생으로 나오잖아요. 그런데 왁스 바르고 제 나름 스타일리시하게 하고 무대에 섰으니까.

★그러고 보면, 그 뒤에도 계속 상업영화에선 이렇다 할 큰 배역은 없으셨어요. 영화제에서 주목받는다고 더 많은 관객과의 만남으로 직결되는 건 아니구나, 라는 걸 새삼 실감했어요.

　　무명배우가 프로필을 50군데 돌리면 두세 군데에서 오디션 기회가 올까 말까예요. 그 오디션조차도 조연이나 단역 오디션이죠. 그것도 저는 감사해 최대한 열심히 준비하고 찍죠. 하지만 그래도 배우잖아요. 맡는 배역이 배역이다 보니 연기에 대한 목마름이랄까요, 갈

증 같은 게 자꾸만 커져요. 적어도 독립영화 쪽에선 그 갈증을 해소할 통로가 상대적으로 많죠. 제가 극을 주도하고 이끌고 갈 수 있어요. 그래서 그쪽으로 많이 하게 됐고요.

〈가시꽃〉은 그가 출연한 첫 장편이다. 제작비는 300만 원이 전부였다. 출연료는 없었다. 하지만 돈보다 연기가 간절했기에 출연료는 구애되지 않았다. 게다가 이돈구 감독은 고교 시절 비보잉으로 알게 된 20년 지기. 동생이 공들여 쓴 시나리오를 읽고 온몸 가득 전율이 일었다. 그는 "스토리라인이 특히 좋았다"며 "나랑 정반대인 인물이라는 점에서도 호기심이 갔다"고 했다.

"성공이가 상당히 소극적이고 음울하거든요. 말투나 눈빛, 걸음걸이 모두가요. 저랑 다르죠. 그래서 주변 일상에서 그런 친구들을 세밀히 관찰했어요. 그리고 정말 치밀하게 분석해나갔죠. 반복 또 반복하면서요. 기존의 저 자신을 걸러내고 성공이가 되어야 했거든요."

비보잉을 꿈꾸던 소년

★그런데, 연기 이전에는 비보잉을 하셨다고요?

　　　원래 꿈은 비보이었어요. 고교 때까지 밥 먹는 시간 빼면 춤만 췄어요. 중학교 2학년 때부터 고교 3학년 때까지 하루 여덟 시간씩이요. 만약 그 시절 그렇게 영화를 했다면 지금보다 성공해 있으려나요

(웃음). 그래도 끈기 하나는 그때 제대로 배웠어요. 제 몸을 컨트롤하는 법부터 무언가 성취해내는 짜릿함 또한 일찍 맛봤죠.

★비보이로는 1세대이신 거죠?

1.5세대 정도 되죠. 전수받을 환경이 아니었으니 자발적으로 팀을 꾸리고 친구들과 연습했어요. 이 팀 저 팀 오가며 대회도 많이 출전했고요. '익스프레션'이라는 유명 크루에도 잠시 있었어요. 제가 파워무브 전문인데, 헤드스핀은 꽤 잘했어요.

★비보잉은 어떻게 만난 거예요?

어릴 때 굉장히 내성적이었어요. 춤추고 연기하면서 달라진 거죠. 당시 모험심은 좀 있었나 봐요. 초등학교 4학년 때인가요. 부모님이 맞벌이를 하셔서 늘 늦게 들어오셨어요. 집에서 혼자 TV를 보고 있으면 '서태지와 아이들'의 〈난 알아요〉 같은 노래가 꼭 나오더군요. 그걸 반복해서 보고 듣다가 따라하게 됐어요. 그러다 학교에서 팀을 꾸렸고 학예회까지 나갔죠. 책상 모아놓고 무대 만들어서요. 제 기억으로는 그게 세상 바깥으로 나온 첫 순간이에요.

★그때부터 본격적으로 춤을 췄군요.

비보이로 꿈을 정한 건 중학교 2학년 때부터예요. 우연히 비디오를 보는데, 브레이크댄스를 추더라고요. '오사카 댄스 페스티벌' 영상이었을걸요. 그때 본 것에 자극받고 친구들과 팀을 바로 꾸렸죠.

photo 남연우 제공

어릴 때 부모님과 오랜 기간 떨어져 살았잖아요. 지금 생각해보면 그런 배경이 구성원에 대한 집착으로 이어졌던 것 같아요. 영화가 구성원을 만드는 거잖아요. 그렇게 가족처럼 맺어지는 거잖아요. 문득 이런 생각이 들더군요. '아, 배우라는 직업을 하면 적어도 외롭지는 않겠다.'

★부모님은 뭐라 하시던가요?

　　　걱정 많이 하셨겠죠. 근데 한 번도 춤추지 말라고, 공부하라고 강요하진 않으셨어요. 어릴 때 직접 키워주지 못한 것에 대해 미안함이 많으세요. 그래서 자유롭게 하고 싶은 거 하도록 배려해주신 거죠. 진짜 비보잉에 완전히 빠져 지냈어요. 대학 갈 생각이 애초에 없었어요. '오로지 비보이, 한국 최고의 비보이가 되자, 내 나이대 최고의 비보이가 되자'며 미친놈처럼 춤만 췄어요.

★영화랑은 동떨어진 세계였네요.

　　　십 대까진 영화 보러 갈 돈이 없었어요. 그게 돈 낭비라 생각될 정도로요. 그만큼 가난했어요. 어릴 때 친구 따라 〈토이스토리〉 보러 한 번 간 게 다예요.

가난이라는 덫

가난은 불가항력적이었다. 둘째인 그가 태어나기 전 부모님이 운영하시던 옷가게가 부도가 났다. 빚은 눈덩이처럼 불었고, 끼니 한 번 해결하기도 쉽지 않았다. 작은 꽃집을 새로 차렸지만 환경은 늘 열악했다. 주차장과 건물 사이 차 두 대 정도 들어올 만한 공간이었다. 그 안에 비닐하우스를 세웠고, 판때기를 깔아 온 식구가 함께 살았다.

어머니는 산후조리할 시간이 없었다. 둘째인 그를 등에 업고선 달동네

언덕길을 매일같이 올랐다. 그러면서 꽃 배달을 하기 위해서였다. "어머니가 언젠가 그러셨어요. 이제 갓난아기인데 온종일 햇볕을 쬐니까 얼굴이 붉게 달아오르더라고요." 그러다 결국 그는 이모 집으로 보내진다. 이제 돌을 막 넘긴 시점이었다. 첫째를 키우기에도 벅찼으므로, 어머니로선 다른 방도가 없었다. 그는 "이모 밑에서 초등학교 입학 전까지 컸다"며 "내겐 이모가 제2의 부모였다"고 했다.

★초등학교 입학 후부턴 한결 나아졌나요.

조금은요. 그래도 여전히 가난했죠. 이사를 많이 다녔어요. 월세를 전전했고요. 하도 자주 다닌지라 이삿짐을 안 풀고 산 적도 많아요. 지금 생각하면 당시 부모님이 얼마나 근심 걱정이 많으셨을까 싶어요. 혹시 영화 〈플로리다 프로젝트〉(2018) 보셨나요. 거기 나오는 아이들과 별반 다르지 않았어요.

★그러다 춤을 만났고, 그렇게 몰두하신 거군요. 연기와의 접점은 전혀 없었을 것 같은데.

고2 때였나요. 담임이 "어디 갈래" 물으시더라고요. 인문계였는데 고3 때 예대와 체대 준비반이 한 반씩 있었어요. "어디 가야 할까요?" 되물었죠. 그러니 "넌 기초체력이 좋으니 체대 가라" 하시길래 "예" 했어요. 그래서 점심시간마다 턱걸이를 하고 멀리뛰기하고 그러는데, 어느 순간 "내가 이걸 왜 해야 하지" 싶더라고요. 그러다 독립영화를 난생 처음 접하게 됐어요. 비보이 출연작을 찍는다는 공보를 우연찮게 봤고, 오디션에 지원한 거죠. 오디션장이 진풍경이었어요. 와,

구석구석에서 부모님이랑 와서 전부 연기 연습하고 있고.

★준비는 해갔나요?

아뇨, 비보이니까 몸만 가면 되겠지 했어요. 도착해보니 신기하대요. 저기선 춤 연습하고 저기선 연기하고 있고. 그래서 저도 몸 좀 풀자 싶어서 비보잉을 하는데, 전부 자리에 멈춰서 저만 보더라고요. 그러다 제 차례가 와서 들어갔어요. 연기해보라길래 '준비 안 했는데요' 했죠. 다들 '이놈 뭐지' 하는 표정이었어요. 그러다 춤을 선보이니 끄덕끄덕하셨고(웃음). 아무튼 그렇게 캐스팅됐죠. 돌아보면 참 신기했어요. 영화라는 작업이 누구는 조명, 누구는 촬영, 누구는 오디오, 누구는 분장, 누구는 의상, 누구는 미술, 저마다 파트가 있더라고요. 가족처럼 팀을 이뤄 움직이는 게 되게 인상 깊었어요. 구성원 각자가 자기 위치에서 한 지점을 향해 달려나간다는 것, 그게 굉장히 매력적이었어요. '아, 나 영화 하고 싶다' '배우 하고 싶다'는 열망이 처음 생긴 순간이었죠.

★외롭고 쓸쓸한 청년이었군요.

어릴 때 부모님과 오랜 기간 떨어져 살았잖아요. 지금 생각해보면 그런 배경이 구성원에 대한 집착으로 이어졌던 것 같아요. 영화가 구성원을 만드는 거잖아요. 그렇게 가족처럼 맺어지는 거잖아요. 문득 이런 생각이 들더군요. '아, 배우라는 직업을 하면 적어도 외롭지는 않겠다.'

★고교 끝 무렵까지 비보잉만 했으니 준비 과정이 만만찮았겠네요.

　　(연극영화과에) 지원하는 족족 다 떨어졌죠. 한번은 전문대에서 상황 연기를 하는데, 제시 조건이 이랬어요. 샤워를 하러 목욕실에 간다. 물 온도 맞추고 샴푸를 짠다. 물을 트는데 차가운 물이 나온다. 다시 온도 조절한다. 이번엔 뜨거운 물. 이런 걸 15~20분 준비하고 들어가는 거였어요. 막상 하려니 어찌 해야 할지 모르겠더라고요. 앞에서 다 지켜보는데 고개 푹 숙이고 있다가 '앗, 차가. 앗, 뜨거' 이러니까 '나가!' 하시더라고요(웃음).

늦깎이 배우 지망생 되다

박탈감이 이만저만이 아니었다. 그러다 "군대나 가라"는 '아는 형님' 충고로 육군에 지원한다. 이제 막 스무 살이 되던 해였다. 자대는 32사단 육군 보병이었고, 보직은 운전병. 시간만큼은 넘쳤으므로, 연기 독학하기에 제격이었다. "관찰 수첩을 만들어 끊임없이 주변을 기록했다"고 한다. "이런 식이에요. 눈앞에 개미가 지나가요. 그럼 개미가 어떻게 걸어가고 자기보다 큼지막한 걸 어떻게 들고 다니는지를 일일이 메모해봐요. 그리고 부대엔 온갖 사람이 다 있잖아요. 사람 관찰하기엔 별천지였던 거죠."

★그러다 전역 후 바로 한예종에 간 건가요?

　　아뇨, 제대 직후 연극, 단편영화 가림 없이 마구 지원했어요.

'OTR'(Our Theatre Review)이라는 공연 관련 사이트가 있어요. 거길 기웃거렸죠. 비보이 한 게 있어 몸을 쓸 줄 아니까 도움이 되더라고요. 그렇게 공연 몇 편에 올랐고, 〈뫼비우스의 띠: 마음의 속도〉(2004)라는 단편에 출연하게 됐어요. 제1회 환경영화제 개막작이었죠. 양아치 4인방으로 나왔는데, 그때 동갑내기 구교환 배우(〈꿈의 제인〉 주인공으로 2016년 부산국제영화제에서 남연우와 함께 일약 주목받았다)랑 함께했어요. 그리고 〈크리스마스 메모리즈〉(2007)라는 단편에도 나왔는데, 〈챔피언〉 김용완 감독님 작품이에요. 그러다 24살에 한예종 시험 봤고 25살에 입학했죠.

★느지막이 들어간 한예종 시절은 어떠셨어요?

두 분의 은사님이 계세요. 한 분은 최용진 한예종 연극원 교수님이신데, 연기론을 전수받았어요. 최 교수님 가르침의 핵심은 연기란 인간에 관한 것이라는 거였어요. 인간을 구성하는 원리랄까요, 연기 훈련이란 것이 인간이 어떻게 사고하고 행동하느냐를 이해하는 것과 직결된다는 거였어요. 그러니까 인간에 대해 깊이 탐구해야 한다는 거죠. 중요한 건 '논리'였어요. 이전에 제가 연기를 할 때 감정부터 계속 생각했다면, 이제는 그 감정 전에 특정 인물이 저렇게 말하고 행동하는 걸 이해하기 위한 밑바탕으로서 논리, 맥락으로서 논리를 고민하게 되었거든요.

★다른 한 분한텐 어떤 걸 배웠나요?

강혜연 교수(영화감독)님으로부터 '카메라 연기' 수업을 들었어요. 굉장한 수업이었어요. 영화 찍는 감독으로서 필요한 게 첫째가 '연기 연출'이고 둘째가 '콘티'라는 걸 그때 이해했죠. 똑같은 배우가 똑같은 시나리오에 기반해 연기해도 카메라 위치에 따라, 컷이 어디서 들어가느냐에 따라, 어디서 무빙하고 픽스하느냐에 따라 느낌이 전혀 달라지더라고요. 카메라 배치에 따라 영화가 판이해지는 거죠. 이를 위해 정확한 콘티를 짜야 했고요.

나는 지금도 현재진행형

늦깎이었던 만큼 누구보다 독하게 임했다. 그래도 생계는 해결해야 했으므로, 틈틈이 백화점과 복사기 공장 아르바이트 등을 뛰었다. 그러다 〈가시꽃〉으로 남우주연상을 거머쥐면서 연기 학원과 대학가 등지로 강의 일을 나가게 된다.

★2014년 첫 연출작 〈그 밤의 술맛〉을 선보이셨죠. 이 단편은 배우 너머 감독으로서 가능성까지 보여준 작품이었어요. 현지(김예은)라는 여자가 있고, 그녀와 결혼을 앞둔 형서(허정도)라는 남자가 있어요. 그리고 그들 사이 설원(남연우)이라는 남자가 있고요. 설원은 현지의 오래된 옛 사랑인데, 옛 사랑을 막 대하는 형서를 보고 분개하죠. 결국 화장실에서 만난 형서에게 주먹을 날리고요. 이 영화로 미장센 단편영화제, 서울독립영화제에도 초청받으셨어요.

　　그냥, 멋있는 역할을 해보고 싶었어요. 제 딴엔 영웅담이라 생각했는데 주변에선 정작 제가 연기한 설원이 가장 지질이라고 하더라고요. 생각해보니 '맞네, 내 생각이 짧았네' 싶었어요. 연애도 제대로 안 해본 상태이고 미련을 못 버려 지질함의 끝을 보이다 결국 망가지 거든요.

★2년 후 부산국제영화제에 첫 장편 연출작 〈분장〉을 선보였어요. 이로써 본격적으로 감독 데뷔를 하죠. 〈꿈의 제인〉 주인공 구교환 배우와 더불어 그해는 배우님의 해나 다름없었어요. 어떻게 연출하게 된 영화인가요.

〈그 밤의 술맛〉을 인상 깊게 보신 한 PD님이 '다음 이야기 있냐'고 물으시더라고요. 자기가 제작해도 되겠냐길래 그래주시면 정말 감사하다 했죠. 그런데 수개월이 지나도 투자가 안 들어와요. 그때 느꼈어요. 영화 한 편 찍기 쉽지 않구나. 그러다 한 달이 더 지나 결국 제가 찍기로 했어요. 생전 처음 어머니 손을 빌려 1,700만 원을 모았고, 제작부터 전 과정을 전임했어요. 사실 배우들이 거의 노 개런티로 도와준 거죠. 함께해준 분들 모두 저처럼 연기에 목말라 계셨거든요.

★성소수자를 연기하는 연극배우로 직접 분하셨어요. 소규모 성소수자 커뮤니티에서 어울리며 그들 삶을 깊이 이해하고 있다고 여긴 송준(남연우)이 정작 동생이 게이라는 사실을 알고부터 위선적 모습을 보여요. 그러면서 방황하고 고뇌하는데 무대 위에서 연기는 외려 더 빛이 나죠. 그런 아이러니한 상황이 극의 흥미를 더하죠.

좋게 얘기해주시는 분이 많았는데, 정작 저는 송준이처럼 힘들었어요. 제 연기에 대해 아쉬움이 컸거든요. 시나리오 쓸 땐 송준이란 인물에게 더 많은 걸 채워 넣고 싶었거든요. 근데 물리적 여건이 따라와 주질 못했어요. 제가 제작도 해야 하지, 연출도 해야 하지, 의상도 골라야지, 이것저것 다 하다 보니 어느 순간 '멘붕'이 오는 거예요.

저의 다른 모습을 끄집어내고 싶은데 평소 말투와 행동이 좀 나와버렸죠. 저는 그럴 땐 희열을 못 느끼거든요. 가급적 새로운 모습이 나올 때 만족스러워요. 예를 들면 메릴 스트립 같은 배우가 그렇지 않나요. 맡는 배역마다 말투 행동과 몸가짐이 모두 다채롭잖아요.

★그간 출연해왔고 직접 찍은 영화 속 인물이 사회의 어두운 그늘 아래 살아가는 사람인 경우가 많아요. 좋아하신다는 영화만 봐도 그런 느낌이 들고요. 예컨대 다르덴 형제의 〈자전거 탄 소년〉(2011), 대런 아로노프스키의 〈더 레슬러〉(2008), 린 램지의 〈케빈에 대하여〉(2011) 같은. 두 번째 장편도 비슷한 느낌의 작품이지 않을까 싶어요.

　　　그런 게 제 삶과 가까운, 제가 잘 아는 이야기니까요. 최근엔 〈플로리다 프로젝트〉(2018), 〈보이 A〉(2007)라는 영화가 그렇게 다가왔죠. 〈분장〉에 이어 〈내 나이 열네 살〉이라는 영화를 찍으려고요. 억울하게 누명을 뒤집어 쓴 섬 마을 소년의 이야기예요. 15년을 수감한 뒤 출소해서는 도시의 홈리스로 거리를 정처 없이 떠돌게 되죠. 꽤나 가슴 아픈 이야기인데, 이번에도 출연까지 겸하려고요.

그는 자신을 '현재진행형 배우'로 불러달라 했다. 이제 시작이라는 것이다. 그도 그럴 것이, 아직 큰 영화 주연 한 번 꿰차지 못한 그다. 그래서일까. "더 무모해지겠다"며 그는 웃음 지었다. "불안하진 않아요. 설사 죽기야 하겠어요. 돈 떨어지면 다시 단역이라도 나가면 되지."

아마도 머지않은 일일 테다. 세상이 그를 알아보는 날이 오는 것은. 그는 아직 가능태로서의 배우, 그리고 감독이지 않은가.

이주영

비범한 아우라,
무(無) 경계의
배우

〈독전〉 농아 남매, 독(毒)하게 찍다

때는 2016년 가을의 일이다. 임승용 용필름 대표와 서촌의 어느 술집에서 마주 앉은 것은. 타 신문사 선배와의 오붓한 저녁 자리였는데, 이날 임 대표가 입에 침이 마르도록 절찬한 영화가 하나 있었다. 15분짜리 단편 〈몸 값〉(감독 이충현·2015).

복기하노라면, "이충현 감독이 영화배우 못지않은 절세 미남이다" "거기 주인공인 이주영 씨 연기가 장난이 아니다" "결말이 상당히 충격적이다" 등의 말들이 그의 입가로 발화하며 테이블 어귀로, 그 위로 어질러진 술병들 사이로 이리저리 윤무를 했던 것 같다.

〈몸 값〉은 소문대로 놀랍고 섬뜩한 영화였다. 배경은 어느 비좁은 모텔룸. 화면이 불을 밝히면 정중앙 창가에 담배를 태우는 여고생 주영 (이주영)의 뒷모습이 나타난다. 곧이어 검은 정장 차림의 마른 사내가 약속이나 한 듯 들어서고, 아마 교복인 듯한, 흰 셔츠에 붉은 넥타이, 붉은 치마를 입은 주영이 그를 밝게 맞는다. 맞다. 이들은 지금 조건만 남, 그러니까 성매매를 하려던 참이다.

화면이 미세하게 떨리는 가운데 둘의 대화는 지속된다. 주영은 왼편 소파에 기대어 앞서 태우던 담배를 이어 태우고, 사내는 우측 소파에 앉아 주영의 '처녀성'을 끊임없이 캐묻는다. 그러다 100만 원에서 시작한 '몸 값'은 7만 원으로 직하하는데, 이상하게도 주영은 괘념하지 않는다는 투다.

이주영은 기이한 배우였다. 이미지부터가 그랬다. 외꺼풀의 중성적 느낌의 얼굴, 나른하고도 심드렁한 무채색 표정, 다소 웅얼거리는 일상조의 힘 뺀 연기, 휘적거리는 174센티미터 장신……. 긴 기간 프로 모델이었고, 그러다 배우 길에 뛰어들었으며, 〈몸 값〉이 생애 첫 영화라는 게 그에 관한 정보의 전부였다.

조금 더 알고 싶어졌다. 배두나의 신인시절이 떠오르는 그를 알기 위해선 최소한 장편 하나쯤은 더 봐둘 필요가 있어 보였다. 그게 〈독전〉(2018)이었다.

★〈독전〉에서 배우님이 연기한 농아 동생 주영(농아 오빠는 김동영 배우가 연기했다)

이 굉장히 비범하게 다가왔어요. 거친 캐릭터들이 많은 영화인 데다 농아이고, 마약 제조가라는 설정 또한 만만찮을 것도 싶고. 부담이 컸을 텐데요?

처음엔 전혀 없었어요. 우선 원작인 〈마약전쟁〉(감독 두기봉·2014)을 오디션 전에 미리 봤어요. 거기 농아 형제가 굉장히 흥미롭게 그려지더라고요. 이걸 리메이크하면 형제 역에 누가 캐스팅될까 궁금했는데, 남매로 바뀔 줄은 몰랐어요. 처음 오디션 본 건 여형사랑 여고생 수정이었어요. 그러다 남매 역할로 바뀐 거죠. 부담은 캐릭터 준비하면서 시작됐어요. 아무래도 제 연기 스타일이 그렇거든요. 한 듯 안 한 듯한 연기랄까요. 그런데 보셨다시피 극 중 농아는 표현이 커요. 말을 할 수 없으니 몸을 섞어가며 소통해요. '아, 평소 연기 스타일, 말하는 스타일과 반대구나'라는 생각이 들고부터 만만치 않겠다, 매력적이지만 어렵겠다 싶었어요.

★차에서 내린 락(류준열)과 해후하는 첫 등장부터 시선을 잡아끌더군요.

거리낌 없는 느낌을 줘야 했어요. 락과 농아 남매간에 가족 같은 분위기를 풍기려면 약간은 함부로 대하기도 하는 그런 모습이 포인트이지 싶었는데, 그런 게 잘 산 것 같아요. 그리고 이들 대화를 형사들한테 통역해주는 여자가 나오잖아요. 그분이 맛깔나게 잘 해주셔서 더 재밌게 봐주신 게 아닐까 해요.

★캐스팅은 어떻게 이뤄졌나요?

〈독전〉을 제작하신 용필름 임 대표님께서 재작년에 〈몸 값〉을 극장에서 트신 걸로 알아요. '용필름의 밤'이라는 송년회에서요. 거기

참석하신 감독님 중 이해영 감독님도 계셨고요. 그때 받은 저에 대한 인상이 좋으셨는지 오디션 기회를 주신 거죠. 애초 염두에 둔 거랑 달리 농아 역에 더 잘 어울리겠다며 형제를 남매로 아예 바꾸셨어요.

★본인 연기에는 만족하셨나요?

고생했던 것만큼 나온 것 같아요. 15회차에서 18회차 정도 찍었어요. 처음 준비할 때 이런 생각이 들더라고요. 사람들이 날 봤을 때 완전한 남자인지 여자인지 헷갈리는, 조금 궁금증이 드는 아리송한 느낌으로 가자, 남자와 여자의 중간 느낌이면 더 좋겠다 하고요. 제가 머리도 짧고 키도 큰 데다 볼륨감도 없고 옷도 헐렁하게 입으니 그런 걸 살리면 되겠다 싶었어요.

★말을 못 하니 수화를 쓰는 캐릭터였어요. 연습 과정이 짧진 않았겠다 싶더라고요.

3~4개월 연습했어요. 동영이(이주영 배우가 한 살 위)랑 같이 충정로에 있는 수화센터를 1~2개월 다녔어요. 이걸 연극처럼 딱 맞춰 가지 않으면 촬영장에서 아무래도 헤맬 것 같았거든요. 처음엔 손이 움직이는 모양 위주로 습득을 했어요. 그런 걸 하면서 나머지는 각자 다큐멘터리를 찾아본다든지, 청각장애인이 나오는 영화를 보고 그랬죠. 〈트라이브〉(2015·칸영화제 비평가주간 대상작)라는 영화를 많이 참고했어요. 청각장애인들이 나오는데, 자막 없이 수화로만 대화를 하거든요. 그리고 〈나는 귀머거리다〉라는 웹툰도 봤죠. 그분들의 삶을 이해하는 데 많은 도움이 됐어요.

★극 중 수화를 하면서도 소리를 조금 내시더군요.

　　제가 배우기로, 청각장애인들 중 사회성이 있는 분들은 대체로 소리를 잘 안 낸대요. 아시다시피 일반 청인들한텐 이상하게 다가올 수 있잖아요. 그래서 학교를 다니거나 일을 하면서 사람을 많이 만나는 분들은 소리를 거의 안 낸다 하고요. 반면 옛날 분이거나 사회성이 떨어지면 소리를 많이 낸다고 해요. 〈독전〉의 농아 남매는 폐쇄적인 곳에서 거칠게 남 신경 안 쓰고 사는, 어떤 면에서 사회부적응자잖아요. 그래서 감독님한테 소리 디렉션을 받고 그런 방향으로 연습했죠.

★마약 제조 신도 흥미로워요. 극 중 형사들이 "우리는 박카스인데 쟤네들은 약 빨았잖아"라고 말할 땐 객석에서 다들 폭소하더군요. 그런 대사도 재밌는데, 거친 음악을 틀어놓고 30시간 내리 마약을 제조한다는 설정도 눈길을 끌더라고요.

　　일단은 농인들이 음악을 듣는다는 게 어떤 느낌일까 상상이 잘 안 갔어요. 그것도 수화를 공부할 때 많이 물어봤는데, 그들은 진동으로 음악을 느낀대요. 그래서 엄청 크게 틀고 창문이 흔들릴 정도로 하는 설정이 들어간 거죠. 사전에 유튜브로 청각장애인 분들이 춤추시는 영상을 참고했어요. 제가 춤을 잘 추는 편은 아니지만 평소 추는 대로 해야겠다 싶었어요. 약 제조는 제가 아무것도 모르니 〈브레이킹 배드〉(2012~2013)라는 미국 드라마를 참고했고요. 거기에 약을 제조하는 게 디테일하게 나오거든요. 그러면서 아, 얘네들은 이렇게 만들겠지 혼자 상상하며 놀이하는 느낌으로 했어요.

〈독전〉에는 꽤나 강렬한 신이 있다. 배경은 이제 막 형사들이 진입한

폐공장 내부. 어디에선가 농아 남매가 유령처럼 출몰하더니 형사들을 급습한다. 빠르게 쇼트가 이어지는 가운데 저 멀리 후경에서 주영이 모습을 드러낸다. 어느 한곳을 무심히 노려보고 있는 서늘한 표정이다. 그러던 그가 돌연 쌍권총을 꺼내 난사하더니 화면 왼쪽으로 유유히 사라진다. 이주영은 "NG 없이 한 번에 찍은 신"이라며 웃음 지었다.

★진짜 총이었나요?

그럼요(웃음). 한 번도 쏴본 적이 없어서 매일 사격장과 액션스쿨을 오갔어요. 이렇게도 움직여보고, 저렇게도 움직여보며 연습했죠. 제가 여자이고 동영이랑 달리 총을 쏴보질 않았으니, 스태프들까지 걱정 많았던 신이었어요.

★리허설은 얼마나 했어요?

한 시간 정도요. 양평에 있는 세트장에서 공포탄 장전된 권총으로 서너 번 정도 했어요. 한 번 찍고 나면 다시 세팅하는 데 시간이 오래 걸리는지라 NG를 최소화해야 했죠. 제가 옆으로 쓱 게처럼 움직이며 사라지잖아요. 밑에는 유리 파편이 어질러져 있고 아주 난리가 나 있죠. 사실 리허설 때 슬리퍼를 신고 있었는데, 저도 모르게 자꾸 밑을 봤어요. 무겁기도 무거운데 소리도 크고 반동도 굉장하잖아요. 귀마개를 껴야 했죠. 그러다 리허설 끝나고 촬영에 들어가니 다행히 바닥을 안 보게 됐어요. 그리고 그 순간 햇볕이 대각선으로 유리창을 지나 바닥으로 쭉 쏟아졌어요. 그 그림이 예뻤던지 감독님이 흡족해 하셨던 것 같아요.

조숙했던 키다리 숙녀

이주영은 1987년 부산 출생이다. 태어난 지 일 년 만에 상경하고선 도봉구 창동에서 쭉 컸다. 또래들에 비해 유독 키가 큰 데다 빼빼 마른 소녀였다. "스물다섯 살까지도 자라더라"고 했다. "콤플렉스였죠. 귀여움 받고 싶어도 나이에 비해 조숙했으니까요." 자연히 어른스러워야 한다는 강박이 따라오곤 했다. 실제로도 그랬다. 그 시절, 패션잡지라는 패션잡지는 모조리 탐독했다. 『보그 걸』 『엘르 걸』 『신디 더 파키』 등 안 본 것이 없었다. 예쁜 사진들이 좋았고, 그 사이 활자들도 즐겨 읽었다. 그러다 서서히 패션모델이라는 꿈을 키우게 된다.

★모델 일은 언제부터 했어요?

고2 때부터요. 옷에 대한 관심이 많아 자연스럽게 에이전시를 알아보게 됐어요. 모델은 고교생도 하니까요. 아빠랑 회사를 찾아가 오디션을 봤어요. 그리고 3개월 수료 과정을 밟았는데 아, 근데 이 업계가 굉장히 치열하더라고요. 쇼마다 오디션을 봐야 해요. 전속이 돼 마음이 처음엔 붕 떴는데, 현실은 잔인하더라고요. 그때그때 탈락 여부가 가려지니까. 번번이 떨어졌어요. 그렇게 고배를 계속 마시다 보니 마치 제 존재가 부인당한다는 생각마저 들더라고요.

★전속모델이 된다고 다가 아니군요.

그럼요. 달리기를 한다면 출발선에 이제 막 선 상태에 불과해요. 제가 워킹 연습만 3년가량 미친 듯이 했어요. 인생의 쓴맛은 그때

배우로서 성정체성에 대해 경계
없는 연기를 보여주고 싶어요.
제 여성성을 부각시켜야 한다는
강박이나 욕망 같은 것도 없어
요. 그렇다고 남자처럼 보여야
한다는 것도 아니고요. 다만, 선
을 긋지 않으려고요. 그저 좋은
캐릭터로, 저만의 개성으로 대
중에게 천천히 다가가려고요.

다 본 것 같아요. 목표 지향적인 성격이다 보니 안 풀리는 것이 있으면 스트레스가 이만저만이 아니거든요.

★목표 지향적이라…….

　　이런 거죠. 3개월 정도 하루도 쉬는 날 없이 일만 한 적이 있어요. 욕심이 많았어요. 쉬어야 하는데 일이 들어오면 절대 거절 안 하고 계속했죠. 그러다 '번아웃 증후군'이 와요. 왜, 사람이 휴식을 취해야 계속 뭔가를 할 수 있잖아요. 일과 휴식의 밸런스랄까, 그런 것에 그땐 정말 무지했어요. 그러다 어느 순간 내가 꿈의 노예가 돼버리면 내 삶이 송두리째 흔들리겠다라는 위기감이 들더라고요.

★대학은 동덕여대 모델과로 진학하셨죠. 프로 모델로 일한 건 2학년 때부터라고 들었어요. 프로 모델로 무대에 오르는 건 어떤 느낌이었나요.

　　처음에는 너무 떨리죠, 뭘 하고 온 건지도 모르겠고, 사진이 찍힌다는 것에 대해 이해도가 부족했고요. 그런 상태로 지속하다 보니 제대로 하는 것 같지 않았어요. 그럼에도 조금씩 나아지려고 줄곧 노력을 했죠. 잘하고 싶은 마음은 간절한데, 그럼에도 노력에 대한 보상은 적었어요. 이십 대 초반은 더더욱 좌절의 연속이었고요. 애초 마음먹은 게 이 길이 맞나, 회의가 왔죠. 처음에는 화려하고 예쁘고 대단해 보였는데, 날이 갈수록 캄캄한 터널을 지나는 느낌을 받는 거예요.

★반면에 〈독전〉에 함께 출연한 강승현 배우(여 형사 역)도 모델 출신이죠. 강 배우는 모델로서도 크게 성공한 드문 케이스(2008년 '포드 슈퍼모델 오브 더 월드' 1위

를 차지했다. 아시아인 최초였다)인데.

　　승현이는 같은 학교 같은 학번이에요. 스무 살 때부터 알고 지 낸 대단한 친구죠. 사실, 포드 대회를 제가 먼저 나가자고 권했었어요. 지원 마지막 날 승현이가 뒤늦게 지원을 했고 1위까지 해냈고요. 그런 승현이랑 이번에 〈독전〉에 함께 캐스팅되니 정말 신기하더라고요. 서 로 이런 얘기를 했어요. '와, 너랑 인연인가 봐. 우리가 전생에 부부였 나 봐'(웃음).

친구만큼은 아니었으나, 모델 일이 꼭 안 풀리기만 한 건 아니다. 때는 이십 대 중후반 무렵. 뉴욕과 밀라노, 싱가포르 등 세계무대에도 여러 번 섰다. 대부분 현지 에이전시를 손수 찾아가 오르게 된 값진 무대다. 기회만 생기면 지원 메일부터 넣었다고 한다. 그러다 "오디션 보러 오 라"는 회신을 받으면 짐 싸서 곧장 출국했다. 영어 한 줄 내뱉을 줄 몰 라도 구애되지 않았다. 그렇게 선 무대 중 하나가 세계적 브랜드 캐롤 리나 헤렐이 주최한 싱가포르 패션쇼였다. "영어는 하루 7~8시간씩 단기 로 연습해 기초회화만 갖춰 갔죠. 마침 결혼한 친구가 살고 있어서 신 세를 좀 졌고요."

모델 일 박차고 배우라는 길로

★배우가 되겠다는 생각은 언제부터 한 거예요?

　　어릴 때 패션잡지만 즐겨 읽은 건 아니었어요. 영화 보는 거랑 영화잡지 읽기도 굉장히 좋아했거든요. 초등학교 때부터 그랬어요. 비디오 가게들이 줄줄이 문을 닫을 때면, 처분하는 비디오를 다 사서 모았어요.

★비범한데요.

6학년 때였나요, 남북한비교문이라는 백일장에 나간 적이 있어요. 남북 사회를 비교하는 책을 읽고 관련 글을 쓰는 거였어요. 그때 최우수상을 받았죠. 글쓰기를 좋아했어요. 문예창작과를 복수전공했거든요. 뭐랄까, 글을 쓰면 마음에 얹힌 게 해소되고 뻥 뚫리는 것 같아요.

★어떤 영화를 좋아해요?

장준환 감독님의 〈지구를 지켜라〉(2003). 독특하잖아요. 아, 내가 이런 걸 좋아하네, 하고 제 취향을 알게 해준 작품이에요. 코믹하면서도 슬프고 어디로 튈지 모르고, 만화처럼도 다가오고. 그리고 〈어톤먼트〉(2008). 존 라이트 감독님이 인간 심리를 되게 세심하게 표현하는구나 싶더라고요. 또 〈룸바〉(2000)요. 화면이 멈춰 있고, 그러다 바뀌는 방식부터 색감이 아기자기한 게 참 예뻤어요.

★배우 데뷔의 직접적 계기라면요?

모델 일에 대한 회의, 우울감이 있었어요. 다른 길을 생각한 게 27~28세 즈음이었는데, 그때 연기학원을 일 년간 다녔어요. 근데 그걸로는 한계가 있더라고요. 아, 어떻게 돌파구를 마련할까. 내가 키가 크고 외모가 수려한 것도 아닌데 어떻게 경쟁력을 보여줄 수 있을까. 그냥 프로필을 보내는 걸론 부족해 보였어요. 그러다 아예 영상을 만들어 보여주기로 했죠.

★어떤 영상이었나요?

　　혼자 연습하며 찍은 게 있었고요. 이십 대 중반에 현대미술을 하는 친한 언니가 전시 영상이 필요하다고 해서 몇 번 작업을 한 적이 있어요. 외계인과 관련한 독특한 영상이었는데, 그때 찍은 영상까지 합쳐 3~4분짜리로 직접 편집했죠. 제 다양한 표정과 말투, 분위기가 묻어날 수 있게요. 사실, 연기학원을 다닌 것도 당시 전시 작업할 때 도와준 분들 권유가 있었던 거예요. 영화계 분들이셨는데, '너 연기 한 번 해봐, 괜찮다'고 추천해주셨던 거죠.

★그걸 이충현 감독한테 보낸 거군요.

　　맞아요. 이 감독님이 필름메이커스에 배우를 찾는다는 글을 올린 걸 본 거죠. 메일로 보낸 영상이 인상 깊으셨나 봐요. 사진에선 전해지지 않는 연기적 느낌과 스타일이 묻어났으니까요. 감독님이 그러시대요. "대충대충 웅얼웅얼거리는 말투가 인상적이시네요."

★15분 원신 롱테이크이기에 단편이라 해도 촬영이 만만찮았겠어요.

　　회차가 1회만 추가돼도 제작비가 2배로 늘어요. 그래서 하루에 끝내는 게 목표였죠. 2개월 정도 주에 한 번씩 3~4시간 만나 연습했어요. 그렇게 최대한 입에 잘 붙는 대사로 감독님이 대본을 수정하고 그렇게 두 달을 보냈고, 촬영 전날에도 가평 촬영지에서 리허설을 했어요. 다행히 애초 목표대로 하루 만에 끝마쳤죠.

★〈몸 값〉이 부산국제영화제부터 국내외 영화제 단편 부문 수상은 휩쓴 걸로 알아요. 이후 캐스팅되는 데 적잖은 도움이 되었을 텐데.

아뇨, 공개되고 일 년 반 동안 아무런 일도 없었어요. 영화가 영화제를 한참 돌던 시기였는데도 불구하고요. 그런데 신기한 게, 이후부터 바이러스 퍼지듯 저를 알아봐주는 관계자 분들이 늘더라고요. 이제 겨우 첫 영화인데 팬이라고 하시는 분도 계시고. 그러다 〈독전〉 오디션을 봤고, 드라마 〈라이브〉에도 캐스팅됐고요.

그에 관해 눈여겨볼 것이 더 있다. 지금까지 소화한 배역들 면면이다. 장기밀매업자(단편 〈몸 값〉)로 출발해 네발자전거 서커스단원(단편 〈걸스 온 탑〉), 사이코패스 살인마(단편 〈코코코 눈!〉), 마약 전문 기술자(〈독전〉)까지 어느 하나 범상치가 않다. 제19회 전주국제영화제 출품작인 〈나와 봄날의 약속〉(2018)에서도 그가 분한 건 정체불명의 외계인이었다.

흔히들 한국 영화계를 여성 캐릭터 불모지라 부른다. 다양한 빛깔의 여배우를 마주하기가 그만큼 쉽지 않아서다. 그렇기에 저 이주영이라는 배우야말로 이 땅에 혜성처럼 나타난 하나의 '가능성'이자 '리트머스지'처럼 여겨진다. 감사한 일이다.

이 같은 이야기를 중구난방 늘어놓으니, 그는 잠시 허공을 바라봤다.

무언가 할 말이 있어 보였다.

"왜 여자 캐릭터가 부족할까를 생각해보면요. 이 사회가 아직도 남성 중심 사회라고들 하잖아요. 얼마 전 〈히든 피겨스〉(2017)라는 영화를 봤어요. 되게 놀란 것이 유색인종 화장실이 미국에서 사라진 게 그리 오래된 일이 아니라는 거였어요. 여자들이 사람 취급을 못 받고 도구화되던 시절이 불과 얼마 전 일이었다는 거죠. 지금 이렇게 사회에서 여자들이 누리는 권리들이 100년 전만 해도 말도 안 되는 거였다는 거죠. 이 모든 걸 상기할 때면 흠칫 놀라요. 그래서라도 저는요, 배우로서 성정체성에 대해 구분 없는 연기를 펼쳐 보이고 싶어요. 제 여성성을 부각시켜야 한다는 강박이나 욕망 같은 것도 없어요. 그렇다고 남자처럼 보여야 한다는 것도 아니고요. 다만, 선을 긋지 않으려고요. 그저 좋은 캐릭터로, 저만의 개성으로 대중들에게 천천히 다가가려고요."

photo_ 마일스톤컴퍼니 제공

남명렬

독서는
구원의 한
양식이었다

제약회사를 그만두다

나이 서른셋에 남들 다 좋다는 제약회사를 그만뒀다. 일 년 벌어 모은 돈으로 부모 도움 없이 결혼하고 가정도 일군 제법 능력 있는 남자였지만, 이 모두 스스로 박찼다. 때는 1991년, 입사한 지 6년째. 결행의 이유는 간명했다. 연기를 하고 싶어서였다. 대학 시절 교내 동아리에서, 회사원일 땐 극단에 반쯤 몸을 걸친 채로 본업과 병행해오곤 했다. 그러나 그걸로는 불충분했다. 언제고 그렇게 어중간한 좌표점에 머무를 수만은 없었다. 결국엔 선택을 해야 했다. 그것도 오롯한 나의 의지로.

'나답게' 살고 싶었다. 남들 바라는 대로, 부모가 바라는 대로, 세상이 부추기는 모양과 형태대로 더는 살고 싶지 않았다. 살아가는 것이 아닌 살아지는 삶. 그런 삶은 지금껏 해온 것만으로도 충분했다. 그러니 지연시킬 수 없었다. 더 늦기 전에 내가 즐길 수 있는 이 '길'로, 잘할 수 있는 '배우'라는 길로 직행해야 했다.

주변의 소란을 감내하며 그렇게 연극판에 뛰어들었다. 인생 2막의 시작. 무대 위에서의 삶은 판이했다. 소모되는 것이 아닌 채워지는 삶. 하루하루 내적인 충만감에 부풀어 올랐다. 회사원의 삶이 타의에 의해 살아지는 삶이었다면, 배우로서의 삶은 달랐다. 내 삶의 지평을 스스로 개척한다는 흥분과 설렘. 그것만으로도 족했다.

하지만 인생은 한편으로 공평했다. 경제난이 그림자처럼 따라붙었다. 아내가 있고 어린 자식이 있었으므로 가장의 책무 또한 무시할 수 없었다. 곤궁한 삶이 이어졌다. 아내는 "2년간 생계를 책임질 테니 그사이 승부를 걸어달라"며 지지해줬으나, 오래가지 않았다. 결국 그녀는 떠났고, 그는 그렇게 덩그러니 홀로 남겨졌다. 긴긴 세월, 새 아내를 맞기 전까지 고독한 예술가로서의, 수행자로서의 삶이 지속됐다.

돌아와 앉으면 습관처럼 책을 읽었다. 문학과 예술, 역사와 심리, 철학과 과학 등 분야와 종류를 가리지 않았다. 독서는 황량한 내면을 메우는 비옥한 거름이었다. 삶의 커다란 자양제였다. 그리고 구원의 한 양식이었다. 물질이 비워질수록 내면은 채워졌다. 내면이 채워질수록 연기는 더더욱 빛이 났다. 그렇게 흐른 세월이 25년. 언제부터인가 세상은 그를 '가장 지적인 배우'로 부른다.

배우 남명렬의 소이연을 거칠게나마 스케치해봤다. 필모그래피를 되짚지 않은 건 부러 의도한 것이다. 그의 숱한 출연작들을 그러모아 하나의 이미지를 축조해보려는 건 대개 부질없는 시도로 끝날 공산이 커서다. 말하자면 그는 하나의 이미지로 환원되기 힘든 배우다. 천 개의 배역이 있다면 그는 아마 천 개의 이미지를 선보일 것이다. 그는 주어진 배역을 자신에게 꿰맞추지 않는다. 아예 그 인물로 들어간다. 그런 다음 새롭게 재탄생시킨다.

영화 〈탐정: 리턴즈〉에서도 마찬가지다. 그가 분한 우원일 원장은 세상이 부여한 가치체계로는 다분히 광인에 가까운 인물이다. 그는 자신의 잘못된 신념에 입각해 악행을 벌이는 히틀러형 범죄자이지만, 자신은 사회적 공동선에 기여하고 있다고 진심으로 믿는다. 아마도 이런 인물이야말로 배우에겐 제일 난감할 것이다. 사적 윤리의 기준으로는 도무지 납득하기 어려울 테니까 말이다.

그러나 그는 해낸다. 카메라를 들이미는 그 순간 그는 적어도 우원일 원장 자체가 된다. 인간 남명렬을 지우고, 스스로를 아예 새 존재로 탈바꿈시킨다. 이것은 물론 당면한 배역에 대한 치밀한 탐구에 바탕한 것이다. 대중이 원하는 하나의 가공된 이미지, 구성된 이미지가 아니어서다. 매순간 카멜레온처럼 변할 수 있는 무정형의 배우가 바로 그여서다.

은백색의 짙디짙은 머릿결, 그것만큼이나 은빛으로 물든 코밑 그리고 턱 아래 수염, 은근히 양 눈을 덮고 있는 작고 동그란 은테 안경, 179센티미터의 마른 장신을 부드럽게 감싼 무채색 양복. 그가 자아내는 내외적 인상을 몇 마디 언어로 해명하기란 어려운 일이다. 턱밑에 가만히 손을 얹을 적이면 그는 세계의 진리를 탐하는 고뇌하는 철학자의 모습에 가까워진다. 미간을 살짝 찌푸린 채로 말없이 골똘히 생각에 잠겨 있을 땐 이편이 아닌 저편의 세계를 응시하고 있는 수도자의 모습이 포개어진다. 그러다가도 일순간 커다란 두 눈을 반짝이며 미소지을 땐 호기심 많은 소년의 천진함마저 느껴진다.

그러므로 미리 말해둘 것이 있다. 그를 학자나 의사, 판사 등의 전문 지식인의 이미지로만 소비해서는 곤란하다고. 그것이야말로 그의 절반만을 알고 나머지 절반은 외면하겠다는 처사에 다름없는 것이라고. 그를 만나기로 한 건 그래서였다. 베일에 싸인 그의 이미지의 나머지 절반을, 그 내밀한 삶의 궤적을 들여다보고 싶었다. 자기 삶이 충만한 배우일수록 타자의 삶도 훌륭히 체현해낼 것이다. 그가 바로 그런 배우일 것 같았다.

다독으로 다진 세월

★영화 〈탐정: 리턴즈〉에서 연기하신 우원일 원장 얘기부터 해보죠. 캐릭터가 반전이 있어요. 그릇된 신념의 과잉이 빚어낸 어떤 뒤틀림이랄까요. 그 비밀을 감추고 있다가 종래엔 들통이 나는데, 스스로 범죄를 저지르고 있다고 여기진 않

더군요. 매우 지적이고 품위 있는 이미지 이면에 깃든 광기, 그것을 잘 표현해 주신 것 같아요.

제일 구제받기 힘든 게 신념에 의한 범죄일 텐데요, 이를 실행하고 있는 사람이지요. 잡혀가면서도 스스로는 사회를 위해 기여하고 있다고 믿으니까요. 어찌 보면 이것은 히틀러식 사고 체계가 아니었을까 해요. 히틀러식 사고 체계는 인종적으로는 아리안족만 우수하고, 나머지는 열등하다고 보죠. 동성애자, 유대인 등은 장애가 있는 열등 개체라고 보는 거예요. 그러니 사회적으로 배제시키려 했겠지요. 우 원장이 보는 것도 그런 관점이었던 것 같습니다. 버려진 아이로 태어나 자라보았자 이 사회에 별반 기여하지 못할 것이 뻔하다는 것. 사회의 잉여로 남을 확률이 높을 이들의 건강한 장기라도 적출해 사회에 기여할 수 있다면, 이 사회에 필요하다고 여겨지는 이들에게 그것을 준다면, 그게 외려 좋은 일 아니겠느냐고 굳게 믿고 있지요. 그런 일련의 추측들을 해보면서 이 캐릭터에 몰두했어요. 재밌었어요.

★자기 신념을 맹종하는 캐릭터가 처음은 아니시죠? 워낙 분야와 경계를 막론하고 활동해오셨으니까요. 그간 연극만 80여 편, TV 드라마는 40여 편, 영화도 20여 편 출연하신 걸로 알고 있어요.

처음은 아니지요. 우 원장만큼 악한 캐릭터는 아니었지만요. 음, 연극 중에 〈가족이란 이름의 부족〉이라고 있어요. 한 가족의 아버지를 연기했는데, 그 아버지는 지식인이기도 하고, 교수이기도 해요. 지식인임에도 상소리를 거침없이 해대는 꽤 재미난 캐릭터였어요. 그런데 제 시선이 거의 무조건적으로 옳다고 보는, 자기한테 갇힌 사람이죠. 가족에게도 끝없이 생각을 강요해요. 잔소리하고, 스트레스 주고요. 그런데 말예요, 우스갯소리인데 정말 자기 생각대로, 자기 시선대로만 살면 일상에서 스트레스는 덜 받지 않을까 싶더라고요. 고민이 적어질 테니 말이죠(웃음).

그의 답변은 대체로 문어체적이었다. 오랜 독서의 세월이 그의 입가로 발화하는 언어들마다 짙게 흔적처럼 배어 있었다. 말투는 느린 편이었으나 표현은 명료했고 말마디엔 막힘이 없었다. 마치 가지런히 다듬어진 산책로 위를 걷는 듯했다.

★국내 배우님들 중 가장 다독하신다고 들었어요. 배우님에게서 풍기는 지적인 이미지는 좀처럼 위장 같지가 않습니다. 기존의 일상에서 풍겨 나오는 어떤 지적인 무드가 지금의 이미지에 그대로 투영돼 있는 것 같달까요. 평소 얼마나 독서를 하시고 배우에게 독서란 어떤 의미를 갖는지 궁금하네요.

　　　제가 서울 돈암동에 살고 있어요. 아파트 방 한쪽이 제 서재인데 책장이 7개 정도 되죠. 책상이랑 책장을 빼고 다른 가재는 없어요. 전부 책들이에요. 그냥 매일 하는 취미가 독서여서 얼마나 읽는다고 말하는 건 무리인 것 같습니다. 독서 행위의 의미라. 제 말이 옳을 수도 틀릴 수도 있을 겁니다. 배우 일 자체가 다양한 분야의 배역을 맡을 가능성이 항상 내재해 있지요. 그런 것이기에 깊진 않아도 폭넓게 읽는 건 굉장한 도움이 된다고 봐요. 배우가 어떤 배역을 소화해야 할 때 그 배역이 특정 분야의 전문가일 수가 있죠. 사실 진짜 전문가가 될 필요는 없어요. 불가능한 일이고요. 그리고 진짜 전문가가 된다면 되레 연기에 방해가 될 겁니다. 제가 보기에는요. 적어도 그 밑 단계까지는 필요하지 않나 해요. 앞으로 어떤 배역이 주어질지는 모르겠지만 만약 준비에 들어가야 한다면 언제라도 접근 가능할 수 있도록요. 그래서 배우가 평소 다양한 분야의 책에 관심을 두는 게 좋다는 생각이에요.

★배우가 연기하는 인물의 깊이는 그 배우가 이해하는 세상의 깊이에 비례한다는 말씀 같아요. 다른 얘기지만, 6년 전쯤에 어느 문화행사에서 책 몇 권을 추천해주셨더군요. 메모해왔는데요. 리영희 선생의 『대화』, 박범신 작가의 『은교』, 사진작가 스콧 슈만의 『사토리얼리스트』, 철학자 한병철의 『피로사회』, 그리고 『배우의 길』 『털 없는 원숭이』 『만들어진 신』. 어느 한 분야에 편향되지 않은 목록이더군요. 그간 또 무수한 책들을 읽어오셨을 텐데, 인상 깊게 보신 책이 있으시다면요.

　　(고민하며) 유홍준 교수의 『추사 김정희』, 그걸 가장 최근에 읽었어요. 좋더라고요. 추사의 글씨를 매우 좋아하거든요. 유 교수가 쭉 완결형으로 자기 연구를 책으로 엮었던데, 썩 재미있었어요. 글도 흥미롭게 잘 쓰잖아요. 저처럼 얇고 넓게 읽는 사람에겐 더더욱 좋죠. 그리고 인상 깊게 읽은 책이 몇 권 있는데, 세 권 정도만 떠오르는 대로 언급해볼게요. 『예술가의 나이듦에 대하여』 『애도하는 사람』 『한국인이 캐낸 그리스 문명』이에요. 제 개인적 감상평을 들려드리기보다는 그냥 읽어보시길 권하고 싶네요.

존재감 없던 소년

★어린 시절부터 혼자 고독하게 독서에 전념하는 문학청년 이미지에 가깝지 않았을까 싶어요. 수업 중에도 창가에 앉아 바깥을 바라보고 있는, 신비주의적 느낌을 자아내는 그런 소년. 여학생들한테 편지도 제법 받으셨을 것도 같고(그는 대전 토박이다. 초·중·고교, 대학교 모두 대전에서 나왔다).

(웃으며) 아뇨, 전혀요. 그렇지도 않아요. 제가 늦깎이에 배우가 됐잖아요. 중·고교 이후 연락이 끊긴 동창들이 뒤늦게 제가 배우가 된 걸 알면 다들 놀라요. '네가 배우를 해?' 이런 반응이죠. 저는 존재감이 별로 없는 아이였어요. 나서지를 않았어요. 사고 한 번 안 쳤고요. 범생이였죠. 그렇다고 성적이 아주 빼어나지도 않았고요. 우등상 주기엔 그렇고, 근데 뭔가 상은 하나 쥐여줘야 할 것 같은, 그런 느낌의 학생. 그럴 때 주는 게 뭘까요. 선행상이죠(웃음). 선행상만 몇 번 받았던 것 같아요.

★그 시절 이미 키도 훤칠하셨을 것 같고, 이목구비도 시원시원하셔서 단연 눈에 띄셨을 듯한데.

중학생 땐 조그마했어요. 한 반에 60명 정도 있었는데 키 순서대로 번호를 정했었죠. 중학교 때 제가 15~16번 정도였어요. 작은 축이죠. 그러다 고교 2학년 때부터 확 크더라고요. 일 년에 10센티미터씩 자랐어요. 2학년 때 40번이 넘어가더니 3학년 땐 50번이 넘어갔어요. 그래서 중학교 동창들이 보면 "네가 이렇게 컸냐"고 다들 놀라요. 아까 제가 조용했다 그랬잖아요. 극작가 중에 김태수라고 있어요. 『옥수동에 서면 압구정동이 보인다』를 쓴 친구죠. 한때 대중연극계에 의미 있는 작품이었어요. 아무튼 태수가 고교 동창이에요. 2학년 때 같은 반이었고요. 나중에 얘기를 하는데 그러대요. 제가 동창인 것도 몰랐다고요. 그만큼 존재감이 없었어요. 태수는 매일 앞에서 기타 치고 노래하고 놀던 인기 많은 친구였는데, 저는 있는 듯 없는 듯 그랬으니 (웃음).

일탈 한 번 부려본 적 없는 소년이었다. 실상 사춘기랄 것도 없었다. 가지런히 갠 셔츠처럼 구김 없이 맑고 반듯했던 소년. 남명렬은 1959년 4남매 중 둘째로 태어났다. 위로는 누나가, 아래로 남동생과 여동생이 있다. 그는 "착하고 부모님 속도 한 번 안 썩힌, 이 사회의 일반적인 폼(form)에 딱 맞는 학생이었다"고 했다.

'인생은 선택의 연속'이란 말은 당시 그에겐 해당되지 않았다. 별다른 선택의 기로에 놓여본 적 없어서였다. 충남대 농대에 간 것도 성적에 맞춘 것일 뿐이다. 제약회사 영업직도 마찬가지였다. 임학과 졸업 후 남들 다 하는 대로 지원했고 한 번에 덜컥 붙었다. 때는 1985년, 봄의 일이다. 그 시절을 회상하던 그가 한마디 덧붙였다. "솔직히 저는 저의 이십 대가 구체적으로 떠오르진 않습니다."

★무슨 이유에서죠?
　　스스로 뭔가 결정하며, 주체적으로 선택하며 살질 않아서죠. 다들 그렇듯 고교 졸업하고 예비고사 보고, 점수 맞춰 대학 가고 졸업하면 적당히 취업하는 그런 규격화된 삶이었어요. 그땐 지금처럼 취직이 힘들지 않았어요. 다들 취직하고 돈 벌고 결혼하고, 결혼하면 애 낳고 그랬죠. 제 이십 대가 그랬지요. 제가 다닌 일동제약이 괜찮은 회사였어요. 보수적인 회사인데 직원들 대우도 썩 좋았고요. 일 년 번 걸로 장가 밑천을 다 마련했으니까요.

★ **부모님께선 자랑스러워 하셨겠어요.**

그렇죠, 걱정을 전혀 안 하셨어요. 근데 저는 심정적으로는 알았어요. 부모님이 '우리 큰아들' 하시지만, 연년생인 남동생에게 거는 기대가 더 크다는 걸요. 남동생이 공부를 저보다 빼어나게 잘했어요. 걔는 별문제 없이 의대에 진학했고 지금 대전에서 병원장을 하고 있지요.

★ **임학과를 지원한 게 독특한데요.**

(웃으며) 처음엔 아버지와 상의했어요. 서울에 있는 공대를 쓰겠다고요. 펄쩍 뛰시더라고요. 누님이 아직 대전에서 대학 다니던 때였어요. 연년생인 남동생은 실수가 없으면 이듬해에 의대 진학이 확실한 수재였고요. 그러니까 제가 대학 들어가는 해에 대학생이 2명이 되고, 그 다음 해에 3명이 되는 거였어요. 등록금 부담이 클 수밖에요. 아버지가 그러셨어요. 서울 하숙비까진 못 대준다고요. 게다가 사립은 등록금도 비싸잖아요. 결국 선택지는 충남대뿐이었어요. 입학비도 사립대보다 3배가량 싸요. 당시 충남대 입학비가 8만 원이면, 서울 사립대는 25만 원 정도 했거든요. 아무튼 급하게 선회해서 충남대에 간 겁니다. 그러니 약간 소심해지는 거예요. 당시 학교별로 시험 준비를 따

로 해야 하는데 급하게 다른 곳을 준비하게 됐으니. 그래서 공대 말고 커트라인이 좀 더 낮은 농대를 지원했어요. 나중에 시험 성적 보니 공대 넣었어도 갔을 수준이더군요(웃음). 그리고 당시 1학년은 농업계열, 공학계열, 문학계열 하는 식으로 묶여 있었어요. 2학년부터 전공을 지원하는 거죠. 저는 애초 원하던 계열이 아니었다 보니 1학년 성적이 별로였어요. 평균 C0 정도였나요. 그러다 마침 아는 형이 임학과인데 네 성적으로도 가능할 테니 써보라 해서 임학과가 전공이 된 겁니다.

서른셋에 내린 첫 결단

★그렇게 임학과 졸업하고 6년간 직장 잘 다니시다가 그만두게 된 계기는 뭔가요?

뭐랄까, 어느 순간 '더 이상 이 길이 내 길이 아니다'라는 느낌이 왔어요. 영업 일 자체가 체질에 안 맞았어요. 그런 답답함이 목울대까지 차올랐을 때 결국 그만둔 거죠. 그게 서른셋일 때 얘기예요. 난생처음 내 인생에 대해 스스로 선택하는 순간이었죠.

★그렇다고 갑자기 연극판에 뛰어든 건 아니시죠. 연극과의 첫 만남은 언제부터인가요?

충남대 1학년 때 연극반 동아리에 들어갔어요. 처음엔 관현악단에 지원했고요. 이유가 있었어요. 고교 시절부터 관악기에 대한 로망이 있었거든요. 제가 다닌 고교(보문고)에서 관현악단 '브라스밴드'가 썩 유명했죠. 저는 그 밴드가 공연하는 걸 보면 가슴이 막 뛰었어요. 그래서 1학년 때 한번은 단원 모집을 하길래 부모님과 상의를 했죠. 하지만 착한 학생이잖아요. '무슨 딴따라냐, 공부나 해라'고 화를 내시니 금방 포기했어요. 그리고 대학을 갔는데 관현악단이 있길래 플루트 단원에 지원한 거예요. 저를 포함해 남자 한 명, 여자 한 명 해서 총 세 명이었죠. 1학년들은 오후 여섯 시부터 연습실에서 선배들이 매일 연습을 시켰어요. 첫 주는 잘 나갔죠. 그런데 말이죠. 대학 수업이 매일 여섯 시에 끝나진 않잖아요. 낮 열두 시나 오후 두 시에 끝나기도 하고요. 그럼 공강은 뭘로 메워요. 좀 그렇더라고요. 그러다 둘째 주에는 서너 번, 셋째 주에는 두 번 정도 갔어요. 그렇게 한 달이 지나니 나머지 두 친구는 결석 없이 계속 연습을 했는지 간단한 곡 하나 정도는 얼추 연주를 하대요. 저는 아직 스케일도 익숙지 않은데도요. 당연히 비교가 되죠. 결국 한 달 만에 그만뒀어요. 그러던 참에 연극동아리에서 하는 연극을 보게 됐는데, 순전히 그냥 재밌을 것 같아 지원을 했고요. 그게 아마 5월이었을 겁니다.

★연극반은 열심히 나갔나요?

　　일단 관현악단은 사람이 많아요. 연극은 적고요. 그러니 존재 자체가 소중해지는 거죠(웃음). 나를 필요로 하는 것도 같고요. 엄청 열심히 했던 건 아닌데 그 느낌이 좋더라고요. 그리고 동아리 분위기가 자부심이 하늘을 찌르던 때였어요. 제가 78학번인데 1973년에 국문과 선배들이 만든 동아리예요. 거기 들어가 이듬 2월에 공연을 올리게 돼요. 4학년 졸업 공연이었죠. 첫 무대 경험이었고요. 그게 이강백 선생의 〈내가 날씨에 따라 변할 사람 같소?〉입니다. 허름한 하숙집에서 벌

근본적 의미에서 배우라는 존재에 대해 제 자신 안에 있는 자존감이랄까요. 저는 대중적 유명세를 떠나 스스로 배우로서 자긍심, 자존감이 있기 때문에 쓰임새의 많고 적음에 괘념치 않을 수 있는 겁니다. 그런 기반이 허약하지 않은 사람들은 어딜 가서 어떤 행보를 보여도 문제가 안 됩니다. 그러니까 안이 튼튼해야 하는 거예요.

photo_한주형 기자

어지는 일을 그리는데, 그 하숙집 아들 역할이었어요. 여인숙 느낌이 물씬한 낡은 집인데 일단의 계기로 장군의 가족을 꼬셔서 묵게 해요. 그 과정에서 장군 딸과 눈이 맞고요.

★첫 연극에 주인공이었던 거네요?

내면적으로는 주인공으로 생각하는데, 극을 한 두 시간 정도 했거든요. 그런데도 대사가 열 마디 정도밖에 안 됐어요. 지금 느끼는 사랑을 말로 표현을 잘 못해요. 눈으로만 전하는 게 전부죠. 그럼에도 등장하고부터 끝날 때까지 무대에 계속 있어야 했어요.

★연극이 즐겁다고 느낀 건 언제였나요.

대학교 4학년 때였지요. 이문열 작가의 『사람의 아들』을 각색한 공연을 올렸어요. 돌이켜보면 좋은 성과를 냈기에 내가 연극을 해도 되겠다는 생각을 한 것 같아요. 그럴 만도 한 것이, 그 작품이 전국대학연극제 출품작에 올랐어요. 저는 주인공 민요섭 역이었죠. 대한연극치고는 제법 수준 있는 작품이었어요. 대학연극제 지방심사하러 오신 심사위원 분들이 유민영 선생과 돌아가신 차범석 선생 같은 분들이었어요. 그런 분들이 일개 대학연극제 심사를 했단 말이죠. 이구동성으로 그러셨어요. '일개 대학에서 이런 수준 높은 연극을 만들다니 놀랍다. 대전이 연극의 불모지라는 소리가 나온다는 게 신기하게 여겨진다.' 그런 칭찬을 받으니 우리 스스로도 자부심이 절로 생기더라고요. 무대 위에서 내가 한 행위에 대해 사람들이 감동하고 좋아해준다는 것, 그게 나한테 희열을 주는구나, 라는 걸 처음 느꼈어요. 그 전엔 해보지 못한 경험이었죠. 그리고 말이죠. 그 공연이 이후부터 소문이 나서 대전 MBC 중계를 했고요. 우리 대전의 기성극단 작품도 방송 프로그램에 내는 적이 없었는데 저희 졸업작품을 찍으러 와서 녹화하고 편집해서 특집 프로그램 비슷하게 내보냈던 거죠. 하루는 시내를 걸어가는데 가전용품 가게 전시 TV에서 내 얼굴이 나오더라고요. 신기했죠.

★그럼에도 연극 일로 뛰어들겠다는 결단은 내리지 못하셨던 거네요.

　　졸업하면서 연극 하겠다는 생각까진 안 했어요. 내 인생을 스스로 선택하는 훈련이 안 돼 있었던 겁니다. '졸업하면 취직해야지'라는 틀에 박힌 사고방식대로 끌려간 겁니다. 연극을 한다는 건 어찌 됐든 한쪽을 포기해야 하는 거잖아요. 집에서도 동의해주지 않을 것 같고 스스로도 경제적인 문제를 포기하면서까지 연극을 해야겠다는 그 정도 열망까지 불타오르고 그런 건 아니었어요.

무르익음의 시간이 필요했다. 세상에 자기를 맞추는 덴 익숙했지만 반대적 삶의 가능성엔 눈을 감고 있었다. 선택하기보단 선택당하는 게 외려 편했다. 그렇게 졸업을 했고 곧바로 일동제약 영업직에 들어간다. 6년여의 세월. 5년은 대전에서, 마지막 1년은 서울에서 보냈다. 몸에 맞지 않는 옷이었으나 꾹 참고 버틴 나날들이다. 그나마 입사 2년 후부터 극단 일을 병행한 덕에 견딜 수 있었다.

★제약회사 영업직 일은 어땠습니까.

　　병원 담당, 그러니까 병원에 약을 파는 일이었어요. 영업직이

병원 담당, 약국 담당, 도매 담당으로 구분돼요. 그때엔 의약분업이 시행되기 전이었지요. 직원마다 서산, 당진, 천안 등 지역별 근무지가 나뉘는데, 할당받는 지역군마다 매월 매출 목표를 달성해야 해요. 그런데 그 목표를 이룬다는 게 불가능할 정도는 아니에요. 조금 열심히만 하면 충분히 도달할 수 있는 수준이죠.

★실적이 어중간하셨을 것 같은데요.

맞아요(웃음). 딱 중간 정도였어요. 썩 빼어나진 않지만 그렇다고 뒤처지진 않는 정도. 흥미가 없었어요. 이걸 잘하려면 도전정신과 목표의식이 굉장히 세야 돼요. 실적을 달성했을 때 희열 같은 걸 느껴야 하는데, 그런 게 없었던 거죠. 이 회사 다니던 마지막 해에 제가 서울에 있는 병원 담당으로 옮기면서 거기 지점장이랑 같이 일한 적이 있어요. 그 사람은 서울대 약대 출신이더군요. 보통 약대 나오면 연구 분야랄지, 자기 약국을 연달지 그렇게 사는 게 보편적 행로일 텐데, 이 사람은 그럼에도 자원해서 이 일을 한다는 겁니다. 영업 일에서 오는 희열이 크다는 거예요. 너무나 행복해하고 재밌어하는 게 제 눈에 보였어요. 신기했죠.

★영업 일을 하면서 '대전연기자그룹'을 창립하셨어요. 창립멤버 중 배우님만 직장인이고 나머지는 전업배우였다고 하던데요. 그게 언제 즈음 일인가요.

입사하고 2년 지나서였어요. 대전에 당시 충남대뿐 아니라 한남대, 중경대(지금의 우송대), 대전공업전문대가 교내 연극반이 있는 학교들이거든요. 저랑 같은 학번이거나 한 학번 아래 위인 젊은 친구들

212

이 있었어요. 이 친구들이 기성 연극은 희망이 없다, 우리는 새롭게 살아 있는 연극을 만들어야 한다며 호기롭게 연극연구모임이란 걸 만들어요. 출발은 스터디그룹이었죠. 앞으로 우리는 어떻게 텍스트를 읽어내자, 어떤 연기를 하자는 각오로요. 그렇게 정기 스터디를 하고 공연도 보고 1~2년 정도 지났을 즈음, 우리도 그러면 극단 깃발 하나 꽂자 해서 만든 겁니다. 그러다 2년 후에 서울로 일터를 옮긴 거예요. 그게 1990년이었죠.

★그해에 전업 연극인으로 뛰어든 거군요.

12월 31일에 사표를 썼어요. 말 그대로 쉬었죠. 퇴직금을 3천만 원 정도 받았어요. 당시로 상당히 많이 액수죠. 그걸로 버티다 대전을 다시 내려가요. 극단에 적을 두고 있으니까요. 동인제 시스템이라 대표를 돌아가면서 했는데, 제가 내려오니 대표직을 떠넘기더군요(웃음). 아무튼 그렇게 지내다 채윤일 선생님과 연이 닿아 서울에서 활동할 수 있게 됐고요.

★채윤일 선생님은 당시 최고의 연출 중 한 분 아니었습니까. 그분과 연은 어떻게 닿았나요.

처음 뵌 건 1992년이었어요. 대전에 있는 제 극단 말고 다른 극단에 캐스팅돼서 객원 공연을 한 게 있어요. 그게 〈불의 가면〉(권력의 부도덕과 허망함을 보여주는 실험극)입니다. 당시에 그 극단 대표와 채윤일 연출이 서로 잘 아는 사이여서 채 연출이 자문을 하러 자주 왔어요. 선생이 어느 날 저한테 그러시더라고요. '〈불의 가면〉을 내가 서울에서 하려는데 혹시 나랑 같이 할 수 있겠느냐. 개런티는 많이 못 주지만 하숙비는 주겠다.' 하숙비, 개런티는 중요하지 않았어요. 저야 뭐 호시탐탐 서울에서 활동할 기회를 바랐으니 좋다고 했죠. 불감청고 소원이라고 하잖아요. 감히 청하지는 못하지만 마음속으로는 간절히 원했거든요. 그렇게 올라갔어요. 그게 한국 나이로 서른다섯일 때 얘기입니다.

가난하다고 자조하지 않는다

채윤일 선생은 당시 예술성과 대중성을 겸비한 국내 최고의 연출 중 한 명이다. 지방 무명 배우가 이름을 알리는 데 그만한 디딤돌이 없었다. 다시는 오지 않을 기회. 채 연출과 서울 첫 공연 〈불의 가면〉을 올린 건 1993년 마포구에 있는 산울림소극장에서였다. 그는 왕의 권력과 폭력성을 견제하는 소신파 지식인 처용을 연기했다. 두 달하고 열흘 남짓 벌인 공연이었다. 100석 내외인 비좁은 공간에 200명을 웃도는 인파가 매일같이 북적였다. 압구정으로 극장을 옮겨 석 달간 공연했을 때에도 반응은 뜨거웠다. 대성공이었다. 그러나 공연이 끝나자 같이 하자는 사람은 의외로 나타나지 않았다.

★이유가 뭐였을까요?

　　역시 연극은 대학로더군요. 신촌과 홍대 부근 산울림극장에서 하고, 다음 석 달은 압구정동에서 했거든요. 나중에 알고 보니 연극계

관계자들이 사람 많은 곳은 잘 안 간다고 하더라고요. 거리적인 면도 있고, 관계자들은 일단 대학로 위주로 가더라고요. 아무튼 공연 끝난 다음 들어오는 제안이 없고 하니 고민되더군요. 대전에 다시 내려가려니 좀 창피했고요. 사실 대전에서 서울로 올라갔을 때 나름 화제였거든요. 근데 화제가 되면 질투와 부러움이 생기잖아요. '남명렬, 서울 갔는데 하다 보면 다시 내려올 거야' 이런 말이 한 번씩 들려오는 거예요. 정말 내려가면 자존심이 상하니 돈 없어도 버텼죠.

★서울서 생계는 어떻게 해결하셨고요?

상경할 때만 해도 남동생이 의대 졸업할 무렵이었어요. 실제로 서울서 생활할 때 대전서 남동생 내외가 장남 역할을 잘해줬어요. 제가 형인데도 가끔 용돈도 받았고요. 채윤일 연출이 절 부를 당시가 퇴사한 지 2년 지난 후이기에 여윳돈이 고갈될 즈음이었죠. 어쨌든 생계는 동생이 도와줬으나 문제는 집이었어요. 월세보증금이 없는 곳을 찾으려니 결국엔 고시원뿐이더군요. 거기서 몇 년 살았죠. 고시원 가기 전엔 후배 집에서 1년 정도 얹혀살기도 했고요. 삼선교역 인근에 있는 한옥식 가옥 곁방이에요. 그러다 이 후배가 결혼을 해서 쌍문동에 아파트를 얻었는데, 걔가 그리로 가니 제가 오갈 데가 없어서 염치없게도 그 신혼집에서도 살았어요. 그렇게 두 달을 지내니 '아, 이건 안 되겠다' 싶어 고시원을 갔고요.

★서울 두 번째 공연은 언제 올리신 건가요.

첫 공연 끝내고 두세 달 빈둥거리던 차에 〈불의 가면〉 초연 때

215

같이한 선배 배우가 극단을 새로 창단했어요. 그게 '김동수컴퍼니'입니다. 김동수 씨가 '나 이제 배우 그만하고 연출하겠다, 아카데미도 하겠다' 해서 창단한 극단이에요. 그 양반이 자기가 보기에 기량은 있는데 기반이 없는 배우들을 모은 거죠. 아직 소속이 없어서 배회하는 몇몇의 배우들을 모아다가요. 그렇게 올린 게 1994년 〈새들은 제 이름을 부르며 운다〉입니다. 이게 제 첫 대학로 입성작입니다. 당시 연극계에 아주 큰 반향을 일으켰어요. 창단작인 데다 배우들도 아주 유명인이었던 것도 아닌데도 말이죠. 그때 배우가 저, 박지일, 조경숙, 한경미 그리고 오광록입니다. 박지일은 부산에서 저보다 6개월 먼저, 그러니까 1993년 5월에 상경한 친구였어요. 오광록은 거의 룸펜(부랑자)이었달까. 폐인처럼 지낼 때였고, 조경숙 배우는 지금은 TV에 많이 나오는데 당시엔 동국대 영문과 졸업하고 약간의 부침이 있어서 이도 저도 아닌 애매한 상태였어요. 한경미 배우는 이십 대 초반에 산울림에서 〈홍당무〉라는 공연을 해서 백상예술대상 신인상을 받은 촉망받는 신예였으나 그 뒤로 뒷골목 연극을 하던 때였고요. 다들 절박했어요. '아, 이거 제대로 안 하면 우리 미래가 정말 암담하겠다'는 그런 절박함 말이죠.

★연극계 안팎으로 인기가 대단했을 것 같은데요.

(고개를 저으며) 전혀요. 연극이 아무리 성공해도 못 알아봐요. 연극이 그래요. 총 관객이 몇 명이나 되겠어요. 대박 난 작품이라 해도 많아야 1만 명이에요. 그리고 분장을 하잖아요. TV 드라마나 영화라면 안 그럴 텐데, 당시 했던 것들이 분장이 대체로 진했어요.

★배우님이 생각하시는 가장 애착이 가는, 가장 자신 있게 내세울 수 있는 작품을 꼽아주실 수 있을까요?

네 작품을 들 수 있겠습니다. 〈이디푸스와의 여행〉(1995), 〈바다와 양산〉(2004) 그리고 〈코펜하겐〉(2009)과 〈알리바이 연대기〉(2013)예요. 왜 이 네 작품이냐, 우선 〈이디푸스와의 여행〉은 제가 연극을 보는 시각을 굉장히 크고 넓게 해준 작품이에요. 그 전까지는 대전에서든 서울에서든 일상적인 스토리텔링 위주의 연극, 그런 범주 안에 있는 작품들 위주로 해왔어요. 그런데 이 작품은 일반적인 연극 형태와 다른 아주 실험적인 성격이 짙어요. 도대체 어떻게 접근해야 할지 모르겠더라고요. 그럼에도 작품이 잘 나왔고, 성과도 있었고, 제 자신한테 커다란 도약의 계기였어요. 〈바다와 양산〉은 이야기가 너무 가슴 아프면서도 인간적이었지요. 작품의 질이 아주 훌륭했고, 배우들끼리의 호흡, 연출의 합도 잘 맞았고요. 그리고 〈코펜하겐〉, 이건 하고 나서 스스로가 자랑스럽더군요. 고전물리학도 아니고 현대물리학 용어가 난무하는 작품이에요. 양자역학의 개념이 중심이지요. 우리가 이해하기 힘든 내용이에요. 고전물리학은 실제로 체험 가능한 물리학이죠. 양자역학은 눈에 보이지 않는 비가시의 세계, 원자핵 속에서 벌어지는 이야기입니다. 그 안에 전자가 움직이는 걸 과학자들이 얘기하는데, 일단 그 개념을 우리가 습득하기가 상당히 까다로웠죠. 그걸 인식하면서 물리학 개념으로 인간관계를 얘기하는 극이었으니까. 관련한 독서를 굉장히 많이 했어요. 일단 알아야 동위원소니 핵폭발 원리니 대사를 칠 수 있으니까요. 대사에 나온 용어를 이해 못 하고 내뱉는다는 건 결국 가짜라는 거거든요.

★스스로에게 정직해야 한다는 말씀이군요.

　　당연하죠, 가짜 연기는 금방 표가 납니다. 잠깐은 속여도 연기 전체를 관통해보면 들통이 나요. 연극이든 영화든 TV 드라마든 배우는 최대한 진실에 가깝도록 노력해야 하는 게 기본입니다. 모쪼록 해내고 나니 굉장히 뿌듯했지요. 마지막으로 〈알리바이 연대기〉는 지금껏 내가 맡아온 배역 중 가장 나 자신과 밀착돼 있어서 애착이 가요. 작가이자 연출인 김재엽 씨 아버지의 실화를 다룬 거예요. 그 아버지는 이력이 특이해요. 일제강점기에 일본에서 태어났습니다. 그런데 해방되면서 아버지(김재엽의 할아버지) 따라 한국으로 들어옵니다. 그때 나이가 열일곱이었죠. 근데 이분 입장에서 보면은 일본에서 잘살다가 해방돼서 모국에 왔는데 먹을 것도 없고 못사는 황무지인 겁니다. 그런 것에 혼란을 느끼면서 굴곡의 현대사를 겪으며 성장해가는 이야기예요. 그런데 이 양반은 서가에 책이 굉장히 많았대요. 한글로 된 건 없고 외국 원서로만요. 실제로 읽지도 못하는 아랍국 교과서까지 해서요. 그분 입장에서는 이 땅에 살고는 있지만 어느 사회에도 귀속되지 못한 경계인으로서 정체성이 강했던 것이 아닐까 싶어요. 김재엽 연출이 그런 아버지 이야기를 연극에 올린 건데, 그 배역이 나랑 좀 가깝지 않나 싶더라고요.

★많은 분들이 그러세요. 연극인의 삶에 경제난은 불가피하다고. 이 부분에 대해선 어떻게 생각하시는지요.

　　다른 직업군과 비교하면 적은 건 분명하죠. 그런데 삶에서 얼마나 가져야 한다고 생각하는지 그게 더 큰 문제 아닐까요. 돌아보면 대단히 어려웠던 적이 있었던 것 같은데 당시에는 그런 생각 없이 살았어요. 먹을 거 못 먹는 것도 아니었고. 단지 더 좋은 건 못 먹긴 했겠지요. 돈이 좀 있으면 다른 성취도 가능하겠으나, 나는 거기에 욕심이 별로 없는 사람이에요. 실제로 피부에 와 닿을 정도의 경제난이 나를 나락에 떨어뜨리고, 심정적으로 바닥을 보게 하는 일은 거의 없었어요. 그것보다 서울에서 어엿한 배우로 자립해야 한다는 강박관념이 훨씬 컸죠.

★결국엔 가치관의 문제군요.

　　그럼요, 절대빈곤의 시대가 아니잖아요. 이제는 상대빈곤의 시대입니다. 정말 먹을 게 없어서 우리가 삶과 죽음의 경계선에 있다면 문제죠. 그러나 솔직히 지금은 그런 시대는 아니지 않습니까. 잘 먹느냐 조금 덜 먹느냐 문제죠. 그리고 말이죠. '연극인=가난'이라는 등식이 일반화된 것 같은데 저는 이게 개인적으로 불만입니다. 젊은 시절 연극판에서 겪은 어려움에 대해 얘기하는데, 다른 업종도 이십 대에 풍족하긴 힘들죠. 지금 당장 어려운 건 덜 쓰고 덜 먹으면 됩니다. 비싼 차 대신 경차 타면 되고. 여행 가는 횟수 줄이면 되거든요. 현재 삶에 대해 자족할 줄만 알면 절대적 빈곤까진 겪진 않아요. 나머지는 가치관의 문제입니다.

★그럼에도 지금껏 이 일에 회의는 없으셨어요?

　　계속해야 하는지에 대해 고민한 적은 있지요. 그럴 땐 대부분 캐스팅 제안이 없고 하는 공연이 없을 때 얘기예요. 쉬는 기간이 한 달이 되고 두 달이 되고 석 달을 넘어서면 두려워져요. 이건 모든 배우가 다 그럴 거예요. 배우는 필연적으로 선택을 받아야 하는 존재이므로 늘 두려움이 수반되거든요. 아마 죽는 순간까지도 그럴 겁니다. 책에서 읽은 건데요, 나라가 들썩일 정도로 호평을 받은 배역을 연기한 유럽의 유명 배우가 있어요. 어느 기자가 그와 인터뷰를 해요. '이렇게 호평 받으니 너무나 행복하시겠습니다. 지금 무슨 생각이 드세요?' 배우가 답합니다. '두렵습니다. 지금 공연이 끝나가는데, 3개월 후에도 이런 무대에 서 있을 수 있을까 하고요.' 이건 배우의 숙명 같은 겁니다. 지금 받는 찬사와 호평이 영원하지 않다는 걸 우리는 알거든요. 그 두려움과 맞서 싸워야 하고요.

주어진 자리에 연연하지 않는 삶

세 시간이 넘어설 동안 인터뷰 열기는 채 가시질 않았다. 그는 "지금 이 자리가 매우 즐겁다"고 했다. "내 삶을 이처럼 되돌아보는 것이 참 오래간만이다"는 것이었다. 그렇게 슬슬 자리를 마무리할 시간이 다가오고 있었다.

★몇 가지만 더 여쭙겠습니다. 영화 배우 남명렬에 대해 얘기해보고 싶어요. 1997년 〈지상만가〉 〈일팔일팔〉로 충무로에 입성하셨어요. 둘 다 단역이었고요. 이듬해 임상수 감독의 데뷔작 〈처녀들의 저녁식사〉에도 단역으로 나오셨고, 같은 해 강제규 감독의 〈쉬리〉(1998)로 첫 조연을 맡으셨지요. 최근 3~4년 사이엔 영화계 활동이 한층 두드러지는 것 같아요. 2014년 〈제보자〉 조연 출연에 이

어 2016년에는 저예산 독립영화 〈우리집〉(제17회 전주국제영화제 시네마 스케이프 부문 초청작)에서 첫 주인공 역을 맡으셨고요. 지난해엔 〈더 킹〉〈침묵〉〈기억의 밤〉, 그리고 올해 〈탐정: 리턴즈〉까지 비중 있는 조연으로 나오셨어요. 드라마활동도 근래 더욱 왕성하시고요. 이런 생각이 듭니다. 연극계에서는 널리 알려진유명 배우임에도, 영화로는 조연 위주에 그친다는 격절감이랄까요. 최근 출연작에서의 모습을 보면 그런 것에 괘념하지 않는다는 인상을 저는 받습니다.

(미소 지으며) 연극 일을 하다 보면 영화 관계자들이 공연을 보러 와서 기억을 해두었다가 작품이 있으면 종종 제안을 줘요. 그렇게 선택을 받는 거죠. 초창기 좀 힘이 있었던 작품으로는 〈처녀들의 저녁식사〉가 있었죠. 저는 그해 시사회를 보고 나오면서 '아, 이 작품에서남는 건 설경구뿐이겠다'는 생각을 했어요. 당시 그는 무명이었지요. 아니나 다를까, 정말로 승승장구하더군요. 저는 말입니다, 연극뿐 아니라 영화, 드라마 둘 다 선생이 없었어요. 전부 경험을 통해서 배워왔어요. 장르를 영화로 옮기면서 초창기 그 낯섦 또한 몸으로 배웠죠. 그래서 초창기 영화는 제가 봐도 영 어설퍼요. 카메라가 낯설었을 때니까요. 지금의 저는 장르를 가리지 않아요. 장르와 비중을 떠나 쓰임새가 있으면 언제든지 한다는 것, 저는 그게 배우로서 의무이고 도리라고 여겨요. 연극만 하다가 영화도 조금씩 얼굴을 내밀고 드라마 활동도 늦게 시작하면서 제가 이 분야 사람들에게도 인식이 되기 시작했지요. 〈더 킹〉도 그렇고 〈제보자〉도 그렇고 남명렬에게 요청하는 배역이있는 것 같아요. 무게감은 있어야 하겠는데 그 안에서 신이 그리 많지않은, 그럼에도 불구하고 무언가 터닝 포인트를 만들어주는 인물이 필요한데, 그런 인물은 영상매체에서 이미 어느 정도 입지를 구축한 배우들은 저어할 거 아닙니까. 그럴 때 영상매체에선 많이 알려지진 않

앉지만 나름대로 무게감을 갖고 있는 배우로서 제가 눈에 확 띄는 것일 테죠. 그런 것에 자존심이 상한다거나 하지 않습니다. 쓰임새만 있으면 마다하지 않습니다. 내가 그런 쓰임새가 아니라고 주장해보았자 아무도 알아봐 주지 않는 거거든요. 각자 시대와 상황에 따라 다른 쓰임새가 있을 테니까요. 한편으로 이런 것이기도 합니다. 근본적 의미에서 배우라는 존재에 대해 제 자신 안에 있는 자존감이랄까요. 저는 대중적 유명세를 떠나 스스로 배우로서 자긍심, 자존감이 있기 때문에 쓰임새의 많고 적음에 괘념치 않을 수 있는 겁니다. 그런 기반이 허약하지 않은 사람들은 어딜 가서 어떤 행보를 보여도 문제가 안 됩니다. 그러니까 안이 튼튼해야 하는 거예요. 오랜 기간 연극판에 발붙이면서 다져진 기반이 제겐 단단한 무언가로 내면에 자리해 있다고 봐요. 어디를 가도 다시 돌아올 곳이 얼마든지 있는데, 다른 데로 진출하는 것에 대한 두려움은 없는 거지요.

★매체와 장르를 떠나 연기에 있어 공통적으로 적용되는 배우님만의 준칙이 있다면요?

　　　저는 모든 힌트는 대본에 있다는 주의예요. 대본에 있는 힌트에 바탕해 캐릭터를 구축하지 않고 순전히 자신의 개인적인 삶, 개인적인 가치 판단으로 캐릭터를 읽어내다간 자칫하면 엄청난 오류를 범할 수가 있어요. 이해가 안 가는 인물이 주어질 때가 있죠. 그런데 왜 이 인물이 왜 이런 말을 하고, 이런 생각을 하는가는 대본에 다 이유가 있어요. 대본을 꾸준히 보면 그 사람을 이해하는 순간이 불현듯 찾아와요. 생각해봅시다. 내가 그 배역 속 인물을 이해하지 않으면 누가 이

해를 해주겠어요. 그 배역 속 인물은 한마디로 기다리고 있는 거예요. 자기를 연기해줄 배우가 자기를 이해해주는 순간을요. 그 인물이 전적으로 옳다고 여기고 봐야 하는데 개인적인 가치 판단을 갖고 하면 심정적으로 밀착이 안 돼요. 〈탐정: 리턴즈〉에서도 제가 연기한 원장은 사회적으로 나쁜 인간이죠. 근데 저는 그걸 하면서 이 인물이 생각하는 자기의 신념, 그게 옳다고 여기고 연기를 했어요.

마지막 물음은 이것이었다. "후배들에게 들려줄 조언 같은 게 있으신가요?" 그는 조금 주저하는 듯한 기색이었다. "제가 들려줄 말이 더 있을는지." 그러더니 가만히 고민에 젖어드는 것이다. 은빛 수염으로 덮인 턱 아래에 지그시 손을 얹은 채로. 미간을 조금 찌푸리며 침묵에 잠겨 있는 그의 모습은 그 자체로 고뇌하는 예술가의 그것이었다.

그가 천천히 말문을 열었다. "돌아보면 이런 생각이 듭니다. 지금 자신의 판단이 옳다고 여긴다면 그대로 밀고 나가라고요. 어려운 선택의 순간에 놓이게 될수록 간단히 생각하라고요. 그게 다입니다."

아마도 그는 25년 전을 떠올리고 있었던 것인지도 모른다. 나이 서른셋. 난생처음 스스로의 의지로 생의 변곡점을 맞이했던 바로 그 순간을.

이봉련

은은한
전등빛 같은
존재이기를

소녀, 다큐멘터리스트를 꿈꾸다

사진작가를 꿈꾸던 소녀가 있었다. 세바스티앙 살가두처럼 인간과 세계상의 진실을 지그시 응시하는 작가. 스티브 매커리처럼 세상사 무심한 풍경 속 영혼의 심층을 길어 올리는 작가. 소녀는 이들처럼 다큐멘터리스트의 길을 걷고 싶었다. 매커리의 다음 경구를 가슴 한구석 정언명령처럼 아로새긴 채.

"당신이 시간의 여유를 갖고 기다린다면 사람들은 당신의 카메라란 존재를 잊을 것이고, 사람들의 영혼이 사진 속으로 떠오를 것이다."

하지만 그 길은 멀고도 험준했다. 제아무리 시간을 갖고 기다려봐도 생의 진실은 쉽게 포착되지 않았다. 조막만 한 손에 쥔 카메라는 더없이 무거웠고, 렌즈 속 세계는 뿌연 안개처럼 흐릿했다. 나날이 회의감이 밀려왔다. '이 길이 내 길이 맞는 것일까.' 밀물처럼 밀려드는 불안에 소녀는 자주 몸서리쳤다.

그럴수록 스스로를 채찍질했다. '아는 게 없어서'라고, 보는 눈이 없어서'라고, 스스로를 벼랑 끝에 몰아붙였다. 지식의 과포화 상태에 접어든 건 그래서였다. 벤야민의 문예 이론을 탐독했다. 소쉬르와 라캉, 프로이트를 두고 씨름했다. 광대한 미학사의 바다에 뛰어들었고, 압바스 키아로스타미, 차이밍량 류의 거장들 영화에도 심취했다.

하지만 이 모두 강박 때문이었는지 모른다. '예술가로서 살아야 한다'는 자발적 족쇄와 올가미. 글을 쓰고, 클래식을 듣고, 숱한 책들을 읽으며 사진 이외 분야로까지 내적 지평을 넓혀갔으나 거기까지였다. 알면 알수록 모르겠는 게 사진이었다. 한때 전시회도 가졌지만, 그뿐이었다. 무서웠다. 그리고 두려웠다.

무대와의 연은 그즈음 닿았다. 때는 2000년대 초중반. 나날이 무기력하고 우울했던 그는 기분 전환 겸 뮤지컬 학과에 지원한다. 그러다 어느 연출가의 부탁에 조연출 일을 떠맡고, 한 배우 권유로 극단 오디션까지 넣는다. 별 뜻 없이 수락한 것일 뿐이었다. 그러나 아이러니하게도 이 일은 그의 인생 최대 변곡점이 된다. 생애 첫 무대 〈사랑에 관한 다섯 개의 소묘〉(2005)에 오른 것이다. 그때 나이 스물넷이었다.

이봉련(37)은 사진학도에서 배우가 된 특이 이력 소유자다. 사진에서 연극으로, 연극에서 영화로 이행한 그는 현재 충무로가 주목하고 있는 삼십 대 여배우다. 최근 필모그래피만 봐도 알 수 있다. 내로라하는 감독들 수작에 그의 이름은 거의 빠짐없이 등장하기 때문이다.

대체로 그는 극의 초반부를 빛낸 조연이었다. 지난해 〈옥자〉(감독 봉준호·2017)가 한 예다. 배경은 서울 미란도코리아 로비. 사라진 옥자 찾아 방문한 미자(안서현)를 그는 성가신 듯 흘긴다. 유리 벽면 저 멀리 안내 데스크에 앉아선 불량하게 다리를 꼰 채 툭, 하고 내뱉는다. "전화로 하세요, 전화."

〈택시운전사〉(감독 장훈·2017)에서도 그는 잠깐이지만 빛났다. 배경은 극 초반 데모 시위가 한창인 서울 거리. 툴툴대던 소시민 기사 김만섭(송강호)에게 공짜로 택시를 얻어 타던 만삭의 여인이 바로 그였다. 그리고 〈버닝〉(감독 이창동·2018)의 중후반부 분식점 신. 사라진 해미(전종서) 찾아 헤매던 종수(유아인)에게 "해미는 거짓말쟁이"라고 말했던 친언니도 그다.

〈암수살인〉(감독 김태균·2018) 또한 빼놓을 수 없는 영화다. 살인마 강태오(주지훈)의 진실을 소상히 아는 건 그의 사연 많은 친누이였다. 이봉련이 분한 그는 극 초반 22여 분쯤 한 번, 극 말미 95분쯤 한 번 나온다. 형사 김형민(김윤석)의 탐문에 처음엔 모르쇠로 일관하던 그는 종래엔 흐느끼며 폭로한다. 아버지를 죽인 것이 누구였는지를. 왜 자신도 이를 덮어둘 수밖에 없었는지를.

"그냥 모른 척 했습니다, 저도 차라리 아버지가 없어지길 바랐으니까……, 내 입만 다물고 살자……."

그러니 궁금해지는 것이다. 양손에 카메라를 쥔 일상이 카메라 앞에 서는 일상으로 변모했을 때, 그런 삶의 지속이란 과연 어떤 느낌인 것일까, 하고.

찍던 삶에서, 찍히는 삶이 되기까지

★ '찍던' 삶에서 '찍히는' 삶을 살고 계세요. 카메라가 매개인 건 마찬가지이나 서로 판이한 삶이리라 여겨지기도 해요.

　　　예전엔 사진을 관두고 연기를 시작했다고 생각했어요. 그런데 지금은 아니에요. 둘 다 비슷한 것 같거든요. 기록하고 보존하는 행위라는 점에서요. 데이터베이스를 구축하면 그것이 자료가 되죠. 시간이 흐를수록 더욱더요. 그래서 과거엔 사진 매체를 관두고 영화 매체로 이행했다고 단순히 여겼는데 지금은 내가 관둔 게 아니구나, 라는 걸 어렴풋이 느껴요. 배우가 된 것은 제가 지닌 에너지가 한층 확장된 것이라고 여겨요.

★사진을 관둔 건 어떤 연유에서였나요.

자신이 없어서예요. 생활비를 어떻게 마련할지도 막막했고요. 혼자서 사색하고 그 사색의 결과를 카메라에 담아 전시를 여는 것으로는 도무지 벌이가 안 되더라고요. 그래서 고민하다 자신이 없어져서 그만둔 거죠. 십여 년 전이었을까요. 제가 공연을 하고 있을 때였어요. 대학 시절 다큐멘터리 흑백 사진을 가르쳐주신 은사님이 공연을 보러 오신 적이 있어요.

★많이 아끼던 제자셨나 봐요.

예뻐해주셨죠. 학부 시절엔 정말 죽을 때까지 사진만 찍으며 살 것처럼 보냈거든요. "결혼하면 대부분 그만두지 않니" "그렇게 열심히 할 필요는 없을 것 같은데" 하시면서도 내심 저를 챙기셨거든요. 어린 녀석이 열심히 하니까 이것저것 더 가르쳐주셨을 테고요. 그랬던 저였는데, 갑자기 그만둔 게 너무나도 부끄러웠달까요. 한참 연락을 못 드렸어요. 그러다 어느 날 부산에 있는 소극장에 공연 보러 오시라고 용기 내 연락드렸어요. 그게 〈락시터〉라는 연극(사연 많은 두 사람이 말다툼하는 낚시터가 배경인 창작극. 요금징수원, 불륜 남녀, 껌 파는 할머니 등 다양한 인간군상과 벌어지는 해프닝이 유쾌하게 그려진다)이었어요. 네 명이 나오는데 남자가 둘이구요, 1인 다역을 소화해내야 했죠. 아무튼 그날 선생님이 정말로 오셨어요. 좁고 폐쇄적인 공간을 싫어하는 분인데도 말예요.

그는 이 얘기를 털어놓는 게 거의 처음이라 했다. 그래서인지 얼마간 주저하는 기색이 엿보였다. 그럴 수밖에 없었을 것이다. 감추어둔 과거를 말한다는 건 누구에게나 꽤 많은 용기를 요하는 일이기에.

★무대를 보시고 어떤 말씀을 주시던가요.

　　　　제 마음을 헤아리셨던 것 같아요. 이런 격려를 해주시더라고요. "네가 사진을 관두고 다른 일을 한다고 부끄러워하거나 미안해하지 않았으면 좋겠단다. 너는 사진보다 더 어려운 일을 하고 있는 것 같더구나. 사진 찍을 때 못 다한 에너지를 연기에선 더 확장시킬 수 있을 거야. 그런 너의 삶을 지지한다." 그때부터 생각이 많이 바뀌었어요. 나는 사진을 관둔 게 아니다, 그때 배운 걸 다른 쪽으로 확장시키고 있는 거다, 라고. 성격상 맞고 안 맞고를 떠나 지금처럼 배우로 사는 게 저는 제 에너지를 가장 확장시킬 수 있는 길이라고 확신해요.

★연극은 어떻게 만나신 건가요.

　　　　순전히 우연이었어요. 서울에 있는 대학원에서 사진학과를 다닐 때였죠. 앞길도 막막하고 홀로 서울살이를 하는 것도 만만찮았어요. 당시 서대문구 남가좌동에서 혼자 자취를 했어요. 대학원이라는 게 아시다시피 수업 없으면 노는 시간이 많잖아요. 그럴 때 도서관에서 혼자 연구를 한다거나 그럴 텐데, 저는 소위 날라리 같은 생활을 했어요. 공부하려고 갔던 건데 진로 결정을 못 내리고 사진에 대한 신념도 흔들리던 때였죠. 저는 여태 제 손으로 필름 인화와 현상을 직접 했는데, 서울에 와보니 상당수가 디지털로 하더라고요. 그런 작업을 하지 않는 내가 유행에 뒤처지는 건가, 흑백 사진이 별 의미가 없는 건가, 회의가 스멀스멀 밀려왔고요. 그러다 공부는 안 하고 무료해지고 심심해지니 다른 걸 해보고 싶었어요. 에어로빅이나 한국무용 같은 걸 해보면 어떨까. 물론 취미로요. 그러다 뮤지컬 학과가 눈에 띄더라고요. 커리큘럼에 합창이 있길래 같이 노래하고 화음 맞추면 참 재미있겠다 싶었어요. 그러다 〈싱잉 인 더 레인〉이란 뮤지컬을 처음 봤는데요. 무대 위에 선 박동하 배우가 어찌나 멋지던지요. 그때가 2003년 정도였어요. 뮤지컬학과를 야간으로 지원해 2년 정도 다녔죠.

★그러다 2005년께 〈사랑에 관한 다섯 개의 소묘〉(2005)로 첫 무대에 오르셨죠.
　　　연출가 분이 조연출과 음향 담당을 해보라며 제안을 주셨어요. 그러다 극단 배우 분이 오디션에도 넣어보라고 권하셨고요. 그렇게 시작한 게 14년이나 이어졌네요.

이봉련은 1981년 경북 포항에서 태어났다. 그 자신 말하길 "부끄럼 잘 타고, 소심하고 겁 많고, 꿈만 많은" 소녀이자 "공부 못하고, 무작정 쏘다니기만 하는" 아이였다. 공부와는 일찌감치 담을 쌓았다. 그렇다고 노는 아이 또한 아니었다. 세상사 지리멸렬하게만 여겨졌고, 건강 또한 좋지 않았다. 고교 입학 한 달 만에 자퇴한 건 그래서였다. "상상 이상의 일들이 벌어졌죠. 말로 담아낼 수 없을 정도로. 지금 돌이키면 부모님께 크나큰 고통을 안겨드린 것 같아 죄송스러워요."

★그러다 검정고시를 본 건가요.
　　　대구에서 시험을 봤어요. 60점만 맞으면 되는 건데 수학인가

과학인가가 어려워 그 한 과목만 다시 봤어요. 7~8개월가량 학원에 다녔어요. 할아버지, 할머니, 아주머니, 아저씨, 언니, 오빠들까지 남녀노소가 다 있는데, 재밌는 건 아래층에 당구장도 있고 다방도 있다는 거예요. 놀기 좋았죠. 공부만 하면 지겨우니 아래층에서 포켓볼도 치고, 저는 그 옆에서 요구르트 마시고 커피도 얻어 마시고 그랬죠. 90년대 말엔 이런 풍경이 일상적이었어요. 그러다 간신히 60점 턱걸이했고요(웃음).

★내친 김에 예술대학 사진학과까지 도전했어요.

집에만 있는 게 영 죄송스러우니까요. 갈 마음이 썩 컸던 건 아니었어요. 오로지 죄송스러움 때문이었죠. 시험 자체는 별로 안 어려웠어요. 실기 시험을 봤는데, 사진 하나를 놓고 이에 대한 글을 써내려가는 거였어요. 너무 오래돼 기억은 안 나는데, 제 나름 모범답안으로 제출했던 것 같아요. 개략적인 사진 역사, 주요 작품과 작가들에 대해 얄팍하게나마 공부해서 갔거든요. 지금 돌이켜보면, 제 고유한 감성으로 썼더라면 더 재밌었을 것 같긴 해요. 아, 사진과를 택한 건 큰 이유는 없어요. 마땅히 준비할 게 없어서 택한 거였어요. 대학생들 삶이 자유로워 보였고.

★만 열일곱에 대학생이라. 영재 소리 들을 수밖에 없었을 것 같은데요.

(도리질 치며) 잠시 주목은 끌었죠. 최연소 합격인지라 교내에 소문이 났거든요. 되게 당황스러웠어요. 하지만 영재가 아닌 건 금방 티가 나잖아요. 한두 마디만 나눠봐도 아는걸요. 화제가 됐다기보단

언니 오빠들이 1학년 때 잠깐 귀여워해준 게 다였어요.

★본명은 이정은이시죠. 이봉련이 직접 지은 가명이라면서요?

사진작가로 활동하려고 서울서 대학원 다닐 때 지은 거예요. 전시랑 프로젝트 할 때 활동명이 필요했거든요. 이름은 막 바꾸면 안 된다는데, 당시엔 재미삼아 고른 거였어요. 그게 지금까지 이어져 오고 있는 거고요. 아, 처음엔 '제갈봉련'이었어요.

★제갈봉련이라, 범상치 않은 가명인데요.

그냥 재밌잖아요. 어감도 그렇고요. 재밌고 신나고 특별해 보이고요. 사람이 이름 따라 간다고, 재기발랄하고 신나게 살길 바랐기 때문이었어요. 이 이름으로 전시도 몇 번 했는데, 지금도 도록을 갖고 있어요.

★특이한 친구로 유명했을 것도 같아요.

그런 건 아니었어요. 저는 순수 예술, 그러니까 다큐멘터리 전공이었으니까. 광고 사진처럼 상업 사진 분야로 진로를 택했으면 달랐을지 몰라요. 협업이 많으니 성격도 더 활발해질 수 있었을 테고요. 하지만 기록 사진 전공이다 보니 굉장히 개인적인 작업이 주였어요. 영화 매체랑 협업하기도 하지만 주로 혼자 쏘다니며 '셀렉'해야 하죠. 그러다 서울에 있는 한 대학원 사진학과로 유학을 갔어요.

★첫 상경 느낌은 어떻던지요.

제 눈엔 다들 천재 같았어요. 신기했죠. 본인이 하고 싶은 건 다 해보는 사람들 같고. 사람들 앞에 자신 있게 자기를 소개할 줄도 알고. 반면 저는 그렇게 하진 못했어요. 부끄럼이 많고 누가 혹여 '그건 아니야' 하면 겁이 많아 움츠러들고요. 그러다 혼자 또 사진 찍으러 다니고 그랬죠. 근데 말예요. 저는 흑백 사진을 했잖아요. 제 손으로 필름 인화하고 현상하고 다 했어요. 근데 서울에선 디지털 사진이 주류이고, 포토샵도 배워야 하고, 무언가 내가 유행에 뒤처지는 건가 싶었어요. 물론 저처럼 흑백 사진을 고수하는 사람과 디지털 사진으로 갈아탄 사람들이 공존했지만요.

무지(無知)의 지(知)

나날이 늘어가는 건 무지에 대한 부끄러움이었다. 문득 그는 고교 시절을 건너뛴 게 후회된다고 했다. 언제부터인가 자격지심이 생기더라는 것이다. 그가 말했다. "너무 일찍 학교를 갔잖아요. 말이 안 통하는 것 같았어요. 아는 게 없으니까. 다들 저만의 지성을 겸비한 것 같은데, 저만 언제나 모자란 아이 같았달까요."

★그래서 그리 난해한 책들을 탐독한 건가요.

지금 생각하면 당시에 말도 안 되는 책들을 많이 봤어요. 벤야민의 『기술복제시대의 예술작품』 같은 논문들, 소쉬르의 기호학 서적들, 프로이트와 라캉의 정신분석학 책도 이해가 안 가도 일단 사 읽었어요. 칸트가 얘기하는 미학 책들도 마찬가지였고요. 선배들이랑 팀을 꾸려 발제를 하려면, 저 스스로도 사진을 깊이 알려면, 이런 것들이 전부 필요하다고 생각했어요. 그런데 말예요, 당시엔 그때 저한테 채워지는 게 많다고 여겼는데 지금 돌아와 생각하면 착각이었던 것 같아요. 내 몸에 남는 게 없는 느낌이랄까. 몇 년 전 집 청소하면서 대부분 팔거나 기증했어요. 그리고 하나 더 있는데, 당시 한 교수님이 해주신 말씀이 크게 영향을 줬죠.

★어떤 말씀이었나요.

"사진은 네가 아는 만큼 볼 수 있는 거다"라고 하시더라고요. 정말 그런 것 같았어요. 내가 모르니 사진 안에 담긴 것들이 어떤 의미로 다가오지 않고, 읽히지 않고, 사물 그 자체로만 보여요. 스스로 촬영을 주도하기 어려워지는 거죠. 찍는 사진마다 의미 없이 존재하는 사진이 되는 것 같았고요. 다큐멘터리 전공이니까 개인적으로든 사회적으로든 의미를 품은 사진을 주도적으로 찍어야 하는데 그게 잘 안되는 거예요.

★아무래도 겸양하셔서 그런 것 같은데요.

아녜요, 그때도 무식했고 지금도 무식해요. 그래도 딱 하나, 자신 있게 말할 수 있는 건요, 저 진짜 목숨 걸고 했어요. 처음엔 부모님께 미안해서 시작했다가 이걸 해보고 싶다, 내가 재능이 있다, 그러니 할 수 있다라는 생각으로 이어진 거죠. 근데 이 흑백 다큐멘터리 사진이라는 게요, 대단한 장인 정신을 요구해요. 작은 온도 변화에도 민감해야 돼요. 보존을 해야 하니까요. 그런 건 자신이 있었어요. 다만 내가 잘 모른다는 것 때문에, 볼 수 없다는 것 때문에 겁이 나기 시작한 거예요. 그 모름의 상태를 인정하기 싫었어요.

★앞서 언급한 책들로 미루어 짐작건대, 영화 보는 수준 또한 만만찮으셨겠어요.

예술영화와 독립영화 위주로 많이 봤어요. 혼자 영화제에 가면 7~8편씩 꼭 챙겨 봤죠. 차이밍량의 〈구멍〉(2000)은 정말 사랑하는 영화예요. 압바스 키아로스타미 작품은 혼자 보며 운 적도 많았죠. 너무 아름다워서. 〈올리브 나무 사이로〉(1997) 같은 영화가 그랬어요. 〈성스러운 피〉(1994) 같은 컬트 무비도 즐겨 봤는데, 대부분 동숭아트센터에서 혼자 본 것들이에요.

★사진학도로서 '이미지에 대한 강박' 같은 게 있진 않으셨나 싶기도 해요.

맞아요, 이미지와 영상에 대한 강박. 일단 머릿속에 많이 넣어놔야 한다, 내 기억에 아카이브로 구축해놔야 한다는 강박이죠. 당시엔 예술가로서 살아야 한다는 강박이 좀 심했던 거 같아요.

★복기하자면 열여덟 살에 대학에 들어갔고, 스물네 살에 서울에서 대학원까지 마치셨어요. 논문을 안 썼으니 수료만 하셨고요. 부모님은 그런 딸이 기특했을 것도 같아요. 자기 삶을 잘 개척하고 있으니까. 딸이 사진작가를 꿈꾸는 것에 대해 부모님은 어떻게 바라보셨나요.

안도하셨지 않았겠나 싶어요. 무기력한 방황의 시절을 끝내고 뭔가 열심히 사는 것처럼 보이니까요. 집에만 있지 않고 어디든 나가려고 했으니까요. 연년생인 동생은 당시 고교생이었는데요. 대학생이 된 제가 얄미웠을지 몰라요. 저는 자유를 얻은 것처럼 보이니까. 갑자기 외박도 하고, 암실에서 사진 뽑는다고 밤새워 학교 주변에서 놀기도 하니까. 자기는 밤새워 공부하는데 말이에요. 게다가 저는 3학년인 스무 살 때부터 밴을 몰았어요. 촬영 장비를 싣고 다녀야 해서요. IMF로 집안이 녹록하지 않을 시기였는데도 아버지 졸라서 차를 끌고 다닌 거죠. 필름 값도 엄청 올랐을 때라 사진 찍기도 참 힘들던 때였는데. 필름 인화지에 각종 약품들, 카메라 자체가 다 수입품이거든요. 지금 생각하면 그때 우리 아버지가 엄청난 일을 하신 거예요. 딸 하나 살려보겠다고 딸이 원하는 걸 다 들어주셨으니까요.

슬슬 영화로 화제를 옮겨야겠다. 2005년 연극 무대로 데뷔. 그리고 14년이 흘렀다. 2010년 첫 영화 〈그대를 사랑합니다〉(감독 추창민)에 단역 출연한 이래 빠르게 작품 수를 늘리고 있는 그다. 이봉련은 "카메라는 여전히 어렵고 두려운 존재이지만 적어도 이제는 그리 말하기 힘든 이력이 쌓인 것 같다"며 빙그레 웃었다.

★ 첫 영화 촬영은 어떠셨어요?

충격적이었어요. 잠깐 나오는 동사무소 여직원이었는데요, 영화 촬영이 뭐 이리 오래 걸리나 싶었어요. 기다리는 게 힘겹기도 했는데 한편으로 한 컷 찍고 카메라 옮기고 다시 한 컷 찍고 카메라 옮기고 그런 것들이 참 신선했고요. 찍는 거랑 찍히는 거랑 참 많이 다르구나 새삼 느꼈죠.

〈옥자〉와 〈택시 운전사〉, 〈버닝〉과 〈암수살인〉까지

★봉준호 감독 〈옥자〉(2017)에서 짧지만 인상 깊은 모습을 보여줬어요. 이런 대사들을 툭툭 던지죠. 옥자 찾으러 온 미자한테 "전화로 하세요, 전화"라고요. 수위한텐 신경질적으로 말해요. "필터링을 해주셔야 한다고요, 필터링!" 봉 감독이 당시 '가장 주목하는 연극배우'로 꼽기도 했죠. 어쩌면 이 영화가 배우님 삶에 하나의 분기점이었을지도 모르겠어요.

그럴지도요. 봉 감독님이 제가 속한 극단 '골목길'에 공연 보러 자주 오시곤 했어요. 한번은 〈만주전선〉이라는 공연을 할 때였는데요, 당시 봉 감독님이 아들과 같이 보러 오셨더라고요. 〈옥자〉 조감독님 말씀으로는 배우들 사진을 쭉 보여드렸는데 제가 기억에 나신다고 하셨대요. 그렇게 미팅을 했고, 이런저런 대화 끝에 캐스팅됐죠. 제가 찍은 장면은 빠짐없이 다 나왔어요. 돌이켜보면 촬영 현장이 참 재미있구나, 무섭지만은 않구나, 되게 흥미롭구나라는 걸 느낀 것 같아요. 또 좋았던 건, 그 유명한 다리우스 콘지 촬영감독님을 현장에서 본 거였어요. 봉 감독님과 다리우스 콘지 감독님이 한자리에 계시는데, '과연 이게 실화인가' 싶고(웃음).

★장훈 감독의 〈택시 운전사〉는 그해 천만 영화로 대흥행을 거뒀죠. 이게 오디션 봐서 처음 합격한 작품이라고 들었어요.

그 전엔 공연 보신 영화 관계자 분들이 연락을 주셔서 출연한 게 전부였어요. 오디션은 거의 다 떨어지곤 했죠. 처음 주어진 역할은 광주 임산부였어요. 송강호 선배님의 시점 숏으로 쓱 지나가는 주변 인물 중 하나였던 거죠. 근데 나중에 조감독님이 전화를 주셨어요. 영화 첫 신에 송 선배님 택시 타는 서울 임산부로 바뀌었다고요. "후후후 하하하 으악" 하며(직접 시연해 보였다) 산통만 해주면 된다고요. 저한 텐 참 소중한 작업이었어요.

★2018년에도 주목해야 할 한국 영화 두 편에 나란히 이름을 올렸어요. 〈버닝〉과 〈암수살인〉이죠. 〈버닝〉에선 사라진 해미의 친언니로 분하셨어요.

　　〈버닝〉은 오디션을 봤는데 초반에 한 번 떨어졌어요. 그러다 영화 제작이 연기됐다는 소식이 들려왔고, 이후 다시 오디션을 봐 언니 역에 캐스팅됐죠. 대본부터가 정말 아름다웠어요. 제 취향이었죠. 글로 보았을 때 너무나 아름답고 이미지가 많이 떠오르는 시나리오였어요. 예쁜 해미의 친언니를 연기해야 한다는 게 처음엔 의아했지만 '나 성형했어'라는 대사에서 빵 터졌고요. 아, 이창동 감독님은 외모가 닮고 닮지 않고 그런 걸 애초에 크게 염두에 두지 않는 분이신가 보다 싶었죠.

★극 중에 해미가 살해당했음을 확신한 종수가 친언니가 일하는 분식점에 와서 물어요. 우물의 존재에 대해서요. 해미가 우물에 빠진 적이 있었냐고요. 그때 배우님이 연기한 언니는 그 실체를 부정하죠. 해미는 거짓말쟁이라면서요. 우물의 있고 없음이 극에 그리 중요한 부분은 아니겠으나, 그 실체를 둘러싸고 해석이 분분했지요. 직접 연기한 배우님께선 어떻게 생각하셨나요.

　　이창동 감독님도 물으시더라고요. "봉련 씨는 어찌 생각하나요?" 저는 이렇게 생각했어요. 해미한테는 분명히 있지 않았을까 하고요. 반면 언니한테는 그 우물을 볼 마음의 여유도, 시간도 없지 않았을까 하고요. 그만큼 동생을 헤아릴 심정적 여유가 없었던 여자인 거 같아요. 동생의 외로움을 알아봐 주지 못한 거죠. 그래서 해미의 그 외로움을 아는 종수가 우물의 존재를 묻는 건 아마도 이런 의미였을 거라고 봐요. '당신은 해미에게 한 번이라도 관심으로 대한 적이 있어요?' '얘가 어떻게 살고 있는진 아셨어요?'

★'우물'은 '외로움'에 대한 메타포가 아닐까라는 해석 같아요. 〈버닝〉 이후 〈암수살인〉에도 출연하셨어요. 전작이 누군가의 언니였다면 이번엔 누군가의 누나로요. 그것도 연쇄살인마의 누나. 처음에는 자신이 머금은 거대한 사연을 감추지만 조금씩 풀어헤쳐요. 그러다 마지막에는 사실대로 털어놓고요.

본인이 지닌 기억에 대해 큰 죄책감을 지닌 인물이에요. 동생이 살인죄로 복역하는 와중에 김형민 형사(김윤석)가 여죄를 캐물어요. 처음엔 딱 잡아떼지만 남 얘기가 아니니까 어느 정도는 이야기를 해줄 수밖에 없는 처지의 여자죠. 막바지에 남매의 어린 시절 장면이 나오면서 제가 사실대로 얘기하는 신에 도달해요. 돌이켜보면 심정적으로 울고 싶고 화내고 싶었을 거예요. 그걸 꾹꾹 숨기고 살다가 털어놓으니 여러 복합적인 감정에 휩싸일 수밖에 없었던 신이었죠.

★이제 마지막 질문이에요. 다큐멘터리 사진작가를 꿈꾸었다가 배우가 된 지 어느새 14년째에 이르셨어요. 지금 이 삶을 후회한 적은 없으세요?

매일 후회하죠. 하지만 사진작가가 못 된 것에 대한 후회는 아니에요. 제가 아직 배우로서 많이 모자라구나 하는 부끄러움 같은 거죠. 모니터링을 할 때 늘 그래요. 아, 또 대사를 또 얼버무렸네. 더 잘할 수 있었는데 이것밖에 못 했네. 아직도 현장을 잘 몰라 당황할 때가 많아요. 그런 실수들이 보이면 번번이 후회하는 거죠. 그러다가도 다시금 용기를 내는 거고요.

인터뷰 내내 겸양하는 그를 마주하면서 '희미한 빛살' 하나를 머릿속에 그려 보았다. 눈부신 광명까진 아닐 것이나, 은은히 제 자리를 불 밝히고 선 미광 하나를. 때때로 정오의 햇살보다 아름다운 게 새벽녘 골목길의 전등빛이다. 배우 이봉련이 그래 보였다.

문득 그는 "그저 운으로 여기까지 온 것 아니겠냐"며 수줍게 웃었다. "사진학도일 때 그랬듯, 지금도 나는 아는 것이 없다"면서. "아무리 생각해봐도 분에 넘치는 운과 그간 노력한 시간이 조금 더해진 결과가 아닐까 해요. 그게 맞다면 참 다행일 테고요(웃음)."

은은한 빛은 내세우지 않는 빛이다. 내세우지 않는 빛이야말로 오래도록 빛난다. 그의 삶 또한 은은히 빛날 것이다.

PART 3

가도 가도 끝이 없는 길

★

진선규, 정상훈, 조복래, 조수향, 문지윤, 배유람, 김동영

photo. 엠중라이엔터테인먼트 제공

진선규

저 멀리
우주에 있는
배우를 향해

울보, 남우조연상 타다

배우 진선규의 제38회 청룡영화제 남우조연상 수상(〈범죄도시〉(2017)의 위성락으로 분해 메소드 연기로 호평 받았다) 모습을 가만히 지켜보면서 이런 생각을 했다. 우리가 흘리는 눈물은 간혹, 아니 꽤나 자주 전염되는 것이 아닌가, 하고.

그와의 안면식이라고 해야 제22회 부산국제영화제 때 잠시 저녁 자리에서 본 게 전부다. 간단한 인사치레 정도 나누었을 뿐이다.

그런데도 왜일까. 수상자로 호명되었을 때 보여준 그의 흐느낌은 조금 남달랐다. 저마다의 눈자위를 촉촉이 젖게 만드는 무언가가 그 눈물엔 서려 있었다. 그만큼 전염성이 강했다. 설사 그를 본 적 없다 해도, 그

245

가 어떤 사람이고 어떤 삶을 살아왔는지를 조금은 짐작할 것 같은 그런 눈물.

이 '울보'에게 수상 얘기부터 꺼내야 했던 이유다.

★평소에도 울보이신지.

　　사실 그리 눈물이 많은 건 아닌데……. 정말 주룩주룩 흘러내리더군요. 바보처럼요. (수상은) 전혀 예상 못 한 일이었어요. 제 이름이 호명되는데 갑자기 복잡미묘한 감정이 파도처럼 밀려왔어요. 무방비 상태였던 거죠.

★수상 소감이 많이 회자됐어요. 청심환을 두 개 먹을걸 그랬다고.

　　정말 제 삶을 통틀어 시상식장에 가는 거 자체가 처음이었어요. 영화제에서 '청룡' 그러면 너무 큰 자리라는 부담감이……. 굉장히 떨리고 긴장했어요. 제가 청심환을 결혼식 때 처음 먹어봤는데요. 그때 '어, 그래도 좀 괜찮다'는 느낌이 있었어요. 그래서 시상식 가기 전에 하나 씹고 간 거죠. 하나로는 모자랐지만요(웃음).

★마지막에 이런 말을 했어요. '저 멀리 우주에 있는 좋은 배우로 나아가겠다'고요. 무슨 의미인가요.

　　음, 우리가 지금 당장 좋은 배우가 누구냐고 할 때, 송강호, 최민식, 황정민 선배님 같은 훌륭한 분들을 떠올릴 거예요. 아마 그분들은 절대로 안주하고 계시지 않을걸요? 저 멀리 어딘가에 있는 목표를 향해 부단히 노력 중이실 테죠. 저도 그 뒤를 잇고 싶다는 거였어요. 물론 저는 이제 시작일 테고요.

★상 받고 주변에선 뭐라 하던가요.

우선 아내(배우 박보경)가 현장에 있었는데, 같이 한참 울고 나서 이처럼 말하더군요. '앞으로 정신 똑바로 차려야겠어. 이제부터 잘 해야 해!'(웃음) 동석이 형(마동석)은 인스타그램에 이런 글귀를 올려주었죠. '진짜 안 보이던 정말 잘하는 친구들이 이제 좀 세상이 알아봐주는 것 같다. 이제 더 잘해야 한다.' 계상이(윤계상)는 그날 자리에 없어서 영상통화를 했는데요. 엉엉 울더라고요. 정말이지 다들 제 마음이 되어주신 것 같아요.

★자녀들은요?

첫째가 이제 다섯 살, 딸이에요. 둘째는 두 살 된 아들이고요. 장모님 말씀으로는 첫째가 TV 생중계 보면서 많이 울었다고 해요. 화면에서 아빠도 울고 엄마도 울고 있어서라고(웃음). 그날 밤 트로피 들고 와서 '아빠 상 받았다?' 하니, 딸아이가 '내 건 없어? 하는 거 있죠.

★아파트 통장님이 현수막까지 걸어주셨다면서요.

맞아요, 수상 뒤에 모르는 번호로 전화가 오더라고요. '아, 저 3단지 통장인데요. 혹시 저희가 플랜카드를 만들었는데 걸어도 될까요' 라시며. 살면서 제 이름 걸린 플랜카드가 걸릴 줄은 어찌 알았겠어요. 그저 '너무 감사합니다'라고 했죠. 정말 그날 저녁에 걸어주셨더군요.

'청룡영화제 남우조연상 진선규 배우, 〈범죄도시〉 진 배우님 축하합니다. 3단지 주민 일동'이라고요.

악한 위성락과 선한 선규 사이

그가 수상 소감으로 꺼낸 첫 마디는 이랬다. "저, 조선족, 중국에서 넘어온 사람 아니고요." 그럴 만도 했다. 위성락으로 진선규를 처음 접한 이들은 그를 정말 중국인으로, 조선족으로 오인하는 경우가 많았다. 그만큼 인상 깊었다는 소리다. 그도 그럴 것이, 그가 분한 흑룡파 깡패 위성락은 그간 한국 영화계에 보기 드문 메소드 캐릭터였다. 제 눈에 거슬리는 것이면 무엇이든 초토화시킬 태세. 거칠고 야만적이며 충동적인 그는 도무지 어디로 튈지 종잡을 수 없다. 실제로 영화에서 그를 본 대중 반응은 대개 이런 것이었다. '뭐 이런 미친놈이 다 있지?'

★저도 한국인이 아닌 줄 알았어요.

하하, 근데 정말 그렇게 봐주시면 너무나 짜릿한걸요? 배우로서 원했던 반응이거든요. 설마 저 사람 진짜 중국에서 온 배우일까 하는 그런 반응이 오면 저는 그저 뿌듯해요. 내가 잘하긴 잘했구나 싶어서.

★위성락의 광기, 그 다혈질, 어떻게 설명하실 건가요?

제가 생각하는 위성락은 '난 뭐든 할 수 있어'라는 천상천하 유아독존 캐릭터죠. 계상이가 연기한 장첸이 일인자지만 각자의 포지션이 있거든요. 계상이가 그랬어요. 각자 팀워크가 중요하니까 이걸 잘 살려보자고요. 어느 한 사람 기나 힘에 눌리면 안 된다, 우리 모두 일인자, 첫째가 될 수 있는 거다. 위성락을 보면 자기 영역을 침범하거나 자기 주관에 엇나가는 말을 누군가가 하면 '너 당장이라도 죽일 수 있어, 그거 어려운 일 아냐'라는 식이잖아요. 제가 보기엔 사이코패스예요. 느닷없이 아무렇잖게 악행을 즐기니까요.

★근데 민머리는 자주 하세요?

아뇨, 태어나서 이만큼 민 거 처음이에요. 제 두상이 진짜 이 정도일 줄은(웃음). 정말 상상 이상으로 평소 이미지랑 다르더군요. 근데 이게 그리 나쁘지 않아요. 징그럽기도 한데 저한텐 색다른 변화거든요. 40년 살면서 '늘 긴 머리에 선한 느낌의 선규'였으니까요.

늘 긴 머리에 선한 느낌의 선규……. 혹자는 이 말이 낯설게 다가올지도 모른다. '긴 머리'와 '선한 느낌'이라. 거칠고 야만적인 위성락의 성격과 그야말로 대척점에 선 표현이지 않은가. 그런데 말이다. 실제로 그를 만나본 이들은 안다. 이 말이 있는 그대로의 사실임을.

★평소에도 이토록 선하신지.

그 얘기 하실 줄 알았어요(웃음). 많은 분들이 그래요. '아, 선규는 참 착해, 이름처럼 참 착한 친구야.' 저는 늘상 이런 말을 들으며 컸어요. 생글생글 잘 웃고 말 잘 듣고 그러니 '아, 나는 착하게 보여야 하는구나' 했던 거죠. 이게 어떤 외부적인 영향이 아니에요. 제 스스로 착한 이미지여야 한다는 강박 같은 게 있어서 그런 이미지를 스스로 만들어온 거죠.

★평소 억눌린 뭔가가 연기로 표출되는 식인 것 같아요.

배우라는 직업이 좋은 게, 제가 악인도 되고 비열한 사람도 되고 착한 사람도 되고 의젓한 사람도 되고 갖은 인간군상을 보여드릴 수 있다는 거예요. 제 안에 있던, 평소 끄집어낼 수 없던 무언가를 표현할 수 있는 거죠. 그래서인지 연기할 때면 기분이 좋아요. 매번 새롭고 재미있거든요. 짜릿하고 속도 시원하고.

★어린 시절은 어땠나요?

조용하고 허허 잘 웃는 아이였어요. 그러다 보니 약간의 괴롭힘 아닌 괴롭힘도 좀 있었어요.

★괴롭힘이라……. 감히 위성락을요?

고교시절엔 때리는 친구들도 있었어요. 도무지 참을 수 없을 지경까지 왔을 땐 제가 태세를 바꾸었죠.

★어떤 식으로요?

일단 운동부터 했어요. 〈말죽거리 잔혹사〉(2004) 보셨죠? 진짜 그 영화랑 똑같았어요. 생긴 거 빼고요(웃음). 극 중에 권상우 씨가 이기려고 엄청 연습하잖아요. 저도 똑같이 했어요. 자전거 타이어 문지방에 묶어놓고 발차기 계속하고. 옥상에선 '얍얍' 검도 연습하고. 되는 대로 해본 거죠. 이 악 물고요.

★독학이었나요?

네, 태권도랑 합기도만 일단 도장을 다녔고요. 절권도는 권상우 씨처럼 집 형광등에 종이 달아놓고 '팍팍' 치면서 매일같이 연습했어요(웃음).

★효과가 나타나던가요.

언제부턴가 주변에서 절대 못 건드리던데요. 소문이 난 거죠. 한참 괴롭힘 당하다 갑자기 막 날아다니니까요. 발도 저 위로 날아가고, 탓 타타타타!

★말 없고 착한 선규가 이소룡이 된 거로군요.

운동이 참 재밌었어요. 체육교사가 되려고 했을 정도였으니까요. 성격도 많이 변했어요. 좀 더 밝고 적극적으로요.

'몸짱' '싸움짱'에서 연기를 만나기까지

듣고 보면 그는 제 인생을 스스로 개척해낸 셈이다. 운동이 시작이라면 연극과의 만남은 그 다음이다. 1977년 경남 진해에서 태어난 이 시골 청년은 '몸짱' '싸움짱'으로 변신한 뒤로 우연히 진해에 있는 소극단

'고도'에 들어간다. 같이 놀던 친구가 꼬드긴 거였다. "니 노래하는 거 좋아한다 안 했나. 같이 안 가볼래?" 고교 3학년 여름방학이 막 끝나가던 무렵이었다.

★극단 생활은 어떠셨는지.

　　　작은 극단이었는데요, 분위기 자체에 중독됐어요. 참 무어라 묘사하기 힘들 만큼 마음을 끌어당겼어요. 여태껏 접해보지 못한 '따스함' '즐거움' 같은 거랄까.

★고교 3학년이면 한창 공부할 때잖아요.

　　　에라 모르겠다, 마음 가닿는 대로 하자 했던 거죠. 두 달가량 계속 거기 가서 놀고 지냈어요.

★그러다 그쪽으로 올인해야겠다는 결심이 섰군요.

　　　그렇죠, 근데 어찌하면 되는 건지 모르겠더라고요. 그때 연출 가르쳐준 형이 조언을 해주었어요. 연극영화과 진학을 일단 준비해라, 만약에 다 떨어지면 걍 여기 극단 오라는 거였어요. 그래서 시험 준비에 들어갔죠.

★속전속결이군요.

　　　일단 부딪쳐본 거죠. 당시 문화생활 누려본 게 전무했어요. 형편이 좋았던 것도 아니었으니까요. 연극영화과는 들어가야겠고 기간은 3개월 남았고. 아, 어찌해야 할까. 그 형이 그러더군요. 일단 서울

photo_엽총라이엔테인먼트 제공

배우라는 직업이 좋은 게, 제가 악인도 되고 비열한 사람도 되고 착한 사람도 되고 의
젓한 사람도 되고 갖은 인간군상을 보여드릴 수 있다는 거예요. 제 안에 있던, 평소
끄집어낼 수 없던 무언가를 표현할 수 있는 거죠. 그래서인지 연기할 때면 기분이 좋
아요. 매번 새롭고 재미있거든요. 짜릿하고 속도 시원하고.

가서 공연부터 보고 오라고요. 그래서 난생 처음 서울에 갔어요.

★무슨 공연이었어요?

'청우'라는 극단에서 올린 〈오필리어〉라는 공연이었어요. 그게
제 생에 서울에서 처음 본 공연이에요(웃음). 근데 수중에 돈이 없잖아
요. 보려면 티켓을 사야 하는데 말이죠. 형이 미리 팁을 하나 줬어요.
혜화역에서 너 보고 싶은 공연 있으면 매표창구에서 사연 좀 얘기해봐
라. 그럼 혹시 보여줄 수도 있다. 정말 다행인 게 매표창구 직원이 진
짜로 도와주셨어요.

★뭐라고 부탁했어요?

제가 지금 서울에 처음 올라왔는데 연극을 너무너무 하고 싶다
고요. 연기하고 싶은데 돈이 없다, 근데 정말 보고 싶다고요. 그러니
'아, 그러세요? 잠깐만 기다리세요'라는 거예요. 빈자리 있으니 어서
들어오라면서.

★다행이네요. 그때 본 공연은 어땠어요?

신세계였어요. 그 힘과 에너지, 어찌 저리도 깊은 감정으로 실
어 나르는 걸까. 저렇게 긴 대사를 도대체 어떻게 내뱉는 거지 하고요.
그 작은 극장 안에 조명도 몇 개 안 되는데 시간이, 공간이 바뀌더라고
요. 신기했죠. 한예종 연기과 시험 봤을 때, 이날 경험이 많은 도움이
됐어요.

소설가 파울로 코엘료가 쓴 『연금술사』에는 이런 구절이 나온다. '자네가 무언가를 간절히 원할 때 온 우주는 자네의 소망이 실현되도록 도와준다네.' 열여덟 진선규의 어린 마음도 이러했을까. 극단 선배의 진심 어린 조언, 난생 처음 상경한 시골 소년에게 선뜻 빈 좌석을 내준 창구 직원 도움이 없었더라면 그는 지금 이 자리까지 오지 못했을지 모른다.

★대학 시절은 어땠어요?

　　정말 행복했어요. 거기서 만난 친구들과 매일 운동도 하고 술도 먹고, 조금씩 연기도 배우고.

★데뷔는 2004년에 하셨죠. 〈거울공주 평강이야기〉라는 연극으로요.

　　한예종 졸업작이었어요. 친구들끼리 졸업 전에 공연 하나 올려보자고 의기투합한 거였어요. 근데 이게 반응이 좋더라고요. 이슈가 돼서 대학로 무대에도 올릴 수 있었고요. '공연배달 서비스 간다'라는 팀을 그때 꾸렸는데요. 13년 넘게 지금도 유지되고 있어요.

★어떤 캐릭터를 연기했나요?

　　'타잔' 같은 거였어요. 〈타잔〉 보면 동물 품에서 인간과 접촉 없이 자란 주인공이 나오잖아요. 이 야생 소년이 한 여자를 만나면서 정서적으로 교류하고 여자의 가치관을 바꿔주게 되죠. 요약하자면 '진정한 아름다움은 어떤 것인가'를 말하는 연극이에요.

★대사가 많지는 않았겠네요.

아호호 이이 하하! 그거밖에 없었어요(웃음).

★극단 생활은 얼마나 했어요?

십 년간 순수하게 창작한 건 7~8편. 학교 다니면서도 한 번씩 고향 가서 워크숍도 열심히 했어요. 지방 극단이 잘 안 되니 도울 수 있으면 최대한 돕고 싶었거든요.

★같은 연극인 출신인 손종학 선생님께서 이런 말씀을 하시더군요. "'우리 선규'가 남우조연상 받을 때 '저 멀리 우주에 있는 좋은 배우로 나아가겠다'던데 나도 그래야겠다고요(웃음)."

종학이 형은 제가 정말 좋아하고 존경하는 롤모델이에요. 예전에 형이 〈늙은 부부 이야기〉(2003)에서 연기하시는 걸 보고 정말 감명받은 기억이 있어요. 그래서 대학로에 불쑥 찾아갔었죠. 그 인연으로 〈너와 함께라면〉이라는 연극도 같이 올렸어요.

★드라마계 진출은 2010년 MBC 〈로드 넘버 원〉으로 하셨어요.

공연 같이 하던 형이 자기 아는 대학 동기가 MBC PD인데 전쟁 드라마 준비한다고 말해줬어요. 전쟁 드라마면 떼로 나오는 단역이 많잖아요. '한두 번 찍으러 나가면 두세 달 공연하는 것보다 돈 많이 준다'는 거예요. 아르바이트 겸 하라는 거였죠. 근데 오디션을 7차까지 봤어요. 김진민 감독님이 1차 하고 나니까 '또 와봐', 2차 하고 나니까 '또 와봐', 그러다 7차까지 갔어요. 마지막엔 '두 역할 있는데 뭘 하고 싶니'라고 물으시더라고요. 본의 아니게 메인 캐스팅까지 갔고요. 김 감독님이랑은 2년 뒤에 〈무신〉도 같이 찍었어요. 그해 SBS 드라마 〈육룡이 나르샤〉도 신경수 PD님이 대학로에서 제 공연 보시고 캐스팅해 주셨고요. 저는 오신 줄도 몰랐지만요.

★첫 영화는 〈좋은 놈, 나쁜 놈, 이상한 놈〉(2008)이셨죠.

맞아요, 0.5초 정도 나와요. 저만 찾아볼 수 있을걸요(웃음)?

★이후 꾸준히 영화 위주로 활동하고 계세요.

연극이 베이스지만 저한텐 영화가 훨씬 여유롭고 재미있게 다가와요. 조금 더 편하달까요. 근데 영화를 본격적으로 해보고 싶다는 마음이 든 건 불과 2~3년 전부터예요.

★2017년만 해도 무려 다섯 편에 출연했어요. 〈특별시민〉〈불한당: 나쁜 놈들의 세상〉〈범죄도시〉〈남한산성〉〈꾼〉까지요.

〈특별시민〉에선 최민식 선생님 운전기사였죠. 사건 도맡아 하게 된, 어쩔 수 없이 시키는 대로 일하는 충직한 '개'요. 〈불한당〉에선 설경구 선배랑 임시완 씨가 있던 교도소 교도계장이었고요. 좀 야비하고 센 척하지만 그래도 말 들어주고 조금 도와주기도 하는, 〈남한산성〉에선 박휘순 씨가 연기한 이시백 장군 수하였고, 〈꾼〉에선 제 친구 성태가 연기한 장두칠 사기 사건의 피해자였어요.

★허성태 배우 얘기가 나와서 말인데, 두 분 절친하시죠?

　　그럼요. 성태야말로 좋은 라이벌, 좋은 동료, 좋은 친구죠. 저희 둘이 좀 비슷하지 않나요? 성태는 연기라는 걸 잘 몰랐던 친구인데 꿈을 향해 직장 그만두고 새롭게 도전했어요. 지금 이렇게 빛을 보고 있는 거고요. 저는 계속 해오긴 했는데 성태와 비슷한 시기에 대중이 알아봐 주게 된 거고요. 저는 항상 이렇게 말해요. '우리 정말 더 열심히 해야 한다. 더 잘해야 한다'(웃음).

벼는 익을수록 고개를 숙인다는 것

진정한 우정이란 이런 것이다. '서로를 충분히 존중하되 선의의 경쟁 또한 마다하지 않는다.' 진선규에게 허성태를 향한 한 마디를 더 요청했다. 그는 웃으며 말했다. "아, 진짜 우리 성태, 요즘 영화 보러 가면 안 나오는 영화가 없을 정도야. 너무 자주 봐서 눈앞에 없어도 친근하다니까. 우리 앞으로도 파이팅!"

★배우님도 살면서 힘든 순간이 있었나요?

　　왜 없겠어요. 되도록 좋았던 거 생각하며 즐겁게 살려고 노력하는 거죠(웃음). 결혼하고도 쌀 떨어진 적이 많아요. 한번은 대출받으러 갔는데 저는 안 된다는 거예요. 200~300만 원 빌리려던 거였는데 말예요. 참 서글프더라고요. '와, 나는 신용이 없어서 돈도 못 빌리는구나…….' 제가 장남인데 장남 구실을 잘 못 했어요. 남동생, 여동생이 제 뒷바라지, 부모님 뒷바라지까지 다 했어요. 장남이 돈이 없으니 동생들이 회사 월급 나오면 조금씩 보태주고 그랬죠. 지금 생각해도 많이 미안해요.

★요즘은 온 가족이 참 기뻐하시겠어요.

아휴, 기뻐하시다마다요. 어머니께선 이러시더군요. '규야, 벼는 익을수록 고개를 숙인다고 했다. 앞으로 더 잘해야 한다. 차분하게.' 아버지는 딱 봐도 경상도 분이신지라. '어어, 음, 어, 그래, 어, 집에 온나' 하세요. 좋으시다는 의미인 거죠(웃음).

인터뷰가 끝나기 전, 그는 "배우가 천직인 것 같다"고 덧붙였다. 이유를 물으니 "무한히 스스로를 한계 짓지 않아서"란다. 정말로 그는 저 멀리 우주를 향해 나아가려는 것일까. 일단은 지켜볼 일이다. 진선규라는 배우가, 아니 진선규라는 우주가, 우리 앞에 증명해 보일 것이므로.

정상훈

한국의
'짐 캐리'가
될 때까지

개그맨이 익숙했던 배우

한 가지 고백부터 해야 할 것 같다. 나는 그간 '배우 정상훈'에 대해
거의 알지 못했다. 꽤 오래전부터 그가 드라마와 뮤지컬, 영화 등을
아우르며 활동해온 것은 알았지만 그게 거의 전부였다. '배우 정상훈'
보단 '개그맨 정상훈'에 익숙했다. 예능 프로그램 〈SNL 코리아〉 때문
일 것이다.

정상훈은 2014년 신동엽의 추천으로 〈SNL 코리아 시즌 4〉에 합류했
다. 처음에는 그리 두각을 나타내지 못했다. 그러다 〈시즌 5〉부터 눈
에 띄더니 〈시즌 6〉에서 단숨에 스타 예능인으로 도약한다. 가짜 중국
인 기자, 그러니까 '양꼬치엔 칭따오'를 선보이면서부터다.

'양꼬치엔 칭따오'의 인기는 대단했다. 닉네임처럼 '정상훈' 하면 '양꼬치엔 칭따오'가 따라붙었다. 칭따오 맥주, 피자헛 등 각종 CF 섭외가 이어졌다. TV를 틀면 시시때때로 그가 나왔다. "셰셰! 양꼬치엔 찡~ 따오! 양꼬치엔 찌잉~ 따아오레아!" 광둥어와 흡사한 '무늬만 중국어'랄까. 순식간에 전성기가 찾아왔다. 온 국민이 정상훈 이름 석 자는 몰라도 '양꼬치엔 칭따오'만큼은 알았다.

정상훈을 배우로 처음 인지한 건 영화 〈덕혜옹주〉(2016) 때부터였다. 극이 시작된 지 21분 무렵, 그는 갈색 재킷 차림에 흰 머리 자욱한 사내로 등장한다. 독립운동가 출신 복동이다. 전직 기자 김장한(박해일)이 일본 공항 바깥으로 나오자 기다리던 복동이 저 멀리서 그를 부른다. "성님!" 복동만큼이나 머리가 하얗게 센 노구의 장한이 왼 다리를 절며 반가워한다. "이게 얼마만인가." "꼭, 30년 만이네유……."

고난의 시대를 온몸으로 살아낸 두 남자의 재회. 만감이 교차했을 것이다. 둘은 서로를 힘주어 부둥켜안는다. 설움에 겨운 복동이 먼저 흐느낀다. "이렇게, 일본에서 또 뵙네유……." 〈덕혜옹주〉에서 그는 그간 보아온 가벼움과는 거리가 멀었다. 덕혜(손예진)의 탈출 계획이 수포로 돌아간 해변 신부터, 정신병원에 감금된 그녀를 찾아가는 자동차 신에 이르기까지, 그가 보여준 연기는 진지했다.

드라마 〈품위 있는 그녀〉(2017)에서도 그는 배우로서 역량을 입증해냈다. 우아진(김희선)의 남편 안재석으로 분하면서였다. 첫 회부터 커다란 웃음을 안겼다. 난데없이 숯검댕이 눈썹을 하고 나온 게 결정적이었다. 남편이 한눈팔지 않으려면 눈썹부터 짙어야 한다는 무당의 조언에 아내가 강제한 것이었다. 그렇게 어수룩하면서도 귀여운 그의 모습은 회차가 거듭될수록 인기를 독차지한다. '정상훈의 인생연기'라는 말도 이때 처음 나왔다.

그러니 궁금해지는 것이다. '개그맨 정상훈'을 넘어 '배우 정상훈'이, 더나아가 '인간 정상훈'이 말이다. 연기 경력 20년차인 그는 "배우로 데뷔했지만 '배우 정상훈'으로 나를 소개하는 건 지금도 좀 어색하다"며 머쓱해했다.

★〈품위 있는 그녀〉 하면 안재석 눈썹부터 떠올라요.

　　이게 참, 어떤 때는 얇아졌다가 어떤 때는 두꺼워졌다가(웃음). 눈썹이 막 살아 움직이는 것 같지 않았어요? 중간부터 보신 분들이 많이들 그러시던데. 아니, '정상훈 분장팀 도대체 누구냐, 사람 눈썹을 저렇게 시커멓게 만들어놓으면 돼?'

★'인생연기'라는 말이 나올 만큼 호연하셨어요.

　　그 덕에 배우로 조금 더 인정을 받은 것 같아요. '양꼬치엔 칭따오'가 아무리 브랜드 파워가 있어도 일 년 정도 하면 하향곡선으로 갈 수밖에 없거든요. 새로운 캐릭터들이 계속 나올 테니까요. 무언가 새롭게 발돋움해야 하는데, 마침 〈품위 있는 그녀〉가 도착한 거죠. 당시 이곳저곳 드라마 문을 두드리고 있었어요. 그러다 전작 〈운빨 로맨스〉(2016)에서 김경희 감독님 사수였던 김윤철 감독님이 저를 캐스팅 한 거예요. 그때 저를 인상 깊게 보셨다며.

★운이 좋으셨네요.

진짜 캐스팅되려고 총력전을 펼쳤어요. '전략적 폭격기'가 됐죠 (웃음). 최종 미팅 하는데 감독님이 중간에 감동하셨나 봐요. 30분 있다 가 '같이합시다' 하며 손을 내미셨으니까요. 그런데 그 순간 저는 곧바 로 믿지는 못했어요. 하도 그런 상처를 많이 받아서······.

★그런 상처라면요?

제 지론이 촬영 들어가기 직전까지는 (캐스팅된 걸) 믿지 않는다 는 거예요. 처음에 캐스팅됐다고 했다가 나중에 말 바뀌는 경우를 많 이 경험해서요. 그러면서 받은 상처가 굉장히 커요. 만약에 감독님이 캐스팅을 했는데, 돈 대주는 제작자분들이 (감독에게) '안 돼' 하면 못 하는 거잖아요. 다행히 김윤철 감독님은 〈내 이름은 김삼순〉(2005)을 하신 분이어서 힘이 있으시죠. 그분이 '정상훈 씁시다' 해서 원큐로 간 거죠. 그게 고마워서라도 얼마나 노력했겠어요. 캐릭터도 잘 맞고 김 희선 씨와 호흡도 되게 좋았어요.

★배우 정상훈으로 인식해주는 분이 많이 늘었어요.

사실 처음 3~4부까지는 혹평도 많았어요. '드라마에 방해된다' 'SNL 보는 듯' 그런 반응들이었죠. 그러다 회차가 거듭되니 달라졌어 요. 정상훈이 인생 캐릭터 만난 것 같다며(웃음). 동료 배우 분들도 조금씩 인정을 해주셨고요. 물론 그렇다고 '양꼬치엔 칭따오' 닉네임을 제가 없앨 수는 없는 거예요. 아마 그건 평생 따라갈 거예요.

★배우님 대표 캐릭터 중 하나니까요.

그렇죠, 초등학생들은 지금도 다 저를 개그맨으로 알아요(웃음). 근데 저는 그게 좋아요. 그 인기 덕에 자식들(정상훈은 삼둥이 아빠다)도 먹여 살릴 수 있게 된 거니까요. 지금도 길거리에서 마주친 아저씨가 '칭따오' 해달라고 하면 바로 해줘요. 어떤 분야든 제가 한 건 지워버릴 수 없는 거예요. 더 잘할 수 있는 것들로 영역을 점점 더 확대해나가는 게 맞는 거겠죠.

소극적인 유년기, 잠재된 '끼'를 발산하다

유년시절 그는 소극적인 아이였다. 친구가 몇 없었다. 사귀려야 사귈 수 없는 환경이었다. 초등학교만 네 군데를 옮길 만큼 이사가 잦았다. 집안은 가난했고 아버지는 일터가 자주 바뀌었다. "서울서 태어나 경기도도 갔다가 다시 서울, 서울, 서울, 서울……. 적응 좀 됐다 싶으면 이사를 가야 했어요." 성년이 되어 동사무소 초본을 떼어보니 두 페이지가 넘었다고 한다. 자연히 말없고 조용한 아이로 자랐다. 그는 "죽어도 왕따는 되기 싫었다"며 "무던하고 평범해 보이는 게 그땐 최선이었다"고 했다.

★의외인데요?

어쩔 수 없었죠. 그래도 중학교 때부터는 이사를 거의 안 갔어요. 아버지가 다행히 터를 잡으셔서.

★그 뒤로 변화가 있었나요?

그럼요, 친구 관계도 쭉 유지되고, 조금씩 제 안에 뭔가가 나오게 되더라고요. 슬금슬금 숨어 있던 '끼' 같은 게 마구요(웃음).

★이를 테면요?

무조건 튀려고 했어요. 남들이 빨간 옷 입는다. 그럼 저는 반드시 노란색만 입고 다녔어요. 그것만 한 달 넘게 입는 식이었죠. 때가 아주 꼬장꼬장해질 때까지 남들이 뭐라 하든요(웃음). 심지어 그 덕에 스물한 살 서울예전(서울예술대) 다닐 때 KMTV(음악전문 유선방송) 리포터도 했어요. 학창시절 입던 노란 옷이랑 똑같은 거 입고 인터뷰하러 다녔죠. 그때 HOT, 젝스키스를 인터뷰했어요. 당시 하하 씨도 절 보면서 '꿈을 키웠다'고 했을 정도였어요. 부러움 많이 샀죠. 인기도 많았고.

'튀고 싶다'는 욕구는 이내 "TV에 나오는 유명인이 되겠다"는 목표로 확장된다. 영등포공고 졸업을 막 앞둔 시기였다. 마침 아버지가 등록금 지원이 가능한 회사로 옮긴 뒤였고, 그는 운 좋게 서울예대에 들어간다. 그는 "이 학교 간판 동아리인 '개그클럽'부터 들어갔다"며 "개그맨만 되면 스타가 되는 줄 알았다"고 했다. 실제로 '개그클럽'은 당대 연예인 최다 배출소였다. 1986년 김정균, 표인봉 등이 세워 신동엽, 이

영자, 박상면, 홍록기, 이병진, 이동우, 송은이, 김한석, 정성화 등이
전부 거쳤다.

★노린 거군요?

당시 대한민국 스타 탄생지로 최고였죠. 중앙대, 단국대, 한양
대, 동국대보다 더 많이 나왔으니까요. (신)동엽이 형, (이)영자 누나 등
기라성 같은 분들이 죄다 여기 출신이에요.

★어떤 활동을 했나요?

당시 2년제였으니까 일 년에 한 번씩 축제를 여는 거죠. 신입
생이 오면 환영 공연을 선보였어요. 저는 4~5번 정도 했는데 그때 사
수 중 하나가 지금 뮤지컬 스타가 된 (정)성화 형이에요. 송은이 누나
와도 여러 번 했고요. 그 시절 콘서트 방식으로 개그를 한다는 게 꽤
독창적으로 받아들여졌어요. 그걸 그대로 백재현, 김미화 선배가 KBS
에서 〈개그콘서트〉로 하게 된 거였고요.

★'개그클럽' 반응은 어느 정도였어요?

함께 공연했던 선배가 김진수, 이휘재, 김한석, 정성화, 송은
이, 심태윤 등 8~9명인데요, 진짜 대박이 났죠. 입소문 덕에 저도 시트
콤에 데뷔했고요.

★그 시트콤이 SBS 〈나 어때〉(1998~1999년)군요?

그렇죠. 이란성 쌍둥이 동생 창민(최창민)의 찌질이 형(현민)을

연기했어요. 동생은 전교 1등에 서울대에 가는데 형은 전교 꼴등에 잔머리만 굴리고 인기도 없는 남자예요. 완전 비교되죠. 거기서 창민이를 짝사랑하는 예린이라는 여자가 나와요. 송혜교 씨가 연기했는데 제가 이 예린이를 십 년간 짝사랑하는 남자였어요.

〈나 어때〉는 그에게 생애 첫 협찬을 받게 해준 추억의 데뷔작이다. 방영 기간, '리복' 본사로부터 연락이 왔다. "원하는 만큼 가져가세요. 대신 방송에서 자주 입어주시고." 그 순간 그는 주성치 영화 〈소림축구〉(2002) 속 한 장면이 떠올랐다고 한다. "소림사 거지들이 협찬을 받잖아요. 아디다스였나……. 매장 문 박차고 직원들 다 뿌리친 채 운동화부터 스포츠웨어까지 싹쓸이하는 장면요(웃음)."

★배우님도 그랬을 것 같은데.

우리 형하고 같이 갔는데 이야, 이게 원하는 만큼 가져가라는데, 그게 안 되더라고요. 부잣집에서 살았으면 맨날 신어봤겠지만 전 브랜드 운동화를 당시 한 번도 못 신어봤어요. 이십 대 초반이었는데, 한 켤레만 신어도 얼마나 기뻤겠어요. 하지만 손이 안 가는 거예요. 결국 용기 내서 쭈뼛쭈뼛 두 켤레만 챙겼어요. 직원이 그러더라고요. '더 안 가져가세요?' 하, 참 바보 같죠. 그래도 아버지가 그 신발 20년 넘게 신으셨어요. 밑창이 노랗게 다 닳을 때까지.

★캐스팅은 어떻게 된 거였어요?

김태성 PD님이 배우들을 물색 중이셨어요. 근데 마음에 드는 배우가 없으셨나 봐요. 그러다 '개그클럽' 공연에서 저를 보셨던 거죠. 아직도 당시가 안 잊혀져요. 집이 일산이던 시절인데, 멀어서 자주 못 갔어요. 친구 집과 형네 집을 오가며 지냈었죠. 아마 추석 당일이었을 거예요. 아침에 부랴부랴 집 가려고 일어나려던 차에 PD님이 전화를 주시더라고요.

★ 뭐라시던가요?

"야, 상훈아. 너 나랑 목숨 걸 수 있겠냐?"

★ 처음 접해본 녹화 현장은 어땠어요?

참 많이 혼났어요. 마음에 안 드셨나 봐(웃음). 세트장에는 부조정실이라고 있어요. 거기서 감독님은 보통 큰 일이 아니고서야 조연출을 통해 이런저런 디렉션을 주셔요. 그러다 이따금 '토크 백'이라는 전체 스피커를 쓰시는데, 어지간한 큰 일이 아니면 거의 안 쓰죠. 근데 첫 녹화부터 제게 굉장히 화가 나셨나 봐요. 코디네이터가 없다 보니 집에 있는 후줄근한 옷 입고, 분장도 학교에서 배운 대로 해서 갔었거든요.

수난의 신인 시절, 무너진 자존감

★ 뭐라셨는데요?

그때 분장한 제 얼굴 한쪽은 시커먼데, 한쪽은 하얀 톤이었어요. '토크 백'으로 엄청 소리를 치셨죠. '야, 얼굴이 왜 그리 시커멓고

photo. 샘코퍼니 샘킴

연기 못할 때죠. 에너지가 부족할 때, 호흡이 나가버렸을 때, 그리고 진실하지 못할 때. 가장 중요한 건 바로 진실하지 못할 때예요. 100번을 하는데 100번 다 진실하긴 힘들잖아요. 그래서 그 진실에 접근하려고 무수히 많은 것을 생각하게 돼요. 평소에 명상도 하고, 인물에 대해 생각하며 일기도 써보고요. 진짜가 되려는 거죠. 안 그러면 호흡을 놓치니까요. 혹여 놓치기라도 하면 테크닉으로라도 해결해야 하니까 무진장 연습하죠.

연기는 왜 그따구야!' 사람들 다 듣는 데서 그렇게…….

★첫 번째 좌절이군요.

와, 진짜 프로의 세계는 장난이 아니구나. 더 열심히 해야겠다. 근데 열심히 한다고 잘되는 게 또 아니더라고요. 나중에 PD님이 그러셨어요. '야, 열심히 노력하는 사람 많아. 지구상에 엄청 많아. 네가 그 중 하나면 넌 그들과 경쟁해서 이길 수 없어. 중요한 건 얼마나 현명하느냐야. 주어진 시간 내에 얼마나 핵심을 노려서 노력하느냐야.'

시작부터 순탄하긴 힘든 법이다. 〈나 어때〉가 그랬다. 부족한 연기력에 대해 질타가 끊이지 않았다. 수치심에 얼굴을 붉어지길 여러 번. 눈물을 글썽인 적도 한두 번이 아니다. 그걸 참고 연기해야 했으니 미칠 노릇이었다. 그는 "쥐구멍에 숨고 싶고 솔직히 죽고 싶은 순간도 있었다"고 했다. "그래도 지금 생각하면 다 뼈가 되고 살이 되는 얘기들이었던 것 같아요. 그 모든 걸 흘려들었으면 지금의 제가 없었을 테니까요." 하지만 시련은 이어졌다. 김태균 감독에게서 "물건이다"라는 칭찬을 듣고 첫 영화 〈화산고〉(2001)에 출연했으나 '연기의 장벽'은 높았다. 배우로서 그릇이 작음을 절감했다. 자존심은 이미 무너진 지 오래였다.

★자신에게 쉽게 만족하지 못하셨던 것 같아요.

저는 그래요. 오디션이나 프레젠테이션에서처럼 단기간 상대의 마음을 설득하는 건 잘해요. 그런 싸움은 자신 있어요. 근데 연기라고 하면 참……. 제가 이후에도 작품을 여럿 찍었거든요? 드라마 〈장길

산〉(2004)에서 유오성 선배 밑에 막내 말득이 역할을 했어요. 고수와 이다혜 씨 나오는 〈그린로즈〉(2005)에도 나왔고요. 영화는 〈화산고〉 다음에 〈영어완전정복〉(2003), 〈목포는 항구다〉(2004) 등에 출연했어요. 근데 아, 그때마다 이런 생각이 드는 거예요. '왜 이거밖에 안 되지?' 〈목포는 항구다〉에서 박철민 선배 보면서 그런 생각이 들었어요. 오디션 7차까지 봤고, 저도 웬만큼 한다고 여겼거든요. 그런데 너무 비교가 되는 거예요. 저 형이 저렇게 잘하는 근본엔 뭐가 있을까. 그렇게 한국에 연기 잘하는 선배님들을 쭉 생각해보니 '무대'라는 공통분모가 도출되더라고요. 대부분 연극생활, 대학로 생활을 거치셨던 거예요.

★그래서 무대로 가신 건가요?

하고 싶다고 할 수 있는 건 아니죠. 2000년대 중반쯤 1~2년간 일이 없었어요. 연기에 대한 회의는 커져가고 일도 없고……. 이런저런 고민 하며 스스로를 돌이켜봤어요.

★이십 대 후반쯤이겠네요. 그 기간엔 뭘 했나요?

시나리오 공부를 정말 열심히 했죠. 로버트 맥키의 『Story: 시나리오 어떻게 쓸 것인가』 같은 책도 읽으면서요. 근데 사실 제가 시나리오 쓴다는 것 자체가 어불성설이죠. 잘 알지도 못하면서 한 거니까요. 세월이 다져진 게 있어야 좋은 게 나오는 거 아니겠어요? 〈목포는 항구다〉 김지훈 감독님한테 한번은 제가 쓴 걸 보여드린 적 있어요. 별말씀을 안 하시길래 아, 이건 나랑 안 맞구나 했죠(웃음).

★첫 무대는 뮤지컬 〈아이 러브 유〉였죠?

맞아요. 그게 또 스토리가 있어요. 2006년이었어요. 정성화 선배가 대학로에서 뮤지컬 데뷔를 그때 해요. 무대 위에 있는 형을 보는데, 아! 너무 하고 싶더라고요. 그때 남경주 선배랑 최정원 누나 같은 뮤지컬 톱스타들이 죄다 나왔어요. 정말 하고 싶었어요. 그래서 전략을 모색했죠.

무대에서 얻은 깨우침의 시간들

그 전략은 이렇다. 우선 친한 선배인 정성화에게 간곡히 부탁한다. "형, 한 번만 경주 형님 소개해줘, 제발……." 남경주는 서울예전 선배이자 뮤지컬계 '파워맨'이다. 운 좋게도 그는 정성화 도움으로 남경주가 이끄는 워크숍에 들어간다. 뮤지컬계 인사들이 모여 주에 한 번 등산 가고 공연도 올리는 친목 모임이었다. 친화력 하나는 타고난지라 정상훈은 금세 귀염둥이 막내로 예쁨 받는다. 뮤지컬계 여제 최정원과도 그때 친해졌다. 6개월간 서울에 있는 산들은 죄다 누볐다고 한다. "북한산만 네 번 갔고요. 관악산, 청계산 등 서울, 경기도의 어지간한 산들은 다 갔어요."

★예쁨 받는 비결이 뭐였어요?

도시락이요. 고기 반찬부터 오징어볶음 등 할 줄 아는 건 다 싸 갔어요. 등산하다가 먹을 수 있는 것 중에 가장 맛있는 게 뭘까. 사과!

중간에 사과 먹으면 얼마나 꿀맛이겠어요. 이걸 드리면 선배들이 그래요. '이야, 어떻게 사과 싸올 생각을 했냐, 감동이야!' 필살기는 쌈이었어요. 북한산 백운대에서 도시락을 까면, 보통 소소한 햄 반찬 위주일 거잖아요. 저는 쌈을 챙겨가는 거죠. 거기에 오징어 젓갈 착착 털어놓고 막걸리 한잔하면…… 죽여주죠!

★전략가시군요.

　　전 일단 밀어붙여요. 무조건 밀어붙여요. 뒷수습은 어떻게든 되겠지 하면서요(웃음).

★어깨너머로 많이 배웠겠어요.

　　그럼요, 무대에 대해 슬쩍슬쩍 물어보고, 저 노래 배우고 싶어요 하면 '야! 와라, 와! 내가 가르쳐줄게!' 그런 정도까지 관계를 텄죠. 그럼 이제 제작자를 만나봐야겠다. 근데 어떻게 만나지? 성화 형은 이제 신인이니까 힘은 없을 거고, 경주 형한테 얘기를 해보자! 형, 회식할 때 저도 한 번만 불러주세요. 그럼 '그래, 그래. 와' 하시죠. 그 자리에 가니 감독님, 제작자, 음악감독님이 계셨고요. 근데 제가 제작자가 파워가 가장 센 줄 그땐 몰랐어요. 감독님이 젤 센 줄 알았거든요. 라인을 잘못 탄 거죠(웃음).

★당시 만난 감독은 누구였어요?

　　한진섭 예술감독님이요. 근데 감독님은 벽이 좀 높아 뵈더라고요. 말수도 적으시고 굉장히 점잖으시고요. 아, 이쪽은 좀 힘들겠다 싶어 음악감독님부터 두드렸어요. 마침 김정리 음악감독님이 일산에서 저와 같은 동네 사시더라고요. 그분이 광성교회 다니세요. 저는 무신론자였는데 '교회 다녀볼 생각 없냐'고 물으셨죠. 교인이시니 전도가 목표이실 거 아니에요. 그래서 내가 신도가 되어드려야겠다! 결심하고 성경책 받고 교회도 나갔죠. 이거 실화인데, 한번은 꿈에 하나님이 나오셨어요.

★하나님이요?

진짜예요. 그래서 그 얘기를 음악감독님에게 하니까 그분이 '이야, 나는 이제껏 교인 생활 하면서 한 번도 그런 꿈 꿔본 적 없다. 넌 믿음이 충만한 것 같다'며 놀라시는 거죠. 그렇게 제 사람으로 만들었어요. 그 덕에 음악감독님이 한진섭 감독님께 '이 친구 참 괜찮다' 추천도 해주시고, 제가 드디어 뮤지컬 오디션까지 보게 돼요. 이 모든 게 6개월간 작업한 겁니다(웃음).

★오디션 보던 날은 어떠셨어요?

그게 말이죠. 오디션을 잘 보려면 몸이 '릴랙스'돼야 한다는 걸 어디에선가 주워들은 거예요. 그래서 오후 한 시에 오디션이었는데 아침 여덟 시부터 사우나를 가요. 여덟 시부터 열두 시까지 네 시간을 사우나만 한 거죠. 릴랙스하려고(웃음). 진짜 한 40번을 오간 거 같아요. 냉탕 온탕 냉탕 온탕……. 그랬더니 힘이 쭉 빠져서 도리어 소리가 안 나와요(웃음). 연기는 자신 있었어요. 6개월간 선배들한테 많은 도움을 받았으니까요. 다행히 감독님도 마음에 드는 눈빛이더군요. 그런데 노래가 좀 부족하지 않냐는 거예요. 순간 가슴이 덜컥했죠. 그러던 그때 음악감독님이 나서주신 겁니다! 제가 성령 충만하게 전도된 상황이니 저도 그분만 간절히 쳐다보고 있었죠. 음악감독님이 다소곳하게 앉으시더니 '제가 알아서 하겠습니다' 하고 말씀해주시더군요. 한 감독님이 '자신 있어요?'라고 되물으니 '자신 있고말고요'라고 해주셨죠(웃음).

★은인이군요.

그러게 말이에요. 너무나 감사한 게, 매일 교회에서 개인 레슨을 받았어요. 음악감독님이 피아노 치시면 제가 노래하고요. 여기선 키를 올리고 발성을 어떻게 하고. 그렇게 지도 받고 뮤지컬 신인으로 무대에 섰죠.

무대는 과연 신세계였다. 2007년 처음 공연한 〈아이 러브 유〉 주연은 단 네 명. 오나라, 최정원, 남경주 그리고 정상훈(정성화와 더블 캐스팅)이다. 무대 위는 카메라 앞에서와는 판이했다. 짧게는 50회, 보통은 100회까지 한 공연을 반복해 올리는 식. 상당한 연습량이 요구됐다. 가면 갈수록 허점이 보였고, 뭉뚱그린 부분을 서서히 교정할 수 있었다. 그는 "상대 배우와 호흡하는 법을, 무대 전반을 타고 흐르는 리듬을 온몸으로 익혀나갔다"고 했다.

★눈앞에서 관객을 보는 느낌은 어떻던지요?

이들을 제가 동화시키고 설득시켜야 하는데, 그게 안 되면 반응이 바로 와요. 그걸 '귀신이 뜬다'고 해요. 시선을 내리깔고 휴대폰을 만지작거리죠. 그럼 그 액정 불빛 때문에 관객 얼굴이 귀신처럼 보여요 (그가 그 모습을 직접 흉내 내 보였다). 반대로 제가 잘하면 몰입이 되니까 고개를 앞으로 좀 당기죠. 이건 아주 인간의 본능적인 부분이에요. 내 숨소리조차 주목하고 있는지, 그 반대인지를 금방 알 수 있거든요.

★'귀신이 뜬다'라는 걸 조금 더 부연해주신다면.

연기 못할 때죠. 에너지가 부족할 때, 호흡이 나가버렸을 때, 그리고 진실하지 못할 때. 가장 중요한 건 바로 진실하지 못할 때예요. 100번을 하는데 100번 다 진실하긴 힘들잖아요. 그래서 그 진실에 접근하려고 무수히 많은 것을 생각하게 돼요. 평소에 명상도 하고, 인물에 대해 생각하며 일기도 써보고요. 진짜가 되려는 거죠. 안 그러면 호흡을 놓치니까요. 혹여 놓치기라도 하면 테크닉으로라도 해결해야 하니까 무진장 연습하죠.

그렇게 한동안 무대 생활을 지속했다. 그간 올린 공연만 30여 편에 달한다. 유쾌하고 활달한 그의 연기는 꽤나 인기였다. 그만 나오면 객석 곳곳으로 웃음이 터져 나왔다. 뮤지컬 〈스팸어랏〉(2013)이 그 예다. 선배 박영규와 함께한 이 공연에서 그가 맡은 건 중국 군인이었다. 여기서 구사한 '무늬만 중국어'가 훗날 '양꼬치엔 칭따오'의 중국 기자로 이어진다.

★〈SNL〉에 출연은 어떤 계기로 가능했나요?

계속 조연 비중으로 코믹 캐릭터만 했어요. 그러다 〈개그콘서트〉〈웃찾사〉 같은 프로그램이 인기를 끄니 대학로는 점점 관심 밖으로 밀려났죠. 2014년 무렵이었나요. 다시 백수가 됐어요. 진지하게 연기를 그만둘까 싶었어요. 사랑하는 아내와 아이들을 위해 안정적으로 밥벌이를 하는 게 맞을까 싶더라고요. 미안하니까요. 그러던 중에 손을 내밀어준 지인이 한 분 계셨어요. 그분은 제가 '아픈 새끼손가락'처럼 보였대요. 그래서 (신)동엽이 형한테 부탁을 해준 거죠. '상훈이 합류시켜줄 수 없냐'고요.

★'양꼬치엔 칭따오' 대박 이후 가장 큰 변화는 뭐였어요?

그간 쌓인 빚이 2억 몇 천만 원 정도 됐어요. 그걸 다 털어냈죠. 그것만으로도 어찌나 홀가분하던지요.

★그렇게 왕성히 활동했는데도 빚이 있었다는 게…….

보이는 게 다가 아니에요. 공연해서 받는 돈이 사실 그리 많지 않아요. 중간마다 간극도 많고요. 하나 끝나면 연습하느라 6개월에서 일 년까지도 쉬어요. 마이너스에 마이너스의 연속일 수밖에요.

★그러다 〈덕혜옹주〉로 스크린에 복귀하셨죠.

SNL 팀 배려로 2015년 하순에 〈맨 오브 라만차〉 공연에 참여했어요. 그때 허진호 감독님과 제작자가 조승우 씨를 보러 오셨어요. 허 감독님이 '야, 조승우에 밀리지 않는 저 사람 누구냐' 하고 주목해주신 거죠. 복동이 연기에 제격이라면서요.

★〈덕혜옹주〉에선 조연이지만 극 중 비중이 적지 않으셨어요.

　　　대본 받아보니 이야, 손예진 씨도 나오고 박해일 씨도 나오고……. 이건 무조건 해야 되는 거였어요. 이제 와서 하는 말인데 편집된 게 좀 있긴 해요. 극 후반에 자동차 타고 로드무비처럼 정신병원으로 쭉 가잖아요. 거기서 복동이가 김장한과 주고받는 대화가 많았어요. 차내에서 웃고, 울고, 농담도 나누고. 그래도 저는 편집된 완성본에 만족해요. 진짜 최선을 다했거든요.

인터뷰 말미에 이르니 그에게서 잠시 오버랩되는 배우가 있었다. 짐 캐리였다. 코믹한 이미지 이면에 깊이와 진중함까지 갖춘 명배우. 언젠가 시일이 조금 더 흐르면, 그가 '한국의 짐 캐리'로 불리는 날이 오지는 않을는지. 이 생각을 전하니 그의 눈빛이 순간 반짝인다. "제 꿈이 바로 그거거든요!"

조복래

애늙은이,
세월을
초월하다

애늙은이 황토색 배우

조복래는 소싯적부터 '애늙은이' 소리를 귀에 못이 박이도록 들었다. 남들이 최신 패션, 최신 가요 흐름에 좇아가기 바쁠 때, 그는 왜인지 이 모든 것에 심드렁했다. 천성이었다. 인생사 희로애락을 이미 죄다 겪은 사람처럼, 그는 질주하는 삶을 애초에 내켜하지 않았다.

대신에 좋아한 건 이미 지난 것들이었다. 시간은 앞으로 계속 나아가지만 그럴수록 그는 시계태엽을 반대로 감았다. 피가 펄펄 끓어오르던 사춘기 시절. 청년의 마음을 사로잡은 건 잊혀져 가는 '7080 포크송' 정서였다. 요즘 감성보다 옛 감성이 좋았다. 그때 그 시절에 대한 사랑과 지금 이 순간에 충실한 삶. '카르페 디엠'은 그의 삶을 이루는 제1의 신조다.

조복래는 마치 '21세기를 살아내는 20세기 사람'처럼 보인다. 바래어가는 옛 감성의 힘을, 그 운치를 아는 향토적 이미지의 배우. 이 방면에선 그가 둘째라면 서러울 것이다. 실제로 그를 만나본 이들은 이구동성으로 말한다. "30~40년 전에 살던 사람이 타임머신 타고 온 것 같다"고.

그를 만난 곳은 넓고 고아한 원목 테이블이 깔린 충무로 소공연장 3층이었다. 그런데 1층 입구에서 그를 마중하자마자 작은 '해프닝'이 빚어졌다. 3층으로 올라가던 엘리베이터가 돌연히 멈춰선 것이다. 엘리베이터 안엔 네 사람이 있었다. 멀쑥이 차려입었으나 어딘가 시골 사람 같은 조복래와 그의 매니저, 기자인 나와 영화사 직원 한 명.

난감한 상황에 일동은 잠시 얼어붙었다. 느릿느릿 오르는가 싶던 엘리베이터는 기어이 2~3층 사이에서 완강한 태업 모드만을 고집했다. 웃지도 울지도 못할 상황. 그러던 그때, 조복래가 한마디 툭 던졌다.

"자, 이렇게 이번 생을 마감하게 됐네요. 우리 모두 고생 많으셨습니다. 저승에서 만나요(웃음)." 어이없는 사태임에도 그는 여유롭게 농을 던지는 것이었다. 그러더니 키 큰 매니저가 완력으로 문을 열어젖혀 네 사람 모두 무사히 빠져나올 수 있었다.

마지막에 내린 조복래는 바깥문에 적힌 문구를 읽더니 이처럼 말했다. "어라, 최대 수용 인원이 세 명이었네요."

★그냥 걸어 올라갈걸 그랬습니다.

　뭐, 그럴 수도 있죠. 이렇게 살아 있는데(웃음).

★낙천적이시네요. 나이 서른다섯은 돼야 (영화) 데뷔할 줄 알았다는 것도 그렇고.

　저는 지금도 매우 빠른 시기에 활동하게 된 경우라 생각해요. 복 받은 거죠. 배우 되기가 솔직히 좀 어렵요. 준비하는 분들도 수두룩하고요. 저는 애초에 욕심이 별로 없어요. 앞으로도 욕심만큼은 가질 생각이 없고요. 주변에서 '복래야, 넌 대기만성형이다. 오래갈 거야'라고 말씀해주시는데, 그럴 수만 있다면 참 좋겠네요. 나이 들어서도 오래 연기할 수 있다는 건 배우로서 꿈과 같은 거니까요. 젊어서 확 뜨는 배우는 비주얼 배우인 경우가 많은데 전 그쪽 계열은 아니죠(웃음).

전날 조복래는 영화 〈궁합〉(감독 홍창표) 시사회에 다녀왔다고 했다. 송화 옹주(심은경)의 부마(옹주의 남편) 물색차 역술가 서도윤(이승기)이 궁합 풀이를 떠맡으며 벌어지는 소동극인데, 톤은 대체로 밝고 명랑하다. 극 중 조복래는 서도윤을 졸졸 좇는 사기꾼 역술인 이개시로 분했다.

★극 중 유머 담당이셨죠. 이개시와의 궁합은 어땠나요.

　잘할 수 있다는 자신감은 늘 있었어요. 이런 캐릭터라면 특히요. '플레이어'들은 주어진 배역을 생각만 하다 막상 상황이 주어지면 당황하곤 해요. 머릿속 상상과 실제 연기와의 온도차가 굉장히 크다는 걸 뒤늦게 실감하거든요. 저도 처음엔 자신이 있었는데 이게 코믹 캐릭터가 오랜만이어서인지……. 그간 그루미하거나 서스펜스가 가

미된 배역을 주로 해왔어요. 조용조용하고 극에 긴장을 불어넣는, 다소 무겁고 특히 느린 '결'을 도맡아온 거죠. 그래서인지 현장 스태프들 앞에서 갑자기 코믹한 분위기로 연기한다는 게 쉽지 않았어요. 시간이 좀 필요했어요.

★역술가 캐릭터가 처음이기도 할 테고요.

일단 사기꾼이고 입만 산 놈이잖아요. 화려하게 언변으로 먹고 사는 인물이라 사전 공부를 좀 했어요. 대본에 적힌 대사를 어떻게 화려하고 재밌게 표현해내느냐, 역술인들 영상을 인터넷에서 보고 또 보았어요. 제가 궁합이나 사주 보는 걸 별로 안 좋아했는데요, 이번에 조금은 전향을 하게 됐달까요.

★전향이라면?

원래 손금 같은 거 절대 안 믿었어요. 군복무 마치고 스물세 살 즈음이었나. 호기심에 전문가한테 손금 본 적이 딱 한 번 있죠. 그때 들은 얘기 때문이었어요. '자네, 아무래도 구두나 닦아야 할 것 같은데'라고(웃음).

★손금이 어떻길래요?

가운데 선 하나가 없어요. 이게 일자 손금이라고, 한번 볼래요?

그가 양손을 펼쳐 앞으로 내뻗었다. 정말로 보통 손금과는 달랐다. 가로로 뻗어가는 줄기 하나가 그의 양손에는 없었다. 왼쪽에서 오른쪽으

284

로 뻗어가는 선과 오른쪽에서 손바닥 아래로 뻗어가는 선이 전부였다.

★ 희한하네요.

　　이게 '모 아니면 도' 손금이래요. 100억 원을 벌 수 있는 손금이 거나, 그 반대로 거지 될 손금이라고 일러주더군요. '에라이, 재수 없네' 하며 그 뒤로는 사주 같은 거 절대 안 믿었어요. 남들이 뭐라 하든 내 나름의 삶을 살리라 다짐했죠. 오기가 생기잖아요. 괜히 의욕을 꺾는 거 같고. 그러다 〈궁합〉 찍으면서 조금은 재미를 붙이게 된 거예요.

★ 현장서 궁합은 누구랑 잘 맞았어요?

　　승기 씨랑 실제로 궁합이 잘 맞았어요. 사주라는 게 태어난 연 월일시 등에 바탕한 거잖아요. 생각보다 통계학적이고 깊이가 있죠. 그리 허무맹랑하지만도 않고요. 한번은 같이 사주를 보는데, 승기 씨 는 '수', 그러니까 물의 기운이 있대요. 화수목금토 이렇게 오행이 있 다면 저도 똑같이 '수'였고요. 역술인이 저희더러 아주 좋은 궁합이라 대요(웃음). 절대 충돌하지 않고 큰 물줄기가 작은 물줄기를 인도하는 형상이라면서요. 실제로 촬영장에서도 승기 씨가 리드를 하면 저는 그 걸 따라갔어요.

그는 생각보다 숫기는 없었다. 말투는 조곤조곤했고, 자기를 내세우려 들지 않았다. 겸양하는 태도가 몸에 밴 듯했다. 그는 "메인 롤이 주어 진 배우들에게 초면부터 너무 편하게 다가가는 건 아무래도 결례인 것 같다"고 했다. "평소 말이나 행동거지를 조심하며 조용히 있는 편이에요. 다행히 〈궁합〉은 동갑내기 승기 씨가 리더십 있게 큰 그림을 그려 줘서 금방 '아이스 브레이킹'을 했지만요."

★큰 그림이라면요?

최민호 씨(시각장애인 서가윤 역)랑 승기 씨가 극 중 형제이고, 저도 같이 붙어 나오다 보니 앙상블이 필요하잖아요. 촬영 초기 승기 씨 주도로 대판 술을 먹었어요. 촬영감독님, PD님, 저, 승기 씨, 민호 씨와 밤중에 고량주만 30병을 먹었네요.

★덕분에 서로 많이 편해졌겠어요.

먼저 다가와 줘서 풀어주고 끌어주니 그게 진짜 고마웠어요. 현장이 편해지니 마음껏 '내'가 나올 수 있었고요. 조명감독, 카메라감독 등 현장 스태프들로 둘러싸인 가운데 혼자 활개를 치려면 스스로가 편해야 해요. 전 아직 그렇지 않은 상태에서 편하게 연기하는 내공은 아닌 것 같아요.

★다른 배우들이랑은 어떠셨어요?

전 (심)은경이라는 배우의 빛깔을 참 좋아해요. 노란색이랄까. 개나리색, 봄 같은 느낌이요. 이승기 씨가 시뻘건 상남자 스타일이라 면 은경 씨는 자기만의 은은한 색이 있더라고요.

★그럼 본인은요?

길바닥에 흔히 보는 흙색(웃음)? 황토색과 가까운 것 같아요.

토종적인 느낌이랄까. 어릴 때부터 끊이지 않고 따라붙는 저만의 수식어죠.

〈명량〉, 최민식으로부터의 배움

조복래의 첫 영화는 이준익 감독의 〈소원〉(2013). 성폭력 피해자 가족의 삶을 그린 이 영화에서 그가 맡은 건 초단역 '코코몽 알바 2'였다. 이후 몇 번의 조·단역을 거쳤고 이듬해 김한민 감독의 〈명량〉(2014)에 출연한다. 어지러운 전란 통에 달아나다 붙잡힌 병사 오상구 역이다. 그러니까 때는 어두컴컴한 한밤중. 수백여 명 병사가 그를 에워싸고 있다. 밧줄에 포박돼 무릎 꿇려진 그는 미동 없는 한 남자를 바라본다. 이순신(최민식)이다.

> "칠천량에서 6년 동안을 같이한 동료들이 모두 죽었습니다……. 오늘 제 손으로 그들의 주검들을 묻고 왔습니다……. 정말 두렵습니다……. 이제 틀림없이 제 차례 같습니다, 허허……, 이제 속절없이 이렇게 다 죽어야 합니까……. 으흐흑흑……."

가만히 최후 진술을 듣던 이순신은 말한다. "할 말 다 했느냐." 그러고는 단칼에 오상구의 목을 베는 것이다. 극 중 이순신의 냉엄함을 가장 서늘히 보여주는 장면이다. 조복래는 "이 영화가 진짜 데뷔작"이라고 강조했다.

★무대와 달리 영화 촬영 현장은 어땠나요.

이게 정말 100퍼센트 리얼이구나 싶었어요. 연극이나 공연계
만 누비다 진정한 영화 촬영 현장을 그때 처음으로 접한 거죠. 거대한
세트장에 있으니 정말 영화 속에 있는 것 같았어요. 200여 명이 갑옷
을 입고 횃불을 들고 창을 하늘로 향한 채 서 있어요. 저 멀리 하늘에
는 우주선 같은 커다란 조명기가 떠 있고요. 제가 기존에 접해왔던 사
이즈와는 차원이 다르더군요. 당시 오상구가 도망친 것에 대해 추궁
받고 해명을 해야 하는 상황이었고, 200여 명이 둘러싼 채 저를 묵묵
히 쳐다보고 있었어요. 떨리고 무섭기도 하고, 때는 밤이고. 이거 잘해
야 하는데 하는 부담과 공포심도 생기고…….

★제대로 카메라 앞에 선 것도 처음이었겠군요.

그렇죠. 카메라가 배우 주변에 서 있는 거잖아요. 한번은 이런
적이 있어요. 카메라는 제 눈에 안 보이고, 최 선배는 제 앞에 서 계세
요. 왼편에는 커다란 마이크가 있고요. 거기서 목소리가 들려와요. 아
무튼 해당 신에서 오상구가 탈영하다 붙잡혀 이순신 앞에 최후의 변명
을 하게 되죠. 일단 준비한 연기를 꺼내 보여야겠고 감정도 북받쳐 올
라 정말 진심으로 오열을 했어요. 그러니까 최 선배가 순간 당황하시
더군요. '카메라가 저 산 꼭대기에 있는데 왜 그래, 임마' 하시면서(웃
음). 카메라가 어딘가에 숨어서 저를 찍고 있는 줄 알았던 거예요. 나
중에 알고 보니 얼굴 찍을 땐 카메라가 바짝 제 앞에 오더라고요.

★대선배에게 얻은 배움이 적지 않았겠네요.

편하게 대해주셨어요. 초면에 그러셨죠. '복래는 영화가 처음
이니?' '네, 선배님' '처음부터 모가지 잘리면 불길한데'라며(웃음). 그
러시더니 '야, 나중에 모가지 붙여서 다시 좀 해보자'고 호방하게 농담
던지시는 식이에요. 술자리에서 조언해주신 게 있는데, 가장 기억에
남는 말씀이 이거예요. '가슴을 울리는 연기를 해라. 네가 하는 그 대
사로 보는 이들 가슴을 울려야 한다.'

★첫 영화가 1,700만 명이 봤어요.

그러게요, 당시 저한테 '천만 영화 조연' 이런 타이틀도 아주 가
끔씩은 붙여주기도 하더라고요(웃음).

남포동 낭만파 밴드부, 성우 도전하다

그는 부산 중구 남포동에서 나고 자랐다. 소싯적부터 음악적 감수성이
남달랐다고 한다. 우연히 집에서 들은 노찾사(노래를 찾는 사람들)의 〈광
야에서〉가 "가슴을 절절히 울렸다." 그때 나이 열네 살. "애늙은이가
된 순간"이자 "돌아오지 못할 강을 건넌 순간이었다"며 그는 〈광야에
서〉를 조용히 흥얼거렸다. "해 뜨는 동해에서/ 해 지는 서해까지/ 뜨거
운 남도에서/ 광활한~ 만~주 벌판/ 우리 어찌 가난하리오/ 우리 어찌
주저하리오/ 다시 서는 저~ 들판에서 움켜쥔 뜨거운 흙이여."

★음악은 그때부터 쭉 해온 건가요?

저한텐 놀거리가 오락실, 노래방, 극장, 당구장 정도인데, 음악이 제일 좋았어요. 혜광고교에서 밴드부였어요. 'HAC'라고 제가 25기인데요, 거기서 기타를 처음 배웠죠. 나름 전통 있는 밴드여서 팬클럽도 있었죠. 전 인기가 없었지만요(웃음). 그러다 성우 준비를 하게 돼요.

★가수가 꿈이었겠거니 짐작했는데 아니었네요.

고교 1학년부터 성우가 되고 싶었어요. 제가 초등학생 때면 일요일 아침마다 월트디즈니 애니메이션을 챙겨 봤거든요? 〈티몬과 품바〉〈알라딘〉 같은 거요. 그 시절 성우 목소리를 들으면 자꾸만 흉내 내고 싶었어요. 자기 목소리로 돈을 버는 직업도 있구나, 참 멋지다 하고요. 그러다 1학년 때 '행동'에 착수한 거죠.

★어떤 행동에 착수했나요.

부산 백병원 지하에서 성우 스터디 모임이 있다는 걸 알아냈죠. MBC 아나운서 공채 나오신 분께서 일주일에 한 번씩 무료 교육을 해주셨어요. 거기 혼자 찾아가 배운 거예요. 이메일로 라디오나 드라마 대본 받으면 인쇄해서 연습하고 카페에서 같이 해보는 거죠. 그때 전부 아나운서 공채 준비하는 이십 대 후반에서 삼십 대 초반 분들이었어요. 십 대는 제가 유일했고요.

★사투리는 그때 고친 건가요. 아예 티가 안 나는데.

맞아요, 타원형 테이블에 도란도란 둘러앉아서 정말 열심히 고쳐나갔죠. 대사를 '펴서' 읽는 법부터 장음, 단음, 혹은 변조법이랄지, 울림통 단련법 같은 걸 그때 익혀갔어요. 그러다 2학년 됐을 때 대학 진로를 고민하기 시작해요. 선생님께 '어디로 가면 될까요?' 여쭤보니 성우들은 연극영화과 출신이 많다고 그러시대요. 그래서 부산에 있는 연극영화과 학원에 등록했죠.

★소싯적부터 참 자기 주도적이었네요.

전 하고 싶은 건 밀어붙여요. 연극영화과 준비를 하면서도 발성 부분을 반드시 바로잡고 싶었어요. 때마침 고교 3학년 때 2학년 담당으로 서원준이라는 음악 선생님이 새로 오셨어요. 성악 전공자라고 하더군요. 젊은 남자분인데 파트는 테너였고요. 그 얘기 듣고 혼자 서 선생님께 찾아갔어요. '제가 성우와 배우를 꿈꾸는 학생인데요, 선생님께 발성을 제대로 배워볼 수 있을까요?'라고 했죠. 마침 좋다 하셨고 그 뒤로 선생님과 매일 짬 내서 훈련했어요. 브로드웨이 뮤지컬도 함께 보고 호흡법, 발성법 이런 것들을 계속 교정해나갔고요. 지금도 한 번씩 부산에 내려가면 찾아뵙고 발성 연습도 해요.

★십여 년이 지났으니 상당히 늘었겠어요?

글쎄요, 아직 멀었다고만 하시던데요(웃음). 성악적인 근육을 자주 안 쓰다 보니까 기본 소리는 안정되고 좋은데 저음 발성은 아직 힘이 약한 것 같다면서요.

★부모님은 이 길을 줄곧 지지해주셨나요?

'네 인생 네 알아서 해라'는 주의예요. 먹고사는 거 간섭할 생각 없다면서요. 아버지가 그러셨죠. '복싱보다 연기하는 게 나을 기다.'

★복싱을 했군요.

성우 준비하기 전 중학교 때부터 친형이랑 계속요. 지금도 취미로 하고요. 그때 아버지가 별 말씀을 안 하셨는데, 아마도 복서 되겠다고 하면 지금 생각으론 가로막으셨을 것 같아요. 정말 나중에 알게 된 건데요, 아버지께서 전국체전 출신이시더군요. 지금은 건축 일을 하시는데, 다 커서 사촌 형님한테 들은 거예요. 그때가 서른 살 즈음인가. 얼마나 놀랐는지요. 과묵한 분도 아닌데 굳이 왜 감추셨을까요. 피는 못 속인다고 아들이 복싱 배우러 다닐 때 내심 놀라셨을 텐데 말이죠(웃음).

연기, 인생처럼 알면 알수록 모르겠는 그것

유년 시절 품은 꿈은 으레 바뀐다. 하지만 그는 궤도 변경이 그리 크진 않았다. 성우가 되겠다는 꿈은 이내 배우라는 목표로 한 걸음 옮겨간다. 그는 "연기를 향한 열망이 마치 운명처럼 다가왔다"고 했다. 그렇게 서울예대 연극과 05학번에 입학한다. 단짝 동기 권혁수와 각종 무대에 올랐고, 금세 연극계 촉망받는 신인으로 떠오른다. 하지만 연극계가 그렇듯 주린 삶이 이어졌다. 2년여간 극단에 몸담은 시절 번 돈은 하루 5,000원 남짓. 지하 연습실에서 1년여간 연명했고, 2010~2012년까진 고시원 생활을 전전했다. 지금은 홍대에서 혼자 산다는 그는 그럼에도 "그때 삶이 힘겨웠다고 여긴 적은 단 한 번도 없다"고 했다. "하고 싶은 일을 할 수 있다는 것. 그걸로 충분하지 않냐"는 거였다.

★〈명량〉이후〈쎄시봉〉(2015)이야말로 배우님을 대중에게 널리 알린 작품이었죠. 송창식 선생님만의 기이한 아우라, 얼굴 표정, 몸동작, 발성 같은 게 곧잘 어울리던데요.

오디션 경쟁률이 250 대 1이었어요. 사실 송 선생님 배역에 있어서 '나 아니면 누가 해'라는 자신감이 있었어요(웃음). 보세요, 성악에도 관심이 있었죠, 기타도 좀 만졌죠, 생긴 것도 태어날 때부터 아주 옛날 사람 같다는 소리 늘상 듣고 살았죠. 애초 승산이 있는 게임 같았어요.

★송 선생님을 직접 뵈었나요.

예전부터 알던 분이었어요. 선생님이 미사리 라이브 카페에서 공연 자주 하시잖아요. 예전에 찾아가면 제가 번쩍 손 들어서 '무슨 무슨 곡 불러주세요' 하고 요청하곤 했어요. 그럼 다 불러주시거든요. 그때 선생님만의 디테일한 모습을 유심히 관찰했어요. 모쪼록 그렇게 선생님 연기를 하게 됐다며 당시에 찾아뵈니 확신에 찬 어조로 웃으며 말씀하시더군요. '넌 아무리 열심히 해도 나한텐 안 돼.' 그런 자신감이랄까요. 절대 부러지지 않는 자기만의 철학이 있는 사람. 그런 단단함을 표현하려 했어요. 다행히 영화 보고 나오시면서 진짜 재미있게 봤다고 좋아해주시더라고요.

★〈쎄시봉〉 생각하면 이런 생각이 들기도 해요. 그때 함께 출연한 정우(젊은 오근태 역), 강하늘(윤형주 역), 진구(젊은 이장희 역), 안재홍(병철 역) 같은 배우들이 요새 한창 주연 배우로 활약하고 있잖아요. 그렇지만 배우님은 배우로서 개성과 역량에 비해 상대적으로 잔잔하게 가고 있지 않나, 그런 부분에 있어서 약간의 질투나 부러움 같은 건 없을까.

　　　　전혀요, 사실 제가 좋아하는 선배 한 분이 십여 년 전에 술 한 잔하면서 이런 말씀을 주셨어요. '복래야, 네가 열매가 되고 싶다면 조바심을 내지 마라. 사람들은 네가 잘 익은 열매가 되면 알아서 따먹으려고 기다릴 것이다.' 부연설명을 드리자면 '다 때가 있다'는 거예요. 보세요. 지금 제가 잘된다고 삼십 대 후반, 사십 대 넘어서서까지 그 '잘됨'이 지속될지는 모르는 거 아니겠어요. 시간이 무르익을수록 좋은 기회는 계속 올 거라고 봐요. 그걸 미리 걱정하며 주어진 오늘을 허투루 보내고 싶진 않아요. 지금 잘된다고 마냥 좋아할 필요가 없고 안된다고 실망할 필요가 없고요. 대신 스스로를 가다듬어야죠. 어떤 배역이든 잘할 수 있으려면요.

벼는 익을수록 고개를 숙인다고, 배우 조복래가 그래 보였다. "지금 이렇게 관심을 가져주고 신작을 찍는 것만으로도 감사하고 만족한다"는 것이다. 그래도 군이 욕심을 내자면 "나이 마흔 전에 장가는 가고 싶다"고 그는 덧붙였다. "부모님께 예쁜 손주는 꼭 보여드려야죠(웃음)."

그런 그에게 마지막 질문을 던졌다. "조복래가 생각하는 좋은 연기란 무엇인가요, 그리고 어떤 배우를 지향하세요?" 고심 끝에 내놓은 그의 답변은 이랬다.

"뭐랄까, 안다고 하는 순간 오만한 놈이 되는 것 같아서……. 이렇게 말할 순 있겠네요. 알려고 할수록 모르겠는 게 연기가 아닐까라고요. 마치 우리들 인생처럼요. 그리고 전 제 연기를 보는 많은 분들이 기분이 좋아졌으면 해요. 그게 참 힘든 일일 테죠. 그런 만큼 계속 수련해 나가야 할 거고요(웃음)."

조수향

내 연기의
원천은
'내적 결핍'

결락의 존재라는 것

마음이 가난한 사람은 늘 결락감(缺落感)을 머금으며 산다. 그것은 때때로 외로움이 되고, 쓸쓸함이 되고, 알 수 없는 그리움이, 출처 모를 슬픔이 된다. 헤어 나오려 자맥질해봐도 어쩔 도리가 없다. 그러라고 태어난 종족이기 때문이다. 시인 백석이 "나는 이 세상에서 가난하고 외롭고 높고 쓸쓸하니 살아가도록 태어났다"(詩 「흰 바람벽이 있어」 중)고 쓴 것은, 그 또한 이 숙명을 직시해서였을 것이다.

박석영 감독의 〈들꽃〉(2014)을 다시 보면서 배우 조수향(27)도 그런 종족이 아닐까, 라는 생각을 했다. 그렇지 않고서야 그가 연기한 수향(조수향)이라는 소녀의 깊이를 도무지 설명하기 어려워 보였다. 박 감독의 '꽃 3부작' 첫 편인 〈들꽃〉은 이리저리 흔들리는 카메라처럼 세파에 흔들리는 불안한 세 소녀를 지켜보는 영화다. 하룻밤 잘 곳을 찾아 헤매다 거친 사내들에게 성매매를 강요당하고, 갖은 폭력에 시달리는 이 참혹한 이야기의 중심엔 조수향이라는 배우가, 그가 연기한 열일곱 살 소녀가 있다.

극 중 수향은 질퍽한 늪과 같은 세상의 흉한 몰골을 이미 온몸으로 겪어낸 듯한 연기를 펼쳐 보인다. 한 살 아래 소녀 하담(정하담)을 향해 생긋 웃으며 "나 예쁘지"라고 말할 때엔 그 나이대의 귀여움이 여실히 묻어난다. 그러나 극이 점점 무르익어 가면 또 다르다. 부박한 현실에 짓눌린 약자의 불안이, 분노와 슬픔이 앳된 얼굴 이면으로 서서히 발화하는 것이다. 그 이물감 없는 연기의 밀도가 가히 놀라울 정도다.

당시 스물둘에 불과했던 배우가, 그것도 자신의 장편 데뷔작에서 이 같은 연기를 선보이기란 쉽지 않은 일이다. 실제로 조수향은 제19회 부산국제영화제에서 이 영화로 '올해의 배우상'을 받았다. 감격에 겨워 눈물을 쏟던 그를 향해 대선배 김희애는 이 같은 상찬을 건넨 바다. "수향이를 보며 저 또한 큰 자극을 받았어요. 정열과 호기심이 가득한 배우예요. 앞으로의 미래가 기대돼요."

조수향의 이후 행보는 상업과 비상업, 대중과 순수, 주연과 조연의 경계를 넘나든다. 이후 여러 편의 TV 드라마에서 대중의 눈도장을 받기 시작했고, 미스터리 스릴러 〈검은 사제들〉(2015), 장현상 감독의 〈사돈의 팔촌〉(2015), 〈커피 느와르: 블랙 브라운〉(2017) 등에 출연했다. 2018

년엔 사극 영화 〈궁합〉에서 궁녀 만이로, 전고운 감독의 〈소공녀〉에서 업소녀 민지로 조연 출연했다.

초봄의 한 카페에서 그를 만났다. 샛노란 개나리꽃 색감의 원피스를 입은 조수향은 "천성적으로 '마음의 결핍'이 많은 사람인 것 같다"며 수줍게 미소 지었다. "결핍이 없는 사람이 과연 있을까 싶어요. 집안 환경이 좋고 나쁘고 그런 게 꼭 아니더라도요. 그런데 저는 그런 결핍이 어릴 때부터 유독 많았던 것 같아요. 그게 연기에 어떤 영향을 주는지는 잘 모르겠지만……."

★그게 배우님만의 연기의 원천은 아닐까요.

그런가요. 음, 저는 지금도 주변에서 저를 배우로 불러주실 때 '네, 맞아요'라고 선뜻 말하지는 못하겠어요. '저는 배우예요, 배우 조수향이에요'라고 말했더라도 그런 저를 가만히 생각해보면 '정말 그런가'라는 생각이 내심 들거든. 자존감이 낮은 걸까요. 무의식에선 나만의 자존감이 없진 않겠지만요. 하지만 뭐랄까요. '나는 배우야' 하고 내세우고 싶진 않아요. 그저 '좋은 사람'이었으면 하는 바람이에요.

★그런 마음가짐 덕에 인물에 더 깊이 들어가는 것일지도요.

그런 거라면 감사하죠. 저는 자기 색깔을 강하게 가져가는 배우가 있고, 그 색깔을 지우고 가는 배우가 있다고 봐요. 극단적으로 볼 때 그런 것 같아요. 제가 만약 제 색깔을 어필하는 데 자신이 있고 그런 능력이 정말로 있다면 전자처럼 했겠죠. 하지만 저는 왜인지 그런 게 불편해요. 그저 저한테 주어진 배역에 저를 최대한 맞추는 게 보다 편하게 다가와요. 그러다 보니 아무래도 조금 더 타인이 무슨 생각을 하는지, 어떤 마음일지를 궁금해하고 관찰하고 싶어져요.

★어릴 때도 그랬나요?

글쎄요, 제가 생각하는 저의 어린 시절은 자존감이 정말 낮았던 것 같아요. 항상 위축되어 있었고, 무언가 열등감이랄까, 자격지심 같은 게 있었던 것 같고…….

★무엇에 대한 자격지심이었을까요?

그냥, 끼가 많고 다재다능한 또래들의 틈바구니에서 자라다 보니 '나는 그렇지 않아'라는 단정 아닌 단정을 일찌감치 했던 것 같아요.

순백의 도화지, 물들이다

조수향이 연기를 처음 경험한 건 2006년. 푸르디푸른 한양여중 1학년 때였다. 하굣길에 우연히 길거리 캐스팅을 받게 됐다. "여중에만 있으니 지루했다"던 사춘기 소녀는 순간 호기심이 일었고, 그날 저녁 아빠에게 조르고 또 조른다. 그렇게 연기학원을 겸한 조그만 엔터테인먼트사에 들어가 봉태규 주연의 〈방과 후 옥상〉(2006)에 단역 출연한다. 주어진 역할은 '궁달반 아이들 1'. "단역이라고도 할 수 없는 엑스트라 수준이었다"고 했다. "연기라는 생각보다 어린 마음에 놀러 간다는 생각으로 했어요. 폐교에서 찍는데요, 매일 친구들과 떠들고 놀고 하는 재미가 컸어요. 초코파이, 율무차가 전부 공짜였고요(웃음)."

★그때 경험이 안양예고에 가는 데 작은 계기가 되었겠네요.

그것보다, 예고가 교복이 참 예뻐요(웃음). 그게 좋아서 들어간 거라고 말한 적이 있는데, 사실 연기에 관심은 있었으니 연극영화과에 들어갔겠죠. 그런데 막연한 관심 정도였어요. 처음 들어가니 이미 연극이나 뮤지컬에 단련된 친구들이 참 많았어요. 저는 아예 문외한이었고요. 그냥 연예인 하고 싶어서 들어가는 거겠지 했는데, 막상 가니 이미 연극도 하고 있고 뮤지컬도 하고 있고 전부 끼도 많고 노래도 참 잘하고. 이런 친구들 사이에 있으니 '나는 별다른 열정 없이 왔구나' 하며 움츠러든 거죠.

★예고도 선행학습을 하고 오는군요.

그럼요, 정말 위축됐어요. 선생님이 뭘 보여주시면 이미 다 알고 있더라고요. 이를테면 〈지킬 앤 하이드〉 같은 건 생전 들어보지도 못한 뮤지컬이었는데 친구들은 이미 전부 보았대요. 그런 게 신세계였어요. 저보다 훨씬 더 많이 알고 스스로를 뽐내는 것에 대해 두려움이 없어 보였고요. 그리고 다들 예쁘고 잘생겼거든요. 거기서 '아, 나는 좀 아니구나' 했죠(웃음).

★한마디로 '백지 상태'였네요. 첫 무대는 언제 올랐어요?

고교 1학년 12월 20일이요. 고(故) 함세덕 작가님의 〈동승〉이라는 작품이었어요. 준비된 게 없으니 말씀처럼 새하얀 '백지상태'였죠. 저희 조가 12명 정도였어요. 원래 남자아이가 주인공인데 운 좋게도 제가 어린 외모라고 친구랑 더블캐스팅으로 주인공을 했어요. 지금도 작품 처음 올리던 그날 새벽녘의 기억이 새록새록해요. 안개 자욱한 언덕배기를 걸어가던 그 강렬한 느낌이요. 일찍 준비해야 하니 아무도 없는 어두운 새벽길에 등교한 거였어요. 근데 정작 무대에서 뭘 했는지는 기억이 잘 안 나요. 너무 떨려 했기도 했고, 꿈꾸듯이 금세 지나가기도 했고요.

★그날 이후 연기에 대한 생각이 달라진 게 있나요.

　　　당시 선생님이 '여기(연극계)는 정글이다'라고 자주 말씀하셨어요. 정글이 자아내는 이미지는 잘 모르겠고, 그저 '힘들구나'라는 느낌만 어렴풋이 받았던 것 같아요. 그날 공연 이후 '난 배우가 되겠어' 하고 꿈을 머금은 건 아니었는데, 그래도 색다른 경험이었던 건 분명해요. 연기에 대한 욕심도 그때 이후 처음 생겼던 것 같아요.

연극 너머 영화로까지 관심의 더듬이를 벼린 건 고교 졸업 즈음. 영화과 친구들이 올린 졸업영화제를 보러 간 것이 계기였다. 매일같이 밥 먹고, 웃고 떠들던 친구들을 화면으로 보는 일이란 진기한 경험이었다. 그때 처음 "나도 저런 걸 해보고 싶다"는 생각이 들었다. 그래서 동국대 연극과에 들어간 후 차근차근 단편 영화 출연을 시작한다. 학부 시절 찍은 것만 십여 편. 〈물음표를 주세요〉(2010), 〈11월月〉(2011), 〈울게 하소서〉(2013), 〈집으로〉(2013), 〈이상한 이야기〉(2013) 등이 그것이다. 개중 한은영 감독의 〈울게 하소서〉는 칸영화제 비평가주간에도 초청받았다. 조수향은 "〈울게 하소서〉만큼은 자신 있게 자랑할 수 있다"며 배시시 웃었다.

★한 편 한 편 어떻게 찍은 건가요?

인터넷에 '필름메이커스'(영화 정보 공유 커뮤니티)라는 홈페이지가 있거든요. 3년여간 연극만 계속 해와서 영화 쪽은 아는 분들이 없었어요. 그래서 '필름메이커스'에 의존한 거죠. 거기서 이런 작품 찍습니다, 메일로 프로필 보내주세요, 하는 글이 올라오면 메일을 보내서 연락을 기다리는 거죠.

★20분짜리 단편 〈울게 하소서〉가 칸 초청작이었죠. 당시 기사화도 많이 됐고요. 사실 이 영화를 보진 못했어요. 어떤 영화인가요?

남녀 고등학생이 나와요. 제가 연기한 여자애가 버려진 컨테이너에서 아이를 낳는 상황부터 시작돼요. 이 아기를 어떻게 해야 할지 모르니 버스정류장에 버리고 와요. 마주한 상황이 두렵고 어찌할 바를 모르겠으니까. 그러다 남자애가 아기의 탯줄을 자르려면 칼이 필요해서 그걸 사러 나가는 와중에 경찰에 쫓기게 돼요. 그래서 제가 연기한 여자애가 책가방에 아이를 넣고 버스정류장 종점에 두고 오고요. 그러고 다시 남녀가 만나고 아이가 어딨냐고 남자애가 묻고, 그 아이를 다시 찾으러 가는데 도착하니 아이는 이미 죽어 있어요. 굉장히 처연한 이야기죠.

★이듬해 〈들꽃〉(2014)에 출연하셨죠. 이 영화와의 인연은 어떻게 가닿았나요.

　　〈들꽃〉은 참 감사한 영화였어요. 시간이 지날수록 더더욱 그런 생각이 들어요. 2013년경이었어요. 졸업하자마자 대학로에서 〈옐로우 슈즈〉와 〈햄릿 레퀴엠〉이라는 연극을 6개월간 몰아서 올리고 있었어요. 그러면서도 이런저런 목마름 같은 게 있었죠. '영화를 찍고 싶다, 장편을 찍고 싶다'라는 생각이요. 그래서 틈틈이 '필름메이커스'를 살펴보는데 〈들꽃〉 주연 배우를 찾는다는 글을 보게 된 거예요. 박석영 감독님이 인물에 대해 참 성심성의껏 설명해주셨더라고요. 그걸 읽으며 감동받기도 했고, 욕심이 나 얼른 연락을 드렸어요. 제 프로필(이름·나이·키·그간 출연작)이랑 전에 찍은 단편작을 보내드렸고요. 그렇게 캐스팅됐고, 한 달 만에 후다닥 찍었죠(웃음).

★첫 장편인데, 단편 촬영과는 어떤 게 다르던가요?

　　길이도 길고 호흡도 당연히 긴데, 무엇보다 관계가 풍성했어요. 극 중에 하담이도 있고 은수 언니도 있고 말 못하는 바울이(이바울)도 있고, 태성(강봉성)이와 태성이 삼촌(오창경)도 있고요. 제가 연기한 수향도 어느 한 사람이 아닌 이 사람 저 사람과 관계된 캐릭터였어요. 좁은 인간관계가 아닌 보다 발이 넓어진 캐릭터를 경험할 수 있었죠.

★함께 연기한 정하담, 권은수 배우님과는 어땠나요?

　　정말 다들 신인이고 아무것도 모를 때여서 정신없이 놀고 술도 먹고 그랬어요. 하담이를 처음 보았을 때가 아직도 기억이 선명해요.

photo_ 매니지먼트 SH 제공

제가 연극 공연하고 있을 때 꽃을 사들고 왔더라고요. 수줍게 공연 잘 봤다고 말하고 가는데 그 모습이 참 예쁘게 인상에 남아 있어요.

★현장에서의 박 감독은요?

그저 '하고 싶은 대로 하세요'라고 하셨어요(웃음).

★당시 연기가 참 인상 깊었어요. 극 중 수향은 언뜻 밝고 명랑해 보이면서도 속에 굉장한 상처가, 생채기가 있는 소녀 같았어요. 그걸 삭히고 또 삭혀서 좀처럼 드러내고 싶지 않으려는 친구처럼요. 그 보이지 않는 안간힘을 표현한 것도 놀랍게 다가왔고……. 스스로의 연기엔 만족하셨나요?

아니요, 하하. 만족은 하지 않았고요(순간 조수향은 양 볼이 발그레해졌다. 그는 칭찬을 매우 쑥쓰러워했다). 저는 제가 나온 작품을 볼 때마다 그냥 스스로를 토닥이는 편이에요. '아, 저게 최선이었을 거야, 그래, 저게 정말 최선이었을 거야, 다시 돌아가도 똑같았을 거야' 하고요. 제 연기가 완벽하게 느껴졌던 순간은 없어요. 그렇더라도 투덜거리진 않고요(웃음).

★그럼에도 첫 장편으로 '올해의 배우상'까지 받았죠.

그냥, 꿈만 같아요. 지금도 내 일 같지 않고요.

★일희일비하지 않는 성격인가 봐요?

하는 것 같은데, 하하. 생각보다 큰 사건 앞에선 흔들림이 없는 것 같기는 해요.

〈들꽃〉이 가져다준 조용한 반향

저예산 독립영화 〈들꽃〉이 가져다준 반향은 적지 않았다. 세간에 배우 조수향을 제대로 알리게 한 작품이었다. 안방극장에서 먼저 손을 건 냈다. 이듬해인 2015년 KBS1 2부작 드라마 〈눈길〉(2월 28일~3월 1일)에 출연하게 됐고, 곧바로 KBS2 16부작 드라마 〈후아유-학교 2015〉(4월 27일~6월 1일)에 캐스팅된다.

★〈눈길〉이라는 단막극이 차기작이었죠. 1944년 일제 강점기 말이 배경인 위안부 소녀 얘기였고요. 상처 많은 소녀 중 한 명이었는데, 자연히 〈들꽃〉의 수향이 생각나기도 해요.

　　　　유보라 작가님이 극본을 쓰신 작품이에요. 작가님이 〈들꽃〉 보시고 나서 매니저님 통해 연락 주셨던 걸로 기억해요. 위안부를 다룬 작품이기에 지금이 아니면 언제 해볼 수 있을까 싶었어요. 사명감까진 아니지만 조금이라도 내가 해볼 수 있는 무언가가 있진 않을까, 진실되게 배역을 소화해보고 싶다는 욕구가 일었어요. 그래서 흔쾌히 응했고요.

★뒤이어 방영한 〈후아유-학교 2015〉 인기가 적지 않았죠. 시청률이 8~10%가량 됐고요. 그런데 드라마 데뷔를 학교폭력 가해자로 했네요. 퉁명스러운 말투, 눈 치켜뜨기, 날카롭게 소리 지르기……. 여러모로 강소영은 에너지가 많이 필요한 인물이었을 것 같아요.

　　　　맞아요, 굉장히 빨리빨리 후루룩 찍었어요. 영화나 드라마나 똑같이 힘들고 잠 못 자고 그런데, 드라마가 조금 더 잠을 못 잤던 것 같아요. 하루하루가 잠을 잔다기보다는 졸고 조는 일의 연속이어서 도통 잠을 잔 건지 눈만 잠시 붙인 건지 알 수 없는 상태로 보냈어요. 초반부에는 그리 힘들진 않았어요. 그러다 중반부 넘어가면서 힘이 들었던 것 같아요. 아무래도 요구되는 에너지가 많으니까요. 짧은 장면에서도 감정이 부글부글 나와야 하니까. 웃으면서 '이랬니, 저랬니' 하면서 넘어가는 거랑은 다르죠.

★실제로는 정반대 성격일 것 같아요.

소영이처럼 살면 제가 연기를 못 했겠죠(웃음). 그렇다고 제 안에 무조건 착한 부분만 있진 않을 거예요. 저도 화가 날 때가 있고, 짜증을 내고 싶을 때가 있겠죠. 다만 그러지 말아야지 하며 스스로를 통제하려는 것뿐이에요. 그걸 컨트롤 못 하면 소영이 같은 친구가 되는 거겠고요.

★악역이다 보니 알게 모르게 주위에서 받은 상처가 없진 않았겠어요.

그렇죠, 처음엔 상처 많이 받았어요. 드라마 게시판이나 강소영과 관련한 기사 댓글을 보면 '악플'이 장난 아니었거든요. 하루가 다르게 엄청나게 달리던데요?

★그걸 일일이 다 읽었어요?

디테일하게 하나하나 다 봤어요. 지금도 기억나는 댓글은 제 구체적인 신상에다 인신공격성 말까지 덧붙인 거였는데, 정말 소름이 끼치더라고요.

★굉장히 충격적이었겠네요.

그땐 진짜 제 삶이 위협당하는 듯한 느낌마저 들었거든요. 바깥에 나가면 누군가 저를 무섭게 쫓아오지 않을까 하는. 한동안 사람 만나는 게 무서웠어요. 지금은 괜찮지만요.

★그간 배역들을 보면 무언가 결핍된 면면이, 내적 어두움이 공통분모처럼 있는 것 같아요. 가출 청소년 수향(〈들꽃〉)이 그랬고, 소영(〈후아유〉)도 학교폭력 가해자이지만 불우한 가정적 배경이 있고. 그리고 또 십 대 청소년들이고요.

단편 찍을 때부터 어두운 고교생 연기를 많이 했어요. 단편이고 장편이고 깊은 주제를 꺼내다 보면 발랄하고 재치 있는 캐릭터보다 그런 이미지의 캐릭터를 맡게 되는 것 같아요. 그렇다 보니 결핍이 있는 어찌 보면 비슷한 캐릭터를 연기했다고도 볼 수 있는데, 그래서 더욱 새로운 모습을 보여주려고 고민했어요.

★맡은 배역은 어떤 식으로 준비하세요?

감독님이랑 얘기 나누는 걸 선호해요. 드라마는 워낙 바쁘고 정신없으니 그게 어렵지만, 영화에서는 감독님이랑 되도록 많이 대화하는 게 가장 빠르고 좋았어요. 그걸 가지고 상대 배우랑도 소통하고요. 〈들꽃〉 박석영 감독님의 경우엔 오히려 제게 물으셨어요. 이런 부분에선 어떻게 할 거 같으냐는 식으로요. 그렇게 제 안의 뭔가를 찾아주려 하셨죠. 사실은 제가 찾아야 하는 게 맞을 거예요.

그렇다고 어두운 내면의 소녀만 연기한 건 아니다. 이후 선보인 드라마 〈귀신은 뭐 하냐〉(2015)에선 8년 만에 귀신으로 돌아온 천동(이준)의 첫사랑 무림(조수향)을 열연했다. 무림은 다분히 귀엽고 발랄한 캐릭터였다. 그간 선보인 연기와는 톤이 생판 달라 조금은 힘을 빼고 연기할 수 있었다. 조수향은 "답답하게 옭아매던 느낌에서 드디어 해방된 작품"이라 했다. 이후에도 〈세 가지 색 판타지-생동성 연애〉(2017)의 왕소라, 〈듀얼〉(2017)의 박서진 등 이채로운 캐릭터들을 도맡으며 연기 저변을 차근차근 넓혀나갔다.

★한동안 드라마 출연을 많이 했어요. 맡은 캐릭터도 보다 다양해진 느낌이고요. 그만큼 여러 색깔이 소화 가능한 배우로서 인정받고 있다는 의미겠죠. 그럼, 그동안 스스로 얼마나 성장했다고 보시나요.

그런 말씀을 들으면 너무 좋죠, 감사하고……. 저는 굳이 제 자신을 막 강렬하게 보여줄 필요는 없다고 봐요. 저를 표현하고 저를 어필하는 걸 잘 못하는 탓일지 모르지만, 그럴 바에야 차라리 다양한 캐릭터를 유연하게 받아들일 수 있다는 것, 그런 게 참 좋은 것 같아요.

★그러다 지난해 장현상 감독의 〈커피 느와르: 블랙 브라운〉(2017)으로 부천국제판타스틱영화제에도 가게 됐죠. 다시금 독립영화 주인공으로 출연했고요. 블랙코미디물라 들었는데 아직 개봉을 안 했더라고요(현재 배급사를 찾고 있는 중이라 한다). 소재가 독특하던걸요? 국가가 법으로 커피를 금지하면서 벌어지는 이권 다툼기라고.

현상이 오빠가 찍은 〈사돈의 팔촌〉(2016) 차기작이었어요. 그 영화에서도 예지라는 인물로 조연 출연했었어요. 현상이 오빠가 워낙 재기발랄하고 통통 튀는 매력이 있는 사람인데, 〈커피 느와르〉 시나리오를 참 재밌게 썼더라고요. 처음 시나리오를 받았을 땐 이야기가 많고, 인물 관계가 복잡해서 무슨 말인지 잘 몰랐는데, 점점 배우들과 함께 '리딩'하고 이야기를 쌓아가고 하니까 더 재밌어졌어요.

★어리지만 강인한 내면을 지닌 카페 여사장 김주원을 연기했어요. "캐릭터가 나보다 훨씬 큰 인물"이라고 말씀하셨죠?

극 중에선 어린 나이인데 가게를 운영할 만큼 당찬 친구거든요. 그렇다고 어린 마음에 권력을 함부로 행사하지 않고요. 제 나름 리더십이 있는 캐릭터예요. 사람들을 끌고 갈 능력이 있고, 유머도 있고요. 간략히 말씀드리면 이런 내용이에요. 국가에서 시행한 법이 나왔는데 사실 그 배후에 검은 조직이 있는 거죠. 주원의 입장에선 알면 알수록 자기가 알지 못하는 뭔가가 있는 거죠. 그걸 알아가는 과정에서 생겨나는 에피소드가 독특하고 재밌어요.

★그간 맡은 배역 중 가장 세파에 휘둘리지 않는 주체적인 여성처럼 느껴지네요.

저도 그렇게 생각해요. 자기 컨트롤을 잘 하는 인간적인 리더십이 있는 여자거든요. 마음의 평정을 잘 유지하고, 이성의 끈을 놓지 않는, 그런 노력이 엿보이는 캐릭터요. 이런 생각을 해봤어요. 만약에 내가 저런 카페 사장이면 정말 저렇게 할 수 있을까. 솔직히 회의적이에요. 그럼에도 극 중에서라도 그런 역할을 해내니 뿌듯하기도 하고 그런 게 참 멋있어도 보이고요.

★그리고 〈소공녀〉에 조연 출연하셨어요. 몸을 파는 민지라는 여자죠. 좀 푼수데

기 같은데 나름의 감추어둔 사연이 있는 여자 같아요. 가사도우미 일을 하는 미소(이솜)가 어지럽혀진 민지 방을 청소할 때 학사모를 쓴 졸업 사진을 카메라가 물끄러미 바라보죠. 그 순간 그런 느낌이 들더군요.

〈소공녀〉 자체는 서울 도심에서 살아가는 우리 청춘들의 이야기예요. 깊은 공감과 위안을 얻어갈 수 있고요. 보면서 마음이 따뜻해져요. 저는 처음과 끝에 등장해요. 조금 센 캐릭터로 보일 수도 있겠는데, 미소를 묘하게 좋아하는 마음 또한 있는, 보기보다 재미있는 캐릭터예요. 저는 지금껏 연기해온 캐릭터 중 민지가 참 마음에 들어요(웃음).

낮출수록 높아지는 것들

마음이 가난한 사람은 자만하지 않고, 늘 스스로를 낮춘다. 그 낮음의 자세로 말미암아 편견 없이 세상을 받아들인다. 배우 조수향이 꼭 그런 사람 같았다. 스스로에게 솔직해 보였고, 내세우진 않아도 저만의 아름다운 공화국을 건축 중인 것 같았다. 아날로그적인 것이 좋아 지금도 LP 레코드로 음악을 듣고, 1980년대 가요를 흥얼대며, 고전 영화를 즐겨 본다는 그다.

★고전 영화를 좋아해요?

엘리아 카잔의 〈욕망이라는 이름의 전차〉(1957)를 가장 좋아해요. 뤽 베송의 〈레옹〉(1995)도요. 최근에 본 것 중에선 〈라라랜드〉(2016)도 좋았고요. 현재로선 이 세 편이 인생영화 3편이에요. 최근에 본 〈셰이프 오브 워터: 사랑의 모양〉도 참 인상 깊었고요.

★엘리아 카잔이라……. 놀라운데요.

　　매번 볼 때마다 경탄하게 되는, 정말 대단한 작품이에요. 보면 볼수록 더 재미있어요. 흑백영화가 이렇게 대단하구나 하고 느끼게 해준 작품이고요. 비비안 리의 연기를 볼 때마다 새로운 면면이 발견돼요. 말론 브란도의 연기도 말로 형언하기 힘든 매력을 줄곧 전해주고요. 정말 과장 없이 100번 가까이 봤어요. 〈레옹〉도 고등학생 때 보게 된 작품인데요. 1학년 때쯤이었나. 지금껏 10번 정도는 본 것 같아요. 숏이나 앵글에 대해선 잘 몰랐지만, 그 작품을 처음 보았을 때 소녀 마틸다에 감정 이입을 깊게 했어요. 아빠가 죽어갈 때 눈물범벅이 된 마틸다를 보면서 가슴이 미어질 듯이 아팠죠. 〈라라랜드〉는 오랜만에 극장에서 본 영화예요. 영화라는 게 이렇게 황홀할 수 있구나라는 생각을 그때 했던 것 같아요. 무언가 시공간을 넘나드는 느낌이 참 좋았고, 좋은 걸 넘어서서 감사하다는 마음까지 들게 되더라고요.

★혹시 닮고 싶은 배우가 있나요?

　　어느 하나 꼽긴 그래요. 나이가 조금 더 들면 할 수 있는 역할도 많아지겠죠. 일단은 그런 역할들을 두루두루 만나보고 싶어요. 그렇게 연기할 수 있는 폭을 넓혀가야 할 테고요. 롤 모델은 현재로선 없어요. 매번 바뀌어서(웃음). 굳이 꼽자면 최근엔 샐리 호킨스라는 배우가 참 좋았어요.

★향후 해보고 싶은 연기가 있다면요?

저는 진짜 약간 보이시한 캐릭터라고 해야 할까요. 그런 인물을 꼭 해보고 싶어요. 왜인지 곧 하게 될 것 같다는 예감이 있긴 해요 (웃음).

★배우님의 연기에 대한 평소 마음가짐은 어떤가요.

저는 저만이 할 수 있는 캐릭터가 있을 거고, 제가 할 수 없는 캐릭터도 분명히 있을 거라고 봐요. 그저 저를 믿어주는 사람이 있다면 최선을 다해야겠다는 마음가짐이에요.

마지막으로 물었다. "살면서 가장 힘들었던 순간이 언제였냐"고. 그 순간, 그의 얼굴에 조금 그늘이 지는 듯했다. 아차 싶었다. "행복한 순간은 너무 짧고, 힘든 순간은 너무 많았던 것 같아요."

더는 얘기하지 않았으나, 그는 왜인지 지금도 자기 자신과 끊임없이 싸우고 있는 것 같았다. 그간 연기해온 사연 많고 아픔 많은 여자들처럼. 그 모습이 애처로웠고, 안쓰러웠다. "내가 이것을(연기를), 이 직업을 계속 할 수 있을까, 라는 막연한 불안감이 늘 있어요. 요즘은 '더는 못 버틸 수도 있겠다'는 생각을 할 때도 간혹 있고요. 그래도 힘을 내야죠(웃음)."

이 글을 매듭짓는 지금, 인터뷰 때 미처 하지 못한 한마디를 이렇게라도 건네고 싶다. "누구보다 잘하고 있어요, 지금처럼만 하면 돼요"라고.

그런가요. 음, 저는 지금도 주변에서 저를 배우로 불러주실 때 '네, 맞아요'라고 선뜻 말하지는 못하겠어요. '저는 배우예요, 배우 조수향이에요'라고 말했더라도 그런 저를 가만히 생각해 보면 '정말 그런가'라는 생각이 내심 들거든요. 자존감이 낮은 걸까요. 무의식선 나만의 자존감이 없진 않겠지만요. 하지만 뭐랄까요. '나는 배우야' 하고 내세우고 싶진 않아요. 그저 '좋은 사람'이었으면 하는 바람이에요.

문지윤

우직하게
전진하는
외길 인생

긁지 않은 복권

"분홍색을 좋아하나 봐요."

"이제 봄이잖아요."

'신장 185센티미터, 체중 90킬로그램.' 울림통 좋은 중저음에 수컷 냄새 그득한 상남자 용안. 거구의 사내는 그럼에도 귀여운 연분홍 재킷에 하늘빛 청바지 차림이었다. 외모와 패션이 빚어낸 이 같은 부조화를 어찌 설명해야 할까. 사내는 쑥스러운 듯 머리를 긁적였다. "알록달록한 색감을 좋아해요. 이제 날도 풀렸겠다, 인터뷰 날이니 아무래도 칙칙한 느낌보다 밝은 색이 예쁠 것 같고……."

지혜로울 '지'(智)에 빛날 '윤'(贇), 그래서 '지윤'. 이름마저 여성스런 이 남자, 문득 궁금해진다. 턱수염 기른 지도 얼마 되지 않았다고 한다. 원래 거의 안 나는 편이었다. 그러다 서른 살 무렵, 봄날의 새싹처럼 조금씩 움이 텄고, "이거 잘됐네" 싶어 요새 한창 기르는 중이다. "다이어트 중간 과정이라 수염이 있으면 얼굴에 음영이 좀 지거든요? 그래서 조금 핼쑥해 보이는 효과가 있어요."

평소 체중은 75킬로그램대 안팎. 배역에 따라 위아래로 10킬로그램씩 빼고 찌우는 건 다반사다. 영화 〈치즈 인 더 트랩〉 때도 금세 12킬로그램가량 불렸다. "〈불한당〉(2017)에서도 그랬지만, 이번에도 꽤나 찌운 편이죠. 제일 많이 나갈 땐 120킬로그램인 적도 있어요." 우리가 혹여 데뷔 16년차인 그가 익숙지 않다면, 그 원인 중 일부는 이 때문인지도 모른다.

그런 그에게 건넨 첫 질문이란 바로 이런 것이었다.

★'긁지 않는 복권'이라는 평이 있던데.

　　　그런 말씀, 고맙죠(웃음). 연기적인 측면에서 해주시는 말씀일 수 있겠지만, 제가 워낙 또 배역마다 살을 찌웠다 뺐다 하니까요. 지금은 좀 쪄 있는 상태인지라 천천히 빼고 있어요. 근데, 말씀대로 복권에 당첨되면 기분이 얼마나 좋겠어요. 제가 팬들에게도 그런 배우여야 하는데.

★평소 체중 관리는 어떻게 해요?

　　　정말 단기간에 빼야 할 땐 일주일에 10킬로그램을 훅 감량해요. 사는 동네에 산이 있어요. 뛰어 올라갔다가 내려온 다음, 사우나에

318

서 권투선수처럼 땀을 쭉 빼는 거죠. 그러고는 야채랑 계란 흰자, 고구마를 먹고 한숨 푹 자요. 저녁엔 권투장을 가고요. 1시간 30분가량 죽어라 권투를 하면 하루가 다 가요. 근데 그 기간이 진짜 괴롭거든요? 제가 운동선수도 아니고, 제일 좋은 건 천천히 빼는 거예요. 너무 급히 빼면 요요현상이 와요.

★반대로 찌울 때는요?

체질 자체가 살이 잘 쪄요. 그냥, 좋아하는 거 원 없이 먹고 거의 무방비 상태로 넋 놓고 있으면 되죠.

★드라마 〈치즈 인 더 트랩〉(2016)에서 김상철을 연기하셨어요. 그땐 김고은 배우(홍설 역)를 참 많이 괴롭히셨죠. 영화 〈치즈 인 더 트랩〉(14일 개봉)에선 오연서 배우(홍설 역) 대학 선배로 나오셨어요. 드라마에서처럼 짓궂은 선배라기보다 뭐랄까, 눈치 없는 귀여운 선배 같던데.

드라마에선 아무래도 진상남 느낌이 가득했죠. 팀 과제 할 때도 빠지고 리포트 안 쓰고 틈만 나면 후배 괴롭히고. 영화에선 상철이 그리 길게 다뤄지진 않았어요. 다소 눈치 없는 선배로서 낄 때 안 낄 때 분간 못 하며 홍설이를 당황하게 만드는 캐릭터랄까.

예컨대 이런 식이다. 영화 〈치즈 인 더 트랩〉 중반부, 배경은 소규모 대학 강의실이다. 홍설(오연서)이 남자 친구가 생겼다는 소식을 엿들은 상철(문지윤)은 그녀 옆에 유정(박해진)이 앉자 쩌렁쩌렁 외친다. "홍 후배 옆에 앉지 마. 남자 친구 생겼대!" 눈치 없는 선배 때문에 홍설이 당황하자, 유정은 뒤돌아 말한다. "저예요, 그 남자 친구." 아아, 그렇다.

상철 같은 선배라면 누구라도 사양이다.

★극 중 상철이랑 실제 본인이랑 조금은 닮은 구석이 있나요?

까불까불하고 능글맞은 모습, 물론 있죠. 그러니 연기로 그렇게 나오는 거 아니겠어요? 아예 제 안에 없는 모습을 발산한다는 건 아무래도 어려울 거예요. 다른 배우들도 그럴 테고요. 어느 정도 자기 성격이나 평소 모습을 일정 부분 줄이거나 극대화하면서 연기하는 부분이 있으리라 봐요. 제 실제 모습은 겉모습과 달리 조용조용한 편인데, 정말 가까운 친구들이랑 있으면 까불거리는 거 잘해요. 그렇다고 공사 구분 못 하고 진상 부리진 않습니다(웃음).

〈인디언 썸머〉로 싹 틔운 배우라는 꿈

★2002년 TV 드라마 〈로망스〉로 데뷔하셨죠. 16년차라는 게 새삼 놀라운데요. 애초 TV드라마 쪽을 원했던 건가요?

아뇨, 그런 건 아니고. 원래 꿈이 영화배우예요.

★그럼 어떤 계기로 드라마부터 시작한 건가요?

〈로망스〉 출연했을 때가 열여덟 살이었어요. 그냥 기회가 드라마 쪽으로 먼저 들어온 거죠.

영화배우 꿈을 처음 키운 건 중평중 3학년 때. 노효정 감독의 〈인디언 썸머〉(2001)를 집에서 혼자 본 게 계기였다. 국선 변호사 준하(박신양)가 남편 살해 혐의로 사형을 선고받은 신영(이미연)을 변호하면서 벌어지는 가슴 시린 멜로물이다. 여자만 지나가도 가슴이 두근대던 사춘기 시절. 사랑하게 된 신영의 무죄를 어떻게든 입증하려는 준하의 안간힘이 소년의 가슴을 쳤다. "박신양 선배님을 보면서 막연히 멋있다는 느낌이 그때 확 들었어요. 저런 모습을 화면 속에서 보여줄 수 있다는 게 굉장히 매력적으로 다가왔죠." 그 막연함은 '배우가 되겠다'는 의지로, 한 가닥 꿈으로 서서히 형태를 갖추게 된다.

★중·고교 시절엔 어땠어요?

교우관계는 좋은데 공부는 거의 안 하는 학생이었죠. 그래도 학구적인 친구들이랑도, 운동만 하는 친구들이랑도 두루두루 잘 어울렸어요. 운동하고 게임하는 거 좋아했는데, 뭐 평범했죠. 게임 좋아해서 PC방에서 스타크래프트 많이 했고, 요새도 집에 혼자 있으면 플레이스테이션4로 즐겨요. 요즘엔 〈포 아너〉(FOR HONOR)라는 게임을 자주 하고요.

★배우 준비는 어떻게 착수했나요?

〈인디안 썸머〉를 본 뒤로 그 잔상이 잘 안 지워지더라고요. 너무나 강렬해서 얼마 안 있다가 연기학원에 등록했어요. 배움이 필요하겠다 싶어서요. 정확하게는 중학교 졸업 직전부터 인덕공고 2학년 때까지 다녔어요. 그리 오래 다닌 건 아니죠. 고2 때 무슨 자신감인지 더 배울 게 없다는 생각이 어느 순간 들대요. 실전에서 배우고 싶었나 보죠. 그래서 그때 그만두고 혼자 매니지먼트 찾아다녔어요. 오디션 보려고 인터넷에 공고 뜨는 거 계속 찾아보고요.

★연기학원 생활은 어땠어요?

저, 정말 열심히 했어요. 이건 저도 자랑하고 싶어요. 당시 학원 선생이 '크게 될 놈'이라 했어요. 제가 택한 길이니 후회 안 하려고 독하게 했거든요. 공책에 선생님 말씀 한 마디 한 마디 놓치는 거 없이 다 적었어요. 설명하는 거 빼곡하게 다 적고, 초청강사 분 오시면 한 마디도 안 빼놓고 다 받아 적어서 밤새 읽고 또 읽고, 연습하고 또 연습하고. 좋은 영화 반복해서 보며 나름으로 분석하고, 보고 느낀 점 풀어쓰고, 카메라 용어 외우고. 근데, 주위서 당시 상처받는 얘기를 좀 많이 들었어요.

★상처받는 얘기라면?

이런 거죠. '너 따위가 뭐가 잘나서 연기를 하냐.' '그런다고 될 거 같냐.' 학교 선생님들은 응원해주신 분도 있었지만, 사실 대부분 무시하셨어요. 열 분 중에 두 분이 조용히 응원해주신다면 나머지 여덟 분은 내리깔고 보셨던 거죠. '네가 할 수 있겠냐'고요.

★그럴수록 더 오기가 생기는 법이죠. 가족들은 뭐라셨어요?

든든한 우군이었죠. 그 모든 경멸과 무시를 이겨낼 수 있었던 게 어찌 보면 가족들 덕분이기도 해요. 아버지 어머니께선 언제나 '잘해라' '잘할 수 있을 거다' 하시며 제가 좋아하는 일, 전혀 안 말리셨거든요.

★첫 오디션은 언제 봤어요?

고교 2학년 봄이었어요. 배우 오디션 공고가 크게 났어요. 그
당시 가수랑 배우랑 다 뽑는 자리였죠. 거기서 1~3차까지 오디션 보고
덜컥 입상까지 했어요. 그걸 계기로 소속사가 생겼고 〈로망스〉(2002)
미팅까지 보게 된 거죠.

★혈기와 자신감으로 충만하셨던 것 같아요.

뭐랄까, 알 수 없는 자신감이 있었어요. 누가 뭐라 그래도 내 생
각대로 내 의지대로 할 거야, 라는. 그게 어느 정도였냐면, 열아홉 살 데
뷔 때부터 마음가짐이 남달랐어요. 서른 살 즈음에는 배우로서 완성된
모습일 거라며 혼자 상상하고 그랬거든요. 속으로 되뇌는 거죠. '자, 지
윤아. 10년을 보고 가자. 지금 모습이 다가 아니다. 넌 이제 시작이다.'

아직도 가야 할 길

★지금 서른이 훌쩍 넘었죠. 그때 원했던 모습이 되었다고 보나요?

(고개를 내리깔며) 아니요. 막상 서른 살이 되니 제가 바랐던 모
습 같진 않아요. 그러니 또 마흔 살을 바라보고 달려가고 있는 것일 테
고요.

★그래도 결심이 서고, 바로 행동에 들어가 당당히 오디션 입상하고 그런 면면들
이 굉장히 멋진걸요.

배우로서 빨리 출발할 수 있었던 건 크나큰 복이었죠. 제 의지
와 노력도 중요했지만요.

자기 자신과의 투쟁이 이어졌다. 무시와 비아냥 따위엔 괘념치 않았
다. 진정으로 뛰어넘을 상대는 나 자신이었으므로. 내가 자처한 게임
이니 만큼 나 자신이 책임을 져야 했다. 그렇게 십 대 후반의 그는 무
소의 뿔처럼 홀로 뚜벅뚜벅 걷는다. 외롭고 두려운 순간이 오면 틈틈
이 일기를 써 내면을 담금질했다. 내가 꿈꾸는 미래상과 포부를, 그날
그날 배운 것들과 반성할 점들을 빼곡히 적어나가며.

★지금도 일기를 쓰나요?

연기학원 다니기 시작한 중3 때부터 스물두 살까지 썼어요. 매
일 쓴 건 아니지만 주기적으로 꾸준히 썼죠. A4 용지 크기 공책으로 열
권이 조금 넘어요.

★주로 어떤 내용이었나요?

그날그날의 일상적인 일들부터 인상 깊었던 영화와 관련한 단
상, 연기에 대한 이런저런 생각들, 제가 생각하는 사람 됨됨이, 연기자
로서의 감정, 그런 것들이었던 것 같아요.

★첫 작품인 16부작 드라마 〈로망스〉 때부터 인기가 적잖았어요. 김재원 배우(관
우), 김하늘 배우(채원)가 주인공인데, 배우님이 최관우 동생 장비를 연기했어요.
관우의 이미지가 하얗고 여리여리한 느낌이라면, 장비는 남자답고 천연덕스럽
고 목소리도 굵직하고 사뭇 다르죠. 그때 나이 열아홉이었고요.

324

장비가 처음엔 모범스러운 것 같다가도 나중엔 반항아적 기질을 보여주죠. 주변 친구들이 되게 신기해하더라고요. 특히나 고교 동창들이 많이 놀란 눈치였어요. 학창시절 한 번씩 직업 조사할 때면 배우 희망하는 사람으로는 제가 항상 유일하게 손을 번쩍 들었거든요. 그럼 친구들이 '우~' 하며 저놈 봐라 했죠.

★〈로망스〉 오디션 날은 기억나세요?

그럼요, 이대영 감독님 작품인데, 오디션 때 물으시더라고요. 오토바이 잘 타느냐고요. 장비가 오토바이를 능숙하게 탈 줄 알아야 한다며. 그래서 주저 없이 답변 드렸죠. '저 폭주족이었습니다!' 오토바이 생전 타본 적도 없었어요. 아무튼 금방 끝났죠. 떨어진 줄 알았어요. 근데 다시 불러주신 거예요. 아마 허풍인 게 훤히 보이셨을 거예요. 그럼에도 패기만큼은 귀엽게 봐주신 거 아닐까 해요, 지금 생각하면.

그런대로 순탄한 출발이었다. 〈로망스〉가 종영한 그해 하순엔 16부작 드라마 〈현정아 사랑해〉(2002)에 조연으로 이름을 올린다. 이듬해에도 40부작 드라마 〈스무 살〉에 출연했고, 2004년 7월께, 고대하던 영화 데뷔작까지 내놓는다. 남상국 감독의 코믹 액션물 〈돌려차기〉였다. 삼류로 전락한 전통 있는 태권도부의 전국대회 도전기랄까. 함께 출연한 배우는 김동완, 현빈, 조안 등.

★〈돌려차기〉에서 맡은 캐릭터가 권혁수라고, 빡빡머리 반항아였죠. 때리기보다 거의 맞는 역할이었던 것 같은데요.

그쵸. 운이 좋았던 게, 제가 평소 **빡빡머리**를 좋아해요. 스무 살 때 제 헤어스타일이 웨이브 있는 단발이었어요. 그러다 충동적으로 머리를 싹 민 적이 있어요. 회사엔 말 안 하고요. 그냥 그러고 싶었거든요. 그때 권혁수라는 반항아적인 이미지랑 제 모습이 딱 맞아떨어진 거예요. 그 당시 권혁수가 투짱이라고, 두 번째 짱이었어요. 두목이 있으면 부두목이 있듯이. 극 중에 액션이 많았는데 제가 좀 많이 맞는 편이었죠. 극 중 태권도 시합할 때 저 때문에 상대랑 저랑 기권패를 당하는 장면이 있어요. 둘 다 무효처리돼 분하다고 서로 치고 박는데, 그때 권혁수 상대가 박도수라고, 정우 형이 연기한 캐릭터였죠.

2006년 〈생날선생〉에 차기작으로 출연했어요. 이 영화는 상당히 평이 안 좋았죠.

시나리오는 재밌었는데……. 누구 탓도 아니고, 솔직히 말하면 아쉽긴 했어요. 관객도 10만 명이 안 들었죠. 그래도 사실 〈돌려차기〉 〈생날선생〉 때 제 캐릭터가 좋았어요. 멋있거든요. 그 나이대 반항기도 가득하고, 남자답고.

★영화배우가 꿈이었지만 앞선 두 편이 각광받지 못해 씁쓸했을 것 같아요. 이후 드라마 위주로 찍게 된 데에는 그런 배경이 적잖이 작용하지 않을까라는 짐작도 해보게 되고요.

뭐, 꼭 그렇다기보다 자연스럽게 그렇게 간 거 같아요. 아무래도 드라마로 데뷔를 했고, 좀 더 드라마로 많은 모습을 보여주었고, 시청자들도 좋은 모습으로 봐주신 게 있으니까요. 그리고 시청률이든 극장 관객이든 그리 개의치 않아요. 그런 것에 기대를 하다 보면 기분이 깔아뭉개지기 십상이거든요.

★문지윤 이름 석 자를 대중에게 처음 각인시킨 건 〈쾌걸춘향〉부터가 아닌가 싶
어요. 시점 상으로 영화 〈돌려차기〉 〈생날선생〉 개봉 사이인 2005년 1~3월에
방영했지요. 학생들한테 인기가 대단했어요. 방학 시즌에 틀기도 했고. 그 인기
때문에 1부작이 추가돼 17부로 끝났고요(〈쾌걸춘향〉은 『춘향전』을 현대판으로 각색
한 드라마였다. 성춘향 역에 한채영, 이몽룡 역에 재희, 변학도 역에 엄태웅이 출연했
다. 문지윤은 몽룡의 친구 방지혁 역이었다).

　　현대극인데 사극이 에피소드식으로 잠깐 잠깐 나오는 식이었
죠. 재희 형이 연기한 몽룡이라는 친구를 위해주는 되게 낙천적인 의
리파였고, 이인혜 누나가 연기한 한단희를 보호해주고 짝사랑하는 순
정파 남자였죠. 상철(〈치즈 인 더 트랩〉) 같은 진상남이랑 정반대예요.
로맨틱하면서 코믹한 면모도 있고, 남자답고, 그리고 보면 좋은 건 다
갖췄네요(웃음).

사극과 죽는 연기, 슬럼프와 그림

그리하여 스물세 살 무렵인 2008년. 생애 처음 사극 드라마까지 찍게
된다. 이준기 주연의 〈일지매〉였다. 일지매의 귀여운 먹보 친구 대식
으로 4회 출연할 때, 그의 몸은 이전보다 한껏 불어 있었다. 이듬해엔
다시 감량해 〈선덕여왕〉 낭도 시열을 열연한다. 시열은 〈선덕여왕〉이
발굴한 '신스틸러'였다. 뱀 때문에 소리치며 일어나 쩔쩔매는 그의 모
습은 답답하고 유약하지만 한편으론 귀엽고, 죽기 직전 모습은 누구보

다 강렬하다. 예컨대 김유신의 아버지 김서현(정성모) 명대로 명예롭게 적장을 죽이고 난 다음 자신도 죽음에 이르는 예의 그 장면. 별 대사가 없던 시열은 제 임무를 완수하고선 덕만공주(이요원) 품에 안겨 검붉은 피를 토한다. 그러면서 못 다한 말들을 힘겹게 내뱉는 것이다. "이제 정말 잘할 수 있는데……."

★이 장면을 위해 칼을 갈았구나 싶었어요.

　　　　셀 수 없을 정도로 연습했어요. 운전하면서도 하고 집에 있을 때도 누워서 계속 되뇌고. 죽는 사람이 말을 왜 이렇게 길게 하냐고도 지적하셨는데, 이게 참 뭐랄까. 되게 슬펐어요. 그냥 죽는 게 아니고 핏덩이를 입안에 물고 숨을 껄떡이잖아요. 어떻게든 몇 마디 더 해보려는 절박함이 있었달까요.

★죽는 연기는 처음이었죠?

　　　　네, 해보고 싶었어요. 사실 제가 죽기 직전의 느낌을 받아본 적이 한 번 있어요. 극 중 시열처럼 숨이 안 넘어가고 껄떡대는 경험을요. 숨이 어, 어, 하고 안 넘어가더라고요. 아마 열여섯 살 무렵이었을 거예요. 어두운 생각이 많았던 시기죠. 정서적으로 굉장히 불안정했어요. 그냥 죽을 것 같은 느낌이 자꾸만 드는 거예요. 그런 느낌이 겹겹이 쌓이다 언제인가 갑자기 숨이 턱 하니 안 쉬어지더라고요.

갓난아기 때부터 그는 할머니 손에서 오래 컸다. 할머니가 사실상 어머니였다. 그런 당신이 "목전에서 돌아가셨다"고 그는 힘겹게 돌이켰

328

다. 그러니까 그의 나이 열여섯 무렵. 두 시간 전만 해도 도란도란 대화를 나누던 당신이 쇼크사로 돌연히 숨을 거둔 것이다. 그 순간은 어린 문지윤에겐 거대한 충격이었다. 자의로 연기학원을 끊어 미친 듯 앞만 보고 내달려야 한 것도 어쩌면, 그때의 트라우마를 털어내고 싶어서였는지도 모른다.

★삶에서 고비의 순간이 언제였어요?

(한참 생각한다.) 변성현 감독님의 〈나의 PS 파트너〉(2012) 하기 전에 2년가량이 슬럼프였어요. 이 일을 안 하려고 했어요. 뭐랄까, 드라마 시스템 자체가 싫어졌고, 지칠 대로 지쳐 있었어요. 대본은 늘 늦게 나오고 촬영은 강행군이고. 그때가 〈분홍 립스틱〉 찍고 나서였어요. 그거 끝나고 다 털고 떠난 거죠.

★그 공백 기간 뭘 하고 지냈나요.

백수였어요. 우선 차를 팔았고, 갖고 있던 물품을 하나하나 다 팔았어요. 그러면서 먹고 놀았죠. 마음은 편했는데, 일이 없으니 점점 무기력해지더라고요. 정신적으로도 피폐해지고. 그래서 미술을 시작했어요. 유일한 스트레스 해소법이었어요. 제가 술을 마시는 것도 아니니까요.

★이전에 그림을 배웠나요?

아뇨, 그냥 시작한 거예요, 집에서. 스케치북에 매직펜으로 그려봤어요. 그러다 보니 저만의 느낌대로 상상력을 발휘해 추상적인 것을 많이 그리게 됐어요. 저는 사실 제가 그린 그림을 작품으로 여기진 않아요. 그럼 타인에게 주기가 쉽지 않잖아요. 그냥 좋아서 그린 것이고, 그렇게 좋아서 그린 걸 제가 좋아하는 사람한테 선물해주면 기분도 참 좋고요. 그런 식으로 그림이 타인과의 연결 고리가 돼주더라고요.

★주로 어떤 걸 그려요?

사람의 '눈'이요. 눈이 많은 걸 담고 있어요. 눈을 감고도 느낄 수 있는 것이 많지만 눈을 뜨면 느낄 수 있는 게 더 방대해요. 평소 눈을 좀 화려하게 그리는 경우가 있고, 사람의 얼굴이나 주로 꽃, 나무, 아니면 약간 아기자기한 그림도 있어요. 요즘엔 영웅들 시리즈라고, 영웅들이 동네를 보호하는 모습을 흑백 위주로 그리고 있어요. 이번엔 매직펜 말고 유화로요.

★그림 그리면서 달라진 게 있다면요?

뻔한 얘기 같지만 스케치북이든, 십육절지든, 팔절지든, 사절지든 주어진 틀 안에서 보여주어야 하잖아요. 그런 게 연기랑 비슷하더라고요. 특히나 내가 마음가짐이 별로인 상태에서 그리면 좋은 그림이 안 나오더라고요. 마음을 정갈하게 하고선 내가 원하는 대로 선을 하나씩 이어 그림을 완성한다는 것. 어떤 면에선 연기도 그런 게 아닌가라는 생각을 해요.

★그림 외엔 뭘 했어요?

무술을 했어요. 검도도 하고 복싱도 했는데 보다 새로운 걸 해본 거죠. 동남아 특수 무술인데 펜칵 실랏(Pencak Silat)이라고 있어요.

예컨대 왕이 있으면 그 왕을 호위하는 무사들이 쓰는 무술이에요. 공격을 차단하는 무술이 아니라 살생, 그러니까 죽여야 하는 무술. 쉽게 말하면 영화 〈아저씨〉에서 원빈 선배님이 보여준 그런 무술과 흡사해요. 제가 거짓말을 싫어하니 솔직히 말씀드리면, 고수는 아니고요, 홍보대사로 있기에 기본적인 훈련만 받은 상태예요. 요새 좀 쉬었는데 다시 배워나가야죠.

6년 만의 재도약

미술(美術)과 무술(武術). 아름답고 굳세게 몸과 마음을 단련하던 차에 기회는 다시금 온다. 매니저의 권유로 6년 만에 영화 오디션을 본 것이다. 그에게 첫 번째 흥행작이 된 〈나의 PS 파트너〉(2012)였다. 털레털레 오디션장에 나온 그의 모습이 변성현 감독 눈엔 "너무나 절실해 보였다"고 한다.

★극 중 배우님이 연기한 영민은 선배 김성호, 지성과 함께 삼총사 중 한 명이었죠. 오랜만의 영화 출연인지라 감회가 남달랐겠어요. 슬럼프를 딛고 처음 출연한 작품이기도 하고요.

　　　좋았어요, 진짜 좋았어요. 정작 오디션 땐 많이 떨었지만요. 그럴 '짬밥'은 아닌데 말이죠. 변 감독님 말로는 애초엔 작고 딴딴하고 강단 있는 캐릭터였대요. 근데 제가 당시 85킬로그램 정도 나갔거든요? 저로 캐스팅되면서 곰 같고 유순한 캐릭터가 된 거예요.

★2012년이 여러모로 의미 있는 해네요. 그 영화 찍고 드라마 〈메이퀸〉에서도 연기 잘하셨잖아요. 천상태가 인기 많았어요. 단순하고 무식하고, 용감한 민폐 캐릭터인데, 오열할 땐 또 마음을 무장해제시키고.

감사했죠. 특히 어르신들이 많이 좋아해주셨어요. 부산이랑 마산 오가면서 찍었는데요. 부산 자갈치시장, 국제시장 등지에서 촬영할 때면 '천상태! 천상태!' 부르시며 호응해주시더라고요.

★그리고 〈불한당: 나쁜 놈들의 세상〉(2016) 얘기를 안 할 수가 없어요. 비록 흥행엔 고배를 마셨지만, 후에 '불한당원' 팬덤이 생길 정도로 화제였죠. 갱스터물이라는 외피에 비극적인 로맨스를 곁들인, 매력적인 영화고요(웃음).

변 감독님 차기작이라기에 무조건 한다고 했죠. 오디션 봤는데, 시나리오가 범상치 않아 매력적이었고, 무엇보다 존경하는 설경구 선배님이 주인공이라는 게 굉장히 흥분됐어요. 〈오아시스〉(2002) 때부터 반해서 '아, 내가 저 나이에 저런 연기를 할 수 있을까' 하며 꿈을 키웠거든요.

★대선배를 통해 느낀 게 있다면요.

뭐랄까요, 되게 쉽게 연기하는 거 같아서 번번이 놀라웠어요. 근데 보기엔 그래도 실제로는 전혀 아니거든요. 그냥 훅 들어가시는 거 같은데 이미 준비가 다 돼 있으신 거죠. 내공이 달라요.

★본인 연기엔 만족했어요?

글쎄요, 사투리가 좀 걸렸어요. 부산 토박이면 99퍼센트 사투리를 썼겠지만, 그렇지 못하니까요. 말하는 게 걸리적거리는 게 힘들었어요. 그래서 누가 시키지 않았지만, 부산 사는 분을 모셔 사투리를 배웠어요. 그분이 대사를 읽으면 제가 따라하는 식으로요. 다행히 현장에서 제 사투리 연기를 지적하신 분은 없대요.

★'불한당원'들과 2017년 6월께 영화를 함께 보신 걸로 알아요.

　　　　잠실 롯데시네마 월드타워에서 대관했어요. 불한당원 500~600명과 제일 큰 상영관에서 봤죠. 반응이 이렇게 뜨거울 줄 몰랐죠. 다시 튼다길래 간 거였을 뿐인데, 출연진들을 엄청나게 환호해주더라고요.

그렇게, 지금 이 순간에 이른 것이다. 긴 기간, 누군가는 스타로 떠올랐고, 누군가는 소리 소문 없이 퇴장했다. 그 또한 회의와 시련이, 고비의 순간이 적잖았다. 그럼에도 이 정도면 꽤, 잘 버텨온 셈이다. 십수 년간 배우로서 외길을 걷는다는 것, 이건 보통 힘든 일이 아니기에.

그는 말했다. "지난 세월을 간혹 돌이켜봐요. 한 친구는 너는 너무 노력을 안 하는 거 아니냐, 그래서 거기서 머무르는 거 아니냐고 해요. 다른 친구는 그동안 네가 거기 남아 있다는 것만으로 참 대단하다 하고요. 사실, 뭐가 맞는 건진 모르겠네요(웃음)."

데뷔 16년차이므로, 경력으로 치면 베테랑이다. 그러나 소싯적 꿈이었던 영화배우로서 여정은 이제 막 출발인지도 모른다. 그에겐 아직 존재 증명의 숙제들이 남아 있다. "러셀 크로를 존경한다"는 그의 행보를 우리가 더 지켜봐야 하는 이유다.

배유람

느리게
걸을수록
보이는 것들

〈끝까지 간다〉의 어수룩한 이경

배우는 장면으로 기억된다. 주연인데도 지나고 보면 별로 기억되지 않
는 배우가 있는 반면 조연, 심지어 단역임에도 오래 기억되는 배우가
있다. 배유람(33)은 그런 점에서 후자다. 스크린에서 그를 처음 인지한
건 2013년 〈끝까지 간다〉 때부터. 저도 모르게 '픽' 하고 웃게 되는 장
면이 있었다. 그러니까 이 영화 러닝타임 9분 즈음, 한밤중 고건수 형
사(이선규)가 음주 단속에 걸린 바로 그 시퀀스에서였다. 그의 차량 트
렁크에는 시신 한 구가 감춰져 있고, 앞문 유리는 군데군데 금이 가버
린 상태. 결국 그는 까탈스러운 순경에 의해 바깥으로 불려 나온다. 그
러고는 앳된 이경(배유람)에게 주민번호를 불러주는 것이다. 고 형사
안면으로 맺혀드는 땀줄기처럼 긴장감이 흐르는 상황. 그런데 그때,
돌연히 웃음보가 터지고 만다.

"칠 육 공 육 이 오 일 팔 육 오 삼 일 칠……."(고 형사)

"그, 숫자가 하나 더 있는데 말입니다. 14자리 부르셨지 말입니다. 근데 주
민번호 13자리지 말입니다."(이경)

"똑바로 적어."(고 형사)

"똑바로 적었지 말입니다."(이경)

똑바로 적긴 했다. 이경이 수첩에 끄적인 주민번호는 분명 13자리. 어
수룩한 그가 14자리로 잘못 읽은 거였다. 여하튼 그러다 고건수는 범
죄자로 간주되고, 한바탕 난투까지 벌인다. 결국에 그가 형사 신분임
이 조회되지만 이미 엎치락뒤치락 주변은 난장이다. 열에 받칠 대로
받친 그는 이제 순경들을 일렬로 불러 세운다. 그러고는 소리친다.

"너 나와봐. 야, 14자리 너 튀어나와 봐!"(고 형사)

"이경 신 현 진……."(이경)

"야, 말대꾸하지마 너, 조심해."(고 형사)

"(왼쪽 귀를 잡히며) 아아아, 예 알겠숨다, 예 알겠숨다."(이경)

배유람이 출연한 건 불과 4분 안팎. 그럼에도 왜인지 신 이경을 연기
한 그가 잘될 것 같다는 '예감'이 그때 문득 들었다. 그 예감은 그리 엇
나가지 않았는데, 버디무비 〈청년경찰〉(2017)에서 보다 비중 있는 배역
으로 출연한 것이다. 기준(박서준), 희열(강하늘)과 함께 경찰대학에서
기숙하는 재호였다. 처음엔 다소 까칠하지만, 후에 사건 해결의 징검
다리가 돼주는 알토란 캐릭터.

그리고 이듬해, 배유람은 손예진·소지섭 주연의 멜로 영화 〈지금 만나러 갑니다〉(이하 〈지만갑〉·2018)에 조연 출연한다. 우진(소지섭)의 어린 시절 단짝 홍구였다. 외양부터가 독특했다. 부드럽게 넘긴 깻잎머리, 동그란 뿔테안경, 새하얀 셔츠에 연분홍 조끼바지, 그리고 노란색 나비넥타이까지……. 서른을 넘긴 배우가 연기한 고교 1학년임에도 나이 차가 자아내는 이물감은 없었다. 표정과 몸가짐은 장난기로 가득했고, 대사는 맛깔났다.

그런 그의 행보가 내심 반가웠다. 스크린에서 그를 안 지 5년이 지났으므로, 지금이라면 만나러 가도 될 것 같았다.

★〈끝까지 간다〉 이경 덕에 한참 웃었던 기억이 나네요.
　　　(눈이 휘둥그레지며) 그걸 기억해요? 잠깐 나온 건데. 저도 그때 나온 모습 좋아하거든요(웃음).

★〈지만갑〉에선 어린 홍구 역으로 출연했어요. 그간 출연한 상업영화로는 극 중 분량이 가장 크죠?
　　　〈청년경찰〉에 비해 촬영 회차는 적었어요. 〈청년경찰〉이 12회차 찍었는데, 〈지만갑〉은 6회차만 찍었거든요. 근데도 주변에선 〈청년경찰〉 비중이 더 많게 느껴진다더라고요.

〈지만갑〉, 나이 서른둘에 고1 아역으로

★캐스팅 배경이 궁금한데요.

고 선배로 어른 홍구가 정해진 뒤로 아역이 필요했어요. 제작사가 〈청년경찰〉 때랑 같아서 추천을 받았고요, 미팅 때 이장훈 감독님이 좋게 봐주셨어요. 오디션 보면서 되도록 과장 없는 모습을 보여드리려고 했어요. 연기적으로 '중립화'라고 하는데, 어떤 캐릭터든 어색하지 않게 모나지 않게 하려 했죠.

★원작은 봤나요?

〈지만갑〉 원작을 2005년 개봉 당시 극장에서 봤어요. 그때가 스무 살이었어요. 혼자 펑펑 울었죠. 이게 한국에서 리메이크된다는 얘기는 예전부터 들었는데, 잠시 잊고 지내다 작년에 캐스팅 건으로 미팅까지 하게 되니 기분이 묘하더라고요. '배우라는 직업이 참 할 만하구나' 싶을 만큼 기뻤고요.

★완성본은 어땠나요.

시사회장에서 처음 봤고요. 네 번을 봤는데 그때마다 펑펑 울었어요(웃음).

★평소 눈물이 많으신가 봐요.

요즘 특히 그래요. 슬픈 영화, 가족에 관한 영화를 보면 더 그래요. 제가 아직 창창하지만 나이를 조금 더 먹으면서, 주변 사람들도

338

같이 나이를 먹어가면서, 가족 생각을 특히 많이 하게 돼요. 마음의 짐도 예전보다 늘어가니 주변에 감정이입이 더 잘되는 것 같고요.

★고교생을 연기한다는 것에 대해 나이 부담은 없었나요?

부담스럽다마다요. 고3도 아니고 고1이잖아요. 당시 서른두 살이었는걸요. 걱정 많았는데, 주변에선 그리 위화감 안 든다고 다독여주더라고요.

★패션도 독특했죠.

사실, 나비넥타이에 멜빵바지 차림으로 점심 먹고 그럴 때 좀 창피했어요. 학생식당에서 밥 먹고 그러면 주변에서 수군수군거리니까요. 매니저 보고 오라 할 수도 없고. 근데 콘셉트니까(웃음).

★배우님이 고창석 씨로 딱 바뀌는 순간에 객석에서 다들 웃더라고요. 한편으로 이런 생각도 했어요. 배우님이 삼십 대니 그냥 계속 하셔도 되지 않았을까. 더블캐스팅된 거에 대해선 아쉬움은 없으셨을까.

아뇨, 그런 생각은 안 해봤어요. 굳이 욕심을 내자면 어린 고교 시절, 대학 초년생 시절이 조금 길었으면 하는 바람 정도랄까요? 그건 어느 배우라도 생각할 수 있겠죠.

★툭툭 던지는 대사가 재밌어요. 메모를 해왔는데, 이를테면, "너 걔 좋아하지" "지랄 마, 너 다 티 나, 붕신아" "도와줘?" "나 두 번 안 물어보는 거 알지? 도와줘?" 같은. 어떤 점에선 〈건축학개론〉(2012) 납득이(조정석)랑 비슷한 구석도 없지 않아요. 의식한 부분이 있었나요?

조 선배님이 연기한 해당 장면은 워낙 유명하죠. 제가 그런 연기를 어떻게 하겠어요. 그래서 외려 의식하지 않으려 했어요. 레퍼런스로 가져가면 왜인지 따라 하려는 것처럼 될 것 같고 과장하게 될 것 같아서요. 되도록 제가 할 수 있는 선에서 편안한 모습을 보여주려 했죠.

★홍구처럼 연애 코치 같은 걸 잘 해주는 학생이었을 것 같은데. 실제로 닮은 구석이 있죠?

그럼요, 보시면 알겠지만 홍구도 활동적이고 유쾌하잖아요. 제가 그랬어요. 근데, 연애 코치라……. 중이 제 머리 못 깎는다고 하죠. 해주기만 하지 잘 안 돼요. 왜, 자기 도시락은 자기가 싸는 거라 하잖아요. 바보가 바보한테 코칭해주는 격이었죠. '기다리면 안 돼' '들이대' '지금 해야 돼' 조언은 해주지만 타율은 낮았어요(웃음).

★어릴 때 상당히 개구쟁이였겠네요.

장난 아니었어요, 저(웃음).

인기 많은 재간둥이, '유람'하다

배유람의 고향은 대구다. 어릴 때부터 좀처럼 가만있는 법이 없었다. 엄마 따라 외출했다가 사라진 적도 여러 번. 대구백화점, 대구중앙시장은 당시 그의 실종 1번지였다. 떼쓰는 데에도 일가견이 있었다. 마음에 쏙 드는 게임기를 발견하면 일단 거리 복판에 드러눕고 봤다. 그러고는 사줄 때까지 칭얼대는 식이다. 친구들과 동네방네 싸돌아다니는 것은 일상이었다. 유치원생 때부터 이미 해질녘에 귀가할 때가 잦았다. 순 한글 이름이라지만, 정말 이리저리 '유람'(遊覽·돌아다니며 구경)했다. 그렇게 대구에 이어 경북 영덕군에 있는 고래불 해수욕장 인근에서 잠시 살다 일곱 살 무렵 상경한다.

★사투리는 안 쓰네요?

　　고친 거죠. 경상도에서 살았지만 집안 환경이 좀 독특했어요. 부모님이 전라도 여수 출신이거든요. 집 안에선 전라도 사투리를 쓰는데, 바깥에선 대구 사투리를 썼으니까요. 사투리 연기를 보여드린 적은 없는데, 사실 양쪽 다 쓸 수 있어요. 사투리 조기교육은 제대로 받았죠(웃음).

★생애 첫 서울살이는 어땠어요?

　　경찰서 인근에 달동네가 있었어요. 지금은 전부 개발된 곳인데, 서울 올라오고 초등학교 입학 전까지 몇 개월 유치원을 안 갔죠. 돈이 드니까요. 그때가 참 재미있었어요. 아무것도 안 하고 그냥 놀기만 했거든요. 달동네 친구들 다 끌어 모아서 이리저리 쏘다니기 바빴어요.

★골목대장이었죠?

　　대장까진 아니고(웃음). 거기에 공터가 있었어요. 유리창도 많이 깨져 있고, 허름한 곳이었는데요. 남의 집 대문이 축구 골대였어요.

맨날 대문 앞에서 공 차니까 아줌마 아저씨가 뛰쳐나와서 소리 지르고 그랬어요.

★영화 〈플로리다 프로젝트〉의 무니(브루클린 프린스) 같은 친구였군요.

와, 저 그거 너무 재미있게 봤는데……. 진짜 그런 것 같은데 요? 벌 잡고 나비 잡고 노는 것도 좋아했어요. 그땐 돈도 없었고요. 혹 여 쏘일까 싶어 과자봉지 말아서 손에 끼고 벌 잡아서 침도 빼고, 그러 다 많이도 쏘였고요.

★한편으로 부모님 속 좀 썩였겠어요.

초등학교 입학하고 이사를 갔는데, 그때 오락실을 처음 갔어 요. 보통 1~2학년 때 정오나 오후 한 시쯤 끝나잖아요. 그때 어머니가 서예를 가르치셔서 피아노, 서예를 배워야 했어요. 그러다 툭 하면 학 원 빼먹고 밤 8~9시까지 오락실에 상주했죠. 형들이 스트리트 파이터, 비행기 게임 하면 뒤에서 기웃거리고요. 어머니가 한참 찾아다니셨어 요. 그러다 한번은 뒤에서 '배유람!' 하며 소리치시는 거죠(웃음).

그래도 학업 성적은 곧잘 받아왔다. 번번이 상위권이었다. 혈기가 넘 칠 뿐 학업에 게으르진 않았던 그다. 공부와 놀이의 병행이 가능한 보 기 드문 캐릭터, 속된 말로 '사기캐'(사기 캐릭터)였다. 이 땅의 '범생이' 들이 제일 시샘하는 그런 친구 말이다. 중·고교 시절엔 매해 반장, 부 반장을 도맡았다고 했다. 중3 땐 부회장이었다.

★딱 보니 그랬을 것 같아요.

활동적이어서 친구들이 많았어요. 당시 부회장 선거 나온 친구가 공부도 잘하고 저랑 달리 굉장히 스마트한 느낌이었어요. 저는 반대로 유쾌하고 끼가 많았죠. 회장 선거 때 그 친구는 돈을 좀 많이 쓴걸로 아는데, 전 몇 만 원 안 들였지만 재밌게 유세했어요. 유머러스하게 까불까불거리니 재밌다고 부회장까지 시켜준 거죠.

★그렇게 활동적이면 한 가지에 파고드는 건 잘 못하지 않나요. 영화도 즐겨봤어요?

엄청나게요. 당시 집이 서점을 했어요. 책보다 비디오를 훨씬 많이 봤죠. 책에 둘러싸여 있으니 잘 안 읽게 되더라고요. '19금' 아닌 비디오, 특히 외화 비디오를 하나하나 섭렵했어요. 당시 술 담배도 안하고, 친구들과 싸우지도 않고, 성적도 괜찮으니 부모님이 뭐라 하진 않으셨고요. 〈택시 드라이버〉(1976) 같은 로버트 드니로 출연작을 정말 좋아해요.

★사춘기는 언제 왔나요?

고1 때요. 공부 열심히 하다가 한번은 사회체육학과에 가고 싶어지더라고요. 근데 주변에서 어찌나 말리시던지(웃음). 체구가 일단 작잖아요.

그 시절, 작문과 운동에 재능이 남달랐다. 국어 숙제를 해가면 "글맛이 살아 있다"며 선생님에게 자주 칭찬을 듣곤 했다. 축구든 야구든 운동도 곧잘 했다. 그래서 한번은 아버지로부터 "스포츠 기자가 어울릴 것 같다"는 조언도 듣는다. 그러나 잠시 흔들렸을 뿐이다. 고교 2학년 무렵, 그는 생애 처음으로 꿈 하나를 머금는다. 배우라는 꿈을.

★계기가 있나요?

저희 반에 같은 학년인데 나이는 조금 더 많은 형이 있었어요. 그 형이 연기학원을 다녔어요. 제가 끼가 많아 보인다고 나와보라는 거예요. 그래서 갔는데 와, 너무 재미있어 보이는 거예요. 거기 선생님이 저더러 네 줄짜리 대사를 외워서 앞에서 해보라고 시켰어요. 외우는 건 자신 있는지라 나가서 했죠. 그게 〈세일즈맨의 죽음〉인데, 아버지한테 억압받는 아들이 아버지한테 화내면서 하는 대사였어요.

★잘했어요?

전혀요. 수치스러울 정도로(웃음). 되게 바보 같은 거예요 제 자신이. 평소 친구들 앞에서 춤추고 장난치고 큰소리치고 잘 그랬는데 이건 뭐랄까, 생전 처음 느껴보는 발가벗겨진 기분이랄까.

★그날 밤 자기 전에 '이불킥' 좀 했겠는데요?

집에 돌아와서 아무 생각 없이 자려고 천장을 봤어요. 저는 당구는 안 치는데, 마치 이런 느낌이랄까요. 당구공이 천장에 이리저리 왔다 갔다 하는 것 같은. 그냥 멍했죠.

그럼에도 한편으론 "짜릿한 경험"이었다. "이건 다른 거구나, 다른 끼가 필요하구나"를 실감했다. 연기를 배우고 싶다는 욕구가 그때 처음

photo. 비애스컴퍼니 제공

부럽지 않다고 하면 거짓말이죠. 우선 돈을 저보다 많이 버니까(웃음). 하지만 그렇다고 전혀 기죽진 않아요. 저도 매해 거듭날수록 잘하고 있다고 생각하거든요. 그 친구들(안재홍, 류혜영, 고경표)은 실력도 있고 운도 작용했겠지만, 지금 이렇게 잘하고 있는 건 저한테는 진심으로 기쁜 일이에요.

움텄다. 그렇게 고교 2학년 막바지 무렵, 생애 처음 연기학원에 등록한다. 기존에 다니던 학원은 모두 끊고 집과 도서관, 연기학원을 오가기 시작한다.

★부모님께서 놀라셨겠는데요. '이 놈 왜 이래' 하시며(웃음).

그죠, 이제 곧 고3이었으니까요. '갑자기 왜 그러냐' 하시대요. '공부 안 하겠다'고 말씀드렸어요. 그러니까 급해지시더라고요. 일단은 조건부로 허락해주셨어요. 연기학원은 다니되 공부도 같이 해라. 형편이 어려우니 다른 학원은 전부 그만뒀죠. 부모님은 아무래도 '인서울 대학'을 원하셨어요. 특히나 아버지께서 2호선에 있는 대학을 가길 바라셨고요. 거기 라인이 좋잖아요(웃음).

★그 라인이 벽이 높죠.

사실 재수를 해서라도 가겠다고 각오한 상태였어요. 근데 한번에 가게 된 거죠. 준비가 늦었는데도요. 그게 정말 최고의 운이었던 것 같네요.

★그렇게 건국대 영화과에 들어간 거군요. 몇 학번이에요?

04학번이 1기니까 저는 05학번 2기요. 그땐 영화과가 없었어요. 처음에 원서 쓸 때도 건대에 영화과가 있는 줄 몰랐어요. 근데 이제 막 생겼다고, 캠퍼스가 서울에 있다고 해서 다군(가군은 중앙대 연극영화과를, 나군은 국민대 연극영화과를 썼다)에다 쓴 거죠. 건대는 연극영화과가 아니라 영화과더라고요. 영화연출, 연기 두 파트가 있고요.

★정시 면접 땐 뭘 요구받았나요?

당시 받은 대본이 지금도 생각나는데요. 마틴 스코세이지 감독의 〈성난 황소〉 대본이었어요. 로버트 드니로가 나오는 작품이었죠. 당시 면접관이 배창호 감독이었어요. 거기서 처음 받아든 대본으로 했고, 덜컥 붙은 거예요.

★실전형인가 봐요(웃음).

걱정 많이 했죠. 연기학원 선생님이 사전에 겁도 줬거든요. 거긴 잘생기고 예쁘고 키 큰 애들만 간다고요. 근데 정작 가서 면접 보려고 대기하는데 저쪽에 있던 애들보다 제가 더 잘생긴 것 같고, 더 나은 것 같은 거예요(웃음).

그때 '저쪽에 있던 애들'이 훗날 단짝이 되는 동갑내기 안재홍과 신주환이다. '건대는 잘생긴 친구만 뽑는다'는 걱정이 두 친구를 본 순간 불식됐다. 배유람은 "지들이 더 낫다고 생각하는데, 과연 그럴까"라며 너스레를 떨었다.

★굉장히 재밌는 대학생활이었을 듯해요.

위계질서도 별로 없고 자유로웠어요. 6기로 들어온 (고)경표랑 동기 재홍이랑 술 많이 먹었죠. 재홍이랑은 공연도 많이 했고 요즘도 작품 이야기도 많이 하고요. 영화과다 보니 같이 단편을 정말 많이 찍었어요. 경표는 워낙 바빠서 요새 자주 못 보는데, 저보다 어른스럽더라고요. 열려 있고, 예의 바르고.

★1기 선배들이랑은 어땠어요?

저희는 연출, 연기 쪽이 두루두루 다 친해요. 〈소공녀〉 찍은 (전)고운이 누나도 건대 영화과 1기 선배고요. 그리고 1기 중에 엄태구 선배는 학교 다닐 때 전설이었어요. 워낙에 연기를 잘해서 거의 모든 후배들이 존경했죠.

★그러고 보니 '광화문시네마' 영화들에도 자주 우정출연하셨어요. 〈족구왕〉 〈범죄의 여왕〉 〈굿바이 싱글〉 같은.

예전부터 친분이 있으니까요. '시간 되면 놀다 가' 하고 간혹 연락이 와요. 그럼 편하게 가서 일손 도와드리고 그러는 거죠. 〈소공녀〉에 제가 편승하려는 건 아닌데 이번에 개봉했으니 티켓 인증샷 누나한테 보내드리려고요. 안 그래도 재홍이가 너무 잘 나왔다고 '강추'하던데요(웃음).

영화과 얘기 도중 그가 잠시 화제를 돌렸다. "꼭 언급하고 싶은 선배가 한 분 계시다"는 것이었다. 2013년 8월, 29세에 암으로 타계한 고(故) 최정섭 배우다. 배유람, 안재홍, 고경표 등 영화과 후배들과 호형호제하던, 말 그대로 좋은 선배이자 형이었다고 한다. 배유람은 "매해 기일이 돌아오면 전북 부안에 있는 형의 묘소를 찾는다"고 했다. 일순간 분위기가 숙연해졌다.

★어떤 분이었나요.

되게 잘생기고 연기도 잘하는 멋진 형이었는데…… 형이 사연이 있어요. 형 어머니가 형이 스물한 살에 돌아가셨거든요. 호탕한 형이지만 속엔 상처가 많았어요. 그걸 내색을 안 했죠. 본인이 아파서 투병할 때도 아무렇지 않은 듯 이렇게 말하곤 했어요. '난 아파서 누워있지만 유람아 너는 잘해라.'

★속이 단단한 분이었군요.

　　형 덕에 배우 생활하는 데 정말 많은 힘이 됐어요. 그래서 이렇게 버틸 수 있는 거라 보고요. 저희 어머니도 몇 년 전까지 암투병하신다고 많이 편찮으셨던지라 형의 당시 마음을 요새 더 이해할 것 같아요. 그리고 이건 여담인데……. 형이 암 투병하기 전인 이십 대 중반에 저한테 어린 시절 얘기를 해준 적이 있어요. 5~6세 때였다는데, 어떤 분이 자기 손을 보더니 너는 서른 전에 죽을지도 모른다고 했다는 거예요. 지금도 재홍이나 친구들, 형들이랑 그 얘기를 하면 소름이 돋곤 해요.

최 배우가 숨진 그해 배유람은 지인들과 함께 '최정섭 추모전'을 연다. 선후배 50~60명, 학과 교수님들을 초대해 건대 시네마테크에서 가진 자리였다. 고인의 출연작 여섯 편을 틀며 떠난 당신을 다함께 추모했다. 2017년 충무로 대한극장에서 열린 '배유람 배우전'에서도 그는 고인과 출연한 단편 하나를 틀었다. 배유람은 "내가 좋아한 형이 날 좋아했듯, 그런 형을 위해 조금이나마 할 수 있는 일을 해주고 싶었다"고 했다.

건국대 영화과의 다작왕

★독립영화를 굉장히 많이 찍으셨죠?

최근에 찍은 것들까지 하면 250편 정도 돼요. 세 달 전에도 한 편 찍었고요. 학교 다니면서, 외부 작업, 개인 작업 하면서 틈틈이 찍어요. 독립영화는 제게 엄마의 양수 같은, 고향 같은 거예요.

★연기 내공 다지는 데 굉장한 도움이 됐겠네요.

그럼요. 다양한 걸 다 해봤거든요. 스릴러를 많이 했고, 사이코패스 역도 꽤나 했고요. 코믹은 당연히 많이 했죠. 그런 것들이 차곡차곡 축적돼 있지만 아직까진 대중에겐 안 보여드린 게 많죠.

★짧은 분량에도 인상 깊은 모습을 보여줄 수 있는 비결도 여기에 있겠군요.

아니라고는 말 못 하겠죠. 카메라에 담긴 제 연기를 스스로 보면 낯 뜨겁고 부끄러운데, 이게 또 내성이 생기게 되더라고요. 이렇게 하면 안 된다. 이건 내가 잘못한 거다, 하면서 고쳐나가게 되고요. 제가 독립영화 단편 중 20~30개 정도는 손수 가지고 있거든요. 컴퓨터에 있는데 가끔씩 보면서 제 연기에 대해 생각을 해요.

★복기는 주로 혼자 하나요?

자취하는 친한 형 집에 자주 가요. 가볍게 술 한잔하면서 서로 나온 걸 봐요. 그러면서 킥킥대고 웃죠. 그러면서 서로 코멘트해주고 분석도 하고요. 그러고 보면 배우라는 직업이 참 좋은 게 자기가 작업한 것들을 남길 수 있다는 점인 것 같아요.

★자기 연기 못 보겠다는 배우도 많으시던데(웃음). 내성이 생긴 건 언제부터예요?

200여 개 찍고부터일 거예요. 일단 많이 찍고 보니 스스로도 교정할 수 있겠더라고요. 그래서 지금도 차근차근 많이 찍으려 해요.

★굉장히 부지런하신 것 같아요.

즐기는 사람은 못 이긴다고 하잖아요. 저는 노력도 즐기는 사람이 하는 거라고 봐요. 영화과 2기다 보니 1기 선배를 제외하면 선배가 사실 별로 없어요. 그런 만큼 부지런히 뛰어다닐 수밖에요.

★이를테면요?

틈만 나면 혼자서 영화사에 프로필 돌리러 다녀요. 100군데 정도 돌리면 5군데 정도 오디션 보러 오라고 연락이 와요. 그러면 한 군데에서 같이 하자 그러고요. 그러다 출연한 게 〈끝까지 간다〉였어요.

★놀라운데요.

다들 그렇게 해요. 다만 저는 즐기면서 했어요. 살 뺀다는 기분으로. BMW(버스, 메트로, 워킹) 탄다고 하잖아요(웃음). 영화사가 강남, 충무로, 홍대, 상암 이렇게 네 스폿이 있어요. 오늘은 강남, 내일은 상암 이런 식으로 하루에 다섯 군데만 다녀도 성공이에요. 그래도 피곤하지도 않았어요. 내가 밥벌이하고 원해서 하는 거니까. '두고 봐, 내가 보여줄게' 하며 이 꽉 물고 이것도 수업이라 생각하면서.

드라마로까지 활동 저변을 넓힌 건 2014년부터였다. 〈미생〉에서 오상식 과장(이성민)의 젊은 시절로 잠시 출연한 것이다. 2015년엔 〈응답하라 1988〉(이하 〈응팔〉)에서 택(박보검)을 돕는 한국기원 유 대리를 연기했고, 이듬해 〈굿바이 미스터 블랙〉 〈원티드〉에 이름을 올린다. 2017년엔 무려 네 편의 드라마에 나오는 그다. 〈초인가족 2017〉의 나백일, 〈군주-가면의 주인〉의 박무하, 〈이판사판〉의 김주형, 〈언터처블〉의 최재호였다.

★이런 생각도 해보게 돼요. 〈응팔〉 주인공 안재홍, 류혜영, 고경표 배우 모두 건대 동기, 후배들이잖아요. 〈응팔〉에 함께 출연했지만 배우님은 조연이었고, 비중도 크지 않았죠. 상대적인 박탈감이나 아쉬움은 없었나요.

부럽지 않다고 하면 거짓말이죠. 우선 돈을 저보다 많이 버니까(웃음). 하지만 그렇다고 전혀 기죽진 않아요. 저도 매해 거듭날수록 잘하고 있다고 생각하거든요. 그 친구들(안재홍, 류혜영, 고경표)은 실력도 있고 운도 작용했겠지만, 지금 이렇게 잘하고 있는 건 저한테는 진심으로 기쁜 일이에요. 경표도, 혜영이도, 재홍이도 독립영화 찍던 시절부터 같이 고생 참 많이 했어요. 그리고 무엇보다, 이들은 저에게 스타이기에 앞서 친구예요. 그들이 잘하고 있으니 저도 잘하면 돼요.

★배유람의 시대가 언젠가는 오겠죠?

종이에 물이 천천히 스며들 듯, 향기가 은은하게 퍼져나가듯, 언젠가 저도 좀 더 대중에게 알려진 좋은 배우가 돼 있을 거라고 확신해요.

★마지막 질문이에요. 배우님의 삶에서 영화란 무엇인가요.

음, 마치 수영하는 기분이랄까요. 인생이라는, 영화라는 바다 속에서 수영하는 느낌요. 제가 물을 헤집고 그 안에서 수영을 하면 많은 것들을 보기도 하고 찍기도 하잖아요. 그런데 수영이라는 게 잘 안 될 때가 많죠. 파도가 거세질 수도 있고요. 처음 보는 것에 당황하기도 할 테고……. 영화가 인생을 닮은 것 같아요. 그래서 재밌는 거고요.

배유람을 만나고 돌아온 어느 늦은 밤 이 글을 쓰는 지금, 이제는 알 것도 같다. 그는 조금은 느리게 걷는 중인지도 모른다고. 하지만 느리게 걷는 것일 뿐, 걷는다는 사실에는 변함이 없다고.

그리고 여기 중요한 사실 하나. 느리게 걸을수록 더 오래 기억되는 것이다. 그래야 비로소 보이기 때문이다. 마치 슬로 모션처럼.

그리하여, 5년 전 움튼 작은 '예감'을 이제는 '확신'이란 단어로 바꾸어도 좋겠다. 세상이 점점 더 그에게 주목하리라는 기분 좋은 확신으로.

김동영

한 손에는
겸손을,
한 손에는
자신감을

아역 출신 '다작왕'

그가 아역 출신임은 알았으나 필모그래피를 훑으니 새삼 놀라지 않을 수가 없었다.

짚어보자면, 〈말죽거리 잔혹사〉(2004), 〈꽃피는 봄이 오면〉(2004), 〈사랑해, 말순씨〉(2005), 〈짝패〉(2006), 〈완득이〉(2011), 〈청춘 그루브〉(2012), 〈신촌좀비만화〉(2014), 〈끝까지 간다〉(2014), 〈위대한 소원〉(2016), 〈밀정〉(2016), 〈7호실〉(2017), 〈용순〉(2017), 〈독전〉(2018) 등에 이르는 14년간의 영화 출연 목록들.

그리고 〈달콤한 나의 도시〉(2008), 〈솔약국집 아들들〉(2009), 〈가시나무새〉(2011), 〈혼술남녀〉(2016), 〈터널〉(2017), 〈리턴〉(2018), 〈작은 신의 아이들〉(2018) 〈식샤를 합니다 3〉(2018) 〈복수가 돌아왔다〉(2018) 등에 걸친 10여 년간의 드라마 출연 목록들.

주·조연·단역 가리지 않고 찍은 영화가 그간 25편, 드라마는 9편이다. 어느 모로 보나 중견 배우 정도는 된다.

그럼 그는 누구이길래. 1988년 서울 왕십리 태생. 한국 나이로 서른둘. 이름은 김동영. 이름만 가지고는 다소 낯설다. 그러나 21세기 여명기부터 그간 출연해온 저 길디긴 목록들을 되새긴다면, 그리고 그 하나하나의 작품군에다 그의 얼굴을 천천히 대입시켜본다면 얘기는 조금 달라질지도 모른다.

대중적 인지도는 그리 높지 않으나 김동영은 비슷한 연배 중에선 '다작왕'으로 꼽힌다. 쟁쟁한 선배들과 함께 가장 왕성히 활동하는 배우이기도 하다. 그만큼 일찌감치 이 길에 뛰어들었고, 기복 없이 저만의 연기 지평을 확장 중이다. 영화 〈용순〉에서 순정남 고교생을 연기했다면, 이해영 감독의 〈독전〉에선 미스터리한 농아 오빠로 분해 호연했다.

★나이에 비해 경력이 오래됐어요. 돌이켜보면 어떤 생각이 드는지?
　　　아무 생각 안 드는데요…….

근래 본 배우를 통틀어 가장 단답형이었다. 처음엔 꽤나 난감했으나, 시간이 흐를수록 흥미로워졌다. 연기에 관한 얘기라면 가급적 말을 아겼는데, 이유는 "쑥스럽고 민망해서." 그럼에도, 학창시절 얘기는 스스럼없이 곧잘 털어놓곤 했다.

★21세기 초입부터 상당히 많은 영화들에 이름이 올라가 있는데.

그냥, 운이 좋았다고밖에요.

★고교생 때부터 최민식 배우님 같은 입지전적인 분들과 함께하셨고요.

그건 그런데, 워낙 어렸으니까. 그땐 진짜 아무 생각 없이 했어요.

★데뷔 19년차이시죠. 〈내 마음의 풍금〉(1999) 단역으로 처음 연기를 한 걸로 알아요. 그때가 무려 12세였어요.

에이, 그건 빼도 돼요. 엄마 때문에 억지로 한 거예요. 무더기로 나온 학생 중 한 명이었어요. 그때 연기학원 2년 정도 다녔어요. 실제론 노느라 거의 빠졌지만.

★그럼 본인이 생각하는 데뷔작이 뭡니까.

〈꽃피는 봄이 오면〉(2004). '아, 연기가 이런 건가' 하고 처음 느꼈어요. 연기도 재밌는데 사람 만나는 게 더 재밌었죠. 잘한다 잘한다 해주시니 진짜 잘하는 줄 알았고요. 이 영화는 중학교 3학년에서 고교 1학년 넘어가던 즈음에 찍었어요. 당시 회사도 매니저도 없었어요. 촬영장이 어떤 곳인지, 제작부, 연출부가 뭘 하는지에 대해서도 개념 자체가 없었죠. 이 영화 찍으면서 조금은 알게 됐어요. 색소폰 부는 친구

(색소폰 주자 용석 역)였는데, 혼자 촬영장 간다고 청량리역에서 강원도 도계역까지 내려가고 그랬어요. 제가 외동이에요. 어릴 때부터 이곳저곳 누비는 게 좋더라고요.

★같은 해 〈말죽거리 잔혹사〉에서도 주인공 현수(권상우) 어린 시절로 나왔죠.

　　　잠깐 나왔잖아요. 그건 딱 하루 찍었어요.

놀기 좋아하는 겁 없던 반항아

잠시 샛길로 빠지면, 인터넷에서 그의 이름을 칠 경우 고향이 전라도 광주로 나온다. 하지만 이것은 사실과 다르다. 실제로 그가 태어난 곳은 서울 왕십리 부근. 현재 지내는 곳은 서울 석촌호수 쪽이다. "광주는 할머니 댁이 있던 곳"이라 했다. "유치원 때 잠깐 내려가 1년 정도 지냈어요. 어머니가 당시 일이 좀 있으셔서……." 사춘기 시절, 부모님은 일찍이 이혼했다. 엄마는 아빠가 "미국에 갔다"고 둘러댔지만, 예민한 아들은 금세 낌새를 챘다. 그때 나이 열네 살이었다. 당시를 회상하던 그는 "혼내는 사람이 집에 없어서 되레 편하고 자유로웠다"고 했다.

★초등학교 3학년 때부터 어머니가 연기를 권한 걸로 알아요. 하필 연기였던 이유가 뭔가요.

　　　자꾸 쏘다니다가 다쳐오니까. 지금도 그런데 제가 야구를 엄청 좋아했어요. 매일 이곳저곳 까지고 멍들고 와서 그게 싫으셨나 봐요.

공부는 딱 봐도 안 할 놈이고, 연기라도 배워봐라 하신 거죠. 초등학교 때 교실에 『소년한국일보』가 책상에 쫙 깔리곤 했어요. 저는 만화만 보고 버렸죠. 그런데 한번은 엄마가 거기 나온 연기학원 광고를 본 건지 다녀보라 하시대요.

★연기학원은 어떻던가요.

정말 가기 싫었어요. 딱 봐도 끼 있는 친구들만 있대요. 그 연기 교재랄까요. 작품들 대본이 신마다 적혀 있어요. 그걸 달달 외워야 하는데 하고 싶었겠어요? 3학년 때부터 2년 정도 다녔는데, 실제론 거의 땡땡이쳤죠. 엄청 맞았어요, 엄마한테. 학원이 여의도에 있는데 거길 혼자 오갔거든요. 안 그래도 가기 싫은데 지하철 타고 가다가 자주 샛길로 빠졌죠.

★〈꽃피는 봄이 오면〉 오디션은 어떤 계기로?

한창 프라이드, K-1 같은 이종 격투기 붐이 일 때예요. 중3 겨울방학 때였나. 동네에 도장이 생긴 거예요. 제가 알기로는 한국에서 처음 생긴 이종격투기 도장이라는데, 아무튼 친구 한 놈이랑 거길 다녔어요. 그러다 엄마가 전에 제가 다니던 연기학원에 계신 분이랑 연락이 닿은 거죠. 에이전시를 새로 차렸는데 오디션을 본다고요. 하필 제 나이 또래 역할이 필요했나 봐요.

★어머니가 사실상 매니저였네요.

하도 안 한다고, 안 한다고 하다가 그때 보러 간 거예요. 마침 오디션장이 옥수동이더라고요. 그날 신천에서 동대문 쇼핑몰에 가려 했어요. 301번 버스 타고서였나. 옥수동을 거치더라고요. 잠깐 들렀다 가 합류하려 했어요. 친구들한텐 '나 오디션 보고 갈게, 먼저 사고 있 어' 했고요. 근데 끝나고 나와 버스를 타는데 '다시 좀 보고 싶다'고 연 락이 오대요. 근데 그땐 제가 참 개념이 없는 게……. 귀찮았어요.

★그래서 갔어요?

싫다고 그랬죠. 돈 없다고, 교통비 없다고요. 그러니 택시 타 고 오라는 거예요, 택시비 준다고. 그래서 다시 갔죠. 그러고 캐스팅 됐어요.

오디션을 본 건 작은 사무실 원형 테이블에서였다. 배우 최민식부터 감독과 PD, 스태프 전원이 모여 앉았다. 주눅 같은 건 애초에 들지 않 았다. 이미 "마음은 콩밭에" 가 있었고, "빨리 끝내자"는 생각뿐이었 다. 딱 봐도 반항기 가득한 사춘기 소년. "최민식 선생님이 그땐 어떤 분인지도 잘 몰랐다"고 했다. 아무튼 그렇게 대본은 던져졌고 "껄렁껄 렁 굉장히 성의 없이" 읽어나갔다. 평소 친구들에게 하던 퉁명스런 말 투 그대로였다. 근데, 그러고 나니 테이블 곳곳에서 웃음소리가 터져 나오는 것이었다.

★반응이 좋았나 보네요.

뭔 의미인지 몰랐어요. 절 보고 웃으니 되레 기분이 좀 나쁘더 라고요. 읽어봐라 해서 그냥 읽은 게 다였어요. 다시 생각해도 진짜 성의 없게요. 근데 어른들 시선에서 보았을 때 (연기를) 제대로 배운 애가 아닌, 그 날것 그대로 느낌이 썩 괜찮았나 봐요.

★무슨 코멘트를 주시던가요?

최민식 선생님이 "너 어디서 노냐"고 하시대요. 그래서 "신천이요" 했죠. 그러니 "신천 양아치구만" 하면서 껄껄 웃으시더라고요. 그러고 나서 제작팀에서 끝나고 다시 불렀고, 본의 아니게 캐스팅까지 됐고요.

★2003년이 〈올드보이〉 〈살인의 추억〉 등이 나온 한국영화계로서는 기념비적인 해였죠. 최 배우님의 아우라 같은 건 안 느껴졌어요? 굉장히 긴장했을 법한데, 안 그랬다니.

선생님 존재는 알았죠. 근데 그렇게 대단한 분이신 줄은……. 원채 영화를 잘 안 봤던 때였어요. 그런 절 보고 '이것 봐라' 하신 거 같아요. 최 선생님이 〈꽃피는 봄이 오면〉 촬영 중간에 며칠 안 나오신 적이 있어요. 〈올드보이〉가 그때 칸에 출품됐거든요. 심사위원대상까지 받아오셨는데, 그때 저는 그게 그리 대단한 건지도 몰랐어요. 나중에 가서야 굉장한 상이라는 걸 알았죠. 지금 생각해보면 신기해요. 그 나이에 선생님 같은 분과 작업을 했다는 게.

★모쪼록, 그러고 나서 쇼핑은 잘 했나요?

그럼요, 신발도 사고 옷도 사고. 당시 양재킷이 유행이었나. 동네 친구들이랑 동대문 밀리오레 가는 게 일종의 행사였어요. 큰마음

먹고 갔던 거죠.

★친구들이 하나같이 자유분방했을 것 같네요.

무리가 10명 정도 돼요. 절반은 초등학교, 절반은 중학교(배명중) 때부터 어울려 지금도 두루두루 친하죠. 예전엔 자주 만나 술 먹고 그랬는데, 요즘은 직장 다니고, 결혼한 녀석도 있고 해서……. 아, 이번에 또 한 명이 결혼한다네요.

★혹시 비행청소년은 아니었어요?

아니요, 선생님들이랑 되게 재미있게 잘 지냈는데요. 공부는 안 했죠. 근데 중학교 땐 벼락치기가 통해서 암기만 잘하면 평균 70점은 받았어요. 고교 때는 그게 안 통했죠. 촬영 일정이 있으면 한 열흘 동안도 학교 못 나가니까. 근데도 저보다 성적 안 좋은 녀석들도 있긴 했어요. 언제부터인가 3번만 찍었는데, 그러고 나니 꼴등은 면하더라고요. 어설프게 찍으면 정답만 피해가는데, 3번만 찍으면 5분의 1은 맞잖아요.

★학교생활과 연기생활을 병행한다는 건 어떤 경험이었나요? 학교 입장에선 마뜩치 않아 했을 것 같기도.

처음엔 별로 안 좋아하죠. 촬영장에 있으면 선생님이 연락을 주시곤 했어요. '시험 날인데 오늘 오니?' '못 가요' '그래' 이런 식이죠. 〈꽃피는 봄이 오면〉 찍을 땐 배역 때문에 머리가 길었어요. 갈색으로 물들인 상태였고요. 당시 제가 집이 좀 멀어서 버스타고 매일 통학을 했어요. 근데 버스에 사람이 많은 걸 싫어해요. 무조건 버스는 앉아서 가야 한다는 고집 같은 게 있어서. 그래서 한번은 일부러 빈 버스 기다리다가 굉장히 늦게 등교한 적이 있는데요. 그날 옷차림이 머리는 길고, 물들였고, 신발은 컨버스 올스타, 가방은 옆으로 멘 채고. 각이 나오죠. 그런데도 그냥 운동장 가로질러서 중앙현관까지 쭉 갔어요. 그러다 교장선생님을 마주쳤죠.

★배짱 좋은데요. 보통이라면 안 들키려고 몰래 돌아가거나 그럴 텐데 정중앙 직진이라니.

순전히 물리적인 이유 때문이었어요. 뱅 돌아가면 많이 걸어야 하니까. 아무튼 교장선생님이 '너 누구야' 하시더라고요. '1학년 5반 김동영인데요'라고 하니, '뭐 하는 놈이냐'고 그러셔요. '저, 지금 영화 찍는 게 있어서요'라고 했죠. 그러니까 '우리 학교는 그런 애 안 받는다'는 거예요. 어쩌겠어요, '전학 보내주세요' 했죠.

★실제로 전학 간 건 아니죠?

그날 담임선생님 불려가고, 어머니도 학교로 소환되고, 골치 아팠죠. 근데 다행히 교장 선생님이 그해 바뀌었고요. 영화가 개봉하고 나니 주변에서 태도가 전혀 달라지더라고요. 포스터에도 제 얼굴이 후미에 나오고, 시내버스 정 가운데 영화 포스터 붙여져 있고 그러니까. 그리고 제가 원래는 짧은 머리를 좋아해요. 촬영 끝나고 나서 다시 빡빡 잘랐죠. 선생님들이 그때부터 모범생 같다고 좋아하시더라고요.

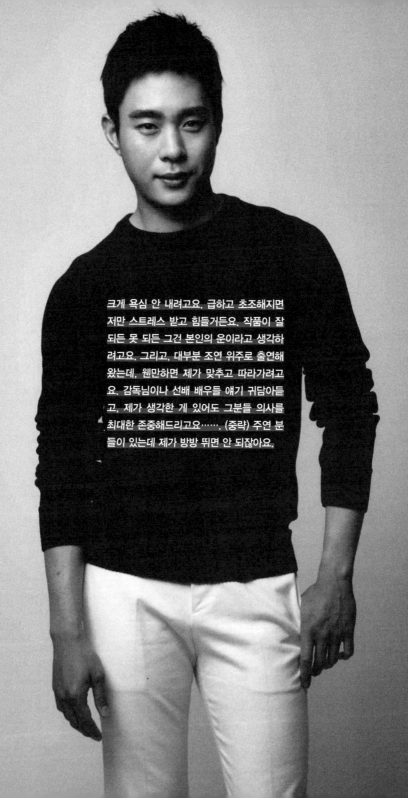

크게 욕심 안 내려고요. 급하고 초조해지면 저만 스트레스 받고 힘들거든요. 작품이 잘 되든 못 되든 그건 본인의 운이라고 생각하려고요. 그리고, 대부분 조연 위주로 출연해 왔는데, 웬만하면 제가 맞추고 따라가려고요. 감독님이나 선배 배우들 얘기 귀담아듣고, 제가 생각한 게 있어도 그분들 의사를 최대한 존중해드리고요……. (중략) 주연 분들이 있는데 제가 방방 뛰면 안 되잖아요.

이른 사회생활, 겸양의 배움터

어린 나이에 세간의 주목을 받았으므로 으스댈 법도 하다. 하지만 그는 그러지 않았다. 권위에 움츠러들지 않고, 언제나 당당했지만 남들보다 위에 서 있다는 느낌만큼은 저어했다. 체질이었다. "누가 나를 배우로 소개하는 게 그렇게 싫더라"고 했다. "혹시나 친구가 다른 친구한테 그런 말이라도 하면 진짜 불같이 화냈어요. 일단 쑥스러웠고, 우쭐대고 싶지 않았어요. 최대한 연기 일 한다고 주변에 안 알리고 다녔어요."

★내세우지 않는 성격이군요.

　　뭐랄까, 그냥 조용히 자기가 서 있는 자리에서 묵묵히 주어진 일을 열심히 하는 사람들을 좋아해요. 반면에 딱 봐도 노골적으로 '욕망'이 감지되는 사람들, 제가 그런 사람이 아니어서인지 그런 분들한테는 정이 안 가요.

★말씀하신 그런 자세가 일찍이 배우 생활하는 데 큰 보탬이 됐을 것 같아요. 나이 많은 선배 영화인들과 쭉 활동해야 했을 테니 더더욱.

　　제가 말수가 좀 없어요. 형들, 누나들, 어른들과 쭉 지내다 보니 그분들에게 편하게 다가가는 법을 어렸을 때부터 몸으로 익힌 것 같아요. 그렇잖아요. 소속된 회사가 없고 매니저도 없고 나이는 제일 어리고. 그런 저를 주변에서 엄청 챙겨주셨는데, 그런 걸 당연시하면 안 되는 거거든요. 빠릿빠릿하게 잘 하려고 했어요. 아, 근데 제가 형들한테 너무 신났던 게 있는데, 이런 말 해도 되려나. 술 담배 같이 할 수 있는 형님들이 주변에 있다는 게 그렇게 좋더라고요. 지금도 기억나는 게 있어요. 김종관 감독님 오디션을 처음 보러 갈 때였어요. 친구 오토바이 타고 경복궁역 인근 오디션장에서 내렸죠. 그날 감독님, 조감독님이 잠시 담배 피우러 나가시더라고요. 아무 생각 없이 저도 따라갔어요. 그러곤 '저도 하나만 주시면 안 돼요?' 했죠. 얼마 전 김종관 감독님을 만났는데, 그러시더라고요. '동영이 얘, 어릴 때부터 이랬어.' 이런 걸 빼면 그래도 선은 잘 지켰어요.

★그 선이라면?

그냥 딱 봐도 '나댄다'는 느낌, 그런 걸 워낙 싫어해서 절대 안 그러거든요. 쓸데없는 농담이나 질문 같은 거 안 해요. 먼저 말을 잘 안 하기도 하고요. 대신에 행동으로 보여드려요. 선배님들이 뭔가 필요하신 것 같다, 그러면 조심스레 가서 '물 필요하세요?' 묻는다던지. 그럼 '어, 갖다주면 좋지' 하시거든요. 말하자면 물밑에서만 행동한달까요. 눈칫밥으로 일해왔던 것 같아요. 일찍부터 사회생활을 해서 그런 건 잘해요. 이 사람이 나를 어떻게 생각하나, 혹여 내가 기분 나쁘게 해드린 건 없나 이런 눈치를 굉장히 보거든요.

★당시 고교생이다 보니 아무래도 주인공의 어린 시절 또는 과묵한 외톨이 학생, 반항기 있는 청소년 역할이 많아요. 현장에서 제일 어리니까 실제로 많이 혼나고 꾸지람 듣고 그랬을 것 같은데.

아뇨, 혼난 적 거의 없어요. 크게 혼났으면 뇌리에 남아 있겠죠. 그냥 제 주장을 별로 안 내세워요. 감독님이 이렇게 하라면 이렇게 하고 저렇게 하라면 저렇게 하고요. 촬영 들어갔을 때에는 최대한 집중하고요.

그는 대학을 가지 못했다. 아니, '안' 갔다. 그럴 필요가 없어서였다. 십대 후반부터 마주한 영화 촬영 현장은 그 자체로 커다란 배움의 터전이었다. 세트장, 로케이션 현장 곳곳에서 보고 듣고 느낀 것들이 그때그때 모여 가르침이 됐다.

★18세이던 2006년에 〈사랑을 놓치다〉〈눈부신 하루〉〈여교수의 은밀한 매력〉〈가족의 탄생〉〈짝패〉〈마음이……〉에 출연했죠. 그중 류승완 감독이 직접 찍고 출연까지 한 〈짝패〉를 보면, 여기서도 〈말죽거리 잔혹사〉에서처럼 이범수 배우가 연기한 장필호 어린 시절로 나왔었죠. 훨씬 위 연배 선배들과 그 나이에 함께 연기할 수 있었다는 건 정말 엄청난 경험이었을 것 같은데.

십 대 필호였죠. 배우들 중에 제일 막내였어요. 되게 건성건성 건들건들한 느낌으로 했던 것 같은데, 류 감독님이 그런 모습이 흡족하셨나 봐요. 돌이켜보면 매 작품 함께 출연하신 선배님들마다 특징과 매력이 있으시더라고요. 그걸 통해서 얻는 무언가가 없진 않았겠죠. 그런데 그걸 다 닮긴 힘들고, 그냥 현장을 제일 일찍 나가서 최대한 어깨너머로 배워보려고 했어요. 제가 대학을 안 간 대신 현장 경험을 오래 했잖아요. 결과적으로 그런 게 훨씬 더 좋았던 것 같아요. 운이 좋아서 나이에 맞지 않은 큰 배역도 받고 그랬는데, 대학교 다녔으면 그게 가능했을까 싶어요.

★그러고 보면 군대생활도 잘 했겠네요.

제가 2011년 군번이에요. 〈완득이〉(전교 1등 혁주를 연기했다) 찍고 입대했죠. 부산 훈련소에서 훈련받고 운전병 신청했어요. 그리고 경산 제2야수교 가서 교육받았죠. 자대는 전북 남원이었어요. 일병 달자마자 1호차 운전병을 했는데, 상관한테 불편함 '1'도 끼쳐드리면 안 된다 싶어 눈치껏 최선을 다 했어요.

★배우라는 걸 많이들 알아보죠?

그렇죠, 처음에 자대 배치 받고 인사과에 앉아 있는데 대위님이 저를 계속 쳐다보는 거예요. 티 안 내고 가만히 앉아 있었죠. 그러다 '연기하는 친구 아니냐'고 묻길래, 대답 안 했어요. 그러니까 〈굿바이 보이〉(2011·신문배급소에서 일하는 거친 소년 창근 역이었다. 중학생 진우에게 담배와 술, 여자 다루는 법 등을 알려주는 독고다이 캐릭터로 주목받았다) 봤다면서 '맞지, 맞지' 추궁하길래 결국 '맞습니다' 했었죠. 그렇게 알아보는 시선이 안 내키더라고요. 내무반 TV에서 특선영화 같은 거 할 때 혹여 제가 나오면 바로 채널을 돌렸어요. 그러곤 말했죠. '얘들아, 전투체육 하자!'

★썩 좋은 선임은 아니었네요.

아니, 운동시켜 준다는데 얼마나 생산적이고 좋아요. 그리고, TV로 제 얼굴 나오는 거 보고 주변에서 웃는 게 싫어요. 어릴 때부터 늘 그랬어요. 누가 '배우냐?'고 물어보면 반사적으로 '아닌데요' 하죠. 사실 맞다고 그래도 제 이름까지 아시는 분은 별로 없거든요.

멋 부리지 않는 '멋'

선후배 영화인들과 쌓아온 끈끈한 연은 전역 후에도 오롯이 이어진다. 실상 공백이랄 것이 거의 없었다. 그렇게 곧바로 찍은 게 김성훈 감독의 〈끝까지 간다〉(2013). 주어진 배역은 수사팀 막내 도 형사였다. 아직 군기가 덜 빠진 그로서는 최적격의 캐릭터였다. "기합 팍 들어가 있고 빠릿빠릿하잖아요. 이거 찍고부터 형사 배역도 곧잘 들어오더라고요."

2016년은 이른바 도약의 해였다. 〈위대한 소원〉의 불량학생 남준(〈완득이〉 혁주와 달리 전교 꼴등이다)으로 상업영화 첫 주연을 찍더니, 같은 해 〈밀정〉에서 젊은 독립운동가 허출주로 분한다. 〈밀정〉은 750만 명을 모아 그의 출연작 중 가장 크게 흥행한 영화다. 그는 "중국에서 찍을 때 촬영분이 없어도 매일 현장에 나갔다"며 "송강호 선배님(정출 역) 연기를 지켜보는 것만으로도 굉장한 배움이었다"고 했다.

안방극장에서의 활약도 본격화한다. 〈혼술남녀〉에서 실감나게 노량진 공시생 연기를 선보였고, 사이코패스 살인마(〈작은 신의 아이들〉), 붙임성 좋은 강력계 형사(〈리턴〉) 등으로 나와 호연했다.

★배우님 연기를 보면 뭐랄까, 크게 튀지는 않는 것 같아요. 대신 어디에 갖다놔도 자연스럽게 스며드는 것 같달까요.
　　　제가 추구하는 게 '티 안 나는 연기'거든요. 다른 연기를 봐도 연기라는 게 느껴지면 몰입이 금방 깨지더라고요. 평소 저의 모습과 크게 어긋나지 않게 하려고 하는데, 저랑 좀 다르다 싶으면 지인들을 하나하나 대입해봐요. 특히 어릴 때부터 어울리던 열댓 명 친구들을 대입해보면 도움이 많이 되더라고요. 아, 이 캐릭터는 얘랑 비슷하네, 이러면 그 친구의 느낌대로 가보는 거죠. 물론 100% 구현해내진 못하 겠지만.

★한 번쯤 연기가 지겨웠던 적은 없나요? 고비가 있었다거나. 애초에 엄청난 목표의식을 갖고 출발한 건 아니었으니.

전혀요, 예나 지금이나 재밌어요. 사람 냄새 나는 현장 그 자 체가 여전히 좋고요. 아, 하기 싫은 적이 있기는 하죠. 너무 춥거나 더 울 때?

★문득 이런 생각이 드네요. 아, 김동영이라는 배우는 길고 넓게 보는 배우인 것 같다. 주어진 위치에서 조금은 느리더라도 천천히 멀리 보고 나아가는 것 같다.

크게 욕심 안 내려고요. 급하고 초조해지면 저만 스트레스 받 고 힘들거든요. 작품이 잘 되든 못 되든 그건 본인의 운이라고 생각하 려고요. 그리고, 대부분 조연 위주로 출연해왔는데, 웬만하면 제가 맞 추고 따라가려고요. 감독님이나 선배 배우들 얘기 귀담아듣고, 제가 생각한 게 있어도 그분들 의사를 최대한 존중해드리고요. 튀고 싶지 않거든요. 조연으로서 보여지는 신이 있을 거니까 거기에 집중하려고 해요. 주연 분들이 있는데 제가 방방 뛰면 안 되잖아요.

★한편으로 궁금해지기도 해요. 그럼에도 스포트라이트에 대한 욕망은 배우로선

본능일 테니까. 이를테면 〈위대한 소원〉에 함께 출연한 안재홍 배우나 〈독전〉 주인공인 류준열 배우 같은 경우엔 비슷한 연배인데 〈응답하라 1988〉 이래 스타로 떠올랐잖아요. 의식이 안 될 순 없을 것 같아요.

없다고 하면 거짓말이겠죠. 근데 그건 정말로 모르는 거잖아요. 대중들의 마음을 저희가 어떻게 알아요. 그냥 저 같은 배우는 꾸준히 연기하는 것밖에 없어요. 스트레스 받고 조급해하면 본인만 손해예요.

한 손에는 겸손을, 다른 한 손에는 자신감을 쥐라는 말이 있다. 전자가 없는 후자는 오만함일 것이고, 후자가 없는 전자는 비굴함의 다른 이름일 것이다. 그런 점에서 배우 김동영은 양자를 모두 가로지르는 것처럼 보인다. 겸손이 지나치지도, 자신감이 넘쳐흐르지도 않는다. 아마도 그래서일 것이다. 부러 멋 부리지 않아도, 그가 멋진 남자인 것은.

PART 4

결국 포기할 수 없었던 것

★

안미나, 정규수, 고규필, 배정화, 서현우, 김홍파

안미나

상실의
아픔을 딛고
저어가는 삶

화려한 데뷔, 뒤이은 고난

인생을 산다는 건, 숱한 '상실'과의 대면인지 모른다. 아프고 쓰린 시간들이 켜켜이 쌓여, 마음의 굳은살이 배겨가는 과정인지도. 현재의 상실이 썰물처럼 과거로 물러서면, 미래의 상실이 예고 없이 밀려든다. 그렇다. 인생에서 상실은 불가항력적이다. 우리가 조금씩 성장한다면, 이 모든 누적된 고통을 마주 대했기 때문이다.

사랑하는 누군가를 떠나보내는 관계의 상실이란 말할 것도 없다. 아프고 슬프기 그지없지만 삶에서 불가피한 사건이기에 시간만이 해결해줄 수 있다. 아름답던 호시절도 마찬가지다. 시간은 늘 그러하듯 무심히 흘러갈 뿐이므로, 싱그럽고 생기 넘치던 '그때' 역시 상실된다. 청춘이 찬란한 것은 그것이 유한함의 속성을 머금었기 때문이며, 이 시기

를 봄철의 벚꽃에 비유하는 건 그래서다. 요체는 삶이란 '상실의 총합'
이다.

배우 안미나(34)의 지난날들 역시 그랬다. 처음엔 앞길이 탄탄대로일
것만 같았다. 그러나 초창기 쏟아진 스포트라이트는 약(藥)보단 독(毒)
이었다. 혹독한 시련과 자기 자신과의 싸움이 이어진 것이다.

그는 MBC 드라마 〈내 이름은 김삼순〉(2005)으로 데뷔했다. 당시 최고
시청률(50.5%)을 기록한 이 작품에서 그는 선배 파티셰 김삼순(김선아)
을 동경하는 사투리 소녀를 연기했다. 그러곤 일약 주목받는 신예로
떠오른다. 이듬해에는 영화 데뷔작으로 2연타를 쳤다. 이준익 감독의
〈라디오 스타〉(2006) 속 다방녀를 호연해 '신스틸러'로 부상한 것이다.
최곤(박중훈)의 라디오 방송에서 선보인 김선욱(안미나)의 고백은 지금
봐도 가슴이 뭉클해진다.

"엄마, 나 선욱이. 엄마 잘 있나, 이거 들리나? 엄마, 비 오네. 기억 나? 나
집 나올 때도 비 왔는데. 엄마 그거 알어? 나 엄마 미워서 집 나온 거 아니
거든. 그때는 내가 엄마 미워하는지 알고 있었는데, 집 나와서 생각해보니
까 세상 사람들은 다 밉고 엄마만 안 밉더라? 그래서 내가 미웠어. 나, 내가
너무 미워가지고 막 살았다? (흐느낌) 나 미쳤나 봐……. 엄마, 나 비 오는
날이면, 집에서 엄마가 해주던 부침개 해보거든. 근데 이렇게도 해보고 저
렇게도 해봐도 그때 그 맛이 안 나더라……. 엄마, 보고 싶어……. 엄마, 엄
마 보고 싶어……."

예능에서의 존재감도 도드라졌다. 그해 KBS 〈스타 오디션〉에 도전해 2,700 대 1의 경쟁률을 뚫고 2등을 꿰찼다. 당시 드라마, 영화, 예능을 아우르며 주목받던 신인은 그가 거의 유일했다. 하지만 거기까지였다. 순탄한 배우 생활이 잠시 이어졌으나, 언제부터인가 그는 자취를 감춘다. 영화 〈강철비〉(2016)의 이북녀 송수미로 돌아오기까지 말이다. 안미나에겐 "기나긴 공백기이자 상실의 시기"였다.

★오랜 기간 활동이 뜸하셨어요.

　제가 삶에서 누리던 것들을 조금씩 상실해간 시기였어요. 그 '상실감'에 줄곧 사로잡혀 있었어요.

★무엇을 상실한 거죠?

　몇 년간 늘 탄탄대로를 걷고 있다고 생각했어요. 〈라디오 스타〉 이후에도 SBS 드라마 〈황금신부〉(2008·최고 시청률 48%)가 잘되고 그 뒤로도 작품이 꾸준히 들어왔으니까요. 언제부터인가 이 모든 게 너무나 당연하게 여겨지기 시작했어요. 저한테 일이 있고 사람들과의 관계가 있고 저를 좋아해주는 분들이 있다는, 그 '있음'을 당연하게 생각한 거죠. 앞으로도 계속 그러리라는 낙관에 젖어 있었어요. 지금보다 어렸으니까 더 그랬겠죠. 제가 열심히 잘하고 있기에 한 계단 한 계단 상승하는 거라 자만했거든요. 그런데, 일련의 예기치 않은 일들을 겪고부터 '아, 내 마음대로 되는 게 아니구나, 지금까지도 내 노력만으로 된 게 아니구나' 하고 느끼게 됐어요.

★그게 언제적 일인가요?

4~5년 전 얘기예요. 작품 4개가 연이어 엎어졌어요. 제 의지와는 무관하게요. 그간의 '믿음'들이 한순간에 무너졌어요. 그 모든 '있음'이 상실로, '없음'으로 바뀌었죠. 소속된 회사가 부도가 나고, 새로 들어간 회사도 잘 안 되었고요. 그렇게 작품들이 계속 엎어지면서 쭉 쉬게 됐어요.

★화려했던 출발과는 많이 다른데요.

4년간 백수 생활을 했어요. 벌이가 없으니 돈이 없었죠. 해가 거듭되니 '어린 나이'도 점점 없어지고, 밝았던 옛 성격도 없어지고. 주변 사람들도 하나둘 떠나가고……. 가족이나 친구 관계부터 그간의 모든 관계들이 사라졌죠.

재난처럼 다가온 상실, 현실에서 도망치다

상실은 재난처럼 다가왔다. 신인 배우가 감당키엔 초창기 성공과의 낙차가 너무 컸다. 우울과 절망이 뱀처럼 똬리를 틀었다. 누적된 불안이 영혼을 잠식해갔다. '살아야 하는 이유가 뭘까, 어차피 인간은 죽고 없어지는데 왜 힘들게 살아가야 하는 걸까.' 실존적 자문이 이어졌다. 생의 의미를 궁구했으나 뾰족한 답이 나올 턱 만무했다. 이미 지칠 대로 지쳐버렸고, 그저 모든 걸 내려놓고 싶었다. 그러다 결국 사라지기로 한다. 난생 처음 집을 나가버린 것이다. 몇 안 되는 푼돈과 여행가방

하나 싸든 채, 〈라디오 스타〉 속 선옥처럼. 그때 나의 스물아홉이었다.

★가출한 건가요.

　　현실에서 도망쳤어요. 강남구청 인근에 조그마한 단칸방을 얻었어요. 거기서 2년 넘게 살았어요. 명절 때면 건물이 상가여서 보일러를 다 끊더라고요. 중앙난방식이거든요. 문제는 겨울에 너무 춥다는 거였어요. 이불이란 이불은 바닥에 다 깔고 패딩을 두 겹 세 겹 입고 혼자 벌벌 떨었어요. 제가 자처한 거지만 서러웠어요. 지금 생각하면 참 철없고 우습죠(웃음). 집에 있으면 부모님 걱정하신다고 나온 거였으니까요. 그런데 다 허사인 것 같고…….

★별의별 생각 다 들었겠는데요.

　　그동안 저는 가진 것 위주로 생각하며 살았던 것 같아요. 그 단칸방은 반대였어요. '없음' 그 자체였어요. TV도 없고, 컴퓨터도 없고, 나중에 휴대폰도 끊기니 지인들과 연락도 차단되고, 자존감도 사라지고.

★집엔 안 들어갔고요?

　　아예 연락을 안 드렸어요. 명절 땐 가끔 찾아갔는데 하루를 못 버티겠더군요. 엄마를 보면 반가우면서도 서럽고 슬프고…….

★연기에 대한 갈망은 없었나요?

　　'나는 연기자야'라는 생각은 좀체 벗기 힘들었어요. 고개만 들어도 욕심이 났으니까요. 한창 연기할 땐 이 배역은 이렇고 저 배역은 저렇고 하며 정말 신이 났거든요. 얼른 새 작품을 하고 싶고. 근데 이 모든 걸 내려놓은 거예요. 먹고살기 힘들어지는 순간이 오니 그만둘 수밖에 없었어요.

결국 사흘 밤낮을 울고 포기한다. 퉁퉁 부운 눈으로 회사에 가 이처럼 말한다. "저, 연기 더는 못 하겠어요……." 그렇게 집으로 돌아왔고, 아르바이트 사이트에 들어가 이력서부터 올린다. 어렵사리 대학 시절 해본 영어 과외 자리를 구했고, 야간엔 편의점 아르바이트를 뛴다.

폐허의 응시, 치유의 시간 그리고 극복

안미나에겐 이 시기가 '0년'이었다. 지나간 일들은 되도록 잊었다. 아니, 잊으려 발악했다. 그간의 욕심도 모두 내려놨다. 평소 좋아하던 독서에 매진한 것도 이 무렵부터다. 무너진 내면을 담금질하는 데 독서만 한 것이 없어 보였다.

안미나는 "원래 내겐 아무것도 없었구나, 나는 아무것도 아니었구나, 내 마음대로 할 수 있는 건 아무것도 없구나, 라는 생각이 들더라"고 했다. "없는 게 당연하다고 여기니 마음이 한결 가벼워지기 시작했어요. 잃을 게 없었으니까요. 원래도 잃을 게 없었는데 잃을 게 많다고 착각하고 있었다는 걸 깨달았던 거죠."

문학평론가 김현이 쓴 『말들의 풍경』을 다시 꺼내 읽은 것도 그 즈음이다. 서문에 적힌 다음 구절이 가슴 한구석 인장처럼 새겨졌다. "말들은 저마다 자기의 풍경을 갖고 있다. 그 풍경들은 비슷해 보이지만 자세히 들여다보면 다 다르다. (…) 밖의 풍경은 안의 풍경 없이는 있을 수 없다. 안과 밖은 하나이다."

안과 밖은 하나라는 것. 안(마음)이 폐허이면 바깥(세상) 또한 폐허일 수밖에 없다는 것. 선생의 통찰은 안미나의 정신을 죽비처럼 내려쳤다. 외면하던 과거를 대면케 했고, 지금의 '나'를 수용케 했다. 응시와 재응시, 인정과 받아들임의 시간. 아픔은 서서히 극복됐다. 아픔이 극복되니 세상도 얼마간 달라져 있었다. 혹독한 겨울이 지나 봄이 오듯, 기회 또한 다시금 찾아왔다. MBC 아침드라마 〈엄마의 정원〉(2014)에 캐스팅된 것이다.

★감회가 남달랐겠어요.

한창 아르바이트하던 중에 제안이 왔어요. 너무나 감사했죠. 이전과는 느낌이 많이 달랐어요. 예전엔 그런 걸 당연하다 여겼거든요. 제안이 오면 이거 '아침드라마야?' '나 몇 번째 역할이야?' '나보다 큰 배역 누군데?' 같은 오만한 질문부터 했을 거예요. 그런데 길지 않은 기간이나마 '없음'의 상태에 놓여 있다 보니, 너무 기쁘고 감사하게 다가오는 거예요.

★성숙해진 거네요.

　　과거의 허울에서 조금은 벗어난 것 같아요. 다시 연기를 시작하고 나서도 한참 과외를 그만두지 않았어요. 왜 그랬냐면, 제가 일을 하니 다시 이 '있음'에 익숙해지려는 거예요. 해서 제가 겪은 '상실'들을 계속 환기시키려 했어요.

★〈무한도전: 무한상사편〉(2016) 출연도 전화위복이 되었죠?

　　그해 가을이었어요. 김은희 작가님이 애초 드라마 〈시그널〉에서 저를 쓰고 싶었는데 전달이 잘 안 됐다며 언젠가 다시 쓰려 했다고 말씀주시더라고요.

★배우님을 기억해준 분들이 곳곳에 있었던 거네요.

　　그런가요(웃음)? 당시 소속사 분들도 저를 안쓰럽게 여겼나 봐요. '미나가 꼭 했으면 싶다'고 격려해주셨어요. 그렇게 출연을 했고, 이후 회사를 다시 나와 혼자가 됐을 때 이번 영화 〈강철비〉가 도착했어요.

★양우석 감독이 직접 연락하셨다고 들었어요.

　　소속사가 없을 때였어요. 드라마나 영화 출연작도 없었고요. 캐스팅 첫날부터 계속 연락을 주셨어요. 전화가 잘 안 되면 페이스북으로 친구 신청도 해주시고, 여러 루트로 접촉하셨죠(웃음). 오디션 보러 오라고 하시는 말씀인가 보다 짐작을 했어요. 전화로 '오늘 저녁 여덟 시까지 뵐 수 있을까요'라고만 하셨으니까요. 그래서 추운 겨울 내

한창 아르바이트 하던 중에 제안이 왔어요. 너무나 감사했죠. 이전과는 느낌이 많이 달랐어요. 예전엔 그런 걸 당연하다 여겼거든요. 제안이 오면 이거 '아침드라마야?' '나 몇 번째 역할이야?' '나보다 큰 배역 누군데?' 같은 오만한 질문부터 했을 거예요. 그런데 길지 않은 기간이나마 '없음'의 상태에 놓여 있다 보니, 너무 기쁘고 감사하게 다가오는 거예요.

복 껴입고 버스 타고 갔어요. 그런데 막상 가보니, 이미 제 이름이 쓰인 시나리오가 있는 거예요. 그날 바로 의상 치수 재고 촬영 준비에 들어갔어요. 정말 감사했어요.

★양 감독은 뭐라고 하던가요?

　　2009년에 KBS2 드라마 〈남자 이야기〉라는 미니시리즈에 출연한 적이 있어요. 그 작품을 좋게 보셨대요. 당시 극본을 송지나 작가님이 쓰셨는데, 자기와 친분이 두터우시대요. 그때 제 연기를 모니터링하신 적이 있는데, 잘될 배우로 보았다고 하셨어요. 근데 생각보다 활동이 뜸한 것 같아 궁금했고 그래서 더 애타게 찾았다고 해요.

철학서 읽던 조숙한 소녀

이쯤에서 슬슬 궁금해지는 건 그의 학창 시절이었다. 내뱉는 단어 하나하나 신중히 택하려는 그 세심함이 아마도 당시부터 이어진 습관인 듯했다.

그는 서울 압구정고를 나왔다. 1~2학년 때 방송부였기에 점심시간이면 직접 방송을 했다. 대본 쓰는 능력이 제법 좋았다. 남몰래 쓴 라디오 드라마로 청소년 방송제 수상도 한 그다. 배우라는 꿈을 머금은 것도 이 시기였다. 하지만 부모님 반대에 직면한다. "오빠가 이십 대 초반까지도 모델로 활동했어요. 저는 공부부터 열심히 한 다음 대학 가서 생각해보자고 조언을 주셨죠." 그래서 별다른 저항 없이 학업에 매진했다. 성적이 좋았기에, 결국 연세대 철학과를 수시로 붙는다.

★공부를 썩 잘했나 봐요.

열심히 했으니까요(웃음).

★대학에 갔으니 연기도 할 수 있었겠네요.

바로 연극 동아리에 들어갔어요. 연세극우회요. 거기서 〈뜻대로 생각하세요〉라는 연극을 처음 올렸고, 〈미워도 다시 한 번〉이라는 악극도 했어요. 그 다음 작품이 제 드라마 데뷔작인 〈내 이름은 김삼순〉이었고요.

★철학과를 간 게 좀 독특한걸요.

사실, 고교 때부터 관심이 많았어요. 우연히 만화책으로 미셸 푸코에 대한 도서를 읽은 적 있어요. 너무 재밌더라고요. 그래서 철학서를 많이 읽어나갔죠. 『현대철학의 거장들』『뇌는 스크린이다: 들뢰즈와 영화 철학』『감시와 처벌』 같은 저서들을요. 대학시절엔 교수님이랑 책도 낸 적 있고요.

★조숙한 학생이셨던 것 같아요. 그런데 학부 시절에 책을 냈다고요?

공저였어요. 『죽음아 날 살려라: 텍스트로 철학하기』라는 책이에요. 유헌식 교수님과 대학원생 선배들과 함께 썼어요.

385

★쉽지 않았을 텐데요.

　　고교 때 철학을 만화로 처음 접했잖아요. 그래서 저는 철학과의 만남이 어렵기보단 가깝게 느껴졌어요. 그런데 대학에 와보니 책들이 대개 난해하고 사변적인 언어들로만 쓰여졌더라고요. 혹여 이런 책들로 접했으면 철학과에 가진 않았을 것 같아요. 그래서 강조했죠. '교수님, 우리 책은 쉬워야 해요!'(웃음)

이날 인터뷰를 마치고 돌아와 원고를 정리하던 차, 안미나가 말한 철학서를 검색해봤다. 2008년 10월경 출간된 책이었다. 마우스 휠을 내려 저자소개란을 찾아보니, 공동 저자 다섯 명 중 '연구원 한여운'(안미나의 개명 전 이름)이라는 이름이 눈에 띄었다. 안미나였다.

★요즘도 글을 쓰나요.

　　일이 없으면 오전 시간대에요. 사실 제가 아무것도 안 할 때 한겨레신문 장편소설 공모전에 응모한 적이 있어요. 좋은 결과는 없었지만요. 그때 쓴 게 아까워 다시 손보고 있어요. 그리고……. 약간 서스펜스가 가미된 「은폐」라는 추리소설도 썼어요.

★다재다능하시네요.

　　저는 질문을 제기하는 사람이고 싶어요. 연기가 특정 인물의 삶을 보여주면서 누군가의 마음을 움직일 수 있다면, 글은 '이런 건 어떻게 생각해' 하고 물어볼 수가 있잖아요. 그 물어보는 행위가 좋아서 연기 외에 소설도 간간이 쓰게 되는 것 같아요.

소설 「은폐」에 대한 귀띔을 요청하자 그는 짐짓 난처해했다. 어느 예능 프로그램에서 밝히기로 돼 있어 어렵다는 것이었다. 잠시 어색한 침묵이 흐르는 듯해 얼른 〈강철비〉로 화제를 돌렸다. 〈강철비〉 얘기를 할 때면 그의 얼굴엔 자주 화색이 감돌았다.

〈강철비〉의 북한 여공, 기다려준 사람들

★〈강철비〉에서 월남하는 북한 여공으로 중반부까지 나오셨어요. 북한 1호와 엄철우(정우성), 여민경(원진아)과 같이 내려오게 되죠.

정우성 선배님과 북한 개성공단에서 남한으로 탈출하는 북한 여공 송수미 역이었어요. 현실적이기도 하면서 인간미도 지키고 끝까지 의리도 지키는 여자였죠.

★극 중 쓴 사투리가 평안도였나요? 함경도였나요?

평안도 사투리였어요. 수미가 개성공단 출신이니까요.

★둘 간에 차이라면요?

함경도는 억양이 좀 세고 뒤를 축약시켜요. 반면 평안도 사투리는 조금 더 또박또박 말한달까요.

★예를 들면요?

　　함경도 사투리는 '괜찮습니다'를 '괜찮슴다', '일없습니다'를 '일없슴다' 이런 식으로 말끝을 흐려요. 평안도는 뒤에 힘을 좀 더 주면서 억양이 전반적으로 높죠. 탈북자이신 북한어 선생님한테 배웠어요. 한 달 반 정도.

시범을 보여달라 했다. 난데없는 요구였으나 그는 생긋 웃음 지었다. "음, 음" 하더니 바로 시작하는 것이었다. "요민경이 정신차리라, 요민경이 정신차리라!" 모음 'ㅕ'를 'ㅛ'로 고쳐 끝 음에 힘을 주면 얼추 평안도 말처럼 들린다고 했다. "'벼'는요 '뵤' '뵤' 요렇게 하면 돼요(웃음)."

★극 중 수미는 남한에서 결국 총에 맞아 죽죠. 출연 분량이 많진 않았는데, 잘려나간 신이 좀 있을 듯싶어요.

　　아휴, 많았죠. 준비했던 신 중에 신경 많이 쓴 게 잘려나가 좀 슬펐어요. 직접 대사도 써서 열심히 연습했거든요. 정우성 선배님도 현장서 지켜보시다 그 신이 슬프다고 우셨는걸요. 총 맞고 죽는 신에서 여민경한테 하는 대사가 더 있었어요. 중간에 초콜릿 먹는 장면도요. 사실 제가 초콜릿을 다 숨겨놔요. 고향에 가져가 여동생 주려고. 제일 짠한 신인데…….　감독님이 미안하시대요(웃음).

★3분 요리 '먹방' 신도 인상 깊었어요.

　　진짜 많이 먹었어요. 송수미 입장에선 처음 보는 걸 거예요. 3분 요리는 북한에 거의 없을 테니까요. 또 고기 자체가 워낙 귀하잖아요. 그러니 더 맛있게 먹는 거죠.

★정우성 배우님과의 호흡은 어땠어요?

　　촬영장에서 항상 제게 북한말을 쓰셨어요. 같이 주고받으며 연습했죠. 요즘도 가끔 메시지로 안부를 보내주세요. '동무, 잘 지냈나' 이런 식으로요(웃음).

★기억나는 말씀이 있다면요.

　　최근에 무대 인사 돌고 회식자리에서 이런 말씀을 해주셨어요. '미나야, 〈라디오 스타〉 정말 잘 봤고 안미나 하면 연기 잘하는 배우로 알려져 있어서 선배들이 기대 많이 하고 있었단다. 근데 많이 안 나와 궁금해하는 사람이 많았어.' 너무나 감사하고 큰 응원이었어요. 저를 기억해주고 계셨다는 거니까요.

인생은 숱한 상실을 동반하지만 한편으론 또 기억된다. 때때로 그 기억은 누군가를 살리고, 다시금 일으킨다. 안미나가 인생 2막을 열 수 있었던 것도 어쩌면 자신을 기억해준 누군가가 있어서일 것이다. 그는 말했다. "매 순간을 더 소중하게 여기려고요." 앞으로 그의 연기를 보게 될 날이 더 많아지리란 예감이 그때 문득 들었다. 기분 좋은 예감이었다.

photo_이승환 기자

정규수

밑바닥
광대를
자처하다

40년 만의 첫 인터뷰, 낮출수록 높아진다는 것

배우로 살아온 지 40여 년. 인터뷰가 생애 처음이라는 그는 "이 자리에 오기까지 너무나 망설였다"며 스스로를 자꾸만 낮췄다. 음성은 가늘게 떨렸고, 말마디는 더듬기를 여러 번. 오후 두 시가 조금 넘은 시간이었다. "점심은 무얼 드셨냐"고 물으니 그는 간신히 답했다. "긴장돼서 밤을 꼬박 샜습니다. 아침, 점심 전부 거르고 왔지요. 밥이 안 넘어가더라고요." 그러면서 덧붙이는 거였다. "아무래도 나는 인터뷰할 만한 놈이 못 되는 것 같습니다." 위장된 겸손이 아닌 듯했다. 숱한 배우들을 만나왔으나 이런 경우는 또 처음이었으므로, 당황스러운 건 도리어 그런 그를 마주한 나 자신이었다.

1957년 전남 무안군 태생. 이름은 정규수(61). 지금껏 50여 편의 영화,

60여 편의 드라마, 100여 편의 연극에 출연해왔다. 고로 얼굴은 제법 낯이 익을 것인데, 그럼에도 그의 이름은 대중에게 그리 익숙하진 않다. 왜일까. 수십 년째 고수 중인 그의 변함없는 가치관과 이에 기반한 생의 행적 때문일 테다. 그는 언제고 낮은 곳을 자임해왔다. 자신이 빛나기보다 객석의 관객이 더 빛나길 바랐다. 조연의 역할은 극의 반석을 세우는 일이라 지금도 철석같이 믿는다. 그 반석이 튼튼해야 주연들도 마음껏 연기할 수 있을 터였다. 그는 "그것이 조연배우로서 도리"라고 본다.

진실한 배우는 언젠가는 알려지는 법이다. 그의 얼굴이 조금씩 대중에게 각인되는 계기가 있었다. 이준익 감독의 〈라디오 스타〉(2006)가 그 분기점이었다. 그가 연기한 MBS 영월지국 지국장은 서울에서 온 왕년의 록스타 최곤(박중훈)을 눈엣가시처럼 여기는 인물이었다. 당시 그의 연기가 워낙 실감났기에 방송국 관계자들로부터 눈도장을 한눈에 받게 된다. 이후 그의 드라마 출연작이 급증하는 이유다.

그리고 한재림 감독의 〈관상〉(2013). 913만 관객을 모은 이 영화는 정규수의 얼굴을 대중에게 가장 널리 알린 작품이다. 연홍(김혜수)의 심복 박첨지로 나온 그는 특유의 능청과 익살을 버무려 극에 모종의 활력을 불어넣었다. 이후에도 최동훈 감독의 천만 영화 〈암살〉에서 스파이 출신 꼽추, 775만 관객을 모은 〈히말라야〉 김 회장, 이준익 감독의 신작 〈변산〉과 독립영화 〈식구〉에 이르기까지 특유의 서민적·향토적 이미지를 꾸준히 선보이고 있다.

"나는 별 얘기가 안 되는 사람"이라며 내내 겸양하는 그를 충무로 한 찻집에서 만났다. 감색 칼라 티에 하늘빛 모자, 그리고 허름한 청바지. 평소 옷차림이라는 그는 "말주변도 없고 배운 것도 없어 걱정이 태산 같다"며 멋쩍게 웃음 지었다.

★스스로를 너무 낮추시는 건 아닌가요?

아니, 정말 폐 끼치는 거 아닐까 싶어 두렵습니다. 오죽하면 식음을 전폐하고 왔겠어요.

★배우님의 방대한 출연 목록을 보면 외려 경이로워지는걸요. 긴장해야 하는 건 도리어 저입니다(웃음).

여기 오기 전에 아내가 저한테 그러대요. '여보, 모처럼 긴장해야겠네.' 딸도 그러더라고요. '아빠, 떨지 말고 잘하고 와.'

초대 '품바', 하층민의 대변인

★지금은 영화와 드라마 위주로 활동 중이시지만, 오랜 기간 연극배우로 무대에 오르셨죠. 초대 '품바'셨고요. 아무래도 이 얘기부터 하지 않을 수 없겠습니다.

〈품바〉는 일종의 모노 드라마였지요. 제가 3,500회 정도 올렸습니다. 쑥스럽지만 아마 최다일 거예요.

이쯤에서 잠시 설명이 필요할 것 같다. 〈품바〉는 고(故) 김시라 선생

(1945~2001)이 각본과 연출을 겸한 1인극이었다. 1인 14역을 맡은 품바와 고수 한 명이 짝을 이뤄 각설이타령과 구전민요, 익살스런 춤과 몸짓 등을 함께 구현해 보인다.

〈품바〉는 한국 연극사상 처음 떠돌이 각설이패를 내세운 것이었다. 이것은 전례가 없던 일이다. 세상의 가장 낮은 자리로 내려와 하층민들과 함께 웃고 떠들며 현대사의 애환을 나눈다는 것. 정규수는 애초부터 그렇게 밑바닥 광대를 자처해온 사람이다.

〈품바〉의 인기는 대단했다. 1981년 서울에서 초연돼 1996년 한국 연극사상 최초로 최장기 공연·최다 관객을 동원해 '한국 기네스북'에 올랐다. 1988년엔 백상예술대상 특별상을 수상했다. 외국 순회공연도 잦았는데, 1987년과 1993년 미국 순회공연, 1993년 일본, 1997년 호주 공연 등이 그 예다.

주지할 것은 정규수가 이 마당극 닻을 올린 초대 품바라는 점이다. 그가 1대 품바로 십여 년간 활동했기에 숱한 전수자들이 그 맥을 오롯이 이었다. 이 사실을 추어올리니 정규수는 양손을 허리춤 위로 올려 거듭 손사래를 쳤다. "아이구, 그런 소린 하지 말아요⋯⋯."

★〈품바〉를 시작할 당시는 어떠셨나요.
　　서울 초연이 1981년이지만 실제로 제가 연극을 시작한 건 1979년부터예요. 처음엔 질색을 했어요. 연기 경험이 전무한 데다 모노드

라마를 감히 제가 어떻게 하냐는 거였죠. 신의 경지에 오른 사람만 할
수 있는 거라고 생각했어요. 소속된 극단도 없었던 때였고.

★그런데 어떻게.

계기는 아주 사소했지요. 고교 졸업하고 곧바로 방위를 했어
요. 제대 후 마을 예술제에서 뒤치다꺼리하며 지냈고요. 예술제라고
했지만 별것은 없어요. 조그마한 마을회관에 서예전 같은 걸 열고 그
랬죠. 제가 하는 일이란 게 주변 청소와 뒷정리였어요. 그러다 공연 한
번 해보자는 얘기가 나온 겁니다. 근데 할 사람이 없었던 거예요. 그러
다 누가 그러더라고요. '규수야, 네가 한번 해보자.'

★그렇게 올린 게 〈품바〉였던 거군요.

아뇨. 1979년에 〈장군멍군〉이라는 20~30분짜리 극부터 먼저
올렸어요. 어쩌다 하게 됐는데 무난히 동네에선 욕 안 먹을 정돈 하겠
더군요. 10~20명 이웃 주민들 모아놓고 소소하게 벌인 거였으니까. 그
러다 다음 회를 하게 됐는데 이런 얘기가 나오대요. '야, 이번에는 우
리 작품 한번 올려보자.' 그렇게 시작된 겁니다.

★준비는 어찌 하셨나요.

마을에 '천사촌'이라고 있었어요. 일종의 거지촌이죠. 거지들
이 타령을 하잖아요. 저걸 따와 1인극으로 올려보기로 했어요. 그래서
다 같이 녹취하러 간 겁니다. 근데 이분들이 허락하겠어요? 안 하지
요. 혹시 자제분들이 '네가 그 거지 아들이냐'며 손가락질이라도 당할

까 염려하시는 거예요. 그러다 결국엔 이분들과 술까지 마시게 됐죠. 막걸리 사드리며 취기가 오르는 순간을 쭉 기다렸어요. 그러다 한 마디 한 마디 끄집어내 노래도 하시고 그러면 유심히 관찰하고 녹취해서는 돌아와 연습했어요.

★혹 기억나는 분이 있으세요?

유명한 양반이 있었어요. 우리 마을에 매일 동냥 다니던 분이 있었는데, 집집마다 누비며 궂은일도 도맡곤 하셨어요. 거지라고 하지만 주민들과 거의 식구처럼 지낸 분이었죠. 그분을 많이 참고했어요. 아무튼 그러다 매년 12월에 여는 예술제에 〈품바〉를 올린 겁니다.

★반응은 어땠어요?

처음엔 이런 것도 극을 올리냐며 의아해 하시더군요. 그러다 너무나 좋아하시는 거예요. 가볍게 시작한 건데 전국 공연으로까지 이어질 줄은 정말 꿈에도 몰랐어요.

★홀로 극을 이끈다는 게 부담이 엄청났을 텐데요.

아무렴요, 그냥 울라면 울고 웃으라면 웃었어요. 왜 우는지 웃는지도 모르면서 그냥 하라는 대로 했어요. 내면에서 무언가 우러나와야 하는데, 그냥 시키는 대로 했으니 얼마나 어설펐을지. 그리고 일화도 꽤 있어요.

★일화라고 하시면?

1980년대 후반이었어요. 김시라 연출과 전국 공연을 다닐 때였죠. 부산에 있는 친구 집에 놀러 갔어요. 당시에는 스탠드바, 나이트에서 각설이쇼 하는 친구들이 많았지요. 전국적으로 500명 정도 됐을 거예요. 아무튼 어느 날 부산에 있는 쇼를 보러 갔어요. 마침 각설이타령을 하더군요. 같이 간 친구가 그 친구를 불렀어요. 술 한잔하자고요. 근데 그 친구가 내 옆에 턱 앉더니 그러는 겁니다. '안녕하십니까, 정규수입니다.' 아니, 내가 정규수인데 말예요(웃음).

★사칭하는 사람들도 많았군요.

그 친구가 소개하는 걸 가만히 들어봤어요. '여기 사장님과 잘 알아서 한 번씩 도와주고 있다'고 하더군요. 요즘 어떻게 지내시냐니까 꾸며낸 이야기를 막힘없이 풀어놓는 겁니다. 그러더니 친구가 그러대요. '규수야, 이 사람이 규수냐 네가 규수냐!' 그러더니 이 양반이 그제야 저를 알아본 건지 '어이구, 죄송합니다' 하대요. 그럴 필요까진 없는데.

★외국 공연도 긴 기간 하셨지요.

미국은 일곱 군데를 돌았어요. 시카고, LA, 미니애폴리스, 디트로이트 같은 도시들이었죠. 현지인들 사는 곳, 교민들 사는 곳 가리지 않았어요. 어르신들이 참 좋아하시더군요. 서로 자기 집에 자고 가라고 그러실 정도로. 야외에서 공연을 벌이면 깡통을 가운데 둬요. 거기에 10~20달러씩 팍팍 넣어주시니 무척 감사했죠. 한번은 입양아, 지적장애아들이 많은 미니애폴리스에서 공연을 하는데, 코가 큰 백인 양반이 즐겁게 보고 계시더라고요. 그분한테 '나 따라 각설이타령 해보라'

며 시키고 그랬는데, 나중에 그분이 분장실로 오시대요. 알고 보니 레이니 전 주한대사였던 겁니다. 너무 즐겁게 보았다며 한국 가서 꼭 보자고 그러시더군요. 그리고 나환자촌도 여러 번 간 적이 있어요. 그분들에게 다가가 '나 왔소' 하면 굉장히 반겨주시곤 했지요.

아내를 만난 것도 그즈음이다. 때는 1992년 초 대학로에서 품바 공연을 한창 벌일 때였다. 그의 공연을 난생 처음 보러 온 기자가 한 명 있었다. 지금의 아내였다. 연극 담당 기자 대신 취재하러 온 거였는데, 그날 그의 공연을 본 이후 매일같이 찾아오더라고 했다. 그렇게 닿은 인연은 2년 후 결혼으로까지 이어진다.

★한참 유명해질 때 만나신 거네요.

네, 아내는 18년간 기자로 일했는데요, 당시 저에게 최고의 조언자였어요. 그리고 가장 무서운 조언자였죠. 한번은 이런 적이 있어요. 제 연극을 보고 나서 아내 얼굴이 영 안 좋아요. 궁금하대요. 그날 밤 둘이 술을 마셨어요. '왜 그러냐' 물었죠. 아내가 그러대요. '그냥 술이나 해.' 그러다 털어놓는 겁니다. '규수 씨, 지금부터 연극 인생관 뚜껑 덮지? 오늘 관객들한테 규수 씨가 돈 환불해줘야 해, 연극 그렇게 하지 마, 어떻게 연기를 그렇게 설렁설렁 해.' 그날 분위기는 참 싸했지요. 그리고 며칠 있다가 정신 차리고 다시 공연을 올렸는데, 그날은 아내 얼굴이 환해지는 겁니다. '진작 이렇게 하지'라며(웃음). 그만큼 꼼꼼했어요. 그리고 조언자가 더 계신데, 고(故) 강준혁 선생님 (1947~2014)이셨어요. 공연 기획하시던 분이세요. 이분께선 '연극인이 돈을 좇으면 안 된다'고 누누이 강조해주곤 하셨죠. 당시 품바 공연을 한 달간 스탠드바나 나이트에 올리면 작은 빌라가 생긴다는 말까지 나돌았어요. 선생님은 '그러면 안 된다'고 잘라 말하셨던 분이에요. '처음엔 돈이 생길지 모르나 이내 타락하게 될 거'라면서. 그래서 저는 한번도 밤무대에 올라본 적 없어요.

매너리즘, 다시 출발선으로

하지만 언제부터인가 매너리즘에 젖어든다. 십여 년 1인극을 올리자 "내가 최고"라는 생각이 서서히 일었다. 가랑비에 옷 젖는 줄 모르듯이. 전국으로 유명세를 한참 탈 시기이므로 그럴 만도 했다. 문제는 자신감을 넘어선 자만이었다. 언제부턴가 남의 말을 듣지 않는 스스로가 보였다. 부끄러워졌다. 정규수는 "내가 풍선이라는 느낌이 들더라"고 했다. "바늘 하나만 대면 빵 터질 것 같은 존재처럼 보였던 거죠. 아, 이건 아니다, 자세를 고쳐먹어야겠다 싶었지요." 결심은 곧바로 실행으로 옮겨진다. 누가 시킨 것이 아님에도 15년가량 변두리 역할만 자처했다. 예컨대 '주인공 외 다수'의 다수에 해당하는, 보이지 않는 보조역들. 그래야만 할 것 같았다. "조연도 아니죠. 청년 1, 2, 3, 4 뭐 그런 것들만 긴 기간 고집했어요."

★다시 시작하고 싶었던 거군요.

    그렇죠. 당시 〈품바〉만 한 건 아니었어요. 정극도 했는데, 자

399

꾸만 품바 '쪼'가 나와요. 그게 잘 안 버려지는 겁니다. 나는 그게 편하고 그걸 제일 잘하니까. 그래서 다른 연극을 찾아다녔어요. 무보수로도 많이 했죠. 풍선 안 되려면 어쩔 수 없었어요. 연기 전공자도 아니고, 〈품바〉도 사실 마을회관에서 시작한 거고, 제가 키가 크거나 얼굴이 잘생긴 것도 아니고. 그때 연극 선배들도 그러셨어요. '뿌리도 없는 놈이 어디서 까불고 다니느냐. 너는 변방에서 노는 놈일 뿐이다.' 틀린 말이 아니었습니다.

★영화 출연을 하게 되신 것도 그런 자각의 일환이었겠다는 생각이 드는데요. 첫 출연 영화가 이장호 감독의 〈미스 코뿔소 미스터 코란도〉(1989)죠. 당시 이 감독이 연이어 영화 흥행에 실패하고 있던 시기에 제작된 작품인데. 아, 첫 영화이신데도 주인공이셨네요.

몸값이 싸서 불러주신 게 아닐까 해요. 제가 가수를 꿈꾸던 청년을 연기했는데, 필로폰 인신매매 조직에 연루되는 이야기예요. 아후, 처음 카메라 앞에 서는데 제가 생각해도 지지리도 못했죠. 구렁이한테 물리는 신이 지금도 기억에 남아요. 감독님이 구렁이한테 들이대라고 요구하셔서 다가갔더니 구렁이가 정말로 제 이마를 꽉 물더라고요. 피가 철철 났어요. 그 피를 닦아주시면서 감독님이 한 마디 하시더군요. '네가 한 연기 중에 제일 잘했다.' 3층에서 떨어지는 것도 와이어 없이 그냥 떨어졌고요. 다치진 않았지만 다리가 어찌나 후들거리던지.

★연극 무대가 아닌 카메라 앞의 세상, 영화라는 세상은 어땠습니까.

굉장히 큰 경험이자 고비였어요. 영화를 시작하고부터 더 겸손해야 하겠더군요. 연극할 땐 그래도 경력이 있으니 딴에는 '좀 한다'는 마음가짐이 있었는데, 그럼 안 되는 거였어요. 영화가 피사체하고 카메라하고 나하고의 맞물림이 있어야 하고, 주연을 받쳐줘야 하고 감독과도 맞아야 하죠. 연극배우로서 기존 습관들이 전부 문제가 되는 겁니다. 연극은 좀 오버해야 하잖아요. 과장이 들어가는데, 영화는 그럼 안 되거든요. 감독님도 매일 '아니다, 아니다' 하시니 자연히 주눅이 들었고요.

★게다가 배우에겐 클로즈업에 대한 부담감이 이만저만이 아닐 텐데요.

운전하는 신이 떠오르는데요, 카메라 앞에서 그냥 가만히 있으면 안 된다고 생각하고 자꾸 제가 핸들을 조금씩 움직이는 거예요. 불필요한 삐뚤삐뚤한 움직임들을 나 혼자 계산해서 넣는 겁니다. 뭔가 밋밋하다고 느껴져 연극 하듯이 했던 거죠. 그런 걸 생각하면 첫 영화는 그리 말하고 싶지 않을 만큼 창피해요.

★두 번째 필모그래피도 이장호 감독 작품이에요. 〈명자 아끼꼬 쏘냐〉(1992)라고.

약간 친일 캐릭터였어요. 한국 사람인데 조선인들을 못살게 구는 조조연 역할이죠. 그때 이 감독님 말씀이 기억나네요. '이 자식은 내 영화할 때는 연기 못하더니 남 영화에선 잘하네.' 이 영화가 연출은 이 감독님이 했지만 제작은 김지미 선생님이 했거든요. 러시아 사할린에서 찍은 작품이었죠. 전작은 이 감독님이 제작과 연출을 다 하셨고요.

★이후 〈49일의 남자〉(1994), 〈기막힌 사내들〉(1998) 등에 조·단역으로 출연하셨는데, 이후 십여 년간 영화 출연을 안 하신 것 같던데요.

　　　　줄곧 연극 무대에 올랐어요. 이곳저곳 돌아다니며. 돈은 상관 없었어요. 누가 나를 써줄 수 있는 데면 무조건 갔어요. 잔심부름이라도 시켜주면 감사히 했고요. 그러다 당대 몇몇 유명 연출가들과 작업을 할 수 있었고, 그런 경험들이 전부 자양분이 됐지요. 그러다 〈간첩 리철진〉(1999)에 비중 있는 조연으로 캐스팅됐어요. 지금 유명한 신하균, 정재영, 임원희, 이문식이랑 같이 택시 강도단을 맡았지요. 저는 이들 대장이었는데, 이때 배운 게 많아요.

★배운 것이라면요?

　　　　이 사람들과 내가 호흡하려면 내가 최대한 낮은 자세로 임해야겠구나. 낮은 자세로 임한다는 게 형으로서 선배로서가 아니라 동료로서 최대한 들어주고 도와주는 것이라는 뜻이기도 합니다. 여담이지만 저는 늘 연출 밑에 심부름을 도맡았어요. 그리고 아는 척 안 하고 늘 물어봤고요. 단원들한테 늘 '내 연기 어땠어'라고 자주 물어봤고요. 후배들이 '제가 감히 어떻게'라고 하면 술 사주며 슬쩍 물어보는 식이죠. '오늘은 물을 이렇게 마셨는데, 어제는 이렇게 마셨거든. 이 손이 낫니 저 손이 낫니?' '내 대사 톤이 이랬는데 이게 나아, 저게 나아?' 영화도 마찬가지였어요.

낮은 자세로 임한다는 것. 그가 이를 고수하는 맥락까지 더듬자면 저 멀리 유년 시절로 거슬러 올라가야 한다. 그의 아버지는 그가 세 살일 무렵 세상을 떠났다. 지금 그가 아버지 얼굴을 기억 못 하는 이유다. 가장의 부재. 이것은 그의 가정에 지워지지 않는 멍에였다. 어머니는 낮엔 행상을, 밤에는 파출부 식모살이를 해야 했다. 혹독한 가난이 이어졌다.

정규수는 "고교 졸업 때까지 용돈이란 건 손에 쥐어본 적이 없다"며 말을 이었다. "지금도 빵, 떡, 과자, 커피, 튀긴 건 안 먹습니다. 당시에 이 다섯 가지는 그림의 떡이었어요. '저런 것을 탐내면 안 된다'는 생각을 줄곧 해오며 컸기에 지금도 못 먹겠더군요." 하지만 그럼에도 인간으로서 품위는 지키며 산 그다. 이 모두 어머니 가르침 덕이다.

당신이 요구한 건 두 가지였다. '호로자식 되지 말아라.' '어르신 만나면 인사 잘해라.' 이것은 그의 삶의 철칙이자 정언명령이 된다. "하루에 동네 어르신을 열 번 만나면 열 번 모두 깍듯이 인사하고 다녔어요. '진지는 잡수셨소?' '장에 가쇼?' '안녕합쇼'. 그러면 어르신들이 하나같이 그러세요. '느그 아버지가 그랬다' '느그 아버지가 꼭 그랬다'고요."

★다시 영화 얘기로 가볼까요. 장진 감독의 〈킬러들의 수다〉(2001), 류승완 감독의 〈피도 눈물도 없이〉(2002), 강우석 감독의 〈공공의 적 2〉(2005) 등에 이르기까지 단역 위주 출연을 하시다 2006년 〈라디오 스타〉에 캐스팅되세요. 배우님이 영화 매체로 얼굴을 알리게 된 첫 작품이 아닐까 해요. 이준익 감독이 〈간첩 리철진〉 제작자였으므로, 두 번째 만남이시네요.

　　이 감독이 지국장 역을 찾다가 '규수 형한테 물어봐야지' 하고 연락하셨대요. 그런데 첫 리딩을 하는데 도무지 어찌할 바를 모르겠더 군요. 리딩 끝내고 불안감에 땀을 뻘뻘 흘리며 '저 어찌해야 하죠'라고 물었어요. 감독이 웃으며 그러대요. '형 알아서 해요.' 매 신마다 제가 A안, B안, C안을 들고 갔어요. 그럼 감독님이 쓱 보고 골라주세요. 그 러다 3~4번째에 이르면 '에이 몰라, 형 알아서 해. 잘하면서' 하고 마 는 겁니다. 그러면서 역할이 조금씩 커졌어요. 신도 늘었고. 뭐랄까, 이 감독님은 참 은인 같은 분이십니다. 이 영화 이후 〈구르믈 버서난 달처럼〉(2010)의 방짜쟁이, 〈평양성〉(2011)의 고구려 보장왕, 최근 〈변 산〉(2018)의 선미 부까지 쭉 연기하게 해주셨으니.

배움에 위아래는 없다

★〈관상〉(2013)에서 배우님이 연기한 박첨지 인기가 대단했죠. 김혜수 배우님이 연기한 연흥의 심복 역이었고요.

　　그냥 차비만 줘도 참여하고 싶다고 말한 작품이었어요. 한재림 감독이 감사하게도 제 눈이 참 좋다며 캐스팅해주셨어요. 그런 말씀 들으니 더 잘해야겠다는 마음을 먹게 되죠. 그리고 (송)강호 형이 나오 는 작품은 꼭 같이 해보고 싶었어요.

★배우님이 연배가 훨씬 위지 않나요? 왜 형이라고…….

　　아, 저는 (이)병헌이 형, (최)민식이 형, (황)정민이 형 이렇게 불러 요. 처음은 다들 부담스러워하는데, 나중엔 '규수 형 냅둬, 원래 그러시니까' 하고 넘어가요(웃음). 저한테 이들은 배움의 대상이에요. 그리고 전부 스타잖아요. 저는 이들을 뒷받침해주는 데 충실해야 할 테고요.

★매우 귀감이 되는 말씀입니다.

문득 기억이 나는데요, 〈관상〉에서 김혜수 씨를 목말 태우는 신이 있어요. 그걸 찍을 때 현장에서 김혜수 씨를 스물일곱 번을 들었다 놨다 했어요. 허리가 상당히 아파왔죠. 전혀 티를 안 냈어요. 그러다 문득 이런 생각이 들더군요. '아, 내가 이런 귀한 분들을 떠받쳐주고 위해주는 사람이어야 한다. 그러니 나는 이걸 행복으로 여겨야 한다. 나는 주인공이 못 되는 사람이지만 주인공들을 위해서는 최선을 다해야 한다.'

이 같은 마음 자세 덕분일까. 이후 찍은 〈암살〉(2015)은 그가 나온 생애 첫 천만 영화로 기록된다. 그 이듬해 〈히말라야〉(2016) 또한 775만 관객을 모으며 크게 흥행했다. 〈암살〉 초반부, 자신이 임시정부 스파이였음을 증언하는 꼽추, 〈히말라야〉의 김 회장 모두 극 중 비중은 크지 않으나 주연들을 떠받치는 귀한 조연들이다. 세 영화 관객을 합치면 어림잡아 2,900만 명. 그럼에도 그는 "초심을 잃으면 안 된다"고 다짐하듯 말했다. "지금도 배낭에 연필과 지우개를 담은 필통을 갖고 다녀요. 틈만 나면 대본에 쓰고 지우고 하니까."

★지난 삶을 돌아보실 때, 가장 힘든 순간은 언제셨는지요.

(고민하며) 드라마 한 편을 끝내고 8개월가량 쉴 때가 있었어요.

사십 대 후반 때 일입니다. 작품이 안 오더라고요. 두려워지기 시작했어요. 아르바이트라도 해야 하나. 그런데 배운 게 도둑질이라고, 연기밖에 할 게 없더군요. 작품 활동이 없는 기간이 길어질수록 점점 나락으로 빠지는 것 같았어요. 주변 사람 눈치가 보이니 혼자 은둔형이 돼가고요. 여기서 끝인가 보다. 극단적인 생각이 들기도 했죠. 아, 내가 여기서 마지막이구나.

★그걸 이겨낸 계기라면요?

　　　어느 날이었어요. 혼자 공원을 누볐죠. 종로 탑골공원 같은 곳들을요. 유심히 어르신들을 관찰했어요. 전부 나보다 고령임에도 불구하고 너무나 거침없이 말씀하시고 건강해 보이시더라고요. 이런 생각이 들었어요. '아, 나도 나이 먹어 저렇게 살려면 이렇게 지내선 안 된다. 일어나야 된다.' 그래서 움직였지요. 동료들 만나러 다니고 일부러 어울리고 정보도 얻고. 그러니 자연스레 새 작품 연락이 오대요. 절대 주저하면 안 된다는 걸 그때 알았어요. 어려운 때일수록 더 바삐 움직여야 한다는 걸요. 옛날에 읽은 도덕책 생각이 나요. 한 방앗간이 있어요. 근데 근처에 새 방앗간이 생겨 동네사람들이 죄다 그리로 가요. 그런데 원래 방앗간 주인은 손님이 없는데도 계속 작업을 이어가요. 멈추지 않고요. 왜일까요. '나는 열심히 살고 있다'는 걸 보여주려던 거죠. 그러더니 다시금 그 양반 방앗간이 잘되더라는 겁니다. 저는 힘들 때 자주 이 이야기를 떠올리곤 해요.

시간이 무르익을수록 머리를 조아리게 되는 건 그를 마주한 나 자신이었다. 삶을 진실히 대면하는 자에게서만 느껴지는 모종의 기품. 나에게는 부재한 그것. 부끄러워졌다. 우리는 얼마나 자기 자신에게 진실한가.

그렇게 마지막 질문에 이른 것이다. "배우님이 생각하시는 진정한 조연이란 뭔가요." 정규수는 더는 머뭇거리지 않았다. 눈빛은 한층 또렷해졌고, 말마디에 막힘이 없었다. 그런 그의 답변을 있는 그대로 옮겨본다.

"진정한 기둥 같은 거죠. 그것도 큰 기둥요. 그 기둥들이 받쳐줘야 영화가 완성되니까요. 조연이 있기에 용마루가 올라가고 지붕까지 올릴수 있는 거예요. 그리고 말이죠, 기둥은 그 기둥 역할에 충실해야 해요. 만일 기둥 하나가 다른 색으로 칠해지면 그건 '오버'인 거죠. 비록 두드러지진 않지만 기둥도 기둥 '나름의 멋'이 있으니, 우리는 그걸 즐기면 됩니다(웃음)."

부러 꾸미지 않아도 '나름의 멋'이 풍기는 배우. 순하게 미소 짓는 그가 바로 그런 사람이었다.

고규필

나도 내가
배우 된 게
신기했다

어쩌다가, 운 좋게, 하다 보니

사람 사는 일은 모르는 거라고, 예기치 않은 사건들로 인해 예기치 않은 삶을 살아가는 사람들이 있다. 그리 큰 불평불만 없이 꾸역꾸역 닥쳐오는 삶을 있는 그대로 마주하면서 말이다. (스스로는 부인하지만) 데뷔 25년차 배우 고규필(36)도 그렇다. 그에게 부여하고 싶은 몇 가지 수식어가 있는데, 말하자면 이런 것이다. '어쩌다가' '운 좋게' '하다 보니'. 그는 정말이지 어쩌다가, 운 좋게, 하다 보니 배우가 된 조금 희한한 케이스다.

때는 바야흐로 1993년. 볼 살이 바늘로 찌르면 '톡' 하고 터질 것 같은 포동포동한 열한 살 소년 고규필은 충동적으로 연기학원을 끊는다. 두 가지 계기가 있었다. 하나는 "너는 그냥 씨름선수나 하라"는 또래들의 짓궂은 놀림에 대한 반발심. 다른 하나는 집에서 혼자 모험 영화 〈구니스〉(1985)를 보고 푹 빠져든 경험. "이거다" 싶어 어머니한테 졸라 이주 정도 다니던 찰나, 본의 아니게 어린이 영화 주연에 캐스팅된다. 이준익 감독의 데뷔작 〈키드 캅〉(1993)이었다.

당시 경험을 묻자 그는 "한 자리 비어 급하게 뽑힌 거였다"며 "(연기학원에서) 푸짐하게 생겼다는 이유로 데려 가더라"고 했다. "(저는)한 살 때부터 뚱뚱했어요. 연기요? 그런 거 몰랐어요. 누군진 기억 안 나는데, '춤 출 줄 아냐' 해서 막춤 췄더니 뽑아주더라고요."

하지만 그때뿐이었다. 십 대 시절 그는 〈키드 캅〉을 빼면 아무런 영화에도 출연하지 않았다. 애초 연기에 진지한 관심일랑 없었다. 논다는 느낌으로 해본 게 다였고, 어머니도 아들이 배우되는 걸 크게 바라진 않았다. 그럴 만도 한 것이, 이리 뒤뚱, 저리 뒤뚱 하는 아들 연기는 부모가 보기에도 여간 민망한 게 아니었다(유튜브에서 '키드 캅 1993'을 치면 무료로 관람할 수 있다). 당시 그와 함께 출연한 김민정, 정태우, 이재석, 장영철은 이미 아역계 각광받던 스타들이었기에 비교가 안 될 수가 없었다.

그가 배우 생활에 본격적으로 뛰어든 건 그로부터 십 년 후. 이 역시 어쩌다가, 운 좋게, 하다 보니 된 쪽에 가깝다. 어울리던 친구 무리가 그 몰래 KBS 탤런트 공채 원서를 함께 냈다. 고규필은 "사전에 말도 안 하고 내 원서까지 냈더라"며 "웃긴 건 걔네들 다섯 명은 다 떨어지고 나만 붙었다"고 했다.

여하튼 그리된 거였다. 그는 이왕 이렇게 된 거 배우 길을 쭉 걸어보기로 한다. 무명 생활이 오래 지속되다 보니 좌절도 하고 의기소침해진 적도 많았지만, 그래도 '나는 배우'라는 생각을 부인하진 않았다. '육두문자맨' 마준규의 욕설 전수자 매니저(〈롤러코스터〉(2013)), 수화기 너머 아내에게 "왜 욕을 해"라며 침울해하던 순경(〈베테랑〉(2015)) 등 작지만 인상 깊은 모습을 선보이며 대중에게 조금씩 눈도장을 받고 있는 그다.

★오늘 인터뷰한다고 하니 가족들이 뭐라고 하던가요(그는 36년째 부모님과 함께 살고 있다)?

　　　　(머리를 긁적이며) 얘기 안 했어요. 쑥스럽잖아요. 어머니가 자랑하시는 거 좋아해서 일단 모른 척하고 나왔죠.

대뜸 그는 "명동역 신세계백화점 사거리에서 대각선 방향 쪽에 있는 호텔 언덕배기를 쭉 지나서 왔다"고 했다. "거기만 지나치면 항상 좋은 일이 생기더라"며 씨익 웃는 것이다. 그러니까 〈베테랑〉 후반부, 오 팀장이 총을 쏴 모두가 바닥에 몸을 묻는 바로 그 장면을 찍은 장소. 고규필이 연기한 순경이 놀라 옆으로 자빠질 때, 그 순간이 썩 재미있게 담겼다. 당시 세간에 꽤나 회자된 장면이다.

그는 "나만의 소중한 명소"라며 "바로 그 자리에 잠시 서서 촬영 때랑 똑같은 표정과 자세로 몇 초간 있곤 한다"고 덧붙였다. 그리 말할 때

짓는 미소가 영락없는 소년의 그것이었다.

잠시만 '아역'

★벌써 데뷔 25년차예요. 출연 분량을 떠나 얘기해보자면 대표작이 세 편 정도 있는 것 같은데, 열한 살에 출연한 〈키드 캅〉(1993), 하정우 배우가 직접 연출한 코미디물 〈롤러코스터〉(2013), 그리고 류승완 감독 천만 영화 〈베테랑〉(2015)이 있죠. 첫 번째는 주연이었고, 두 번째는 조연 비중이었고, 세 번째는 단역이었어요. 기이하게도 역순으로 갈수록 극 중 비중이 커지네요(웃음). 우선 〈키드 캅〉부터 얘기해보죠. 당시 열한 살 똥보였어요.

　　근데요, 데뷔 25년차가 맞는지 잘 모르겠어요. 어쩌다 한 번 하게 된 거라…… . 음, 〈키드 캅〉 주인공들이 당시 아역계 엄청난 슈퍼스타였어요. 김민정, 정태우 같은 친구들 틈에 같이 연기한다니 얼마나 흥분됐겠어요. 그 덕에 저도 동네에서 꽤 유명해졌죠. 함께 놀면서 촬영하는데 어깨가 괜히 으쓱해졌고요. 영화가 그해 개봉(7월 17일)하고 한 달 정도 계속 팬레터가 왔어요. 매일 7~8개씩이요. 지금으로선 상상도 못 할 일이죠.

무슨 내용이었냐고 물으니 그는 쑥스러운지 말해주진 않았다. "기억이 안 난다"고만 했다.

★〈키드 캅〉이 이준익 감독 데뷔작이었어요. 애석하게도 〈나 홀로 집에〉 아류작이라며 갖은 혹평에 시달린 비운의 영화였죠. 2만 명도 안 봤고요. 하지만 당시 또래들 사이에선 꽤나 인기였다고 들었어요. 그때 연기 경험이 배우가 돼야겠

다는 다짐으로는 이어지지는 않았나요.

일단 출연 전에 연기학원 2주 다닌 게 전부였어요. 연기 경험이 없었죠. 부모님도 〈키드 캅〉 보시더니 바로 그러시더라고요. '규필아, 너는 연기가 적성에 안 맞는 것 같다(웃음).' 그 뒤로 고교 3학년이 될 때까지 연기에 대해선 쭉 잊고 지냈어요.

★차기작이 이 감독 〈황산벌〉(2003) 단역이었으니 십 년간 공백이 있었어요. 그사이 연기는 아예 안 하신 거네요.

완전히 동떨어져 지냈어요. 〈키드 캅〉에 딱 한 번 출연했다고 동네에서 '투캅스'라며 늘 놀림만 받았죠.

★그 시절 어떤 아이였어요?

인기가 없었어요. 그래도 어울리는 걸 좋아해서 친구들은 많았지만요. 공부는…… 초등학교 때 제일 잘한 것 같아요. 키는 초등학교 때가 제일 컸고요. 그러다 성장이 빨리 멈춰서 고교 때는 중간 정도 덩치였어요.

친구 덕분에 탤런트 되다

★연기에 대한 관심이 다시 싹튼 계기라면.

대림고 3학년 때였어요. 어울리던 친구들 대여섯 명이 배우 되겠다고 전부 연기학원 다니더라고요. 걔네들이랑 어울려야 하니 저도

함께 따라 다녔죠. 그때도 연기에 진지하게 관심이 있었던 건 아니었
어요. 그러다 전문대(백제예술대 방송연예과. 후에 중앙대 연극영화과에 편
입한다)에 들어갔는데, 2002년 겨울이었나요, 친구들이 저 몰래 KBS
탤런트 공채에 같이 원서를 냈더라고요. 그걸 저만 붙었던 거고요.

얼떨결에 원서가 붙자 곧바로 2차 면접일이 다가온다. 1,000명 중 600
명을 뽑는 것이었으니 해볼 만한 게임이었다. 그렇게 다섯 명이 면접
실로 들어갔고, 전날 받아 외운 대사를 쳤다. 고규필은 "사극이었는데
혀도 꼬이고 계속 틀리더라"며 "아무런 질문도 없어 그냥 떨어진 줄로
만 알았다"고 했다. 하지만 얼떨결에 이번에도 3차까지 간다.

★이때부터 본 게임이었겠네요.

　　3차부턴 한 명씩 면접실로 들어갔어요. 준비는 나름 열심히 했
는데 혼자 들어가니 다리가 후들거리고 땀이 삐질삐질 나더라고요. 너
무 긴장해서 이름도 얘기 안 하고 바로 연기부터 했어요. 그게 귀여우
셨는지 이것저것 질문이 들어오대요.

★이를테면.

　　면접관 한 분이 '골프를 그렇게 잘 쳐?'라고 하시는 거예요. '이
게 뭔 소리야' 싶었죠. 골프채 한번 안 쥐어봤거든요. 그래서 '안 쳐봤
습니다'라고 했죠. 다들 의아해하시대요. 알고 보니 장난친다고 친구
들이 제 원서 특기사항에다 고급 스포츠들만 잔뜩 적어놓은 거였어요.
폴로, 승마, 레이싱 같은. 이실직고했어요. '사실 이렇게 시험 보게 될

줄 몰랐습니다. 여기까지 올 줄은 더더욱 몰랐습니다. 친구들이 장난
친다고 제 이름으로 원서를 낸 것 같습니다. 저 특기사항에 있는 거 아
무것도 할 줄 모릅니다. 필요하다면 당장이라도 배우겠습니다.' 그러
니 '됐다'며 다들 웃으시는 거예요. 그렇게 3차를 붙었는데 '아, 여기까
지 온 건 다 이유가 있다' 싶더라고요. 그렇게 최종까지 갔고 KBS 20기
공채 탤런트가 됐죠.

★주변에서 굉장히 놀랐겠는데요.

처음엔 다들 안 믿었어요. 부모님이 주변 친척들한테 '우리 규
필이가 탤런트 됐다'고 자랑하시면 어떤 분은 저한테 이러시는 거죠.
'규필아, 개그맨 된 거 축하한다.' 반문하시는 분도 계시고요. '근데 왜
탤런트가 됐냐'며(웃음). 어쩌겠어요. '저도 신기해요'라고 했죠. 사실이
잖아요.

당시 KBS 공채 탤런트 20기는 정경호, 신동욱, 지현우, 이현정 등. 그
중 한 살 밑 정경호(35)는 지금도 고규필과 둘도 없는 단짝이다. 고규
필은 "우리 20기가 KBS 홈페이지에서 원서가 공개된 첫 기수"라며 "가
나다순으로 열람이 가능했는데 내 조회 수가 가장 많았다"고 했다. "예
쁜 여자 동기들보다도 클릭 수가 월등했어요. '아, 저런 친구도 탤런트
가 되나' 싶으니 반복 확인한 거 아니었을까요."

★그리고 바로 첫 드라마 〈낭랑 18세〉(2004)에 출연하셨어요.

공채 되고 처음 찍은 거예요. 연수 끝나고 3개월 후에 방송국

PD님들이 계신 6층에서 전화가 왔어요. 대본 받아가라고요. 거기 친구가 1·2·3이 있는데 네가 3번이라며. 그러다 좀 길게 출연한 게 〈불멸의 이순신〉(2004~2005)이었죠. 돌쇠 역이었는데 애초 분량보다 많이 나왔어요.

★어느 정도 분량이었나요.

원래는 104회 중에서 초반 10회만 나오는 거였어요. 졸병 5명이 첫 전쟁에서 패하면서 다 죽게 되는데 돌쇠가 그중 하나였죠. 그러다 7~8회차 찍을 때 소문이 들려왔어요. 5명 중 잘하는 1~2명만 살려서 계속 출연시키겠다고요. 그 1명이 돼서 80회까지 출연한 거죠. 8~9개월, 거의 일 년간 찍었어요. 제 생애 제일 길게 촬영한 작품이에요. 그 덕분에 연기 대하는 게 좀 더 진지해진 것 같아요.

칭찬은 고래도 춤추게 한다

★기억나는 일화가 있다면.

연말 시상식 자리였어요. 출연진이 다들 모여 있었죠. 저는 구석에 앉아 있는데 강부자 선생님이 제가 앉아 있는 테이블로 직접 오셨어요. 그러면서 저한테만 말을 건네시더라고요. "〈불멸의 이순신〉 봤는데 거기 나오는 친구 맞지?" 놀라서 "예! 예!" 했죠. 그러니 "너무 잘하더라. 힘내라"며 칭찬해주시는 거예요. 대단히 감격스러웠어요.

★칭찬은 고래도 춤추게 한다죠.

　　　또 하나 있어요. 시상식 중 잠시 화장실을 갔다가 김명민 선배님(이순신 역)과 마주쳤어요. 사실 제가 80회를 나왔어도 큰 배역이 아니잖아요. 저를 잘 모르실 줄 알았어요. 그런 제게 이러시는 거예요. "돌쇠야, 혹시 (내가) 상 못 받을 수도 있는데 받게 되면 박수 열심히 쳐주렴." "아휴, 그럼요. 상 받으실 수 있을 거예요"라고 했어요. 그러니 "아니, 모르지" 하며 허허 웃고 돌아가셨고요. 명민 선배님이 정말 그날 연기대상을 받으셨어요. 제 일처럼 기뻐서 구석 자리에서 얼마나 박수를 쳤는지(웃음).

이후엔 스크린과 안방극장을 오가며 조·단역 출연을 이어간다. 극 중 비중이 미미해도 상관 안 했다. 찾아주는 곳이면 어디든 갔다. 그렇게 추창민 감독의 〈사랑을 놓치다〉(2006), 김태용 감독의 〈가족의 탄생〉(2006), 박기형 감독의 〈폭력써클〉(2006) 등에 단역으로 출연했고, 〈서울 1945〉(2006) 〈드라마시티-틈〉(2007) 〈사랑에 미치다〉(2007) 〈달려라 고등어〉(2007) 같은 TV 시리즈물에도 간간이 얼굴을 비친다. 그러다 봉준호 감독의 〈마더〉(2009) '뚱뚱' 역에 발탁된다.

뚱뚱은 〈마더〉 중후반부 골목길 신에 처음 등장한다. 도준(원빈)의 마더(김혜자)가 몰래 훔쳐보는 가운데 여고생 흉터(이미도)를 괴롭히는 두 남고생 중 하나. 그러다 험상궂은 숯불맨(곽도원)이 나타나 달아나고 몇 장면이 흐른다. 어둑해진 그날 밤. 둘은 진태(진구)에게 붙들려 흠씬 두들겨 맞은 뒤다. 더벅머리 뚱뚱은 진태에게 아정(문희라)의 휴대폰에 담긴 비밀을 이실직고한다. 그 대사를 옮기면 이렇다.

"아정이 핸드폰 거기 나온 사진들 공개되면 여러 사람 다칠 텐데……. 걔가
다 찍어놨거든……. 변태폰으로……. 자기랑 잔 남자들."

★뭐랄까, 어두컴컴한 한밤중 파죽이 됐으면서도 '뭐 어쩔 건데, 해볼 테면 해봐
라'라는 표정이죠. 저 장면 좀 재밌더라고요. '너 이제 큰일 났다' 싶은 생각이
들고(웃음). 단역이었지만 나름 임팩트 있게 연기했다고 생각해요.

〈마더〉가 제가 교복 입고 찍은 마지막 영화였어요. 오디션 보
기 전에 작은 소문을 들었는데요. 봉 감독님이 〈폭력써클〉을 봤는데
잘하는 배우를 찾았다는 거였어요. 그리고 좀 지나 캐스팅 디렉터한
테 연락을 받았어요. 그렇게 오디션을 보러 간 거죠. 처음에는 조감독
님 앞에서 6㎜ 카메라로 오디션을 보고, 마지막엔 봉준호 감독님 앞에
서 진구 형이랑 함께 오디션을 봤어요. 봉 감독님을 처음 뵙는데, 〈폭
력써클〉 잘 봤다고 악수를 청해주시더라고요. 많이 보지도 않은 영화
인데 그걸 봐주셨다니까 기쁘더라고요. 그때 본 오디션이 아마 제가
본 것 중에 가장 길었던 것 같아요. 돌이켜보면 오디션 느낌이라기보
다 촬영하는 느낌에 가까웠달까요. 봉 감독님이 참 사려 깊은 분이셨
어요. 비중 있는 배역도 아닌데 촬영 일주일 전에 문자 메시지를 보내
며 격려하시더라고요. "잘 준비하고 있나요, 걱정 많을 텐데 잘해보자
구요."

★봉 감독이 참고했다는 〈폭력써클〉은 당시 전형적인 학원 폭력물이었죠. 극 중

나상식은 배우가 성인이 돼 찍은 첫 조연 캐릭터인 걸로 알아요. 정경호 배우가 주인공이고, 요새 잘나가는 조진웅 배우는 함께 조연으로 출연했고요.

나상식은 속된 말로 '좆밥' 캐릭터였어요. 오디션을 뚱뚱한 친구로 준비해서 갔어요. 그랬더니 조감독님이 "그 배역은 너랑 안 어울리고 이미 할 사람이 있다"고 하시대요. 그게 (조)진웅이 형이었던 거죠. 당시 진웅이 형이 상당히 뚱뚱했거든요. 그래서 제가 하게 된 게 나상식이에요. 복학생인데 처음에 군기 좀 잡고 짱 먹으려 하고 그러다 처맞고 말 그대로 꼬봉이 되는 거죠. 이 영화 찍을 때 추억이 많아요. 6개월 정도 부산에서 멤버들이랑 숙소 생활을 했거든요. 모텔 숙소 한 층을 아예 빌려서요. 거기서 다 문 열고 자고 같이 먹고 같이 뒹굴고 그랬죠.

〈폭력써클〉은 극장 흥행엔 참패했다. 2만 4,682명이 본 것이 전부다. 하지만 권상우 주연의 〈말죽거리 잔혹사〉(2004)가 그러했듯 이 영화 또한 청소년들 사이에 무수히 불법 다운로드됐다. 어쨌거나 〈폭력써클〉을 계기로 〈마더〉에서 호연한 그는 촬영이 끝나고 곧이어 공익근무에 들어간다. 때는 2009년. 그의 나이 스물아홉이었다.

그래도 믿을 건 우정이더라

★소집해제 이후 처음 찍은 영화가 〈롤러코스터〉(2013)였어요. 그사이 별다른 작품 활동이 없었네요. 공백 기간이었던 건가요.

작품이 한 편도 안 들어왔어요. 일이 없으니 심적으로 상당히 힘들어하던 시기였어요. 나이가 서른 넘었는데 일이 없으니 수입이 없죠. 공익근무 전에는 잘나가진 않았어도 조금씩 연기를 할 수 있었는데 이후에 아예 단절이 생긴 거예요. 그래서 주변 사람들한테 "연기 그만두겠다"고 말하고 다녔어요. 그렇게 저를 응원해주던 어머니조차 "다른 일 해볼 생각이 없냐"고 물으셨을 정도로. 그러다 (정)경호(KBS 공채 탤런트 20기 동기)가 주인공 마준규에 캐스팅되면서 저를 매니저 배역으로 추천해줬어요.

★그러고 보면 공채 탤런트가 된 것도 그렇고, 〈롤러코스터〉 캐스팅 건도 그렇고 주변 사람들에게 힘입은 바가 적지 않네요.

그렇죠, 기존에 저는 힘들어도 내색을 잘 안 했어요. 이 시기 배운 게 있다면 힘들면 힘들다고 얘기하는 게 차라리 낫다는 거예요. 솔직히 털어놓을수록 주변에서 도움의 손길을 건네주더라고요.

〈롤러코스터〉는 극 중 '육두문자맨'으로 스타가 된 배우 마준규(정경호)가 주인공이다. 그가 탄 비행기에서 벌어지는 한나절 소동극을 그린다. 상당히 유치한 편인데, 그 유치함 때문에라도 시종일관 배꼽 잡고 웃게 된다. 기내에 있는 사무장, 각 승무원, 제 신분을 감춘 스포츠지 기자, 모 기업 회장과 여비서, 신혼 부부 등 캐릭터들 개성이 저마다 도드라진다.

★배우님은 기내의 모든 소동이 정리된 후 공항 바깥에서 이 영화 클라이맥스를

장식하죠. 버릇없게 구는 마준규한테 속사포로 쌍욕을 퍼붓는 장면으로요. 이제 다 끝났구나 싶었다가 이 신에서 다시 폭소하고 말았어요(웃음). 이 신을 위해 70일 동안 욕만 연습했다면서요.

여태껏 받아본 대본 중 대사가 가장 길었어요. 한 페이지 자체가 쌍욕이에요. 굉장히 연습했죠. 집에 아무도 없을 때 조용조용하게, 그리고 친구들이랑 캠코더로도 찍고. 근데 막상 현장에선 어색해져서 잘 못하겠더라고요. 침울해져 있으니 정우 형이랑 경호가 잘 타일러줬어요. 열 번 넘게 NG가 난 끝에 겨우 오케이 났고요. 그 장면 보시면 쌍욕 퍼붓고 밴에 타서 문 닫고 그냥 가버리잖아요. 보이진 않지만 사실 제가 차 안에서 펑펑 울었어요. 갑자기 굉장히 서글퍼지더라고요. 일이 긴 기간 없다 보니 힘들고 그랬는데 시원하게 토해내니 그게 좋으면서 또 긴 기간 쌓아둔 게 일거에 밀려왔어요. 배우 일에 대한 회의감이랄까. 연기는 도통 느는 것 같지 않고 괴리감도 들고 그런 복합적인 상태였을 때 이 영화를 찍었으니까요.

★〈롤러코스터〉가 재기의 발판이었던 거네요.

그렇죠. 이후 드라마도 다시 찍고, 영화 〈나의 사랑 나의 신부〉 (2014)에도 캐스팅되고, 〈베테랑〉(2015) 류승완 감독님이 저를 찾아주셔서 순경 역에 출연하게 됐고요. 제가 이 연기라는 일을 계속할 수 있는 것도 〈롤러코스터〉랑 〈베테랑〉 덕분이에요.

〈베테랑〉 순경으로 날다

★〈베테랑〉 순경 역이 뒤늦게 발탁된 거라면서요.

　　　오디션 보기 전에 영화 아카데미 단편을 하나 찍었어요. 그걸 보고 류 감독님이 '저 친구 누구냐'며 제 번호를 받아갔다고 해요. 〈베테랑〉 찍는다는 소문은 이미 들어 알고 있었고 기대에 부풀어 있었죠. 근데 오디션 보고 연락이 한참 안 오는 거예요. 주변 친구들은 이미 몇 명 붙어서 액션 연습 들어간다고 할 때인데, 저는 무소식이었던 거죠. 떨어졌구나 싶었어요. 그러다 한 달 정도 지나서 순경 역에 합격됐다고 연락을 받았어요.

★대본 처음 받아 읽을 때 어땠나요.

　　　제가 작은 미신을 믿어요. 사우나에 가면 모래시계가 중간 즈음일 땐 절대로 나가면 안 될 것 같아요. 대본 읽을 때도 그래요. 무조건 첫 장부터 마지막 장까지 최대한 정성스럽게 읽죠.

★순경은 거의 끄트머리에 나오는데.

　　　처음엔 몰랐어요. 대본이 100쪽 정도인데 80쪽에 이르기까지 순경이 안 나오는 거예요. 넘겨도 넘겨도요. 두 시간 정도 지나도 안 나오니 착잡해져서 담배를 두 개비 피웠죠. 아, 너무 기대했구나, 배역이 미미한가 보다. 그러다 80쪽 넘어가고 순경이 나오는데 왜 류 감독님이 저를 쓰려 했는지 알겠더라고요. 어눌하고 착하고 많이 혼나고 맞는 귀여운 '뚱땡이'를 많이 했던지라 거기 어울리는 캐릭터가 필요했구나 하고요.

★당시 순경이 친 이 대사가 큰 웃음을 줬죠. "여보, 나야. 목소리가 듣고 싶어 전
화했어……. 왜 욕을 해?" 여기서 '왜 욕을 해'가 원래는 없던 대사였다고요. '애
는 왜 안 보채?'에서 그냥 끝났으면 평이했을 텐데, 저 한 마디 덕에 훨씬 재미
있어졌어요. 어떻게 치게 된 애드리브예요?

　　　　대본 들고 커피숍에서 가만히 읽는데 옆 테이블 젊은 남녀 커
플이 좀 거칠게 싸우더라고요. '아, 욕하지 말라고!' 하면서(웃음). 그걸
가만히 엿듣는데 '괜찮은데?' 싶더라고요. 류 감독님도 굉장히 좋아해
주셨고요.

연기는 디테일이다. 저만의 디테일만 잘 살린다면 단역도 주연 못지않
은 인상을 심어줄 수 있다. 언뜻 사소해 보이는 그의 저 애드리브도 그
힘을 잘 보여준 사례일 테다. 〈베테랑〉 흥행 당시 류승완 감독은 이처
럼 말했다고 한다. "배우들이 디테일을 잘 살려줬어요. 특히 고규필 등
작은 배역을 맡은 배우들까지 제 몫 이상을 해줘서 영화가 더 풍부해
졌어요."

★그 신에 이어 막바지에 오 팀장이 쏜 총 소리에 전부 다 놀라 자빠지고 엎드려
숨는 신이 있죠. 그 신 또한 배우님이 젤 튀더라고요. 좌측으로 굳은 채로 희한
하게 쓰러지죠.

　　　　좀 튀고 싶었어요. 총 쏴도 혼자서만 서 있어 보고 싶었어요.
위치도 딱 전면이잖아요. 잘 보일 수 있게 총성에 맞춰서 정자세, 차렷
자세로 있어 보자. 감독님도 혼자 서 있다고 뭐라 안 하셨어요. 잘됐다

싶어 준비하는데 세 번째 테이크였을까요. 옆에 분이 넘어지면서 제 다리를 거시더라고요. 넘어질 생각이 없었는데 버티다 그대로 자빠진 거예요. 근데 그게 오케이가 난 거죠.

★〈베테랑〉 순경 출연 효과가 작지 않았던 것 같아요. 이듬해 OCN 드라마 〈38사 기동대〉에 정자왕이라는 천재 해커로 다시금 조명 받았고, 연이어 드라마 4편, 영화 6편에 출연하셨어요. 로맨스물 〈너의 결혼식〉에선 한 번씩 코믹한 대사를 찔러 넣는 구공자 역으로 조연 출연하셨고.

　　　아마도 〈38사기동대〉 정자왕이 〈베테랑〉 이후 안방극장에서 저를 가장 많이 알리게 해준 조연 캐릭터인 것 같아요. 사기 치며 세금 갈취하는 이야기인데 정자왕이 그중 야동을 좋아해서 정자왕이라 불렸죠. 첫 신부터 야동을 보잖아요. 작업실은 온통 야한 사진으로 도배돼 있고 (웃음). 그래서 주변 벽이 다 모자이크 처리됐죠. 요즘 이런 생각이 들어요. '아, 이제 내가 직업 배우로 나 자신을 인식하기 시작했구나. 예전보다 프로답게 나 자신을 생각하며 일하고 있구나' 하고요. 전보다 연기하는 맛도 알겠고 마음가짐이 조금 더 가지런해진 것 같아요.

★향후 도전해보고 싶은 캐릭터가 있다면.

　　　저처럼 생긴 친구들이 악역을 자주 하잖아요. 저는 좀 신선한 악역을 해보고 싶어요. 세 보이는 악역은 많으니까 좀 독특하고 새 느낌 나는 악역이요.

그는 이제 진정으로 출발한 건지도 모른다. '어쩌다가' '운 좋게' '하다 보니' 배우가 됐지만 "오랜 기간 질리지 않는 배우"가 되려면 '아직도 가야 할 길'(M. 스캇 펙)이 멀다.

배정화

완벽주의,
기만하지
않는 삶

〈목격자〉의 엘리베이터女

여성이 엘리베이터를 탄다는 건 한밤중 골목길을 걷는 일만큼이나 두려운 일이다. 혹여나 나 아닌 누군가가 내 옆에 타게 되었을 때, 하필이면 그 누군가가 이름 모를 남성일 경우에, 여성이 느끼는 공포감은 배가된다. 조규장 감독의 〈목격자〉(2018)는 이 엘리베이터라는 밀실 공간이 여성에게 얼마나 무서운 공간일 수 있는지 여실히 보여주고 있다.

두 번의 엘리베이터 신이 있다. 극 초반 소시민 가장 상훈(이성민)이 아래층 405호 여성 서연(배정화)과 처음 만나 어색하게 인사를 나누는 신. 극 후반 초췌해진 서연이 살인마 태호(곽시양)가 함께 탄 엘리베이터 안에서 두려움에 떠는 신. 두 신을 지켜보는 관객의 입장에서, 특히나 여성 관객의 입장에서, 서연의 감정에 이입되지 않기란 힘든 일이다.

이것은 물론 서연으로 분한 배정화의 연기력 덕이다. 여성이 일상에서 느끼는 공포를 이처럼 짧은 순간에 세세히 표현해내기란 쉽지가 않다. 〈목격자〉에서 '신스틸러'를 한 사람 꼽아야 한다면 주저 없이 그를 택하고 싶은 이유다.

구름 한 점 없는 초가을 한낮에 배우 배정화를 만났다. 힘없고 음울했던 민낯의 서연은 온데간데없었다. 마른 장신을 부드럽게 감싼 유채꽃 색감의 원피스, 길게 늘어뜨린 연갈색 머리, 오른쪽 귀 아래 수줍은 듯 매달린 은빛 귀걸이. 너무 진하지도, 연하지도 않은 은은한 메이크업. 배정화는 "꾸미면 대부분 못 알아보더라"며 환하게 웃음 지었다.

"서연을 연기한 것만으로도 제겐 정말 행운 같은 일이었어요. 그런데 많이 봐주시기까지 했으니 정말 꿈만 같네요(웃음)." 〈목격자〉의 누적 관객수는 252만 4,634명(영화진흥위원회 집계)이다. 손익분기점은 180만 명으로, 배정화 출연작을 통틀어 가장 많은 관객이 봤다.

★〈목격자〉를 보며 흥미로웠던 점 하나는 엘리베이터라는 공간이었어요. 한국 여성이 겪는 일상적 공포를 잘 재현해주고 있다고 생각했거든요.

　　　　남자 분들은 잘 모르실걸요. 여성들이 느끼는 그런 두려움들에 대해서요. 저는 강남에서 오랜 기간 혼자 살다 보니 수연이 마주하는 상황에 굉장히 공감이 갔어요. 지금도 해가 진 밤에 혼자 바깥을 거닐면 사주 경계를 해요. 어디서 어떤 일이 닥쳐올지 모르니까요. 낯선 사람과 엘리베이터를 타게 되면 특히 더 긴장하게 되고요.

배정화는 촬영 전 강남의 오래된 복도식 아파트들을 몇 주간 홀로 누볐다고 했다. 환한 대낮이든 캄캄한 밤중이든 가리지 않았다. 그래야만 할 것 같아서였다. "제가 아파트에 살아보질 않았거든요. 공간부터 이해해야 연기할 수 있겠더라고요."

★굳이 그럴 필요까지야⋯⋯.

　　서연이 느꼈을 감정들에 깊이 들어가려면 어쩔 수 없었어요. 빌라에 살고 있기에 아파트 단지에 무지하기도 했고요. 낮이든 밤이든 혼자서 천천히 걸었어요. 그런데 밤이 되니 훨씬 더 무서워지는 거예요. 밤 10~11시에 나무가 우거져 있는 단지들은 특히나요. 나무 사이로 뭔가 잘 보이지도 않고 가로등이 있어도 주변은 캄캄하고요. 주차장은 더더욱 무서웠어요. 그런 경험을 해보면서 아, 정말 누가 따라와 나쁜 짓을 해도 아무도 몰라줄 수 있겠다 싶었어요.

★분량이 많진 않아서 그 정도 준비하시리라 짐작은 못 했네요.

　　자칫하면 쓱 넘어갈 수 있는 신들일 수 있을 거예요. 그런데요. 그래서 더 디테일하게 정확하게 해야 한다는 생각이 있었어요. 극 중에 서연과 상훈이 새벽녘 엘리베이터에서 처음 만나잖아요. 대본을 읽으면서 궁금해지더라고요. 이 여자는 왜 이 시간에 혼자 외출을 했던 걸까. 밤 열두 시만 넘으면 나는 편의점도 안 가는데 이 여자는 왜 장을 본 걸까. 남편과 주말 부부였으니 이런저런 일들이 있었던 걸까, 하고 상상했죠. 서연이 살아가는 환경, 극 중에 드러나지 않은 부분들까지 납득할 수 있어야 제가 서연이 될 수 있겠더군요.

★분량이 적은 만큼 더 치열히 준비한다는 것. 이건 자기 연기를 보여줄 기회가 그만큼 적어서이기도 하겠죠?

주어진 신이 적으면, 그 적다는 이유 때문에 자기 자신을 놓게 되고 스스로한테 안일해지기 쉬워요. 그런 건 경계해야죠. 제 연기를 제대로 보여줄 수 있는 신은 엘리베이터 신 두 개뿐이니 한 신이 나와도 서연이란 여자를 정말 잘 보여드리고 싶었어요. 그러기 위해 이 여자가 여태껏 어떻게 살아왔을까, 말은 왜 이렇게 할까, 행동은 왜 저럴까 등등 이해 가능해질 때까지 고민해볼 수밖에요.

★그래서 서연이라는 여자는 어떻게 해석하셨나요?

지극히 평범한 우리 일상의 여자로 봤어요. 우리 주변에 볼 수 있는 아파트 405호 여자.

★서연은 극 중에서 그나마 가장 양심적이에요. 주인공 상훈마저 두려움에 자신이 목격자임을 부인하려 들잖아요. 주민들은 집값이 떨어진다는 이유로 경찰 수사에 협조하지도 않고요. 반면 서연은 공포에 질려 있으면서도 결국엔 상훈의 집을 찾아가 절박하게 문을 두드려요. 경찰에게 지금이라도 어서 신고하자고. 관찰자의 입장에선 별것 아닌 것 같지만 사실 대단한 결단이 있지 않고서야 하기 힘든 행동이죠.

제가 빌라 2층에 살아요. 혼자 지내니 바깥이 소란스러우면 블라인드 사이로 손가락을 넣어 슬쩍 내다보곤 해요. 이 작품 때문이 아니라도 평소에 생각하는 게 있는데요, 어떤 급박한 상황이 닥쳐서 신고하는 것 말고도 작은 도움을 주는 일조차 쉽지 않다는 거예요. '내가 아니면 다른 이들이 도와주겠지' '굳이 내가 왜?' 하며 멈칫하게 되죠. 그 '멈칫' 하는 순간 때문에 우리가 남한테 도움을 못 주는 거 아닌가. 그러니 정신 바짝 차리고 도움이 필요한 순간이면 즉각 움직여야 한다. 서연은 처음엔 '멈칫' 했지만 결국엔 움직이기로 마음을 굳히고 실천했으니 용감한 여자죠.

★이성민 배우와의 호흡은 어떠셨나요. 엘리베이터에서 만나는 신이 첫 호흡이셨을 텐데.

얼마만큼 경계를 하다 어디쯤에서 얼마나 경계를 푸는지 그 미세한 결을 잘 표현해내야 했어요. 처음 엘리베이터를 같이 탈 때 약간 불안해하잖아요. 그 불안을 덜어내는 과정을 어느 시점에서 어떻게 어느 정도로 자연스럽게 풀지가 관건이었어요.

★그래서 몰입이 잘 됐던 거군요.

제가 십여 년을 알고 지낸 이웃이라도 서연처럼 새벽녘 엘리베이터에서 갑자기 마주치면 쉽게 경계가 풀어지진 않을 것 같아요. 감독님이 그러셨어요. 조금이라도 웃으면 안 된다. 민망해서라도 아 예, 하며 웃지 말아달라고요. 실감을 위해 디테일을 살려달라는 주문이셨어요.

당연함의 역설이라는 것

너무나 당연해서 상투적으로 다가오는 말들이 있다. '한 인물을 연기하려면 그 인물이 되어야 한다'는 말 또한 그렇다. 하지만 그런 말들일수록 정작 실천하기는 어려운 법이다. 당연함의 역설이랄까. 하지만 배정화는 이 역설을 극복해내는 듯싶다. 제 몸이 아파오는 걸 감수하면서까지 말이다. "서연으로 한동안 살아가는 일이란 어떤 경험이었냐"고 묻자 그는 긴 한숨부터 내쉬었다. "5킬로그램 넘게 살이 쑥 빠지더라고요."

★일부러 감량한 건가요?

아니요, 준비한 게 아닌데도 그렇게 되더라고요. 촬영 날까지 잠을 제대로 못 잤어요. 음식도 잘 못 먹겠고 소화도 잘 안 되고. 정말 서연이 된 것처럼요. 촬영 당일에는 더 힘들었어요. 그 전에 이틀간 잠을 못 잤거든요. 근데 저는요, 가짜같이 '척'하는 건 너무 싫어요. 그런 건 너무 오글거리고 부끄러워요.

★모종의 강박이랄까, 완벽주의 같으신데요.

관객 입장에서는 결과만 보일 것 아니에요. 여러모로 스스로에게 엄격해질 수밖에 없는 것 같아요. 특히나 영화 같은 매체는 평생 남잖아요. 제가 처음 영화를 시작했을 때 너무 춥고 몸이 힘들어 감독님한테 한 번만 더 할게요, 라는 말을 미처 못 했었어요. 오케이 하셨으니 괜찮겠지 하면서. 그런데 후에 제 연기를 다시 보면 미치도록 후회가 되는 거예요. 제 자신한테 납득이 안 되는 거죠. 그래서 마음을 달리 먹기 시작했어요. 다시 한 번 찍자고 하지 못할 거면 한 컷 한 컷 찍을 때 제대로 준비해서 제대로 마음먹고 제대로 해내자고요.

이 같은 엄정함은 그의 성장배경과도 무관하지 않다. 배정화는 1985년 1월 부산 광안리에서 태어났다. 유년기부터 유달리 독립심이 강한 소녀였다. 학업에 대한 강요는 없었기에 자유롭게 혼자 보내는 시간이 많았다. 그럴 때면 주로 소설책을 봤다. "로맨스 소설이라는 소설은 습관처럼 사서 읽었어요. 자기 전엔 항상 그날 읽은 소설 속 주인공이 돼보는 상상을 했죠."

부산을 떠난 건 고교 2학년 무렵. 인천으로 대학을 간 언니 따라 전학을 갔다. 처음엔 반대하던 부모님도 독립심 강한 딸은 막을 수가 없었다. 그렇게 일 년간 언니와 자취를 했고, 일 년 후엔 홀로 서울로 간다. 진정한 홀로서기의 시작. 배정화는 "큰물에서 놀고 싶다는 막연한 바람, 서울에 대한 진한 동경심이 있었다"고 했다.

★딸인데 부모님이 걱정 많으셨겠는데요.
　　　부모님이 사람은 태어나면 서울로 가고 말은 제주도로 간다고 즐겨 말하셨어요. 나는 사람으로 태어났으니 서울로 갈 거라고 우기곤 했죠. 그러니 부모님도 반대하시다 결국엔 허락해주셨고요. 무서울 게 없었어요. 어떻게든 부딪쳐보면 되지 하는 오기 같은 게 있었달까요. 언니는 공부해야 하니 학교 가고 저는 동네에 아는 사람도 없고 친척도 없으니 혼자 빨래하고 책 보고 서빙 아르바이트 일 하고 그랬어요.

★어떤 목표가 있었던 건 아니고요?

당시엔 막연하게 올라간 거예요. 그러다 2학년 때 길거리 캐스팅을 받고 잡지 모델 일을 잠시 하는데요, 그걸 계기로 연기까지 준비하게 돼요. 일 년 후에 소속사 분이 연기 준비 한번 해보는 게 어떻겠냐고 권하시더라고요. 그 뒤로 연기학원을 다녔죠.

★그러고 보니 길거리 캐스팅 많이 받으셨겠어요.

(웃으며) 예뻤으니까요. 당시엔 제가 젤 예쁜 줄 알았어요.

★지금은요?

제 모습에 만족해요. 그런데 예쁜 건 이젠 잘 모르겠네요. 요즘은 예쁜 분들이 참 많잖아요.

★동국대 연극영화과를 한 번에 붙으셨던데.

2학년 때 해본 잡지 모델 일이 참 신기하고 재밌었어요. 광안리 시골에서 살던 아이인데 제 사진이 잡지에 실리고 하니까요. 그러다 고3 때 연기를 배우면서 방향을 잡은 거죠. 대학은 가야겠고 연기를 배우고 있으니 연극영화과 진학을 준비하자. 근데 말이 쉽지 엄청 힘들었어요.

주어진 신이 적으면, 그 적다는 이유 때문에 자기 자신을 놓게 되고 스스로한테 안일해지기 쉬워요. 그런 건 경계해야죠……. 이 여자가 여태껏 어떻게 살아왔을까, 말은 왜 이렇게 할까, 행동은 왜 저럴까 등등 이해 가능해질 때까지 고민해볼 수밖에요.

★쉽게 쉽게 하신 느낌인데요.

　　　(길게 한숨 쉬며) 다시 그렇게 살아보라 하면 절대 못 할 것 같
아요.

팔방미인 여고생, 연극영화과 가다

과장이 아니다. 고3 전학생 배정화는 예체능계 전교 1등이었다. 예체
능 분야로만 치면 전 과목 1등급은 물론 전국 모의고사 또한 번번이 1
등이었다. 두말 할 나위 없는 팔방미인. "수능일까지 하루 네 시간 넘
게 자본 적이 없다"고 했다.

"울면서 이 악물고 했어요. 연극영화과에 진학 가능한 학교가 동국대,
중앙대, 서울예전만 있는 줄 알았어요. 한예종의 존재는 당시엔 몰랐
고요. 셋 중 동대만 유일하게 서울 복판에 있으니 여길 가야겠다고 결
심했죠. 그런데 입시 요강을 뜯어보니 내신도 잘해야 해, 수능도 잘 봐
야해, 실기도 잘해야 해. 휴, 잠잘 시간이 어디 있겠어요?"

★대단하네요…….

　　　동대 떨어지면 다른 덴 안 간다는 각오였어요. (대입) 원서 접수
도 제가 학교에서 두 번째로 냈죠. 새벽에 일어나 불공 드리러 가는 심
정으로 가서 냈는데, 근데 당시 신분증을 자취방에 놓고 출발했어요.
안 그랬다면 제일 먼저 냈을 텐데요(웃음). 아무튼 합격 소식 듣고 나선

자리에 그대로 주저앉았어요. 기쁘다기보단 눈물부터 주룩 주룩 흐르더라고요.

★누가 강요한 것도 아닌데 그 모든 걸 자기 의지로 해냈다는 게 참 놀랍네요.

당연히 그래야 한다고 여겼어요. 안 그러면 내가 뭐가 되겠나 싶어서요. 부모님이 이거 해라 저거 해라 학원은 어디 다녀라 그러신 적이 없어요. 시험 성적을 잘 받아와도 부모님한테 자랑하듯 보여드린 적도 거의 없고요. 어떤 일이든 제가 알아서 하자는 주의였어요.

★부산에는 자주 내려가는 편이었나요?

당시엔 아예 안 내려갔어요. 연기를 하려면 사투리부터 고쳐야 한다고 생각해서요. 왜인지 다녀오면 '도로아미타불'이 되는 것 같은 불안감이 있었달까요. 여자인지라 빨리 고친 편인데 네이티브까진 금방 안 되더라고요. 이십 대 후반은 돼서야 그 뉘앙스가 거의 사라진 것 같아요.

★부모님께선 딸이 자랑스러우면서도 내심 섭섭함이나 걱정도 없지 않으셨겠어요.

늘 걱정하셨죠. 궁금해도 어떻게 사는지 알 수가 없었으니까요.

그렇게 동국대 연극영화학과에 진학한다. 하지만 한 학기만 다니곤 이내 휴학했다. 바라던 대학은 왔으나, 정작 배우라는 길을 진지하게 고민해보질 않아서였다. 시일이 흐를수록 공허해졌다. 배정화는 "서빙 아르바이트를 전전하며 생각하는 시간을 가졌다"고 했다. "모처럼 잉

여로운 시간이었어요. 고민해볼 시간은 충분했죠. 그러다 어느 순간 이런 생각이 들더라고요. 스타, 연예인이 아닌 진짜 '배우'가 되고 싶다." 그러곤 반년 만에 학교로 돌아온다.

★남자들은 강제로 군대라도 가야 그럴 시간이라도 갖는데 말이죠.

　　(웃으며) 혼자 생각해서 혼자 결정하는 스타일이다 보니 앞길에 대해서도 혼자 힘으로 선택해야겠더라고요. 휴학 기간에 쭉 생각의 시간을 가져보니 "제대로 연기 잘하는 배우이고 싶다"는 꿈이 점점 더 간절해진 거예요. 그 뒤로 다시 열심히 학교에 나갔죠. 연극과니 수업 듣고 방학 내내 연습하고 무대에 오르면서요.

★출발은 연극이었군요.

　　저희 때는 연극학과, 영화학과가 분리돼 있었어요. 2011년 첫 장편 영화를 찍기 전까지 카메라 연기는 전혀 해보질 못했어요.

회의와 갈망 사이, 아직도 가야할 길

★무대 위는 어떻던가요, 즐거웠나요.

　　(고개를 절레절레 흔들며) 아니요, 극단도 안 들어갔어요(그 이유는 설명해주지 않았다). 실망스러운 일이 많았어요. 자존심도 많이 상했고요. 처음 대학로에서 오른 공연부터 삐걱댔어요. 제작자가 돈을 떼먹고 주지 않더라고요. 당시 막내 배우가 돈 달라고 하니 제작자는 오

히려 예의 없게 군다고 버럭 화를 내더라고요. 그런 경험들이 쌓이다 보니 연극을 멀리하게 된 것 같아요. 2005년에 졸업하고 2011년까지 십여 편을 했으니 6년 정도 세월이죠. 좋은 기억이 별로 없어요. 경제적 보상이 없는 것은 말할 것도 없고 좋은 작품을 할 수 있는 기회 자체가 적었어요. 속상했어요. 이 일을 언제까지 할 수 있을까, 이게 배우의 숙명일까, 내가 세상에 의미 있는 사람인 걸까 하며 회의감이 밀려왔어요. 그러다 중간에 대학원을 잠시 다녔고 6~7개월 배낭여행을 떠났죠.

불현듯 떠오르는 영화 장면이 있었다. 이창동 감독의 〈버닝〉(2018)의 중후반부. 때는 땅거미가 지기 시작한 어스름 녘이고, 해미(전종서)는 한 마리 나비처럼 너울너울 춤을 추고 있다. 외 화면으론 마일스 데이비스의 재즈(〈Lift to the Scaffold〉)가 울려 퍼지고, 해미의 춤사위는 점점 더 처연함을 더해간다. 삶의 의미를 궁구하는 그레이트 헝거의 간절한 몸짓. 너무나 아름다우나 저러다 붉은 노을과 함께 사라져버릴 것만 같은, 불안함의 몸짓.

배정화의 고백을 가만히 곱씹다 해미를 떠올린 건, 그의 이십 대 또한 그레이트 헝거의 그것에 다르지 않아 보여서였다. 다른 점이라면 해미는 떠나 돌아오지 않았으나 그는 돌아왔다는 것. 스물일곱 나이에 배낭여행을 떠난 배정화는 7개월 만에 원래의 자리로 온다. "처음부터 다시 시작하고 싶었다"고 했다. 그렇게 오른 새 연극이 〈오월엔 결혼할 거야〉(십 년간 함께 부은 적금을 제일 먼저 결혼한 친구에게 몰아주기로

한 스물아홉 세 여성의 좌충우돌 이야기다). 이 작품으로 그는 생애 첫 영화 〈콘돌은 날아간다〉(2013)까지 캐스팅된다.

★전수일 감독의 〈콘돌은 날아간다〉는 제17회 부산국제영화제(이하 부국제) '갈라 프레젠테이션' 공식 초청작이었어요. 사제와 죽은 여중생 언니의 이야기를 그린 다소 어두운 정조의 영화였죠. 소재가 자극적이어서 질타도 많이 받았었고.

　　전 감독님 전작을 인상 깊게 봤었어요. 이 영화도 시놉시스가 흥미로웠고 영화 출연을 오래 바라왔던지라 고민할 게 없었죠. 근데 처음엔 인지도 있는 여배우가 필요했다고 해요. 그 때문인지 오디션에선 떨어졌고요. 하지만 뭐랄까요. 막연히 다시 연락이 올 것 같았달까요. 정말로 몇 주 뒤에 감독님한테 캐스팅됐다고 연락이 오더라고요.

★부모도 없는 죽은 여동생의 언니이므로 감정적으로도 진폭이 굉장히 큰 캐릭터였어요. 게다가 전라의 베드신까지 나오죠. 신인 여배우가 감당하기엔 벅찼을 것 같은데.

　　도전하고 싶었어요. 내가 언제 이런 극한의 감정, 밑바닥 감정을 느껴볼 수 있을까 싶었어요. 이 작품을 부산에서 찍었는데요, 몇 달간 부산에서 오로지 그 인물이 되어 그 인물의 고립된 감정으로 행동하고 생각하려고 했어요. 노출 신 같은 경우엔 감독님과 작품에 대한 믿음이 있어서 가능했던 것 같아요. 지금도 아, 저걸 내가 어떻게 했지, 저게 나인가 싶은 생각이 들 때가 있어요.

★이듬해 성지혜 감독의 〈미국인 친구〉(2014)도 전주국제영화제에 갔죠. 자신이 쓰려던 소설에 도움을 줄 그림을 찾고 있던 지윤이라는 여자가 있고, 그림의 소

유자이자 미국 정보원인 재미동포 피터라는 남자가 있죠. 배우님이 연기한 혜진이 그 둘을 이어주며 긴장감을 구축해주고요. 세 번째 영화인 전재홍 감독의 〈살인재능〉(2015)도 부국제 초청작이었는데, 이 또한 범상치 않아요. 한 남자가 살인에 대한 쾌락에 점점 중독되며 악마가 돼요. 그 욕망은 배우님이 분한 여자 친구 수진에게도 전이되고요. 연달아 괴이한 캐릭터들만 연기하신 것 같네요.

　　돌이켜보면 첫 작품부터 몹시 힘들었어요. 감정적으로나 상황적으로나 만만치 않은 인물이었잖아요. 더욱이 주연이었고요. 그래서 다음 작품 찍을 땐 '이것보단 덜 힘들겠지'라는 생각이 있었어요. 아니나 다를까요. 두 번째는 더 힘들더라고요. 카메라 연기에 내가 더 익숙해져야겠다는 생각이 들었어요. 하면 할수록 어렵고 불만족스러웠어요. 결국엔 〈미국인 친구〉 마지막 촬영 때 제가 성 감독님께 손편지를 썼죠. "죄송해요, 감독님 작품에 누가 되면 안 되는데, 더 잘하고 싶었는데 너무 아쉽기만 해요"라고요. 감독님이 그걸 현장에서 바로 읽으시더라고요. 그러다 눈물 흘리시면서 그러셨어요. "아니에요, 내가 감독인데 더 잘 이끌어주고 더 잘해주었어야 했는데, 내가 부족한 것 같아요. 미안해요." 그러고 보면 고마운 분들은 늘 계셨던 것 같아요. 〈살인재능〉의 수진은 일반인들이 보았을 땐 악역처럼 느껴졌을 거예요. 남자를 부추겨서 악행을 저지르게 하니까요. 그런데요. 저는 그걸 나쁜 역할이라 생각하지 않았어요. 21세기를 살아가는 평범한 여자. 악인과 선인을 구분 짓지 않고 그 여자를 보려고 했어요. 그렇게 하지 않으면 제가 그 여자가 되지 못한 채 거짓으로 연기하게 될 것 같았거든요.

★첫 상업영화 출연작이 〈위대한 소원〉(2016)이셨죠. 흥행엔 실패한 영화지만 전

별생각 없이 재밌게 본 걸로 기억해요. 주인공 고환이한테 첫 동정을 선사하는 콜걸로 나오셨는데.

코믹물인데 코믹한 역할은 아니었죠(웃음). 고환이의 '위대한 소원'을 이뤄주는 여자였으니까요. 촬영 막바지에 뒤늦게 캐스팅됐는데요. 편집된 장면이 좀 있어요. 원래는 고환이와 거사를 치르는 장면, 서로 쳐다보며 대화하는 장면이 있었어요. 둘 사이에 교감하는 부분이 빠진 건 조금 아쉽기는 했어요. 막바지에 투입돼 현장에 오래 있지 못했기도 했고요. 그래도 며칠 바짝 긴장하고 준비해서인지 NG 없이 금방 끝낼 수 있었던 것 같아요.

2016년은 배정화의 존재를 안방극장으로까지 넓힌 해였다. 〈기적의 시간 로스타임〉〈사랑이 오네요〉에 이어 2017년 〈보이스〉〈내 남자의 비밀〉〈블랙〉 등에 연이어 출연한다. 그중 서늘한 표정이 압권인 〈보이스〉의 아동학대범은 그를 일약 주목받게 해준 캐릭터였다. 오디션 합격 후 매일같이 도서관을 오갔다고 한다. 범죄자 심리를 이해하기 위함이었다. "촬영 두 달 전부터 심리학자와 프로파일러가 쓴 도서는 최대한 찾아 읽었어요. 범죄자가 어떤 심리를 갖고 있는 지부터 이해해야 하니까요."

부지런함도 이런 부지런함은 드물 것이다. 그리고 보면 완벽에 대한 강박이란, 적어도 누군가에겐 스스로에게 정직하겠다는 다짐과도 다르지 않아 보인다. 이 같은 자세라면 굳이 나쁠 것도 없지 않을까. 배정화는 "언제 나 자신에게 만족할지 모르겠다"며 미소 지었다. "아직 스스로를 배우라고 부르긴 부끄럽다"면서.

"아마도 대부분의 배우들이 품고 있는 고민 아닐까요? 제자리에 멈춰 서 있고 싶진 않을 테니까요. 저는 말이죠. 정말 끊임없이 노력하고 고민하려고요. 그렇게 저만의 길을 다져나가려고요."

안주하지 않는 삶은 그만큼 나아가는 법이다. 배정화의 삶 역시 계속해서 나아갈 것이다.

서현우

감정,
비워낼수록
채워지는 것

방황은 청춘을 살찌우고

청춘은 불안의 다른 말일지도 모른다. 다가올 미래에 대한 불확실함은 주어진 현재를 자꾸만 두려움의 상태로 휘몰아친다. 공포라는 이름의 거센 파도는 우리 삶을 불시에 기습하고, 각자의 영혼은 끝 모를 불안으로 잠식된다. 하지만 그 숱한 불안과 공포와 두려움 가운데서도 삶은 나아가는 것이다. 그 나아감의 자취로 말미암아 각자의 삶은 저마다의 윤곽을 만들어갈 것이다.

서현우의 청춘기도 마찬가지였다. 고교시절, 배우라는 꿈을 잠시 머금었던 그다. 하지만 그 나이대가 으레 그렇듯, 꿈의 실체는 모호했다. 부모에게 알리려니 두려웠고, 실천할 용기는 모자랐다. 가족 몰래 연극 동아리를 했으나, 이 또한 직업으로까지 생각해본 건 아니다. 그랬다면 일반대 영문학과를 가지는 않았을 것이다.

이십 대의 첫 해는 방황과 혼돈의 연속이었다. 영어라도 잘해보려 간 것이나 열의부터 미약했다. 궁색한 자기변명이자 면피성 둘러대기였으니 말이다. 더욱이 군 입대의 부담마저 서서히 어깨를 짓눌렀으니, 무기력의 나날은 끝 모를 듯 이어지는 듯했다. 그렇다고 잉여인간은 되기 싫었으므로, 아르바이트라도 뛰기로 하는 그다. 대학로 바텐더 일이 그것이었다. 그런데 참, 사람 사는 일은 모르는 일인지라, 이 5개월여 기간은 그가 본격적인 '배우에의 꿈'을 키운 계기가 된다.

"밤마다 대학로 연극인들이 제가 일하는 바에 오셨어요. 삼촌뻘 되는 분들이셨는데 이 분들을 매일 밤 굉장히 진지하게 토론을 하시더군요. 소포클레스, 아이스킬로스 같은 그리스 비극부터 셰익스피어 대사들을 줄줄이 읊으시면서요. 햄릿은 이런 심경이 아니었을까, 오셀로의 분노는 이렇지 않았을까 하며. 티 안 나게 매일 밤 이분들을 관찰했어요. 이 같은 표현이 괜찮을지는 모르겠는데, 마치 '어른들의 소꿉장난' 같았달까요. 멋있었어요. 그리고 궁금했죠. 무엇이 저들을 이토록 **빠져들게** 한 걸까. 진실로 배우가 돼야겠다는 결심이 선 건 이때부터예요."

한 지인에게서 "한예종 연기과를 가라"는 말을 들은 것도 그 즈음이다. 목표는 섰고 길은 이제 열렸으므로, 더는 고민할 게 없었다. 일 년여간 다닌 대학은 미련 없이 그만뒀다. 곧바로 한예종 연기과 입시에 도전

446

했고, 불철주야 독학해 한 번에 합격한다.

동기들보다 2년가량 늦은 것쯤 문제될 게 아니었다. 의지와 집념만 있다면 못할 것이 없었으므로. 실제로 첫 학기만 빼면 매학기 전액 장학금을 타는 그다. 그만큼 치열했다. 그리고 열성적이었다. 졸업 후 5년여간 이어진 무명생활 또한 마찬가지. 매일같이 영화사를 찾아 프로필을 돌렸고, 오디션이라는 오디션은 빠짐없이 나갔다. 그렇게 삼십 대 중반에 이르렀으니 서현우는 지금 영화계가 가장 많이 찾는 배우 중 하나다.

2018년 출연작만 모두 9편이다. 〈1급 기밀〉의 차우진, 〈사라진 밤〉의 동구, 〈7년의 밤〉의 이 형사, 〈호랑이보다 무서운 겨울손님〉의 부정, 〈독전〉의 정일, 〈너와 극장에서〉의 정우 등 주요 영화마다 꾸준히 이름을 올리고 있다. 이밖에 〈죄 많은 소녀〉의 담임, 〈뷰티풀 데이즈〉의 사연 많은 탈북녀(이나영) 애인으로 분해 호연했다.

여느 때보다 바쁜 나날을 보내고 있어서일까. 서현우를 만나는 건 생각보다 쉽지 않았다. 연락할 때마다 번번이 촬영 중이었고, 한 작품이 끝나면 곧바로 새 작품을 찍고 있었다. 그러니까 이번 만남은 인터뷰를 처음 요청한 지 6개월여 만에 타전된 것이다.

배우에게 균형감이라는 것

★드디어 만났네요. 근래 대단히 바빠 보이세요. 결혼 같은 건 생각도 못 하실 것 같은데.

아직은 일에 더 전념하고 싶어요. 요새 촬영 일정이 많긴 몰려 있긴 한데, 피로하다기보단 즐거워요.

★필모그래피 보며 놀랐어요. 어지간한 영화엔 다 나오셨네 싶어서. 〈1987〉〈택시 운전사〉〈터널〉〈베테랑〉〈끝까지 간다〉〈관상〉 등에서도 출연하셨죠. 필모그래피를 천천히 짚어보며 느끼는 건 극 중 비중 같은 건 별로 신경 쓰지 않는다는 느낌이 짙다는 겁니다.

어떤 배역으로 얼마만큼의 비중으로 출연하는 가에 괘념치 않아요. 요즘 느끼는 건 작품이 늘다 보니 하나둘 아는 선후배 배우들, 스태프 분들을 현장에서 다시 마주할 때가 많아지고 있다는 거예요. 그럴 때 느껴지는 소속감이 참 좋아요. 〈1987〉은 하정우 선배와 목욕탕 신에서 잠시 단역(동료 검사 역)으로 나왔죠. 무대미술을 전공한 한예종 동기 형이 이 영화 미술감독으로 참여했더라고요. 처음엔 몰랐어요. 오랜만에 재회하니 어찌나 반갑던지. 요새 이런 생각을 해요. 아, 내가 이 영화라는 일에, 배우라는 일에 귀속되어가고 있구나, 이게 온전히 내 직업이 되어가고 있구나.

★필모그래피가 참 균형 잡혀 있어요. 극 중 비중만이 아니라 독립영화와 상업영화, 장편영화와 단편영화도 가리지 않고 꾸준하게 작업하고 계시더군요.

다 똑같은 영화 작업이라고 생각해요. 철저히 제가 하고 싶은 것을 기준으로 하고 있는 거고요. 하고 싶은 역할, 만나고 싶은 사건과 상황, 그런 것들이 있다면 장편이든 단편이든, 규모로 보았을 때 독립영화이건 상업영화이건 다 경험적으로 소중하다고 봐요.

★그 하고 싶은 것의 기준이라는 게 늘 일정하지는 않을 텐데요. 상황이라는 게 있으니.

그렇죠, 상황에 따라 다르죠. 이번에 무거운 역할을 했으면 다음에는 밸런스를 주고자 가벼운 역할을 해보고 싶어지기도 하고요. 이게 좀 자생적으로 판단이 된달까.

★특정 캐릭터에 고정되지 않으려는 나름의 의지도 반영돼 있는 것 같아요. 다양한 캐릭터를 경험하면서 다양한 얼굴을 보여주고 싶다는 그런 의지랄까.

배우들 전체가 그렇다고 볼 순 없겠지만 대부분 본인이 어떤 걸 잘하는지 알게 돼요. 내가 잘하는 연기가 어떤 건지를요. 그래서 전혀 다른 질감의 역할을 맡게 되면 겁을 내게 마련이고요. 근데 단편이든 장편이든, 독립이든 상업이든 폭넓게 경험을 가져가면 그런 겁을 좀 상실하게 된달까요. 제 나름대로 연기 스펙트럼을 넓히는 방법이지 않나 해요.

올해 필모그래피만 봐도 이 점은 분명해진다. 9편의 작품 중 장편 상업영화는 4편(〈독전〉〈7년의 밤〉〈사라진 밤〉〈1급 기밀〉)이다. 독립영화는 4편(〈뷰티풀 데이즈〉〈죄 많은 소녀〉〈호랑이보다 무서운 겨울 손님〉〈너와 극장에서〉)이며, 단편은 1편(〈종말의 주행자〉). 지난해 출연작인 5편도 마찬가지인데, 장편 상업영화가 3편(〈1987〉〈침묵〉〈택시운전사〉), 독립영화가 1편(〈커피 느와르: 블랙 브라운〉), 단편영화가 1편(〈백천〉)이다. 이것만 봐도 그가 얼마나 자기 관리에 철저한 배우인지 짐작케 된다.

〈죄 많은 소녀〉의 담임, 감정보단 이성으로

★최근 개봉한 독립영화 〈죄 많은 소녀〉 얘기부터 해보죠. 지난해 부산국제영화제에서 뉴 커런츠상, 올해의 배우상(전여빈) 등을 받으며 호평 받았어요. 주인공 영희(전여빈)의 담임선생으로 출연하셨는데, 어떻게 출연하게 된 영화인가요.

　　김의석 감독께서 먼저 연락을 주셨어요. 평소 제 작품들을 보시며 한번 만나보고 싶었다고요. 일전에 서울 독립영화제에 지원을 받으려고 단편 작업을 했던 적이 있어요. 지원을 받기 위한 프레젠테이션 차원에서 형슬우 감독과 트레일러 영상을 하나 찍었는데요(유튜브에서 '서현우'를 치면 맨 상단에 나온다). 가난한 배우가 연기학원 강사를 하면서 학원을 홍보하는 내용이에요. 이 영상이 소셜 네트워크 서비스(SNS)에 좀 돌면서 김 감독이 보신 거죠. 〈죄 많은 소녀〉 담임의 이미지가 확 떠올랐다고 하더군요.

★극 중 담임은 뭐랄까, 십 대 여고생들의 위치와 기성 어른들의 위치 한가운데서 어정쩡하게 놓인 느낌인데요. 악한이라고 할 수도 없고, 그렇다고 동조할 수도 없는 애매한 포지션에 서 있죠. 처음 시나리오를 읽고 어떻게 다가오던가요.

　　막연했던 것 같아요. 왜냐하면 이처럼 헤비한 소재에 어떻게 하면 이 담임이라는 인물의 전형성을 탈피할 수 있을까 싶었거든요.

어찌 보면 나쁜 어른 같죠. 그런데 저는 평소 작품 활동을 할 때 모토로 삼는 게 있어요. 타당성을 잃은 역할은 하고 싶지 않다는 거. 모든 역할이 날 때부터 악역은 없다, 날 때부터 그런 정해진 역할은 없다는 거. 이 담임이 왜 이렇게 하는지에 대해 굉장히 의문이 들었어요. 감독님과 그것부터 파헤치기 시작했고 서로 경험담을 공유하면서 나름의 타당함을 찾아갔죠.

★그 타당함에 대해 부연해줄 수 있나요.

자기 반 학생이 실종되고 결국엔 사망했다는 게 알려져요. 우리가 기대할 수 있는 담임의 형태는 이런 것일 테죠. 같이 괴로워하고 슬퍼하고 애도하는 모습이요. 근데 시나리오에서는 그걸 극복했다고 보고 다음 단계로 진행시키려는 모습이 강하거든요. 어떻게든 빨리 수습하려 해요. 제가 준비할 부분은 어른들의 세계에서 이 사건을 어떤 식으로든 빨리 마무리하고 다음 단계로 진행시키는가였어요. 슬픔을 느낄 새 없이 수습에 주력해야 하는 이유를 찾는 데서 시작해야 했고, 그게 담임의 전사로도 이어진다고 봤어요.

★그 전사는 배우님이 상상한 영역이죠?

네, 예컨대 교장을 비롯한 윗분들의 압박과 함께 담임 개인이 가진 가정적인 문제 등이 있지 않을까 하고요. 신혼인 남성인데 2세 계획이 있는 와중이지는 않았을까 하며 그만의 전사를 타당하게 구축하려 노력을 했고, 학부모들과 관계랄까, 이 조그만 사회에 귀속될 수밖에 없는 부분들, 그걸 유지해야만 하는 타당성을 찾아나갔어요. 그러면서 담임을 완전히 관습화된 기성세대와 젊은 세대 중간에 놓인 사람처럼 보게 되더군요. 앞선 말씀처럼 기성화된 세대와 기성화되지 않은 세대의 중간에 놓여 있다가 전자의 어른들 세계로 입문하고 있는, 말하자면 '애기 어른'으로요.

곱씹을수록 상당히 이성적이고 냉철한 배우라는 느낌이 들었다. 실제로 그는 질문이 들어오면 섣불리 즉답하지 않았다. 몇 초간 고민한 다음 한 올 한 올 제 생각을 펼쳐놓는 식이었다. 그렇게 펼쳐놓는 답변의 전모란 그 자체로 매끄럽고 정갈한 문장이 되어 인터뷰어에게 전해졌다. 그는 "되도록이면 한 번은 더 생각하고 대답하는 편"이라고 했다. 그래야 오해가 없다는 것이다.

★앞서 말씀하신 그 타당성을 찾는 훈련은 언제부터 해온 건가요.

학교(한예종 연기과)에서 교육받은 부분도 있지만, 계속 시행착오를 겪어오면서 익숙해진 것 같아요. 그리고 이건 좀 생뚱맞은 얘기일 수 있는데……. 타당함을 찾으면 저는 감정으로 연기하려 들지 않는 편이에요.

★감정으로 연기를 하지 않는다라.

감정이 아닌 철저한 이성과 과학적인 행동으로 표현해낼 수 있다고 생각해요. 감정과 감수성을 지니고서 작품을 마주해야 하는 건 오히려 관객이라고 보고요. 배우는 철저히 자신의 인물을 객관화시켜야 하지 않을까요? 그럴 수 있는 행동을 찾아내는 게 중요하고요. 많은 배우가 감정적이고 격정적인 신을 하고 나면 '헤어나오지 못한다'라는 표현을 하죠. 몰입에서 깨어나오지 못한다는 건데요, 저는 그게 뭐랄까, 앞뒤가 맞지 않는 부분이 있다고 봐요.

★이를 테면.

개인적으로 굉장히 슬픈 비고를 들은 상황이라고 해봐요. 그런데 당장 연기해야 하는 게 즐거워해야 하는 장면이에요. 그럼 과연 그 연기를 해냈을 때 진실한 감정으로 해낸 것일지 의구심이 안 들겠어요?

★일종의 딜레마네요.

그렇죠, 마찬가지로 철저히 슬픈 장면을 찍고 곧장 기쁜 장면을 찍어야 한다고 쳐봐요. 저는 슬픈 장면에 도취돼서 아직 헤어나오지 않은 배우는 이어지는 장면을 제대로 연기할 수 없을 거라고 봐요. 그런 점에서 배우가 감정에 의존해선 안 된다고 보는 거죠. 감정은 눈에 보이지도 않고 언제 찾아오는지도 잘 모르는 거예요. 그 크기와 형태도 명확하지 않죠. 그래서 저는 한 인물에 접근할 때 굉장히 실리적으로 해당 신에 맞게끔 정확히 표현해내려고 고심해요. 명확하지 않은 감정에 휘둘리는 것이 아니라 어떻게 하면 내 눈앞에 있는 상대에게, 내가 마주한 사건에 내가 영향력을 행사할 수 있는가로 접근하는 거죠. 감정적인 것보다는 정확한 행동으로 표현한다는 거죠. 그 행동이라 하면 대사일 수도, 신체적인 움직임일 수도, 그냥 시선일 수도, 호흡일 수도 있는 거고요.

특목고 출신 수재, 방황의 극복

서현우는 1983년 부산 태생이다. 초·중교를 통영에서 나왔고, 한일고에 들어가고부터 충남 공주로 가 기숙 생활을 했다. 알 사람은 다 알지만, 한일고는 지역 수재들이 가는 지역 특목고 중 한 곳. 후배로는 배우 박정민, 조현철 등이 있다. 성격이 활달해 주변에 친구가 많았다고 한다. 전교회장과 반장, 부반장은 대개 그의 몫이었다. 그러나 "특목고에 가고부터 공부에 대한 흥미를 급속히 잃었다"고 그는 털어 놨다. "평균 90점이 넘어도 반 전체 45명 중 39등을 하는 곳이에요. '올백'이 한 반에 세 명씩 나오죠. 이미 고1 때 고3 과정을 '마스터'할 정도고요. 공부할 맛이 나겠어요?" 그러다 관심사를 옮긴 게 연극이다.

★연극은 어떻게 만난 건가요?

공부에 흥미를 잃은 채로 방황하다 2학년 때 연극반을 들어갔어요. 그게 일종의 '씨앗'이 된 거죠. 계기는 1학년 연말 축제였어요. 연극반 연극 발표를 보게 됐는데, 그게 태어나서 처음 보는 연극이었죠. 와, 내가 평소 알던 사람들이 상상의 공간 위에서, 모두가 지켜보는 가운데 대사를 내뱉고 있어요. 그 광경이 굉장히 신기하고 매력적이더라고요. 내가 알던 동기와 선배가 그 순간만큼은 다른 세계 속 사람처럼 느껴졌으니까요. 그게 당시 문학반 선생님이 극본을 쓴 창작극이었는데요, 제가 연극반에 들어가고 그분 밑에서 지도받으며 영향을 많이 받았어요. 하지만 부모님 몰래 하던 거였고, 이걸 직업으로 삼자는 생각까지는 하지 못했죠. 그럴 용기도 없었고.

어떤 배우인지, 어떤 사람인지가 궁금해서 이 연기
라는 게 하면 할수록 더 재밌어요. 그간 욕심도 많
이 내고, 작품도 정말 쉬지 않고 해왔는데, 이제는
좀 더 명민해질 필요가 있다고 봐요. 그리고, 요즘
엔 어떤 배우가 돼야 하는가라는 생각을 하며 저를
돌아보고 있어요. 그 답을 찾는 건 평생 안고 가야
할 숙제일 테죠. 그래도 분명한 건, 책을 읽고 깨달
음을 얻듯, 연기 활동을 하면서 제가 한 인간으로
서 성장해나간다는 느낌을 받는다는 거예요.

photo 김충화 사진

★그래서 일반대 영문학과에 들어간 거군요.

그것도 겨우 공부해서 억지로 들어간 거였어요. 지원 이유도 단순했죠. 영어라도 잘해야 할 거 같아서였으니. 아무튼 그렇게 들어 갔는데, 반절은 긴 기간 영미권에서 살다 온 친구들이었어요. 아, 여기도 내 길이 아닌 것 같고(웃음). 그러다 1학년 마치고 스물한 살 무렵인가요. 쉬면서 대학로에서 바텐더 일을 하게 된 거예요. 그곳에 매일 오는 연극인들을 염탐하면서 배우 꿈을 본격적으로 키우게 됐고요. 때마침 오래간만에 전화한 고교 문학반 선생님이 해준 말씀이 결정타로 작용하기도 했고.

★결정타라면?

고교 때 연극반 하던 추억이 새록새록 생각나 전화 드렸다고 하니 학교를 그만뒀다고 하시더군요. 한예종 대학원에 진학해 아동청소년 연기과에서 공부하고 계신대요. 선생님이 저랑 일곱 살밖에 차이가 안 나는 분인데요, 그냥 허심탄회하게 다 얘기했어요. 그간에 홀로 해오던 이런저런 고민들을요. 이를 가만히 듣던 선생님이 그러셨어요. "우리 학교 시험 봐볼래?" 돌이켜보면 어떤 손길 같은 게 필요했는지도 모르겠어요. 마음의 준비는 돼 있는데 실천은 정작 못 하고 있었으니까. 아무튼 그날 전화하고 대학은 바로 자퇴했죠.

★한예종 입시 준비는 어땠어요?

결심은 굳혔는데 일단 너무 막연했고……. 연기학원에 등록했다가 딱 한 달만 듣고 나왔어요. 안 되겠더라고요. 당시 2003년인데 수

강료가 첫 달에 85만 원이에요. 근데 생각보다 제가 앞에서 발표할 수 있는 시간이 없어요. 수강생이 반에 50명이 넘었죠. 일주일에 세 번 수업인데, 한 명씩 나가 발표하고 강사한테 지도받고 내려오는 식이었어요. 나머지는 그걸 보고 있고요. 주에 한 번 앞에서 지도를 받을까 말까 한 거예요. 아니다 싶어 그냥 내 방식대로 독학하자고 결심을 굳혔죠.

정말이지 독(毒)하게 독학(獨學)했다. 국민대 인근에 사는 자취생이었기에 동네 비디오 가게를 내 집처럼 들락거렸다. 하루에 세 편씩 빌려보는 것은 기본. 초집중하며 보고선 좋다 싶은 연기는 있는 그대로 따라했다. 그러다 안 되면 전문 서적들에 SOS를 치는 식이다. 서현우는 "그렇게 즐거울 수가 없더라. 신세계를 마주한 느낌이었다"고 했다.

★평소에 영화를 즐겨 봤나요.

　　　전혀요. 극장도 안 갔어요. 아니 못 갔죠. 늘 봐야 하는 게 문제집, 교과서였어요. 그래서인지 두 달가량 입시 준비할 때 전혀 안 힘들었어요. 하루에 3~4편씩 영화 보는데 그게 마치 신문물처럼 느껴졌달까요. 그 두근거림과 설렘, 긴장 같은 것들이 대단했어요. 친구들과 부모님 몰래 무언가 준비한다는 그 '비밀스러움'도 재밌었고.

★근데, 자취방에서 연기 연습이 가능해요?

　　　원룸텔이었어요. 샤워실은 공동이고 세면대는 하나뿐이고요. 책상, 침대, 옷장이 다예요. 소음이 문제 될 수 있어서 이불 뒤집어쓰고도 했고, 그러다 안 되겠으면 야심한 밤에 태권도장을 갔어요. 친한 사범님께 부탁드리고 야밤에 도장에서 마음껏 연습했죠.

★그리고 두어 달 만에 붙은 것도 대단한데요.

설레는 마음으로 입시 원서를 내고 제가 고교 때 태권도를 배운지라 특기로 그걸 보여주자고 마음먹었죠. 1차 시험이 즉흥 대사랑 준비해간 대사를 하는 건데 2차 대상자 명단에 포함돼 있더라고요. 최종적으로 27명이 뽑혔는데 전체 지원자가 4,000명이었다고 해요. 3차는 특정 상황이 제시되고 인물들의 대화를 본 다음 이게 어떤 상황인지 등을 상상해서 1,800자로 써보는 거였어요. 그게 스물두 살 때 일이에요.

★부모님은 뭐라셨나요?

두 분 다 충격 받으셨어요. "네가 하고 싶은 게 겨우 '딴따라'였냐"고 하셨으니. 그래서 설득의 기술을 꺼내들었죠(웃음).

★설득의 기술이라면?

연극영화과 교수 할 거라고요. 교수는 안정적인 직업이니까 허락해주실 것 같았거든요. 정말로 효과가 있었고요.

★남들보다 2년 늦게 들어간 게 부담스럽지는 않았어요?

처음엔 패닉이었어요. 예고 출신 동기가 많았어요. 이 친구들은 거의 다른 사람들 앞에서 자기를 표현하는 데 거리낌이 없어 보였어요.

반면 저는 타인들 앞에서 저의 어떤 면을 꺼내는 것 자체가 서툴렀고요. 제가 이들보다 잘할 수 있는 건 오롯이 노트 필기하는 것뿐이었어요. 파릇파릇한 예고 출신 친구들이 봤을 땐 그런 제가 신기했나 봐요.

한예종의 '척척박사'

한예종 재학 시절 그는 '박사'로 불렸다. 동기들이 붙여준 별명이었다. 한 친구는 우스갯소리로 이런 농을 던지기도 했다. "마음으로 받아들이고 머리로 이해하면 될 것을, 뭐 그리 미련하게 받아쓰느냐." 하지만 '필기왕' 서현우의 진가는 1학년 2학기부터 빛을 발한다. 백도화지 상태였던 게 도리어 강점이었다. 흡수율이 남달랐던 것이다. 특목고 출신다운 빠릿한 두뇌도 한몫했다. 서현우는 "첫 학기가 부끄러움과 민망함을 해결하는 기간이었다면 다음 학기부턴 무엇을 배울 수 있을지, 이를 통해 무얼 정립할 수 있을지 고민하며 배우는 기간이었다"고 했다. 실제로 첫 학기를 빼면 전액 장학금은 전부 그의 차지였다.

★1등만 했다는 거네요.

입학 전에 부모님께 호언장담했어요. "등록금 안 주셔도 된다"고요. 정말 필사적이었어요. 동기들이 저더러 "지독한 형"이라고 부를 정도로. "공부 잘한다고 연기 잘하는 건 아니다"며 비웃기도 했고(웃음).

★군대는 언제 다녀왔나요.

2년 다니고 바로요. 돌아와서는 이제훈, 박정민이랑 같이 학교 다녔고, 졸업은 동갑내기 선배 김동욱이랑 같이 했고요.

★부모님이 아들이 배우가 되려 한다는 걸 인지하신 건 언제부터인가요.

전역하고 공연 무대에 오르고부터인 것 같아요. 아들이 자꾸 무대에 오르니까 서서히 눈치채시는 거죠. 학문적으로 접근하고 있는 것이 아니구나 하시며.

★첫 공연 보고는 뭐라셨나요?

안톤 체호프의 희비극 중에 〈바냐 삼촌〉이라고 있어요. 여기서 주인공 바냐 아저씨를 제가 연기했어요. 당시 나이보다 스무 살 많은 중년 캐릭터였는데, 이 공연을 초대해 보여드렸죠. 어머니께선 끝나고 우시더군요. 아버지는 보수적인 분임에도 "잘 봤다"고 의외로 좋아해 주셨고요. 어머니가 우셨던 건 감동받으셨기 때문이에요. "막연히 하고 싶어한다는 건 알았는데 이 정도로 열정적이었구나" 하시며. 공연 중간에 객석에 있는 부모님과 눈이 마주치는 순간이 있었어요.

★떨리셨겠는데요.

일부러 안 피했어요. 꿋꿋이 부모님을 쳐다보고 연기했죠. 그 순간 무언의 교감이 오간 것 같아요. 아들이 이만큼 잘해내고 싶어한 다는 걸 그 순간 느끼시지 않았을까요.

이제 남은 건 직진이었다. 손수 만든 프로필들을 들고 매일같이 영화사를 누볐다. 연기엔 자신이 있었으므로, 필요한 건 근성, 그리고 집념이었다. 근자필성(勤者必成)이라고, 발품을 팔수록 기회는 왔다. 그는 "부지런함엔 장사가 없다"고 했다.

★프로필 돌리던 당시 기억나는 일화 있어요?

　　　　강남, 상암동 등 서른 군데 영화사를 매일같이 누볐어요. 이게 또 매일 하다 보면 노하우가 생겨요. 조감독님 명함도 받아오게 되고요. 거기에 무슨 영화 준비하시는지를 메모했어요. 그러곤 조심스럽게 피드백 문자도 보내고 그랬죠. 오디션은 언제 하는지, 어떤 배역 구하고 계신지 등. 그런 식으로 자체 매니지먼트를 했어요.

★자기 관리엔 일가견이 있으신 것 같아요. 누가 이끌어주지 않아도 스스로 척척 해내는 느낌이랄까.

　　　　아쉽게 출연은 못 했지만 〈변호인〉(2013) 오디션을 일곱 번을 찾아갔어요. 초반엔 제 이름도 모르고 며칠 전에 왔는지도 모르는데, 일곱 번을 오니 이름을 기억하시더라고요. 이렇게 인사했어요. "발로 뛰는 배우 서현우입니다." 그러면 조감독님들이 "어, 그러시냐"고 반겨요. 그리고 예전엔 제 나름 준비한다고 박카스 한 상자 들고 가서 돌렸어요. "고생 많으십니다" 하며 드리는 식인데, 어느 조감독님이 그러시데요. "왜 배우가 이런 것까지 주고 그러세요. 이거 현우 씨 드세요. 고생하시는 건 배우 분이신 거 같은데." 그날은 괜스레 밖에 나와선 눈물이 핑 돌더군요. 그런데 곧이어 찾아간 다른 조감독님은 그걸 바로 받으시며 좋아하시더라고요(웃음). 그 당시엔 정말 자조에 빠지고 할 겨를이 없었어요.

★ 현재 배우님은 충무로가 가장 많이 찾는 배우님 중 한 분이세요. 스스로를 어떤 배우라고 생각하세요?

(한참 고민하며) 어떤 배우인지, 어떤 사람인지가 궁금해서 이 연기라는 게 하면 할수록 더 재밌어요. 그간 욕심도 많이 내고, 작품도 정말 쉬지 않고 해왔는데, 이제는 좀 더 명민해질 필요가 있다고 봐요. 그리고, 요즘엔 어떤 배우가 돼야 하는가라는 생각을 하며 저를 돌아보고 있어요. 그 답을 찾는 건 평생 안고 가야 할 숙제일 테죠. 그래도 분명한 건, 책을 읽고 깨달음을 얻듯, 연기 활동을 하면서 제가 한 인간으로서 성장해나간다는 느낌을 받는다는 거예요. 그 느낌이 계속되려면 지금 이 자리에 멈춰 설 순 없는 거겠죠.

그를 만나고 며칠이 흘러 부산 해운대구로 내려갔다. 10월 4일부터 열린 제23회 부산국제영화제 참석차였다. 개막작은 윤재호 감독의 〈뷰티풀 데이즈〉. 서현우가 출연한 신작이었으므로, 일찍이 기대가 컸다.

영화는 사연 많은 탈북녀(이나영)의 이야기다. 서현우는 술집 여자인 그의 동거남을 연기했는데, 초반부만 보면 거친 날건달 풍모가 그득하다. 그러나 이건 겉보기일 뿐이다. 숱한 한국 영화들의 클리셰로 굳어진 폭력적 마초남들과 이 사내는 결이 다르기 때문이다.

그는 동거녀의 지난 과거를 추궁하려 들지 않는다. 감춰둔 그의 아들

젠첸(장동윤)이 불현듯 나타났을 때에도 놀라 당황하지 않는다. 자신을 오해한 소년이 휘두른 둔기에 병원 신세를 지지만, 그럼에도 그는 용서한다. 그리고 거둔다. 그저 말없이, 무심한 듯 지켜보면서.

서현우는 다시금 입증해내고 있었다. 감정을 덜어냈을 때의 연기가 왜 힘이 셀 수 있는지를, 때때로 감정은 채우는 게 아닌 비워내야 하는 것일 수도 있음을. 그런 것이었다. 그는 이미 한 걸음 더 내딛고 있었다.

김홍파

숨의 깊이를
아는 배우가
진정한 배우

'용팔이' 꿈꾸던 부산 소년

때는 1970년 부산 영도. 여덟 살 소년 김홍파(본명 김홍재)는 학교를 '땡땡이' 치고 집 근처 허름한 극장으로 향했다. 당대 최고의 액션 스타 박노식 배우(1930~1995)가 나온 〈남대문 출신 용팔이〉(〈용팔이 1〉으로 이후 10여 편에 걸쳐 제작된 액션 시리즈물)를 보기 위해서였다. 시간은 아침 여덟 시 무렵. 소년의 눈빛은 기대와 설렘으로 반짝였고, 그렇게 첫 상영 순간이 다가오고 있었다. 좌석에 앉은 소년의 주위로 일순간 어둠의 장막이 내리깔렸고, 영사기가 쏘아대는 불빛이 눈앞의 스크린에 내리꽂혔다. 그렇게, 영화라는 세계가 펼쳐졌다.

소년은 곧바로 매혹됐다. 불의를 못 참는 사나이 용팔이(박노식)는 소년에겐 그야말로 우상이었다. 그가 거리의 무뢰배와 마주했을 땐 소년의 심장은 마구마구 두근거렸다. 현란한 액션으로 적들을 두들겨 팰 때 통쾌함에 온몸 가득 전율이 일었다. 소싯적 헤어진 여동생을 찾아 헤매는 광경에선 저도 모르게 목이 메었고, 극 말미 마약 밀매단 소굴로 진입할 때엔 흥분의 쓰나미가 온 가슴을 휘저어 놨다. 〈용팔이 1〉은 이후에도 다섯 번을 연이어 상영했다. 소년은 하루 상영분이 모두 끝난 밤 열 시 무렵에야 자리에서 일어섰다.

"우리 아들 어디 갔나!" 그날 밤, 집안은 온통 난리가 났다. 사라진 아들 찾아 온 식구가 동네방네 헤매었지만 도무지 찾을 수가 없었던 거였다. "와 그라는데요?" 어린 아들이 돌아오자 어머니는 기가 막혀 바닥에 털썩 주저앉는다. "야, 이 머스마야! 을마나 걱정했는지 아나!" 당신은 꺼이꺼이 통곡했고, 아들은 어찌할 바 몰라 얼음장처럼 굳어버린다. 하지만 마음만큼은 기쁘고 신이 났다. 난생처음 꿈 하나가 싹튼 것이다. '나도 저런 멋진 배우가 되겠다'는 꿈이.

"어무이, 나 태권도 배울라칸다." 용팔이처럼 되려면 일단 육체 단련이 필요하다 여긴 것일까. 아무도 시키지 않았으나 중학생이 된 그는 태권도부터 배운다. 미친 듯이 빠져든 탓에 배우라는 꿈도 잠시 잊고 만다. 목표 하나가 새로 생긴 것이다. '아프리카에 우리 태권도를 보급해 보자.' 그렇게 중·고교 시절 선수로 뛰었으나 그 꿈은 이내 바스라진다. 약한 척추가 문제였다. "운동을 쉬어야 한다"며 동네 의사가 강권했을 땐 이미 시합이 보름 남은 시점. 포기하긴 싫었고 결국 시합에는 나간다. 그러다 부상을 입어 일 년간 꼼짝없이 누워 지낸다.

'내가 가야 할 길은 배우뿐이다.' 여덟 살 때 꿈이 재귀한 것도 그즈음. 더는 고민할 게 없었다. 고교 3학년 무렵 학교를 자퇴했고, 혈혈단신 서울로 떠난다. "이놈이 미쳤다"던 어머니의 격한 반대에도 그는 흔들리지 않았다. 연고 없는 대도시에서 아침엔 신문배달을, 오후엔 막일을 뛰었다. 머리 싸매며 검정고시를 준비했고, 스스로 졸업장도 따낸다. 하지만 그의 이십 대는 모진 풍파의 연속이었다. 그 중심엔 아들의 꿈을 말리려는 어머니가 있었으니, 모자간 갈등은 무려 십여 년 넘게 지속된다. 하지만 자식 이기는 부모는 없다고, 나이 서른이 되자 그는 드디어 극단에 입단한다.

이상이 세간에 알려지지 않은 김홍파의 배우 데뷔 궤적을 거칠게나마 소묘해본 것이다. 부러 이를 시도한 것은 기이하게도 지금까지 그의 일생이 아리스토텔레스의 목적론적 서사에 꽤나 부합한다는 생각이 들어서였다. 한 사람의 생이 하나의 목표점을 향해 선형적으로 나아간다는 것. 사실 이러한 목적론을 나는 반대하는 쪽에 가까운 편이다. 생은 우연적 요소들의 난장이고, 그 숱한 변수들의 연쇄로 애초의 좌표점에서 비껴나갈 공산이 훨씬 크다 보기 때문이다. 하지만 국민 조연 김홍파를 최근 만나고서는 꼭 그렇지만도 않겠다는 생각이 들었다.

그는 대기만성형 배우다. 데뷔 연도가 1992년이었으니, 그때 나이 서른. 상대적으로 늦은 나이에 배우가 됐고, 이후에도 십여 년 무명의 비애를 감내한 그다. 2010년대에 들고부터야 대중에게 얼굴을 차츰 알렸으므로, 그때 이미 사십 대 중후반이었다. 2012년 〈범죄와의 전쟁〉 엄

실장으로 단역 출연하기까지 이렇다 할 화제작이 없었다. 그러나 이후 부턴 서서히 달라진다. 2013년 초 〈신세계〉의 김 이사로 조연 역을 따내더니, 그해 여름 〈더 테러 라이브〉(2013)의 주진철 경찰청장을 호연해 화제의 배우로 비상한다.

2015년은 그에게 최고의 한 해였다. 극 중 김구로 분한 〈암살〉은 그해 여름 그에게 안긴 생애 첫 천만 영화다. 같은 해 겨울에도 〈내부자들〉의 오현수 회장으로 분해 부패 기업인의 초상을 실감나게 표현해냈다. 이듬해엔 970만 관객을 모은 〈검사외전〉 교도소장을 맡았고 한 해 뒤 첩보물 〈공작〉(감독 윤종빈)에선 이북 간부 김명수를 호연해 주목받는다. 김홍파의 전성기는 이제 막 시작인 것이다.

홍파(洪波), '배우라는 삶에 큰 물결을 일으키다'

★배우님 성함 얘기에서 출발하고 싶네요. 본명은 김홍재시죠. 지금의 김홍파라는 이름은 가명인 걸로 압니다. 홍파라는 이름을 쓰게 된 계기는 무엇인지요?

천경화 교수님이라는 분이 계세요. 제 은사님이십니다. 제가 이십 대일 때 그분을 대단히 좋아했어요. 졸졸 따라다니면서 술도 참 많이 얻어먹었지(웃음). 어느 날 은사님이 제게 '호'가 필요하다고 지어주신 게 '홍파'입니다. 큰물 홍(洪)에 물결 파(波). 이 호가 참 가슴 깊숙이 들어오더군요. '배우라는 삶에 큰 물결을 일으켜라'는 의미인데, 반대로 이야기하면 인생에 큰 역경도 있을 것이고, 그 큰 역경을 딛고 나만의 큰 물결을 이뤄 세상에 득이 되어보자, 그런 의미도 있다고 봅니다. 그런 삶을 살고자 한 게 저 김홍파인데, 실제로 아버지가 주신 홍재라는 이름보다 홍파라는 이름으로 더 오래 살았어요. 삼십여 년을 함께했으니까.

★첩보물 〈공작〉에서 김명수 박사로 조연 출연하셨죠. 몇몇 장면이 인상 깊더군요. 흑금성(황정민)이 선물로 건넨 롤렉스 시계를 받으며 매우 기뻐하는 모습, 약간의 과장이 가미된 북한어 대사, 베이징 호텔 클럽에서 정무택 과장(주지훈)과 함께 춤추는 장면 등이오. 남북 대립 국면을 다루기에 자칫 무겁고 진지하게 전개될 수 있는 〈공작〉에 유머와 활력을 불어넣어주셨어요.

롤렉스 시계 장면은 현장에서도 다들 뒤집어졌어요. 애초에 다들 웃을 것 같아 나만이라도 집중하자고 마인드 컨트롤을 굉장히 했지. 그러다 앞에 있는 (황)정민이가 (웃겨서) 쓰러지고 (이)성민이는 뒤에서 쓰러지고, 그렇게 도미노처럼 스태프들이 전부 쓰러지니까 참다 참다 나도 쓰러졌어요(웃음). NG가 얼마나 났던지. 나중엔 식은땀이 줄줄 흐르더라니까요. 그런데 나도 한 번 웃겨서 쓰러지니까 도리어 긴장이 되는 겁니다. 웃으면 안 된다는 강박 때문에. 몸 안에서 열이 살살 올라오길래 그걸 5~10분 식히고 다시 찍고 그랬어요.

★평소 본인 연기를 보면 어떤 생각이 드세요?

내가 나를 평가하진 못하겠고. 늘 그 인물 삶을 살리려고 최선을 다해요. 이를테면 김명수라는 사람은 어떤 사람일까 하고. 이 사람의 경우엔 내가 북한에 가본 적이 없으니 북한말 전문가 백경윤 선생한테 열심히 배웠어요. 북한에서 남한으로 넘어오신 지 근 이십 년이 된

분인데, 〈암살〉 김구 연기 때도 그분 도움 많이 받았지. 아무튼 북한의 정치, 사회, 남자 문화 같은 걸 들려주면 최대한 경청하고 김명수란 사람이 어떤 사람인가 나름대로 그려보는 거예요. 이 사람은 이런 성격의 소유자인데 북한에선 제 속을 드러낼 수 없으니 내면을 감춰야 한다. 그러니 역으로 과장된 말투가 나오고 위트가 나오고 그러는 거다. 의도적인 게 아닌 거지. 그는 박석영, 그러니까 흑금성(가명)을 도와주려고 하는 인물인데 그러다 보니 역으로 과장이 나오는 거예요. '술 안 먹으면 못 한다, 당장 안 먹으면 안 본다'는 식으로.

★김명수 역엔 어떻게 캐스팅되셨어요?

　　　윤종빈 감독은 〈범죄와의 전쟁〉 때도 함께한 분이에요. 원래 엄 실장이 아니라 다른 국회의원 역에 캐스팅됐는데, 며칠 있다가 바뀌어서 엄 실장을 한 거예요. 그때 인연으로 〈공작〉 때도 책(시나리오)을 주며 출연 제안을 했는데, '선생님 알아서 해주세요' 하더군요. 윤종빈이라는 감독은 김홍파에 대한 신뢰나 믿음을 굉장히 크게 갖고 있는 것 같아요. 김명수라는 인물을 풀어감에 있어 한 치의 의심도 없이, '마음대로 하시라'고 할 정도니까.

★준비 과정이 까다로웠을 듯싶은데요.

　　　까다롭진 않았어요. 모르는데 까다로울 수가 없지. 북한 문화를 모르니 까다로운 개념이라기보다 무조건 배워야 하는 개념인 거지. 백 선생한테 하루에 두세 시간씩 북한의 얘기를 수없이 듣고 그렇게 소화시키고 공감하는 시간들을 홀로 가졌어요. 그 시간이 켜켜이 쌓여야 김명수를 이해할 수 있으니까. 주어진 인물의 삶을 이해 못 하면 말을 하기가 굉장히 난감해져요. 대사를 그냥 글자 읽듯 하게 돼.

'숨의 깊이'를 깨닫기까지

★그 인물이 되어야 한다는 거로군요.

그렇지, 인물의 삶을 알아야 숨을 쉬어요. 숨을 깊게 쉬어야 감성이 생기고 그 감성이 생겨야 글자에 숨결이 실려 상대에게 전해지는 겁니다. 그러니 그 인물이 살아온 삶이 이해가 안 되면 일단 숨부터 못 쉬게 되고 그다음은 그 사람인 '척'을 하게 돼. 그렇게 하는 말은 거짓말이야. 혹자는 못 알아차릴지도 모르겠지만.

'숨의 깊이'라는 말이 뇌리에 맴돌았다. 어쩌면 이것이야말로 그의 연기 비결일지도 모른다. 실제로 그가 연기한 캐릭터들은 하나같이 결이 조금씩 다르다. 엇비슷한 캐릭터 같아도 호흡과 발성, 눈빛과 표정, 몸짓과 걸음걸이 모두 미세하게 다른 색을 지녔다. 주어진 배역을 최대한 이해하고, 그 인물에 들어가 그 사람 숨을 오롯이 내쉰다는 것. 그래야만 그 사람 감성이 거짓 없이 전달된다는 것. 제 연기를 향한 숱한 고민의 세월을 거쳐오지 않고서야 불가능할 깨달음이다.

★'숨의 깊이'를 알게 된 건 언제부터인가요.

아마 내 나이 사십 대 중반이 지나서였던 것 같아요. '숨의 깊이'를 그때 알았다기보단 이 배우라는 게 도대체 뭔가를 깊게 고뇌했던 시점이지. 한번은 집 근처 놀이터에 갔어. 거기서 아이들이 해맑게 도란도란 모여 놀고 있더라고. 그 광경을 보는데 벼락을 맞은 것 같았어요. 그간의 내가 보이더군요. 욕심이 가득 차 있더라고. 아, 나라는 사람이 자아가 강하니 다른 사람 삶을 살아가기 힘든 거구나. 나는 배우니까 일상의 나를 최대한 **빼내야** 하는데 그게 아직도 너무 완고하구나. 그런 스스로에 대한 고민 때문에 내면이 처참하게 무너져 있고 아프고 힘들고 그랬구나. 그러면서 저 아이들을 다시 본 거예요. 야, 나도 저 아이처럼 해맑아져야 한다. 그때부터 하나하나 버리기 시작했어요. 그러니 삶이 조금씩 달라지더군요. 속도 깊어지는 것 같고.

★아프고 힘들었던 시기에 대해 부연해주신다면요.

연극 무대에 이십여 년 오르며 참 괴로웠어요. 배우로서 근본적인 고민을 늘상 했던 거지. 내가 다른 사람을 충실히 살아내려고 이십 년을 정말 지랄 염병을 다 했는데 극이 끝날 때마다 힘이 들고 지치고 그 사람이 아닌 내가 보이는 것 같아. 김홍파가 아니라 김홍파가 연기해야 하는 사람이 되어야 하는데 그게 아닌 거지. 그런 게 늘 두려우면서 이십 년을 해결 못 하고 끙끙댔어. 몸살도 자주 났고. 어느 정도였냐면 혼자 분을 못 참고 벽에다 헤딩을 하며 자학까지 했을 정도였으니. 그럴 지경이니 어느 날부터 잠도 잘 못 자겠더라고. '배우란 뭔가'에 대한 답은 이미 갖고 있는데, 그 '다른 사람의 삶을 살아야 한다'는 답이 눈앞에 있는데, 내가 그 사람이 되어야 하는데, 노력을 해도 그게 안 되는 내 자신이 너무 싫고 괴로웠던 거지.

★배우로서의 본질적 고민을 쉼 없이 하고 계셨던 거군요.

그렇죠, 본질적인 거죠. 그걸 이십 년간 숱하게 무대에 오르면서도 해결 못 하고 있었는데, 저기 저 어린아이들을 통해 조금은 깨닫게 된 거야. 아, 저 친구들이 스승이구나 하고. 제가 후배들한테도 하는 말이 있어요. '공명심을 버려라.' 공명심으로 세상에 이름을 알리려는 노력일랑 버려라. 온전히 배우가 되려는 것 외에는 사심을 집어넣지 마라. 그 욕심이 생기는 순간 그 사람(주어진 배역)을 살기는 어렵다. 한마디로 배우는 도 닦는 직업이에요. 그렇게 닦고 또 닦아야 진짜 배우가 된다고 봐요.

가만히 경청하다 문득 떠오르는 성경 구절이 있었다. '하느님의 나라는 이 어린이들과 같은 사람들의 것이다……. 어린이와 같이 하느님의 나라를 받아들이지 않는 자는 결코 그곳에 들어가지 못한다.'(마가 10, 14) 이 구절은 다음처럼 번안해볼 수도 있을 것이다. '진정한 배우의 삶은 이 어린이들과 같은 사람들의 것이다……. 어린이와 같이 배우의 삶을 받아들이지 않는 자는 결코 그 길에 들어서지 못한다.'

★그때를 기점으로 이전의 홍파와 이후의 홍파는 많이 달라졌겠군요.

나는 원래 굉장히 동적인 사람이었어요. 원래의 김홍파는 본성이 굉장히 다혈질적이고 미치도록 열정적이고 굉장히 직접적이고, 하여간 가만히 있질 못하는 놈이었지. 그러던 게 원래의 모습을 지우고 지금의 새로운 김홍파가 된 거예요. 정적이게 된 거예요. 평소에 움직임이 별로 없어요. 집에 있으면 가만히 책을 읽거나 명상을 해요. 아내한테 그런 내 모습은 대단히 답답하고 지루하게 느껴질 겁니다. 그러나 배우의 삶을 내가 살아가야 하므로 이 삶을 고수할 수밖에 없어요. 나는 배우 삶을 택했으므로 이전의 삶은 포기해야 하는 거지.

★이전의 삶을 얘기하셨는데, 1962년 부산 영도 태생이시죠. 어린 시절 자라온 환경은 어땠습니까.

　　금수저 집안이었어요. 잘사는 재력가 집안인데, 우리 아버지가 자수성가한 분이에요. 1950년 6·25전쟁이 일어나고 당시에 제지업계에 종이 만드는 기계가 없으니 아버지가 그걸 전부 스스로 개발하셨어요. 국민학교 다닐 때 아버지를 가만히 지켜보면, 당시에 친척들까지 해서 열한명이 모여 살았어요. 당신이 밤 새워 노력해서 종이 만드는 기계 16종을 개발했어요. 그러고 나서 사업이 대단히 번창을 했죠. 집에 공공칠가방을 들고 오는 사람들을 어릴 적에 자주 봤어요. 기계를 갖고 가려면 돈을 줘야 하니까.

★유년 시절 성격은 어떠셨어요?

　　말보다 주먹이 먼저 나갔달까. 어릴 때 건드리는 사람이 없었어요. 지금 생각하면 웃을 일인데 중·고교 때 별명이 '정의의 사도'였어요. 누가 어린 친구들 괴롭히면 구해주는 역할 위주였어. 일대일로 한 판 붙자 그러면 가서 붙어줬지. 진 적이 없어요. 태권도 전문 선수였던 데다 주먹이 셌거든. 그때만 해도 체구도 컸고. 당시 178센티미터였으니까 또래 중 거의 가장 컸어요. 혼자 조용히 지내는 타입이었지. 오전에 수업 네 시간 하면 나머지는 운동, 그리고 극장 가는 게 일

474

과였어요. 그때 단련하던 것이 지금도 매일 운동하는 습관으로 이어지고 있고. 촬영 일만 아니면 매일 세 시간씩 운동을 해요.

★대단하시네요. 세 시간 운동을 어떻게 안배해서 하세요?

오후 촬영이면 아침 일곱 시에 기상해요. 땀복 입고 집 앞 헬스장 가서 한 시간 유산소운동부터 해. 그리고 신체훈련 한 시간, 근력운동 한 시간을 해요.

★신체훈련이라 하시면?

모든 관절을 단련하는 거죠. 목뼈부터 여하한 관절들을. 배우에게 가장 중요한 것 중 하나가 '신체훈련'이라고 봐요. 근육의 단단함이 아니라 유연성을 다지는 거죠. 관절에 기름칠을 하는 거예요. 그래야 근육들이 긴장을 안 해요. 배우들은 생고무처럼 탄력이 있어야 탄력 있게 에너지를 발산할 수 있어요.

★극장 가는 게 일과였다고 하셨는데 얼마나 다니신 건가요?

어마어마하게. 땡땡이는 상습이었지. 그 시대 영화란 영화는 안 가리고 다 본 것 같아요. 중고교 때 중국 본토 영화들 인기가 대단했어요. 우리 영화는 〈맨발의 청춘〉〈용팔이〉〈월하의 공동묘지〉〈미워도 다시 한 번〉 같은 걸 혼자 보러 참 많이 다녔어요.

★언급하신 작품들은 당시 나이에 거의 입장 불가 아니었나요?

많이 걸리기도 많이 걸렸지. 그래도 쉽게 입장이 가능했어요.

'신도극장'이라고 지금은 없어진 삼류 극장에 다녔거든. 정말 철두철미하게 어머니한테 안 걸리게 보러 다녔는데, 사실 나는 친구 보는 거보다 영화 보는 게 더 좋았어. 그러다 이런 생각이 들더라고. 아, 그 당시 중국 배우는 에너지가 저리 많이 느껴지는데 우리는 안 그렇게 느껴지나. 중국 배우들과 한국 배우들이 자아내는 에너지가 다르더라고요. 중국 배우들의 그 굉장한 에너지가 참 멋있었어요.

★당시 중국 영화들이 액션, 무협 활극 위주여서 그렇게 보였던 건 아닐까요?

난 그리 생각 안 해요. 내면에서 나오는 힘이 있어야 외면으로도 힘이 느껴진다고 봐. 그게 내공 아닐까요. 자기 삶이 얼마나 탄탄하냐에 따라 그 삶의 힘이 외적으로 표현되는 거지. 폼만 내는 거랑 다른 거예요.

★최고로 꼽는 배우는 누구입니까.

지금도 여전히 말론 브란도. 그런 배우가 없는 것 같아요. 로버트 드니로, 알 파치노도 개인적으론 못 따라가는 배우가 아닐까 싶어. 그렇다고 누굴 숭배하고 그런 건 꺼려해서 포스터나 사진 수집 같은 건 안 했어요. 아, 저런 배우가 되어야겠다, 내가 대한민국의 말론 브란도 같은 배우가 되어야겠다, 그 시절 그렇게 결심을 하곤 그랬지.

어머니와의 전쟁, 그리고 화해

그는 2남 2녀 중 셋째다. 위로 형과 누나가, 아래로는 여동생이 있다. 형은 대학 때까지 밴드 보컬을 했고 누나는 피아노를 쳤다. 막내 여동생은 그림을 그렸는데 지금은 미국에서 도예가로 산다. 문제는 어머니가 셋째인 그마저 예인이 되는 걸 바라지 않았다는 데 있었다. 그는 "유일하게 나만 배우 되겠다는 걸 극구 말리시더라"고 했다.

★ 셋째인데도요?

그러게 말예요. 한 사람은 집안을 책임져야 한다는 거였어요. 그래서 법대 진학을 이전부터 줄기차게 요구하셨죠. 그러다 보니 어머니하고 어마어마한 전쟁이 시작된 겁니다. 그게 이십 대에 배우 한다고 서울 올라간 뒤로 십 년가량 지속됐어요.

★ 아버지는 어떠셨고요?

한 번도 잔소리를 안 하셨어요. 다만 어머니와 갈등이 깊어지니까 돌아가시기 전에 유언을 하시더군요. '어머니 말을 좀 따라줘라.' 제가 스물넷일 때였어요. 건강이 악화되셔서 돌아가시기 전에 그런 유언을 하시는데, 그걸 안 따를 수 없겠더군요. 그래서 '알겠습니다' 하며 잠시 배우다 아버지가 중간에 돌아가시고, 그러면서 내가 해야 될 이유가 없어진 거지. 결국은 다시 내 길을 가겠다 한 겁니다.

★전쟁이 재개된 거군요.

　　참 많이 싸웠어요. 그러다 차츰 생각이 바뀌더라고. 좋은 쪽으로 생각하자. 내가 어머니를 미워하면 안 된다. 내가 배우라는 삶을 살려면 나를 가장 잘 아는 저 어머니란 사람을 설득해내야 한다. 어머니도 설득 못 시키면서 어떻게 배우라는 삶을 살겠나. 그래서 데뷔하는 데 시간이 오래 걸린 겁니다. 끊임없이 이해시키려다 보니 스물일곱, 여덟이 되었고 서른 목전에 다다른 거예요.

★그러면서 극단 문을 계속 두드리셨나요?

　　굉장히 어렵더라고. 당시는 지방 사투리 쓰는 사람은 배우가 되기 어려운 구조였어요. 아니, 자격 자체가 없었어. 연기하고 싶다고 그러면 쫓겨나기 일쑤였지. 그래서 혼자 표준어 공부도 하고 그랬어요. 돌이켜보면 어머니와 싸운 시간이 극단 기웃거린 시간보다 많아. 무대엔 정작 거의 서지도 못했고. 그러다 나이는 차고 한계에 부닥치자 일본 유학을 준비하려고 했어요. 근데 그걸 어머니가 알게 되니까 집에서 날 두고 대책회의 같은 걸 한 것 같아. 그러다 막내가 아이디어를 낸 거지.

★어떤 아이디어를요?

　　당시에 덕수궁 공연예술아카데미라고, 정부가 운영하는 학교가 있었어요. 막내가 '오빠 여기 시험 보게 해라, 떨어지면 엄마 하라는 대로 하고 붙으면 제 하고 싶은 대로 하게 하자.' 그렇게 제안한 거예요. 근데 이게 참, 백 프로 안 될 거라는 확신이 있었나 봐요. 어머니

보시기에도 이놈이 준비된 게 전무할 텐데 당연히 떨어질 거라고 짐작하신 거지. 좋다, 알았다, 할 만하다며 수락하신 거예요.

★그걸 붙으신 거로군요(웃음).

　　　　이전부터 얼마나 피나게 준비를 해왔는데. 어디서 주워듣기만 한 게 아니라 홀로 연기에 대해 고민하고 공부하고 연습하고 그랬어요. 그래서 연기 시험 보고 덜컥 한 번에 합격한 겁니다. 그때 스물아홉 살이었어요. 일가족이 다들 깜짝 놀랐어요. 어머니도 드디어 백기를 드셨고. 그럼에도 당신은 아무튼 배우는 안 된답니다. 상관없었어요. 연출과를 가도 당시에 다 청강이 가능했거든. 연출, 희곡, 배우론 전부 하루아침에 전 강의를 다 들었어요. 그간 미친 듯이 갈망했던 걸 너무나도 신이 나서 배우고 그랬던 겁니다. 그러다 최영희 선생, 오태석 선생 등을 만나고 일 년 뒤에 데뷔를 한 거죠. 그게 〈종로 고양이〉라고 조광화 작가가 쓴 연극이에요. 그때부터 김홍파라는 이름을 쓰기 시작했지요. 그리고 극단 '목화'에 들어가 이십 년을 보냈고요.

극단에 들어가 처음 올린 연극은 〈백마강 달밤에〉(1992). 그때 나이 서른이었다. 이후 이십여 년에 걸쳐 오 선생 창작극 15~20편에 오르는 그다. 김홍파는 "이삼 년 후 오태석 선생에게서 들은 한 마디가 내 인생을 완전히 뒤집어엎었다"고 회고했다. "그 당시 내가 연기 잘하는 배우라고 착각하고 있었어요. 굉장히 신명나게 잘하고 있다고 여겼죠. 오만했지. 한번은 〈아침 한때 눈이나 비〉라고, 무용과 연극을 합친 공연을 끝내고 난 직후였어요. 오 선생이 단 칼에 내리치듯 호통치시대

인물의 삶을 알아야 숨을 쉬어요. 숨을 깊게 쉬어야 감성이 생기고 그 감성이 생겨야 글자에 숨결이 실려 상대에게 전해지는 겁니다. 그러니 그 인물이 살아온 삶이 이해가 안 되면 일단 숨부터 못 쉬게 되고 그다음은 그 사람인 '척'을 하게 돼. 그렇게 하는 말은 거짓말이야. 혹자는 못 알아차릴지도 모르겠지만.

요. '왜 김흥파가 보이느냐!'

★앞서 말씀주신 본질적인 물음도 여기에서 출발하는 거군요.

맞아요, 당시 충격이 어마어마했어요. 그 뒤로 저의 삶은 '배우란 무엇인가'에 대해 끊임없이 질문하고 답을 찾아가는 여정이었어요. 이십 년간 헤매며 산 거죠.

★그런 자기 내면과의 싸움 외에 외적인 어려움 같은 건 없으셨어요? 유복한 집안에서 자라오셨기에 그런 점은 덜 고민하고 살아오셨지 않았나 짐작해보게 되긴 하지만요.

유복하게 자랐어도 부모님께 전혀 손 벌리고 살지 않았어요. 새벽녘이 되면 늘 신문배달을 했어요. 연극 연습 들어가고 공연 올리고 그러면 하루 시간을 못 쓰니까 새벽녘 밖에 생계비 벌 방법이 없었지. 식당 주방장, 차 세차, 노가다 등 안 해본 게 없어요. 아무튼 새벽에 신문 돌리고 운동하고 오후 한 시까지 극단에서 연습하고, 공연장에서 공연하고, 공연이 없는 날엔 노가다를 하루 풀로 했어요. 그 당시 일당이 2만 7,000원이었나 그랬습니다.

★귀한 아들이 어렵게 사는 것에 어머니께서 많이 속상해 하셨겠어요.

화가 대단히 많으셨죠. '저 새끼가 왜 저러고 사냐'면서.

★그런 어머니가 아들 공연을 보러 온 건 언제가 처음이었나요.

첫 연극 〈종로 고양이〉 때 오시긴 했어요. 어머니한테 직접 애기하긴 그렇고 누님한테 미리 슬쩍 흘린 거지. 근데 공연 전에 아들이 무대 위에 있는 걸 보고 바로 나가시더라고. 화가 나신 거지. 그러다 〈백마강 달밤에〉(1992)에 공연 때에 또 누님한테 얘기했어요. 이번에 꼭 좀 모시고 오라. 그렇게 누님과 같이 오셨는데, 이번엔 끝까지 보시더라고요.

★그러곤 뭐라고 하시던지요?

우시더라고요. 이러시면서. "아들아, 미안하다. 네가 꾸고 있던 꿈이 이런 것이었는 줄 어미는 몰랐구나. 정말로 미안하다. 내가 네 후원자가 되어줄게." 너무나 감동받았어요. 내가 무대에서 당신에게 존재 증명을 해낸 거니까. 그게 그렇게 커다란 자신감이 될 줄은 몰랐어요. 당시 올린 극이 백제 의자왕 이야기예요. 한 마을에 우환이 일어나니 그걸 막으려 충청도에 있는 백제 의자왕에게 굿을 올려요. 그러다 당대 역사에서 그다지 좋지 않은 관계를 맺고 있던 인물들이 순단이를 통해 모두 화해하는 얘기예요.

★그 내용처럼 어머니와의 화해도 마침내 이뤄진 거군요.

화해라기보단 인정받은 것 같아 기뻤어요.

그의 영화 데뷔작은 1996년 개봉한 고(故) 김용태 감독의 〈미지왕〉이었다. 2년 전 태흥영화사 이태원 대표가 연극계 김홍파, 손병호, 이상희 이종국 배우 네 사람을 당사자들 몰래 오디션에 접수시킨 거였다. 김홍파는 "이 대표가 우리 넷을 매우 좋아했었다"며 "오디션 접수 사실은 나중에 우편물을 통해 알았다"고 했다. 그렇게 김흥파만 3,700 대 1에 이르는 경쟁률을 뚫고 7차 오디션 끝에 주조연 역을 따낸다. 하지만 시대를 너무 앞서간 것일까. 실험적 성격이 짙은 〈미지왕〉은 대중으로부터 철저히 외면 받고 만다.

★첫 영화인데 아쉬우셨겠어요.

　　책(시나리오)으로는 너무 재밌었어요. 근데 시대적으로 너무 앞서간 실험 영화 성격이 강했던 것 같아. 아마 지금도 영화과에서 공부하기 좋은 영화일 거예요. 특히나 배우들 쪽에서 말예요.

초심으로 돌아가다

★어떤 역할이었나요.

　　총경인 척하는 사기꾼이었어요. 총경으로 분장을 해 결혼식장 부조금 털러 들어가는 인간이었지. 그런데 그렇게 털러 갔는데 신랑이 없어진 거야. 본의 아니게 사람들이 경찰인 줄 알고 나한테 신랑 찾아달라고 의뢰를 하는데 아주 블랙코미디였죠. 그런데 말예요, 그때가 서른네 살일 때인데 내가 이 〈미지왕〉을 찍으며 얻은 게 있다면 이런 거예요. '나는 아직 멀었다. 아직 배우가 안 되어 있다. 다시 공부해야 한다. 여기서 잘못하다간 단칼에 간다.' 그 뒤로 쭉 나를 돌아보면서 지냈어요. 내가 긴 기간 고민해왔던 것들을 제쳐두고 까불거리다간 결국엔 재앙이 오게 될지 모른다는 생각이 들었던 거죠.

★스스로에게 만족하지 않으신 거군요.

거만했고 오만했던 거지. 첫 영화부터 주조연을 해서인지 작고
한 박철수 감독의 〈성철〉이라는 불교영화에 캐스팅 제안이 왔어요. 이
영화는 엎어졌는데 이후에도 여기저기 캐스팅이 들어왔어. 거부도 많
이 하고 그랬어요. 상대측으로부터 거만하게 여겨지는 게 당연했을 테
지. 그러다 반성한 거예요. '아, 내가 잘못했구나. 다시 나의 모습으로
돌아가자.'

★그러고 보면 1994년에 찍은 〈미지왕〉에 이어 2001년 〈와니와 준하〉가 개봉하
기까지 공백이 길게 있으셨던데요.

〈성철〉이 엎어졌고, 배우로서 더 단련해야 한다는 생각이 있어
서 다시 무대로 돌아간 거예요.

★무대로 돌아갔다고 한다고 하셨는데, 연극배우와 영화배우는 다르지 않나요.

배우는 같은 거예요. 난 연극배우, 영화배우 구분 안 해요. 단
어가 무슨 의미예요. 연극이란 건 무대에서 연기를 하는 거고, 영화라
는 건 카메라 앞에서 필름이 돌아가면 찍는 거고. 사실 그 차이는 지엽
적인 거예요. 주어진 인물로 살아갈 수 있느냐, 그 능력이 중요한 거
지. 이런 생각이 들었어요. 무대에서는 관객들에게 혼이 나고 욕을 먹
으면서 내가 나를 성찰하며 발전시킬 수 있는 곳이지만 영화라는 곳은
그럴 시간이 없는 것 같다. 무대와 영화의 차이는 그거라고 여겼어요.
그래서 영화가 무서웠어요. 자칫하다간 단칼에 가겠다. 배우로서 좀
더 무게를 닦자, 단칼에 안 죽을 수 있게. 그런 생각을 한 게 서른 중반

즈음이었죠. 이후에도 〈1724 기방 난동 사건〉(2008) 개봉 전에 출연작이 쭉 없었어요. 비슷한 이유였지.

아무렇지 않게 털어놓는 것 같지만, 사실 이 기간의 일부는 그에게 가장 힘들었던 시절이기도 하다. 그의 나이 사십 대 초중반 무렵. 2~3년가량 캐스팅이 들어오지 않았다. 아버지가 일군 가업은 무너진 지 오래였고, 소득이 없으니 그의 가정 또한 급속히 무너져갔다. 배우로서 자긍심이 강했으므로 거리에서 구걸할 순 없는 노릇이었다. 그는 "난생처음 극단적인 생각을 품은 시기였다"고 털어놨다. "공백이 길었어요. 무대에도 오르지 못했던 때고. 모든 걸 정리하고 싶었어요. 세상이란 것이 내 뜻대로 되지 않는구나. 그러니 떠나자." 그러다 다행히 동아줄 하나가 내려온다. 이정호 감독이 〈베스트셀러〉(2010) 출연을 제안한 것이다. 김홍파는 "정호가 그때 건져주지 않았더라면 나는 관 속에 있을지도 모른다"고 했다.

★ 〈베스트셀러〉(2010) 이후 출연작이 급증하셨어요. 그중 〈범죄와의 전쟁〉(2011) 〈신세계〉(2012)를 빼놓을 수 없지요. 기억나는 일화가 있으실지요.

　　최민식, 하정우랑 같이 촬영을 하는데 보통 컷을 하면 모니터링하러 가잖아요. 그런데 저는 모니터를 안 봐요. 〈미지왕〉 때부터 지금까지 쭉 그랬어. 그걸 보면 머리 굴리게 되더라고요. 화면에 나는 이렇게 나오고 얘는 이렇게 나오는구나. 그렇게 계산하는 게 보이고부터 모니터를 안 봤는데 그게 〈미지왕〉 촬영 중반 때부터였어. 어쨌든 나는 담배 한 대 피우려는데 윤 감독이 뒤에서 묻더라고. '선배님, 왜 모니터 안 보세요.' 그래서 이렇게 말했지. '아니, 당신이 있는데 내가 모니터를 왜 봐. 모니터 앞에 가장 객관적인 당신이 있는데. 당신이 보고 디렉션 주면 돼.' 그리 말하니 의아해하죠. 그만큼 감독을 믿는 거예요. 나는 주어진 인물의 삶에 들어가서 그 삶을 믿고 살면 되는 거고요. 그리고, 〈신세계〉는 박훈정 감독이 〈범죄와의 전쟁〉을 보고 부탁하며 책(시나리오)을 줬어요. 그리고 미팅 때 만났죠. 한두 시간 시시콜콜한 대화를 주고받는데 박 감독이 계속 나를 쳐다보더라고. 눈빛이 꼭 관찰하는 것 같았어. 그래서 "왜 나를 그렇게 관찰하세요" 했지. 박 감독이 그러대요. "〈범죄와의 전쟁〉을 보고 캐스팅했는데 그 모습이 안 보이네요." 제가 반문했어요. "왜 그 모습이 보여야 해요. 이게 지금 원래 내 모습인데."

★ 〈더 테러 라이브〉(2013) 주진철 경찰총장도 세간에 화제가 된 캐릭터였죠. 오만하고 안하무인인 인물이었어요. 이런 대사가 있었죠. "청장 주진철입니다. 가만히 계세요. 자기 생각만 합니까. 내가 분명 아니라고 말을 했는데도 자꾸 불순한 생각을 하고 그러니까 이런 테러를 벌이는 거 아닙니까." 당시 네티즌들이 그랬어요. 실제 경찰청장이 TV 생중계로 저런 상황에 놓이면 배우님이 한 그대로 모습일 것 같다고요. 그만큼 실감나게 연기하셨다는 거죠.

임순례 감독의 〈남쪽으로 튀어〉(2013)에도 출연했었는데요, 임 감독이 이런 문자를 보내왔어요. '영화 정말 잘 봤습니다. 장렬하게 전사하시던데요.' 이게 가장 기분 좋은 평가였어요. 난 일상에서 뉴스를 항상 챙겨 봐요. 그러다 조현오 전 경찰총장을 봤고 유심히 관찰했지. 배우로서 정치, 사회 돌아가는 풍경에 관심을 놓으면 안 돼요. 일상의 주변인은 물론이고요. 관찰을 해야 그 사람을 이해할 수 있으니까.

배우, 죽을 때까지 배우는 직업

★평소에 사람을 어떻게 관찰하세요?

난 지금도 버스랑 전철 타고 다녀요. 걷기도 자주 걷고. 그래야 천천히 관찰할 수 있거든.

★제 짐작으로는 배우님이 도리어 관찰당하는 입장일 것 같은데요?

(껄껄 웃으며) 사진도 많이 찍고 찍히고 그런데 괜찮아요. 어떤 분들은 너무 놀라서 못 다가오기도 하고 사인해달라고 해놓고선 손을 덜덜 떠는 분도 있고 그래요. 근데 말이죠. 지금처럼 사는 게 가장 많은 공부가 돼. 그래야 동시대에 사는 국민들은 어떤 감성을 갖고 사는지 배울 수가 있거든. 내가 운전을 안 한 지가 이십 년이 넘었어요. 차라는 유동체로 운전을 하면 자꾸 나를 가두고 멈춰서 보지를 못하겠더라고. 내가 나이를 더 먹고 자꾸 살면서 느끼는 건데요, 배우는 죽을 때까지 배우면서 사는 직업이에요. 항상 공부하고 인물과 사물을 바라보며 관찰하지 않으면 어느 순간 멈춰버릴 거예요. 그러면 더는 내가 가진 배우의 능력은 나오지 않는다고 생각해요.

★2015년은 배우님께 기념비적인 한 해이시죠. 〈암살〉(2015)의 김구 역으로 첫 천만 영화 조연이 되셨고, 그해 겨울 〈내부자들〉(2015) 오현수 회장을 연기하시며 세간에 많이 회자가 됐어요. 오 회장이 대사를 쳤죠. "서로 구린 놈끼리 가야지 냄새를 풍겨도 괜찮지 않겠나?" 실제로 참고한 인물이 있으실 것도 같은데.

우선 〈암살〉에서 백범 김구를 연기했던 건 저한테 각별한 일이에요. 〈더 테러 라이브〉의 주진철 같은 이전 캐릭터들을 통해선 대중이 '저 사람 누구야'라는 호기심 같은 걸 자아냈다면, 이 캐릭터를 통해선 '아, 김홍파는 이런 연기 하는 배우구나'라는 인식을 주지 않았나 해요. 〈내부자들〉은 책(시나리오) 안에 담긴 걸 보고 내가 직접 구현한 거예요. 참고한 인물은 없어요. 전두환이라는 얘기도 있고 한화그룹 회장이라는 얘기도 있고 그런데 각자 생각하는 대로 보시면 될 거예요. 오현수 회장의 경우엔 내가 생각해도 연상되는 인물들이 몇 있는데 그걸 다 걸러냈어요. 책 안에 있는 인물대로만 가자. 이 오현수라는 사람만 연구해서 이 사람을 살자. 그렇게 4~5개월 살아본 거죠. 촬영 끝날 때까지 이 오현수라는 사람의 호흡을 쭉 유지했어요. 바깥 사물을 봐도 그 사람의 시선으로 보려 하고 숨을 쉬어도 이 사람의 숨으로 쉬고.

★학창 시절 '정의의 사도'였다고 하셨음에도 〈암살〉의 김구 캐릭터를 빼면 대부분 이 사회의 부패 권력자들을 많이 연기해오셨어요. 그런 배역과 현실 속 나의 불일치가 자아내는 느낌은 어떠신가요.

　　　　그저 재밌지요. 오 회장이든 김구든 껍데기만 빼면 '사람'만 남아요. 난 그냥 어떤 사람이냐만을 보는 거야. 김구라고 생각하면 부담이 너무 되니까 그 사람 삶을 못 풀어낼 것 같아요. 이분의 역사에 흠집을 내고 저는 저대로 배우로서 역량의 부족함이 탄로 날 것 같고. 그래서 겉껍질을 싹 빼고 사람만 보려는 거지. 그렇게 캐릭터를 찾아가고 그 사람의 삶에 녹아 있는 아픔, 가치관 등은 뭔지 탐구해보고 하면서 이 사람에 들어가는 거야. 그러면서 기존의 나는 모두 빼내는 거지요. 여기에 선하고 악하고는 중요하지 않아요. 그냥 이 사람으로 당분간 살아간다는 것, 그게 중요한 겁니다.

노자 41장에 '대기만성'이라는 말이 있다. 큰 그릇은 늦게 이루어진다는 것. 즉 큰 인물이 되려면 많은 노력과 시간이 요구된다는 뜻이다. 이날 김홍파를 만나 대화하며 느낀 건 그가 이 대기만성형의 표본이 아닐까라는 것이었다. 지금 그가 이 자리에 오게 된 궤적이 그 오롯한 증거일 것이다. 이 말을 그대로 전하니 그는 답했다.

"나이를 먹어서 그런지는 몰라도, 항상 더 조심하려고 노력해요. 내가 걷고 있는 이 삶을 잘 살아가려면 까불지 말아야 한다. 까불다간 다친다. 그러니 늘 초심을 잃지 말자, 늘 공부하고 배우자고요."

지금까지 삶이 그러했듯, 그는 앞으로도 그럴 것이다. 그럴수록 김홍파라는 '큰 물결'이 자아내는 파장 또한 더더욱 커져갈 것이다.

나가며

'그리고 삶은 계속된다.'
이란 감독 압바스 키아로스타미의 영화 제목이다. 인간은 시간이란 강물 위에 떠 있는 배와 같아서, 어쨌거나 삶은 나아간다. 25인 배우들의 삶 또한 마찬가지다. 만남 전의 삶이 그러했듯, 만남 뒤의 삶도 여전히 나아가고 있다. 그럼 과연 어떠한 무늬와 질감들이 이들 삶을 새롭게 수놓고 있을까.

"우주를 향해 나아가겠다"던 진선규는 요즘 가장 핫한 배우다. 〈범죄도시〉 이후 〈꾼〉을 거쳐 〈암수살인〉에서 그는 한 번 더 배우로서 역량을 입증해냈다. 의로운 형사 김형민(김윤석)과 함께 묵묵히 살인 증거를 채굴하는 조 형사는 그가 진중한 배역에도 일가견 있음을 보여준 경우다. 이어 〈출국〉과 〈동네사람들〉 등에 연달아 출연하더니 〈극한직업〉(진선규의 첫 번째 천만 영화다)에서는 치킨 굽는 마 형사로 출연해 커다란 웃음을 안겼다.

그의 '절친' 허성태의 활약도 주목할 만하다. 〈꾼〉의 사기꾼 두목 장두칠에 이어 〈창궐〉의 이정을 거쳐서는 〈말모이〉에서 일본 경찰 우에다를 연기해 실감 나는 악역을 선보였다. 차기작 〈귀수〉에서는 대선배 정인겸(황사범 역)과 함께 부산잡초로 활약했다.

김종수의 삶도 일보 전진하고 있다. 〈암수살인〉의 마수대장, 〈마약왕〉의 보안계장 등에 출연했고, 〈극한직업〉의 치킨집 사장으로 나와 극 초반 활력을 불어넣었다. 〈소공녀〉의 링거녀를 연기한 강진아의 여정도 현재진행형이다. 안부차 연락하니, "꾸준히 단편작업 중에 있다"며 방긋 웃는다. "배종대 감독님의 독립 장편영화 〈빛과 철〉에 조연 출연했어요. 소은이라는 여자랍니다(웃음)." 〈소공녀〉에서 지질한 별거남을 연기한 이성욱도 한 걸음 더 나아가고 있다. 〈말모이〉에서 주인공 김판수(유해진)를 돕는 장춘삼으로 나온 데 이어 〈빵반〉과 〈유체이탈자〉 등에서 조연 활약했다.

〈지금 만나러 갑니다〉에서 고교생 홍구로 분한 배유람은 "드라마 〈나쁜 형사〉 촬영을 무사히 끝냈다"며 오래간만의 연락에 반가워했다. "계속 달려왔으니 조금 쉬다가 새 작품 준비에 들어가야죠(웃음)." 자타공인 부패 권력자 전문 배우 김홍파는 영화 〈공작〉에서 롤렉스 시계에 감탄하는 북한 간부 김명수로 분해 큰 웃음을 줬고, 〈국가부도의 날〉의 청와대 신임 경제수석, 〈말모이〉의 조선어학회 어른 조갑윤 등으로 분해 스크린을 종횡무진하고 있다.

프로모델 출신 이주영은 〈독전〉에 이어 〈나와 봄날의 약속〉의 기이한 외계인, 〈미쓰백〉의 유장미 등에 조연 출연했다. 조수향은 멜로 영화 〈소녀의 세계〉 주연 정수연을 선보인 데 이어 신작 〈배심원들〉의 오수정 역으로 관객을 맞았다. 순박한 미소가 매력인 박수영은 인질극 〈협상〉에서 국정원 간부 최 과장으로, '초대 품바' 정규수는 〈국가부도의 날〉의 인심 좋은 정 사장으로 변신해 반가움을 안겼다.

신토불이 배우 조복래 역시 저만의 연기 지평을 확장하고 있다. 〈도어락〉에서 오피스텔에 홀로 사는 조경민(공효진)을 공포로 몰아넣던 김기정으로 분했고, 독립영화 〈예수보다 낯선〉 등에 출연했다. 아역 출신 김동영은 SBS 드라마 〈복수가 돌아왔다〉의 잔머리 왕 이경현을 연기해 팬들의 사랑을 얻은 데 이어, 또다른 아역 출신 고규필은 "SBS 드라마 〈배가본드〉〈열혈사제〉 촬영에 이어 〈검법남녀 시즌 2〉(MBC 드라마)에 캐스팅됐다"고 근황을 알려왔다. 물론 여기서 다 언급 못 한 배우들 역시 각자의 자리에서 정진 중임은 물론이겠다.

이쯤에서 책 출간에 도움을 주신 분들께 두 손 모아 감사의 인사를 전한다. 부족한 역량임에도 "이런 기획 다시는 하기 힘들다"며 아낌없는 격려로 힘을 실어준 주정관 북스토리 대표님, 이번 연재 인터뷰를 시작할 수 있게끔 뼈 있는 조언을 건네어주신 유제민 선배, 한 사람 한 사람 꼼꼼히 원고를 읽어주시어 분에 넘치는 추천사를 써주신 영화평론가 전찬일 선생님, 인간미 넘치는 윤제균 감독님, 인터뷰 취지에 진심으로 공감하며 적극 응원해주신 박혜경 앤드크레딧 대표님, 인터뷰이를 찾지 못해 전전긍긍할 때면 '해결사'처럼 나타나 만남의 장을 만들어주신 CJ ENM 윤인호, 한응수 형님, 롯데컬처웍스 강동영 팀장님, 최준식 형님, 호호호비치 이채현 대표님 그리고 NEW의 양지혜 팀장님과 쇼박스 최근하 투자2팀장님 등이 그들이다. 다시 한 번 이들에게 깊은 감사의 말씀을 드린다.